# 기빙웰

이 책의 한국어판은
**주식회사 에스아이파크토리**가
기업의 나눔과 공익의 철학을 실천하고자
아름다운재단에 조성한
<파크토리커피마음기금>
을 통해 출판되었습니다.

━◄──── 참 고맙습니다. ────►━

아름다운재단 기부문화총서 12

잘 받고 잘 주는 나눔의 윤리

# 기빙웰
# giving well
## The Ethics of Philanthropy

피터싱어·욘 엘스터 등 지음

퍼트리샤 일링워스·토머스 포기·레이프 위나 엮음

유강은 옮김

이매진

# 기빙웰
잘 주고 잘 받는 나눔의 윤리

**1판 1쇄** 2017년 10월 30일 **엮은이** 퍼트리샤 일링워스·토머스 포기·레이프 위나 **옮긴이** 유강은 **펴낸곳** 이매진 **펴낸이** 정철수 **등록** 2003년 5월 14일 제313-2003-0183호 **주소** 서울시 은평구 진관3로 15-45, 1019동 101호 **전화** 02-3141-1917 **팩스** 02-3141-0917 **이메일** imaginepub@naver.com **블로그** blog.naver.com/imaginepub **ISBN** 979-11-5531-088-5 (03300)

• 환경을 생각해서 재생 종이로 만들고, 콩기름 잉크로 찍었습니다. 표지 종이는 앙코르 190그램이고, 본문 종이는 그린라이트 70그램입니다.
• 값은 뒤표지에 있습니다.
• 이 도서의 국립중앙도서관 출판시도서목록(CIP)은 서지정보유통지원시스템 홈페이지(http://seoji.nl.go.kr)와 국가자료공동목록시스템(http://www.nl.go.kr/kolisnet)에서 이용하실 수 있습니다(CIP 제어 번호: CIP2017027236).

---

### 일러두기

• Patricia Illingworth, Thomas Pogge, and Leif Wenar(eds.), *Giving Well: The Ethics of Philanthropy*, Oxford University Press 2011를 우리말로 옮긴 책입니다.
• 한글 전용을 원칙으로 했고, 이해를 도우려고 인명, 지명, 단체명, 정기간행물 등 익숙하지 않은 말은 처음 나올 때 한 번만 원어를 써 넣었습니다. 주요 개념이나 한글만 보고 뜻을 짐작하기 힘든 용어 또는 줄임말도 한자나 원어를 써 넣었습니다.
• 단행본, 정기 간행물은 《 》로, 논문, 그림, 사진, 노래, 영화, 연극, 방송 프로그램, 사진 연작, 판례 등은 〈 〉로 나눴습니다. 인용한 책 중에서 한국어 번역본이 있으면 참고 자료나 본문에 밝혔습니다.
• 외래어 표기법 표기 일람표와 용례를 따랐지만, 네이버 백과사전과 브리태니커 등을 참조했습니다.
• 미주는 옮긴이 주고 본문 주는 옮긴이 주입니다. 저자 주에 더한 내용은 '— 옮긴이'라고 표시했습니다.
• 단체명 중 긴 이름이나 개념 등은 작은따옴표로 구분했습니다(이를테면 '따뜻한 만족').
• 도량형은 한국식 표기로 바꾸고, 화폐 단위는 달러로 바꿨습니다(3장에 나오는 인도 화폐 루피는 예외).

# 차례

---

글쓴이 소개      6

감사의 말      10

**서문 필란트로피의 윤리** • 퍼트리샤 일링워스, 토머스 포기, 레이프 위나      12

**1장 억만장자는 무엇을 기부해야 하는가** 그리고 당신은 무엇을 기부해야 하는가 • 피터 싱어      28

**2장 극빈자를 돕기 위한 정의와 선행의 의무** • 엘리자베스 애시퍼드      48

**3장 국제 비정부 기구는 어떻게 행동해야 하는가** • 토머스 포기      76

**4장 밸몽 효과** 필란트로피의 따뜻한 만족 이론 • 존 엘스터      110

**5장 세계 빈민 원조** 원조 공여국의 새로운 과제 • 로저 시 리델      134

**6장 가난은 연못이 아니다** 부유한 사람들의 과제 • 레이프 위나      160

**7장 윤리도 통역이 되나요?** 필란트로피를 대할 때 원칙과 힘 • 알렉스 드 발      204

**8장 글로벌 필란트로피 사업과 글로벌 거버넌스** 글로벌 시민사회와 유엔의 관계에서 문제가 되는 도덕적 정당성 • 케네스 앤더슨      226

**9장 필란트로피의 정치 이론을 향해** • 롭 라이시      256

**10장 돌려주기** 필란트로피 실천의 규범, 윤리, 법 • 퍼트리샤 일링워스      278

**11장 설립자 겸 기금 출연자** 비영리 기구의 필란트로피적 설립과 관련된 윤리적 고려 사항들 • 제임스 슐먼      314

**12장 기업 필란트로피의 실현되지 않은 약속** • 토머스 더블유 던피      348

**13장 필란트로피, 이기심, 책무성** 미국 대학과 개발도상국 • 데베시 카푸르      376

주      404

찾아보기      434

**글쓴이 소개**

**케네스 앤더슨**Kenneth Anderson  아메리칸 대학교 워싱턴 법과대학 법학 교수이자 후버연구소의 '국가 안보와 법 태스크포스' 연구원. 열린사회연구소(Open Society Institute) 법무 자문위원과 휴먼라이트워치(Human Rights Watch) 무기분과장을 거쳤으며, 지금은 세계적인 필란트로피 단체 두 곳의 이사회 의장을 맡고 있다. 미국과 유엔의 관계를 다룬 《유엔하고 함께 살아가기(Living with the UN)》(2012)를 출간했다.

**엘리자베스 애시퍼드**Elizabeth Ashford  스코틀랜드 세인트앤드루스 대학교 도덕철학과에서 교편을 잡고 있다. 하버드 대학교 에드먼드 제이 사프라 윤리재단센터와 옥스퍼드 대학교 윤리학·법철학연구소에서 객원연구원을 지냈다. 《공리주의, 인격적 통합성, 편파성(Utilitarianism, Integrity and Partiality)》(2000), 《스캔론의 계약론에서 드러나는 요구성(The Demandingness of Scanlon's Contractualism)》(2003), 《기본 생활을 누릴 인권에 따른 의무들(The Duties Imposed by the Human Right to Basic Necessities)》(2007) 같은 책을 냈다.

**알렉스 드 발**Alex de Waal  사회과학연구협의회(Social Science Research Council)의 프로그램 책임자이자 하버드 인노수의 이니셔티브의 선임 연구원. 아프리카, 특히 수단의 인도주의, 분쟁, 인간 면역 결핍 바이러스(HIV)/에이즈에 관한 책을 13권이나 쓰거나 엮었다. 얼마 전 《다르푸르 ─ 긴 전쟁의 새로운 역사(Darfur: A New History of a Long War)》(2008)를 냈다. 아프리카연합이 주도한 다르푸르 평화 회담(2005~2006) 중재팀과, 마찬가지로 아프리카연합이 구성한 다르푸르에 관한 고위급 패널(2009)의 고문을 지냈다. 2009년 신년 서훈 명단에서 대영 제국 훈장을 받았으며, 2008년 《프로스펙트(Prospect)》/《포린 폴리시(Foreign Policy)》가 고른 세계에서 가장 영향력 있는 지식인 100인과 2009년 《애틀랜틱 먼슬리(Atlantic Monthly)》가 고른 '용감한 사상가' 27인에 뽑혔다.

**토머스 더블유 던피**Thomas W. Dunfee(1941~2008)  와튼 경영대학원 조지프 콜로드니 기념 사회책임 교수를 지냈다. 6개의 일류 학술지의 편집위원을 지냈고, 경영법학회와 기업윤리학회 회장을 거쳤다. 1999년 토머스 도널드슨하고 함께 펴낸 《우리를 묶는 유대(The Ties That Bind)》는 큰 영향을 미친 통합적 사회 계약론(Integrative Social Contracts Theory)을 요약한 기본 선언으로서, 기업 윤리의 경전이라는 칭호를 얻었다. 던피는 부패, 사회적 투자, 재난 구호 의무, 아시아의 사업 관행, 여행사의 윤리 등 폭넓은 주제를 다룬 50편이 넘는 논문과 10여 권에 이르는 저서를 썼다. 그 고귀한 생애와 시장 내부의 도덕에 관한 선구적인 필생의 연구에 경의를 표하고 싶다.

**존 엘스터**Jon Elster  컬럼비아 대학교 로버트 케이 머턴 기념 사회과학 교수. 콜레주 드 프랑스의 합리성과 사회과학과 학과장도 맡고 있다. 《정신의 연금술(Alchemies of the Mind)》(1999), 《풀려난 율리시스(Ulysses Unbound)》(2000), 《결산 ─ 역사적 관점에서 본 이행적 정의(Closing the Books: Transitional Justice in Historical Perspective)》(2004), 《사회적 행동의 설명(Explaining Social Behavior)》(2007), 《자기를 거스르는 행동(Agir contre soi)》(2007), 《공평(Le Désintéressement)》(2009) 등을 썼다.

**퍼트리샤 일링워스Patricia Illingworth**  노스이스턴 대학교 철학과와 경영대학원 부교수. 노스이스 턴 대학교 법학대학원 법학 강사이기도 하다. 하버드 대학교 법학대학원과 의과대학에서 연구원을 지 냈다. 《의료를 믿다 — 관리 의료의 도덕적 비용(Trusting Medicine: The Moral Costs of Managed Care)》(2005)을 썼고, 《약의 힘(The Power of Pills)》(2006)과 《윤리적 의료(Ethical Healthcare)》(2006) 를 함께 엮었다. 지금은 하버드 대학교 윤리와 건강 프로그램 객원연구원이다.

**데베시 카푸르Devesh Kapur**  인도 고등연구소(Centre for Advanced Study) 소장이자 펜실베 이니아 대학교 현대 인도 연구 담당 마단 랄 소브티 기념 부교수다. 《세계은행 — 첫 반세기(The World Bank: Its First Half Century)》(1997), 《최고의 인재를 달라 — 글로벌 인재 사냥이 개발도 상국에 미치는 영향(Give Us Your Best and Brightest: The Global Hunt for Talent and Its Impact on the Developing World)》(2005), 《인도의 공공 기관 — 실행과 설계(Public Institutions in India: Performance and Design)》(2005) 등을 함께 썼다. 얼마 전에는 《디아스포라, 민주주의, 발전 — 인도 인의 국제 이주가 끼친 영향(Diaspora, Democracy and Development: The Impact of International Migration from India)》(2010)을 냈다. 프린스턴 대학교에서 화학 공학 학사와 석사, 공공 정책 박사 학위를 받았다.

**토머스 포기Thomas Pogge**  예일 대학교 철학·국제 문제 담당 라이트너 기념 교수, 오스트레일리아 국립대학교 응용철학·공공윤리센터 선임연구원, 오슬로 대학교 인간정신연구센터 연구소장, 센트럴 랭커셔 대학교 객원교수. 《세계 빈곤과 인권(World Poverty and Human Rights)》(2판, 2008), 《기성 의 정치 — 빈곤 친화 언어의 이면(Politics as Usual: What Lies behind the Pro-Poor Rhetoric)》(2010) 등을 썼다. 지금 포기가 초점을 맞추는 작업은 제약 특허 체제의 보완물을 개발해 전세계 빈민이 최 신 의약품을 쉽게 쓸 수 있게 하려는 집단적 시도다(www.healthimpactfund.org).

**롭 라이시Rob Reich**  스탠퍼드 대학교 정치학과 철학 부교수. 스탠퍼드 필란트로피·시민사회센터 (Center on Philanthropy and Civil Society) 공동 소장이다. 《미국 교육에서 자유주의와 다문화주의 의 연결(Bridging Liberalism and Multiculturalism in American Education)》(2002)을 썼고, 지금은 윤리, 필란트로피, 공공 정책에 관한 책을 마무리하는 중이다.

**로저 시 리델Roger C. Rigddell**  옥스퍼드 폴리시 매니지먼트(Oxford Policy Management) 이사이 자 폴리시 프랙티스(Policy Practice) 대표, 영국 국제개발부 독립 자문위원. 짐바브웨 대학교와 서식 스 대학교 발전연구소에서 각각 경제학과 발전 연구 학위를 받았다. 1999년부터 2004년까지 크리 스천 에이드(Christian Aid) 국제부장을 지냈으며, 그전에는 1980년 짐바브웨 독립 뒤 최초의 대통령 직속 조사위원회 위원장을 지냈다. 해외 원조 문제를 다룬 《해외 원조를 다시 생각한다(Foreign Aid Reconsidered)》(1987), 《해외 원조는 실제로 효과를 낳는가(Does Foreign Aid Really Work?)》(2008) 등을 썼다.

**제임스 슐먼**James Shulman   세계 곳곳의 대학교, 박물관, 학교에 디지털 이미지, 소프트웨어, 서비스를 제공하는 비영리 기구인 아트스터(ARTstor) 대표. 예일 대학교에서 박사 학위를 받았고, 르네상스 서사시를 다룬 《창백한 생각 — 르네상스 서사시에 나타나는 망설임과 결심(The Pale Cast of Thought: Hesitation and Decision in the Renaissance Epic)》(1998), 대학 입학과 정책을 다룬 《인생 게임 — 대학 스포츠와 교육 가치(The Game of Life: College Sports and Educational Values)》(2002) 같은 책과 혁신적 비영리 기구를 위한 전략을 다룬 많은 글에서 의사 결정 문제를 논의했다.

**피터 싱어**Peter Singer   프린스턴 대학교 인간가치센터(Center for Human Values)의 아이라 더블유 디캠프 기념 생명윤리 교수이자 멜버른 대학교 응용철학·공공윤리 계관 교수. 《물에 빠진 아이 구하기(The Life You Can Save)》(2009)를 비롯해 많은 책을 썼다.

**레이프 위나**Leif Wenar   킹스칼리지 런던 윤리학과 학과장. 스탠퍼드 대학교에서 학사 학위를 받고 하버드 대학교에서 박사 학위를 받았으며, 프린스턴 대학교에서 객원교수를 지냈다. 〈재산권과 자원의 저주(Property Rights and the Resource Curse)〉(2008), 〈국제 자원 교역의 현실적 개혁(Realistic Reform of International Trade in Resources)〉(2010), 〈자유주의적인 사람들은 평화로운가(Are Liberal Peoples Peaceful?)〉(브랑코 밀라노비치하고 함께 씀, 2009) 등을 썼다.

# 감사의 말

우리는 편집자이자 필자로서 이 책을 만드는 작업에 영감과 비판과 지지를 건넨 여러 동료, 선생, 친구, 학생, 가족들에게 감사하고 싶다. 특히 교정과 편집 작업을 대부분 도맡고 찾아보기 작업을 진두지휘한 매트 피터슨, 찾아보기 작업을 도와준 학생 조교 캐롤린 럭스와 크리스티나 슐레겔, 표지에 우물 그림을 넣자는 번득이는 아이디어를 준 스테퍼니 젤먼 등에게 감사한다. 또한 옥스퍼드 대학교 출판부 편집자로서 출판 과정의 모든 단계에서 큰 도움을 준 피터 올린과 루시 랜덜에게 고마움을 전하고 싶다. 첫머리에 실린 피터 싱어의 글은 2006년 12월 17일자 《뉴욕 타임스》에 처음 실렸다.

# 필란트로피의 윤리

퍼트리샤 일링워스, 토머스 포기, 레이프 위나

*돈을 주는 것은 쉬운 일이고 누구나 할 수 있다. 그렇지만 누구에게, 얼마나 많이, 언제, 무엇을 위해, 어떻게 줘야 하는지를 정하는 것은 누구나 할 수 있거나 쉬운 일이 아니다.*

*— 아리스토텔레스*

필란트로피Philanthropy, 곧 '인류애'가 갑자기 대중의 시야에 들어왔다. 워렌 버핏과 빌 게이츠가 내놓은 어마어마한 액수가 헤드라인을 장식하고, 조지 소로스, 테드 터너, 오프라 윈프리가 주도하는 주목할 만한 자선 캠페인도 신문 지면을 수놓았다. 부유층의 부가 급증하는 현상(2006년 이래 《포브스》 선정 400대 부자 명단에 속한 이들은 전부 억만장자고, 2008년 기준 총자산이 1조 5000억 달러다)은 미국인 사이의 불평등이 확대되는 현상(전체 미국인 중 상위 1퍼센트에 속하는 부자가 1993년에서 2007년 사이에 미국 경제의 일인당 실질 성장의 50퍼센트를 독차지했다)과 뚜렷이 대조된다. 동시에 세계화와 정보 기술의 확산 덕에 부자 나라들과 하루에 기껏해야 2.5달러(2005년 국제 달러 가치 기준)로 살아가는 전체 인류의 거의 절반 사이에서 엄청난 부의 불균형이 더욱 두드러지고 있다. 오늘날 우리가 사는 세계에서는 3초에 한 명꼴로 가난 때문에 어린이가 세상을 떠난다. 많은 이들이, 부자를 비롯해 심지어 부자 나라의 평범한 시민들도 더 많은 일을 해야 하지 않는지 의문을 품는다. 인간의 기본적 욕구를 충족시키지 못하는 문제의 심각성에 관심이 고조되면서 '새로운 필란트로피New Philanthropy'가 부상했다. 이 새로운 필란트로피는 기부자의 양심을 달래거나 이름을 홍보하는 데 그치는 기부보다는 정확한 대상을 겨냥한 효과적 기부에 초점을 맞춘다.

필란트로피에 관심이 쏠리고 있기는 하지만, 필란트로피에 관련해 제기되는 기본적인 **윤리적** 질문들에 어떻게 답해야 하는지에 관해서는 거의 합의되지 않았다. 이를테면 미국인들은 평생 사는 동안 자선 기부의 60퍼센트를 종교 단체에 하고 2퍼센트만을 국제 원조에 하는 반면, 영국인들은 기부금의 14퍼센트를 국제 원조에 주고 8퍼센트만 종교 단체에 준다. 미국인들은 캐나다인에 비해 자선 기부를 두 배 넘게 하고 프랑스인에 비해 10배를 한다. 그런데 조사 결과를 보면, 유럽인들은 사적 기부라는 '자의적' 통로를 거치기보다는 정부에 세금을 납부하는 행위를 통해 도덕적 의무를 더 잘 채울 수 있다고 생각하는 경향이 강하다. 이런 차이는 목적뿐 아니라 수단에 관해서도 의견이 갈리는 현실을 반영한다. 실제로 필란트로피에 관한 아주 기본적인 윤리적 질문들도 아직 해결되지 않았다. 자선 사업에 돈을 내야 하는 타당한 이유가 있는가? 그리고 만약 사람들이 돈을 낸다면, 마음에 드는 모든 대의명분에 돈을 내도 되는가? 사람들이 어떻게 돈을 내야 하는지에 관해 합리적 논증으로 결론을 찾을 수 있는가? 또는 그런 논증은 기부자의 자유로운 선택권을 부당하게 침해하는 걸까?

필란트로피의 윤리라는 새로운 탐구의 장은 이런 결정적 질문들을 비롯해 많은 질문들을 다룬다. 우리는 이 새로운 분야에서 책을 쓰고, 학술지를 창간하고, 논문을 발표해야 한다. 여기서 제기되는 쟁점들은 무척이나 중요하고 신선하다. 필란트로피의 실천을 바꾸고, 규정을 개정하고, 경제적 또는 정치적 의제를 재정식화해야 한다. 우리는 이 책을 통해 독자들이 탐구해야 하는 아주 중요한 영역, 즉 기본적인 윤리적 질문들에 따라 정의되는 영역이 있다는 점을 확신하기를 바란다. 누가 기부를 해야 할까? 얼마나 많이 해야 할까? 누구에게 기부를 해야 할까? 어떤 목적으로 왜 해야 할까? 필란트로피의 윤리에 관한 많은 쟁점 중 몇 가지를 다음 절들에서 다뤄보려 한다.

## 누가 기부를 해야 할까

● "수백만 달러나 되는 재산을 남겨놓고 죽는 사람은 …… 애도와 존경과 찬미를 받지 못한 채 세상을 떠나는 이로 여겨질 때가 멀지 않았다. …… 대중은 그런 사람에 관해 '이렇게 부자로 죽는 사람은 명예롭지 못하게 세상을 떠나는 셈이다'라는 평결을 내릴 것이다." 앤드루 카네기가 주장한 대로 큰 부자는 '사람들을 위해 가장 좋은' 목적에 돈을 내야 하는 특별한 의무가 있을까?**1**

● 가난한 사람들은 자선 사업에 돈을 내야 할까? 미국 소득 분배상 하위 5퍼센트에 속하는 미국인일지라도 전세계 인구의 3분의 2보다 더 부자다. 이렇게 가난한 미국인은 다른 나라에 사는 훨씬 더 가난한 사람들을 도울 의무감을 느껴야 할까?

● 기업은 법률에 따른 많은 이익과 보호를 누린다. 기업은 이윤의 일정 비율, 이를테면 10퍼센트를 자선 사업에 기부해야 하는 사회적 책임이 있을까? 주주들은 '자신의' 기업에 기부를 요구할 도덕적 의무를 지닐까? 아니면 기업의 사회적 책임은 시장의 규칙 안에서 이윤을 증대하는 일뿐이라고 말한 밀턴 프리드먼이 옳은 걸까?

● 가톨릭교회는 세계 곳곳에서 폭넓은 빈민 구호 활동과 교육 활동을 벌인다. 그렇지만 교회는 수십억 달러에 이르는 귀중한 미술품과 역사 유물도 소장하고 있다. 예수는 이렇게 말했다. "네가 가진 것을 다 팔아서, 가난한 사람들에게 나누어 주어라"《누가복음》 18장 22절. 기독교 원리에 따르자면 교회는 이런 고급품을 몽땅 팔아서 고통받는 사람들을 구제하는 데 써야 할까?

## 얼마나 많이

필란트로피 연구소Institute for Philanthropy는 모든 사람이 자기 소득의 1.5퍼센트를 기부해야 한다고 제안한 적이 있다. 전통적인 유대교-기독교의 십일조는 10퍼센트다. 이슬람법에서는 재산의 2.5퍼센트를 내라고 요구한다. 그리고 시아파는 생활에 필요한 수준을 넘어서는 소득의 20퍼센트를 내도록 별도로 요구한다. 빌 게이츠는 막대한 재산의 35퍼센트 정도를 기부했다. 고 로버트 앳킨스Robert Atkins 박사의 부인인 베로니카 앳킨스Veronica Atkins는 재산에서 6000만 달러만 남기고 5억 달러를 기부했다. 부동산 재벌 젤 크라빈스키Zell Kravinsky는 4500만 달러의 예금을 거의 전부 내놓았다. 그리고 신장 한 쪽도 모르는 사람에게 기증했다. 그렇지만 이 사람들은 예외에 속한다. 여러 연구를 보면 평균적으로 소득이 높을수록 재산 대비 기부 액수 비율이 **낮다**고 한다.

철학자 피터 싱어는 최대한의 수준까지, 조금만 더 기부하면 가난한 사람을 구호하는 만큼이나 자기 자신도 고통을 겪게 되는 수준까지 기부를 해야 한다고 제안한 적이 있다.[2] 다른 철학자들은 다른 사람의 욕구를 충족시키는 각자의 몫을 다하면 된다고 주장했다. 대부분의 다른 사람들이 **자기의 몫**을 다하지 않는다는 사실을 확실히 안다고 할지라도 말이다. 얼마나 많은 돈을 기부해야 하는지를 확실히 정할 수 있는 답이 **과연** 있을까?


## 누구에게, 어떤 목적으로

● 기부자는 마음에 드는 아무 곳에나 돈을 기부해도 될까? 기부자가 인간 생명을 구하는 데 사용될 수도 있는 돈을 미술관이나 시 잡지, 동물 보호소,

모교 등에 내놓아도 도덕적으로 괜찮은 걸까?

● 기부자는 자기가 사는 지역이나 다른 나라 중 어디에 돈을 내야 할까? 부자 나라의 가난한 사람들이 가난한 나라의 가난한 사람들보다 훨씬 더 부유한 상황에서 부자 나라의 기부자가 자기가 사는 도시나 주, 국가의 경계선 안에서 돈을 내놓는 행동은 올바른 걸까?

● 사람들에게 자선을 베푸는 행동은 타인의 존엄성에 대한 모욕일까? 기부자는 어떤 불우한 사람도 자선을 받는 위치에 놓일 필요가 없는 (사회 환경을) 대의를 선호해야 할까? 또는 불우한 사람의 존엄성을 지킬 수 있는 방법을 결정하려 하는 행동은 지나치게 오만한 태도일까?

**왜**

● 왜 자선을 하는 걸까? 자선은 도덕적 요구인가, 종교적 의무인가, 아니면 단지 개인적 선호의 문제인가? 자선 사업에 돈을 내는 사람은 기본적인 책임 이상을 지는 것인가, 아니면 사람이라면 누구나 해야 하는 일을 할 뿐인가?

● 노벨 경제학상을 받은 허버트 사이먼Herbert Simon은 부자 나라에서 사람들이 '버는' 돈에서 최소한 90퍼센트는 '사회적 자본', 곧 그 나라의 기술, 사회적 네트워크, 좋은 정부 덕분이라고 추정했다. 사이먼은 말했다. "도덕적 견지에서 보면, 모두에게 90퍼센트의 소득세 부과를 주장할 수도 있다." 그렇다면 개인이 자기 소득의 대부분을 갖는 일은 옳은 일일까? 사이먼의 계산이 옳다면, 모든 사람에게 '많은 돈을 공동체에 돌려주'라고 요구해야 하지 않을까?[3]

● 자선 사업에 돈을 내는 궁극적인 이유는 정말 이기심일까? 토머스 홉스는

사람들은 제 고통을 덜고 싶어 거지에게 적선을 한다고 말했다.[4] 오늘날 경제학자와 심리학자들은 '기부가 주는 따뜻한 만족warm glow of giving'에 관해 이야기한다. 많은 사람들은 자기를 내세우거나 사업 거래에 쏟아지는 비판을 막으려고 자선 사업에 돈을 내놓는 듯하다. 필란트로피 기부가 이기심에 따른 행동이라면, 과연 칭찬할 만한 일일까? 그리고 익명으로 기부를 한다면, 기부의 도덕적 성격이 커질까?

## 어떻게 돈을 모아야 할까

● 자선 사업은 거리 홍보 요원(**자선 강도**charity mugger 또는 chugger라는 멸칭으로 불린다)에게 모금액의 일정 비율을 지급할 때 종종 꽤 많은 돈을 모금할 수 있다. 마찬가지로 에이본 재단Avon Foundation은 유방암 연구에 쓸 기금을 모금할 때 높은 급여를 받는 사장이 이끄는 영리 회사를 재단 소속의 비영리 직원으로 교체한 뒤에 모금액이 3분의 1로 줄었다. 이런 사실은 시장 원리가 더 뛰어나다는 점을 반영하는 걸까, 아니면 기업의 기회주의를 반영하는 걸까? 좋은 일을 위해 모으는 돈이 줄어드는 대가를 치르더라도 자선 모금 책임자 자신은 영리 동기를 추구해서는 안 될까?

● 자선 단체는 경쟁을 통해 다른 곳으로 갈 기부금을 뺏어와 자기 기관 기부금을 늘여야 할까? 이런 제로섬 기금 모금 '무기 경쟁arms race'은 전체로 보면 자멸로 나아가는 짓이 아닐까?

● 기금 모금에서 속임수가 필요하다면 어느 정도나 허용되는 걸까? 이를테면 한 자선 단체가 잠재적 기부자에게 자기가 내는 돈이 **특정한** 어느 가난한 어린이를 후원하는 데 쓰인다고 믿게 유도하는 허위 광고를 하는 행동을 용인해야 할까? 일대일 후원은 무척 비효율적이며, 실제로 어떤 대규모

자선 단체도 개인 기부금을 특정한 어린이에게 직접 전달하지는 않는다. 그렇지만 일대일로 후원한다는 생각은 잠재적 기부자에게 아주 매력적이며, 이런 방식의 후원을 중심으로 캠페인을 벌이면 더 많은 돈이 모인다. 비정부 기구가 잠재 기부자에게 특정한 어린이를 후원한다는, 사실과 다른 생각을 하게 만든다 할지라도, 이 캠페인으로 모은 돈이 실제로 가난한 어린이를 돕는 데 쓰인다면 도덕적으로 용인할 수 있을까?

● 기금 모금에서 보여주는 이미지에 어떤 제약이 있어야 할까? 비쩍 마른 마을 사람, 특히 어린이가 파리도 쫓지 못한 채 축 처진 모습으로 앉아 있는 사진은 종종 기금 모금에서 효과를 발휘한다. 그렇지만 이런 사진은 어떤 사람들(특히 아프리카 사람들)은 대부분 무기력하고 수동적인 피해자라는 서구의 고정관념을 강화하기도 한다. 자선 단체는 '빈곤 포르노그래피 pornography of poverty'를 피해야 할까? 아니면 이런 광고는 더 많은 돈을 모을 수 있다는 사실로 정당화될까?

● 자선 단체는 '더러운' 돈, 이를테면 해외 독재자나 인권 침해에 관련된 기업의 돈을 받아야 할까? 한편으로 보면 기부금을 좋은 일에 쓸 수 있다. 다른 한편으로 보면 자선이 기부자를 그릇되게 정당화하거나 피 묻은 돈을 받아들이는 일로 비칠 수 있다. 자선 사업이 절대 기부금을 받으면 안 되는 대상이 있을까?

● 여러 나라는 조세 유인을 제공해서(예를 들면 기부 연금※에 세제 혜택을 주어) 필란트로피를 장려해야 할까? 아니면 그냥 세금을 걷어 관련 자금을 제공해야 할까? 기부자에게 큰 폭의 세제 혜택을 제공해 형편이 어려운 기관과 개인에게 분배할 정부 수입이 많이 줄어들 때, 이런 세제 혜택은 정당한 걸까? 미국 정부는 기부에 재정을 지원하면서 연간 조세 수입 500억 달러를 손해 본다. 그리고 이런 기부

※ 기부자가 현금이나 주식, 부동산 등을 비영리 기구에 신탁 기부한 뒤 여생 동안 연간 수입을 보장받고 세상을 떠나면 기구에 완전히 기부되는 방식을 가리킨다.

중 몇몇은 미국의 전반적 불평등을 감소시키지 못한다.[5] 이게 정당한 일일까? 이런 일을 과연 **필란트로피**라고 부를 수 있을까? 아니면 특정 분야에만 세제 혜택을 주는 식으로 기부금을 유도해 사람들의 욕구를 제대로 충족시킬 수 있도록 기부를 감독하고 구조화할 수 있을까? 유도 장치 없이 개인이 선택하는 것보다 더 바람직한 방향으로 말이다.[6]

● 자선 기부금에 대한 세제 혜택은 자선 사업이 과제 수행에서 성공을 입증한 사실에 근거를 둬야 할까?


## 자선 단체는 모은 돈을 어떻게 써야 할까

● 자선 기금은 오로지 최대한 많은 인간 생명을 구하고 인간의 고통을 덜어주는 데만 써야 할까? 생명을 구하고 고통을 덜어주는 일보다 더 중요한 일이 무엇이 있을까? 다른 데 돈을 쓰는 일은 어떻게 정당화할 수 있을까?

● 자선 단체는 재원을 부담하는 기부자들의 대리인이다. 자선 단체는 돈의 사용과 그 성과와 관련해 더 많은 투명성과 책임성을 가져야 할까? 자체 규제로 충분할까? 새로운 입법이 필요할까?

● 자선 기부는 과연 효과를 발휘할까? 지금까지 수십 년 동안 기부가 이어졌지만, 해외 자선 원조가 상당한 도움이 됐다는 증거는 충분하지 않다. 어떻게 도와야 할지를 모른다는 사실을 깨달았을 때 자선을 통해 세계를 개선하려는 노력을 '그만둬야' 할까? 아니면 원조 사업의 위험 요소들을 중화할 수 있는 개혁 조치가 있을까?

## 이 책의 개요

이 책은 필란트로피 윤리라는 새로운 장에 기여하려는 최초의 중요한 시도다. 필자들은 필란트로피의 이론과 실천, 과거와 미래, 설계와 실행, 기금 모금과 사후 평가 같은 분야에서 방대한 경험을 갖고 있다. 또한 각자가 지닌 전문성의 견지에서 필란트로피의 특정 차원에 초점을 맞추며, 이런 과정을 거쳐 기부의 윤리와 관련된 폭넓은 쟁점들을 조명한다.

이 책에 실린 글들은 이 분야에 종사하는 개인, 기업, 비정부 기구, 국가, 국제기구, 구호 활동가에게 주어지는 윤리적 요구에 관련된, 서로 중첩되고 보강하는 견해를 제시한다. 또한 필란트로피 활동에 관여하는 조직의 동기, 설립, 유지, 정당성, 유효성 등을 다룬다. 이타주의와 이기주의, 사회적 필요를 충족시키는 것과 책임성 없는 권력, 다원주의의 증진과 자원 낭비 등 필란트로피의 긍정적 측면과 부정적 측면이 모두 언급된다. 필자들은 이 문제들이 갖는 도덕적 쟁점의 무게와 중요성을 반영하며 필란트로피와 윤리라는 주제에 접근한다. 여러 학문 분야를 통합하는 이 책에서 가장 주목할 만한 점은 그 안에 담긴 윤리적이고 실천적인 지혜. 각각의 논의가 다루는 범위와 깊이는 놀라운 수준이며, 이 책에 실린 글들은 기부를 둘러싼 윤리적 쟁점들을 독보적인 차원에서 소개한다.

피터 싱어는 묻는다. 억만장자는 무엇을 기부해야 하는가, 그리고 당신은? 모든 인간이 평등하다는 도덕적 전제를 출발점으로 삼는 싱어는 전 세계에서 수많은 어린이들이 쉽게 예방할 수 있는 병 때문에 죽어가는 상황에서 우리가 이 전제를 믿는다고 주장할 수 있는지 의문을 던진다. 이런 생각에 자극받은 빌 게이츠는 엄청난 재산을 내놓았다. 그렇지만 그렇게 많은 돈을 기부한 뒤에도 게이츠는 여전히 막대한 액수의 돈을 손에 쥐고 있다. 게이츠는 충분한 기부를 한 걸까? 워렌 버핏은 어떨까? 생판 모르는 사람에게 신장 한 쪽을 떼어준 젤 크라빈스키는? 미국은 자원의 일부만 내놓아도 시급한 과제인 밀레니엄 개발 목표Millennium Development Goals·MDGs를 달성할 수 있는데, 현재의 기부 수준을 충분하다고 볼 수 있을까? 싱어는 도덕의 기초를 두루 둘러본 뒤 구체적인 행동 지침이 되는 답변을 내놓는다.

2004년 아시아를 휩쓴 쓰나미 같은 극적인 비상사태가 헤드라인을 장식하면서 자선 기부의 수문이 열리기는 했지만, 실제로는 모든 자연재해를 합친 것보다 만성적인 빈곤 때문에 사망하는 사람이 몇 배나 많다. 로버트 리델이 이야기하는 대로 연간 만성 빈곤과 재해의 사망자 비율은 150 대 1에서 200 대 1 사이다. 엘리자베스 애시퍼드는 싱어의 연구를 바탕으로 재해 피해자를 도울 의무와 지독한 빈곤이라는 부정의로 고통받는 이들을 도울 의무를 구분한다. 정교한 철학적 논의를 통해 애시퍼드는, 두 집단의 사람들을 모두 도와야 한다는 의무가 있지만 빈곤이라는 거대하고 체계적인 부정의를 생각할 때 가난한 사람들을 도와야 할 의무가 더욱 절대적이라고 주장한다.

국제 원조 비정부 기구는 해외에서 '도움을 주려고' 노력해야 한다. 비정부 기구가 어디에 도덕적 우선순위를 둬야 하는지에 관해 체계적으로 사고하는 일은 중요하다. 그런데 같은 비용으로 다른 곳에서 형편이 더 나쁜 더 많은 사람들을 보호할 수 있음에도 불구하고 그냥 가난한 사람들을 보호하는 데 그친다면 도덕적으로 옹호받을 수 있는가? 규모가 큰 비정부 기구는 자기들의 활동을 여러 개발도상국에 '공정하게' 분할해야 하는가? 아니면 가장 큰 도움을 줄 수 있는 곳에 집중해야 하는가? 비정부 기구가 한정된 자금을 놓고 경쟁하는 것은 (용인된다면) 어떤 경우에 용인되는가? 그리고 비정부 기구는 기부자들의 부당한 (예를 들면 인종차별주의적인) 사업을 계획에 통합시켜야 하는가? 엄격하고 도발적인 글에서 토머스 포기는 기본적인 도덕 원칙을 일관되게 적용하려면 국제 비정부 기구가 자기들의 사명을 이해하는 방식에 대한 우리의 이해를 혁명적으로 바꿀 필요가 있다는 점을 보여준다.

존 엘스터는 사람들이 왜 자선 사업에 돈을 내느냐는 오래된 질문을 탐구하기 위해 최신 기법을 동원한다. 기부는 타인을 향한 사심 없는 관심에서 생겨난 기본적인 이타주의인가? 아니면 기부는 기본적으로 이기적인 행동, 곧 기부자의 물질적 안녕을 극대화하려는 간접적 전략인가? 엘스터는 게임 이론을 활용해 이 두 가지 설명이 우리가 실제로 세상에서 목격하는 기부의 규모와 종류를 설명할 수 있는지 의문을 던진다. 엘스터는 최신 뇌 영상 연구로 뒷받침될 수 있는 셋째 동기 유형을 검토한다. 이 동기화는 사람들이 자기중심적으로 기부를 한다는 주장이다. 사람들은 자기에 관해 좋은 기분을 느끼려는 욕망에서 '따뜻한 만족warm glow'을 누리기 위해 행동한다. 우리가 목격하는 기부의 많은 부분은 자기중심주의로 설명될 수 있지만, 엘스터는 독특한 비합리성이 존재한다는 사실을 밝힌다. 자기중심적 기부자 유형은 대부분 자기를 속여야 하기 때문이다. 자기중심적 기부자는 자기가 자기중심적으로 행동하지 않는다고 믿을 때만 기부에 따른 '따뜻한 만족'을 얻는다.

세계화를 통해 '세계가 네트워크로 연결'되면서 지구상에 여전히 엄청나게 존재하는 극심한 빈곤이 생생하게 드러났으며, 빈곤을 줄일 수 있는 새로운 기회가 존재한다는 희망이 생겨났다. 글로벌 빈곤에 관심이 있는 이들은 개인적으로 돕는 행동과 해외 원조를 늘리도록 정부를 압력하는 일 사이에 자원을 어떻게 분할할지를 결정해야 한다. 로저 리델은 해외 원조의 개요를 잘 보여준다. 리델은 공적 개발 원조에서 가장 중요한 쟁점들, 즉 원조가 어떤 효과를 발휘하는지에 관해 우리가 얼마나 많이 알고 있는지, 공여국이 효과적 원조를 제공하려 노력하면서 부딪힐 새로운 과제는 무엇인지 등을 개괄적으로 설명한다. 리델은 원조 '회의론자'도 아니고 '열광적 지지자'도 아니지만, 이 분야에서 여러 해에 걸쳐 진행된 연구와 실천을 바탕으로 예리한 시각에서 공적 개발 영역을 평가한다.

레이프 위나는 부유한 개인들에게 비정부 기구가 전세계 극빈층의 생명을 구하는 일을 돕기 위해 지원할 돈을 보내달라는 피터 싱어의 호소로 돌아간다. 위나는 수표에 서명하는 부자와 이 혜택을 받기로 한 가난한 사람 사이에 놓인 무척 복잡한 정치적, 경제적, 사회적 환경을 개괄적으로 설명한다. 그리고 글로벌 빈곤이 직면한 도덕적 위기를 극복하기 위해 행동하려는 이들은 이런 행동이 곤궁한 이들에게 도움이 되리라는 확신 없이도 행동을 해야 한다는, 그리고 실제로 자기가 한 행동 때문에 몇몇 가난한 사람들은 형편이 되려 나빠질 가능성이 있다는 것을 숙고해야 한다고 결론짓는다.

알렉스 드 발은 시선을 돌려서 도움을 받을 사람들이 구호 활동가와 평화 중재자들을 어떻게 바라보는지 검토한다. 수단을 핵심 연구 사례로 삼아 필란트로피 단체에 자금을 대는 사람들 눈에 이런 '필란트로피의 민족지학 ethnography of philanthropy'이 얼마나 놀라울 수 있는지를 보여준다. 많은 수단 사람들은 도와줘야 할 피해자나 구호를 제공해야 할 수동적 수혜자이기는커녕 이 단체들을 일자리 공급처로 여기거나 정부의 탄압을 피하는 은신처 또는 공직 선거 운동의 기반 등으로 활용한다. 요컨대 필란트로피 단체나 연관된 자원들은 종종 그 나라의 정치에서 권력과 후원의 네트워크에 흡수돼 일정한 구실을 한다. 드 발은 이 현상을 어쩔 수 없다고 보고 비난하지는 않지만, 이런 흡수가 예상된다는 점에서 독특한 윤리적 딜레마가 제기된다.

요즘 공적개발 공동체 안에서 책임성 문제를 둘러싸고 거센 싸움이 벌어졌다. 몇몇 항의자들은 세계은행이나 국제통화기금IMF 같은 다자 기구가 전세계 빈민들에 관한 책임성이 부재하다고 가차없이 불만을 토로했지만, 데이비드 리프David Rieff는 이런 불만을 제기하는 이들에게 누가 비정부 기구를 선출했느냐고 맞받아쳤다. 케네스 앤더슨은 리프의 질문을 이어받아 초국적 인도주의 기구의 역사를 추적한다. 19세기 중반의 출발점부터 냉전을 거쳐 세계화 시대에 이르기까지 비정부 기구는 국가나 개인이 할 수 없는 시급한 임무를 수행해야 한다는 이유로 필란트로피 지원을 요청했다. 그런데 시애틀에서 세계무역기구 반대 시위라는 결정적이고 강렬한 사태가 벌어진 뒤, '글로벌 시민사회' 조직들은 글로벌 거버넌스의 새로운 모델을 정당화하거나 개별 국가보다는 세계 인류를 잘 대변하겠다는 약속을 이행할 수 없다는 사실을 드러냈다. 앤더슨은 원대하지만 때로는 공허한 대중적 홍보를 근거로 초국적 비정부 기구를 통해 필란트로피를 실천하려 하는 이들에게 흥미진진한 이야기를 들려주면서 정신이 번쩍 드는 교훈을 전한다.

물론 책임성은 단순히 국제 금융 기구와 비정부 기구만의 문제는 아니다. 데베시 카푸르는 선구적인 통찰을 담은 글에서 세밀한 조사를 받지 않는 핵심적 기구인 대학의 책임성 문제를 놓고 씨름한다. 부자 나라의 교수들은 전세계 가난한 사람들의 삶에 큰 영향을 미친다. 교수들은 가난한 나라의 정부에 조언을 하고, 가난한 나라의 엘리트들을 가르치고, 열대병 치료약을 만들고, 많은 발전 의제를 설정한다. 전체적으로 보면 상황은 더 심각하다. "미국 대학들이 지금 진행 중인 국제 개발 관련 프로젝트의 사업비 총액은 세계은행의 사업비 총액을 넘어선다." 그런데 교수들이 책임을 다하도록 보장하는 기제는 무엇일까? 카푸르는 책임성과 학문의 자유라는 가치의 중요성이 비교되는 과정을 보여준다. 그리고 대학이 경제 발전에서 수행하는 많은 역할을 이해한다면 자선 기부자들은 자기가 한 기부의 용도를 지정하는 방식으로 책임성을 보증하는 주체가 될 수 있다는 점을 제기한다.

롭 라이시는 자선 기부에 세제 혜택을 주는 미국 조세법을 전반적으로 살피면서 이런 법률을 어떻게 정당화할 수 있는지 묻는다. 자유로운 사회라면 시민들이 자기 돈을 내는 선택을 허용해야 하지만, 왜 사회는 개인들의 기부를 장려하기 위해 조세 수입을 포기해야 할까? 라이시는 가장 자연스러워 보이는 답들을 검토한 뒤 의외로 만족스러운 근거를 내놓는다. 자선 기부 공제 제도는 자유로운 사회에서 살아가는 사람들이 번성하는 다원적 민주주의를 발전시키는 일을 도울 수 있는 한 방법이기 때문이다.

퍼트리샤 일링워스는 자선 관련 조세 제도를 활용해 기부를 늘릴 수 있는 방법을 살펴본다. 일링워스는 사회적 자본과 필란트로피의 연관성에 초점을 맞추면서 사회적 자본에 자선 공제법이 미치는 영향을 고려하면 사회적 자본과 기부가 모두 늘어나는 결과를 낳는다고 주장한다. 또한 미국 국내에서 설립되거나 조직된 자선 사업에 관해서만 기부금 공제를 해주는 '물가 정책water's edge policy'※은 코즈모폴리턴 윤리의 관점에서 문제가 되며, 희소하지만 중요한 글로벌 사회적 자본의 축적을 악화시킬 수 있다.

※ 일반적으로 법률의 적용 대상을 국내에 한정하는 정책.

이런 조세 구조는 완전히 새로운 자선 사업을 시작하려는 부유한 개인들 집단에 자극을 줄 수 있다. 새로운 비영리 기구 설립을 위한 재산(이나 재단)을 가진 사람은 자기 나름의 전망이 있겠지만, 그래도 그 전망을 실행하는 올바른 방식이 무엇인지, 다른 누군가가 그런 선택에 영향을 받는지, 그리고 실제로 어떤 책임을 짊어지게 될지 등을 고찰해야 한다. 제임스 슐먼은 이런 사업에 관련된 폭넓은 경험에 기대어 '기금 출연자 겸 설립자'가 마주치는 현실적 과제들을 독자에게 두루 안내한다. 새로운 기관의 정체성을 세우는 일부터 비영리 기구를 지역 사회의 삶에 다가가게 하는 일, 기관 운영을 일일이 통제하려고 하지 않는 일에 이르기까지 슐먼은 신생 자선 기관에 활기를 불어넣는 과정에 따르는 위험과 보상에 관해 매혹적인 초보자용 읽을거리를 제공한다.

토머스 더블유 던피는 비영리에서 영리 세계로 눈을 돌리면서 좌파(기업은 진정한 필란트로피 목표를 추구할 수 없다고 생각한다)와 우파(애초에 기업이 자선 사업에 참여할 필요가 없다고 생각한다)의 비판을 모두 반박하며, 기업 필란트로피를 균형 있는 시각으로 살펴본다. 많은 기업이 정말로 지역 사회를 위해 봉사하려 노력하지만, 서투른 기획, 초점의 부재, 일관된 관리의 결여 같은 문제점 때문에 이런 노력이 지닌 진정한 잠재력은 종종 좌절된다. 던피는 도움을 극대화하려 하는 기업들에게 확고한 지침이 되는 교훈을 제시한다. 기업의 방식을 자선 사업에 적용하고, 핵심 역량을 긴밀하게 유지하며, 사업의 모든 단계에서 투명성을 높이라고 말이다.

이렇게 좋은 글들을 여럿 모으기는 했어도 필란트로피의 윤리에 관련된 시급한 문제들에서 아주 일부만 다룰 수 있을 뿐이다. 이런 질문들에 답하는 일은 이미 진행 중인 필란트로피 사업을 개선하는 데 중요할 뿐 아니라 미래의 기부자들에게 실질적인 길잡이를 제공하는 데도 중요하다.

부유한 사람들은 종종 자기를 위해 돈을 투자할 때는 무척 신중하게 생각하지만, 기부하는 사람들은 대부분 윤리적 체계를 바탕으로 돈을 내는 자선 사업을 선택하지 않거나 자기가 지원하는 단체가 실제로 현실에 어떤 영향을 미치는지를 거의 알지 못한다. 필란트로피의 윤리에 관한 진지한 연구는 기부를 하는 사람들에게 방향성과 정보, 심지어 영감까지 줄 수 있다.

이 책을 준비하는 도중에 와튼 경영대학원 조지프 콜로드니 기념 사회책임 교수이자 법학·기업윤리학과 학과장인 토머스 더블유 던피가 세상을 떠났다. 나는 이 죽음에 깊은 슬픔을 느끼며, 던피가 선구적인 연구를 개척한 두 주제, 곧 기업 윤리와 기업의 사회적 책임이 필란트로피하고 맺는 관계에 관해 보여준 통찰에 감사한다. 톰※ 던피는 지나치게 일찍 우리를 남겨두고 떠났다. 이제 던피가 우리를 위해 개척한 길을 따라 여행을 계속하는 일은 우리 몫이다.

---

※ '토머스'를 부르는 애칭.

# 1장

# 억만장자는 무엇을 기부해야 하는가

## 그리고 당신은 무엇을 기부해야 하는가

피터 싱어

한 인간의 생명이 지니는 가치는 얼마나 될까? 인간 생명에 가격표를 붙이고 싶은 생각이 들지 않겠지만, 정말 그래야만 한다면, 우리 대부분은 인간 생명의 가치가 수백만 달러에 이른다는 데 동의하게 된다. 우리는 또한 민주주의의 기본 토대, 그리고 인간 존재는 모두 고유한 존엄성이 있다고 공언한 믿음에 따라 모든 인간이 동등하게 창조됐다는 데 동의하게 된다. 적어도 성별이나 종족, 민족, 거주지에 따라 인간 생명의 가치가 달라진다고 보지는 않는다.

많은 인류가 생명을 위협하는 빈곤에서 헤어나지 못하는 상황에서 우리는 이 두 믿음, 곧 인간 생명은 어쨌든 가격을 매길 수 있다면 수백만 달러라는 믿음, 그리고 앞에 언급된 요소들에 따라 인간 생명의 가치가 달라지지 않는다는 믿음이 우리의 행동과 일치하고 있는지 자문해볼 수 있다. 아마 2006년에는 이런 질문들이 어느 해보다 가족 간 대화 저변에 깔려 있는 듯하다. 올해는 필란트로피, 특히 글로벌 빈곤에 맞서 싸우는 필란트로피에 관련해 특별한 해기 때문이다.

마이크로소프트 창립자인 빌 게이츠도 어느 날 개발도상국의 질병에 관한 기사를 읽으면서 매년 50만 명의 어린이가 중증 설사를 유발하는 가장 흔한 원인인 로타 바이러스 때문에 목숨을 잃는다는 통계를 접했다. 그리고 모든 인간 생명을 소중히 여긴다는 이상과 잔인한 현실이 부딪히기 시작했다. 게이츠는 로타 바이러스에 관해 들어본 적이 없었다. 혼잣말이 튀어나왔다. "어떻게 해마다 어린이 50만 명을 죽이는 병에 관해 처음 들을 수가 있지?" 뒤이어 개발도상국에서는 미국에서 박멸된 여러 질병으로 수백만 명의 어린이가 사망한다는 사실을 알게 됐다. 게이츠는 충격을 받았다. 생명을 구할 수 있는 백신과 치료약만 있으면 각국 정부가 이 약을 필요로 하는 사람들에게 전달하기 위해 가능한 모든 일을 하리라고 생각했기 때문이다. 2005년에 제네바에서 열린 세계보건총회의 한 회의에서 빌 게이츠와 멜린다 게이츠 부부는 말했다. "오늘날 우리가 사는 세계에서는 어떤 생명은 구할 가치가 있다고 여겨지고 다른 생명은 그런 대접을 받지 못한다는 잔인한 결론을 피할 수 없었다." 두 사람은 마음속으로 생각했다. "이게 사실일 리 없어." 그렇지만 둘은 사실이라는 점을 알고 있었다.[1]

게이츠는 2010년대에는 개발도상국 어린이의 죽음도 선진국 어린이의 죽음하고 똑같이 비극적인 사건이라는 사실을 받아들이게 될 것이라 전망하며, 세계보건총회의 연설을 낙관적 어조로 끝맺었다.[2] 모든 인간 생명의 가치가 동등하다는 믿음은 빌과 멜린다 게이츠 재단Bill and Melinda Gates Foundation 웹사이트에서도 두드러진다. '우리의 가치'라는 제목 아래 '모든 생명은 어디에서 영위되든 간에 동등한 가치를 지닌다'는 문구가 눈에 들어온다.[3]

우리의 현실은 이런 믿음 그대로 행동하는 모습하고는 거리가 멀다. 10억 명이 넘는 사람들이 유례없는 수준의 부를 누리며 사는 이 세계에서 다른 10억 명은 하루에 1달러 이하에 해당하는 구매력으로 생존을 위해 분투한다. 세계 극빈층의 대부분은 영양 결핍에 깨끗한 식수나 기본적인 보건 의료 혜택을 누리지 못하며, 아이를 학교에 보내지도 못한다. 유니세프UNICEF에 따르면 매년 1000만 명 이상, 즉 하루에 약 3만 명의 어린이가 조금만 주의하면 피할 수 있는 빈곤 관련 문제로 사망한다.

지난 6월, 투자자 워런 버핏은 310억 달러를 게이츠 재단에 기부하고 60억 달러를 다른 자선 재단에 기부하겠다고 약속하면서 이런 죽음을 줄이기 위한 의미심장한 걸음을 내디뎠다. 버핏이 기부를 약속하고 빌과 멜린다 부부가 재단에 300억 달러 가까운 돈을 내놓으면서 21세기의 처음 10년은 새로운 '필란트로피의 황금시대'가 될 게 분명해졌다. 인플레이션 조정을 감안할 때, 버핏은 지난날 필란트로피의 두 거물인 앤드루 카네기와 존 디 록펠러가 내놓은 액수보다 두 배가 넘는 금액을 죽을 때까지 기부하겠다고 약속했다. 빌과 멜린다 부부가 내놓은 기부도 크게 뒤지지 않는다.

게이츠 부부와 버핏이 기부한 돈은 이제 주로 개발도상국의 빈곤과 질병, 유아 사망을 줄이는 활동에 쓰일 것이다. 세계보건연구포럼Global Forum for Health Research에 따르면, 전세계 90퍼센트 질병 상황에 맞서 싸우는 데 투입되는 돈은 세계 보건 연구 예산의 10퍼센트도 되지 않는다. 과거에 가난한 사람들만 걸리는 질병은 제약 회사에 아무런 상업적 이익이 되지 않았다. 가난한 사람들은 이 회사들이 만드는 약품을 살 돈이 없기 때문이다. 게이츠 재단의 든든한 지원을 받는 세계백신면역연합Global Alliance for Vaccines and Immunization(GAVI)은 말라리아 같은 질병에 대한 예방 백신이 개발되면 수백만 개의 구입을 보장하는 식으로 이런 상황을 바꾸려 한다. 세계백신면역연합은 또한 개발도상국들이 이미 개발된 백신으로 더 많은 사람에게 예방 주사를 놓는 일을 지원하고 있다. 지금까지 9900만 명의 어린이가 추가로 예방 접종을 받았다. 세계백신연합은 이런 노력을 통해 이미 170만 명에 가까운 이들이 죽음의 위협을 벗어났다고 주장한다.[4]

이런 규모의 필란트로피 활동은 많은 윤리적 질문을 제기한다. 기부를 하는 사람들은 왜 그런 행동을 하는 건가? 그런 행동이 조금이라도 도움이 되는가? 우리는 그렇게 많은 기부를 한다고 그 사람들을 칭찬해야 하는가, 아니면 더 많이 하지 않는다고 비판해야 하는가? 소수의 갑부들이 그렇게 중대한 결정을 내리는 상황이 과연 옳은 일인가? 그리고 이 부자들에 관한 판단은 우리 자신의 삶의 방식에 어떤 영향을 미치는가?

동기의 문제에서 출발하자. 부자들, 혹은 우리가 부자라고 생각하는 사람들은 경쟁자를 몰아내고, 노동자를 해고하고, 공장을 폐쇄하고, 그밖에 부를 손에 넣기 위해 닥치는 대로 무자비하게 행동하기 때문에 밤잠을 자지 못한다. 부자들이 돈을 기부할 때, 우리는 언제나 그 사람들이 양심을 달래거나 이름을 날리기 위해 돈을 내놓는다고 말할 수 있다. 이를테면《포춘》의 수석 편집장 데이비드 커크패트릭David Kirkpatrick 같은 사람들은 빌 게이츠가 필란트로피로 돌아선 것은 마이크로소프트가 미국과 유럽연합에서 독점 금지 문제에 시달린 사실과 관련이 있다고 말한다.[5] 게이츠는 의식적이든 무의식적이든 자기와 회사의 이미지를 개선하려 노력한 걸까?

이런 식의 비난은 공격받는 사람들보다 공격하는 사람들에 관해 더 많은 사실을 말해준다. 큰돈을 기업 광고나 신제품 개발에 쓰는 대신 기부를 하는 것은 개인적 부를 늘리기 위한 현명한 전략이 아니다. 누군가 남을 돕기 위해 자기가 가진 돈이나 시간을 많이 내놓았다는 소식을 들을 때면, 우리는 우리 자신의 행동을 돌아보게 된다. 그렇지만 부자들이 단순히 자기 이미지를 개선하거나 과거의 악행, 물론 우리가 저지른 잘못에는 견줄 수 없는 악행을 보상하기 위해 돈을 내놓는다면, 그 사람들이 하는 일은 우리가 해야 하는 일과 아무런 관련이 없다.

우리는 모두 각자의 이익을 위해 행동한다고 주장한 17세기 영국 철학자 토머스 홉스에 관한 유명한 이야기가 하나 있다. 홉스가 거지에게 적선을 하는 모습을 본 신부가 그리스도가 우리에게 적선을 하라고 명하지 않았더라도 그렇게 했겠느냐고 물었다. 홉스는 적선을 했을 것이라고 대답했다. 자기는 노인의 비참한 상태를 보는 일이 고통스러웠고, 자기가 준 적선은 노인이 비참을 조금 면하게 하면서 또한 자기의 고통도 덜어줬다는 말이었다. 이 대답으로 홉스가 베푼 자선과 인간 동기에 관한 홉스의 이기주의 이론은 조화롭게 되지만, 이기주의의 신랄한 요소는 대부분 사라지고 만다. 이기주의자가 도탄에 빠진 낯선 이를 보면서 고통을 느낀다면, 이타주의자만큼이나 자선을 베풀 수 있게 된다.

18세기 독일 철학자 임마누엘 칸트의 추종자들은 여기에 동의하지 않을 것이다. 그 사람들은 어떤 행동이 도덕적으로 가치가 있는 경우는 의무감에서 우러나온 행동일 때뿐이라고 생각한다. 칸트 추종자들에 따르면, 단지 어떤 일이 즐겁거나 그 결과를 보는 일이 즐겁다는 이유로 하는 행동은 도덕적 가치가 없다. 어쩌다가 이제 그 행동이 즐겁지 않으면 하지 않을 테고, 또한 의무의 요구에 따를 책임은 있는 반면 좋아하는 일과 싫어하는 일에 관해서는 아무런 책임이 없기 때문이다.

아마 몇몇 필란트로피스트는 의무감 때문에 움직일 듯하다. 모든 인간 생명이 동등한 가치를 지닌다는 점을 제외할 때, 게이츠 재단 웹사이트에 따르면 재단 활동의 핵심에 있는 '단순한 가치'는 다음과 같다. "많은 것을 누린 이들에게는 많은 것이 기대된다." 이 문구는 큰 부를 가진 사람은 자기 이익보다는 더 큰 목적을 위해 그 부를 사용할 의무가 있다는 견해를 암시한다. 그렇지만 이런 동기의 문제는 게이츠나 버핏의 성격에 관한 우리의 평가하고는 관련이 있을지 몰라도 두 사람이 하는 일의 효과를 생각할 때는 별로 중요하지 않다. 로타 바이러스 때문에 자식을 잃을지 모르는 부모는 기부하는 사람의 동기보다는 자식의 목숨을 구해줄 도움을 얻는 일에 더 관심이 많다.

흥미롭게도 게이츠나 버핏이나 지상에서 선행을 해 천국에서 보상을 받을 가능성 때문에 기부를 하는 듯하지는 않다. 게이츠는 《타임》을 만나 한 인터뷰에서 '일요일 아침에' 교회에 가는 일보다 '할 수 있는 일이 더 많다'고 말했다.[6] 이 두 사람을 자유사상으로 유명한 앤드루 카네기하고 합치면 미국의 위대한 필란트로피스트 네 명 중 세 명이 무신론자나 불가지론자가 된다(존 디 록펠러는 예외다). 전체 인구의 96퍼센트가 하느님을 믿는다고 말하는 나라에서는 놀라운 사실이다. 이런 점에서 보면 게이츠와 버핏은 아마 독실한 로마 가톨릭 신자로서 내세의 보상과 징벌을 믿은 마더 테레사 같은 사람보다 자선에 대한 이기적인 마음이 더 적을 듯하다.

동기에 관한 질문보다 더 중요한 것은 부자가 기부를 할 의무가 있는지, 만약 있다면 얼마를 내놓아야 하는지에 관한 질문이다. 몇 년 전 워싱턴에 있는 미주개발은행에 가느라 탄 택시에서 아프리카계 미국인 운전사가 내게 그 은행에서 일하느냐고 물었다. 나는 은행에서 일하지는 않고 개발과 원조에 관한 회의에서 발언을 하려고 간다고 말했다. 그러자 운전사는 나를 경제학자라고 생각한 모양이었다. 경제학자가 아니라 철학자라고 내가 말하자 미국이 해외 원조를 해야 한다고 생각하느냐고 물었다. 내가 그렇다고 대답하자, 택시 운전사는 정부가 다른 나라 사람들한테 돈을 주려고 국민에게 세금을 매겨서는 안 된다고 대꾸했다. 그 사람이 보기에 그건 강도질이었다. 부자가 자기가 번 돈의 일부를 자발적으로 가난한 사람들에게 기부해야 한다고 생각하는지 묻자 운전사는 누군가 일을 해서 돈을 벌었다면, 그 돈을 어떻게 쓰라고 말할 생각은 없다고 대답했다.

그 순간 우리는 목적지에 도착했다. 계속 차를 달렸으면, 누군가 큰돈을 벌 수 있는 경우는 유리한 사회 환경에서 사는 때뿐이며 돈을 번 사람 자신이 그 환경을 만든 것은 아니라고 운전사를 설득하려 했을지 모른다. 자기가 쌓은 부의 많은 부분은 사회 덕분이라는 사실을 인정한 워렌 버핏의 말을 인용했을 수도 있다. 버핏은 말했다. "나를 방글라데시나 페루 한가운데에 던져놓으면 그렇게 좋지 않은 땅에서 이 재능으로 얼마나 많은 수확을 얻게 될지 알게 될 것이다."[7] 노벨상을 받은 경제학자이자 사회과학자인 허버트 사이먼은 미국이나 서유럽 또는 북유럽 같은 부유한 사회에서 사람들이 버는 돈의 최소한 90퍼센트는 '사회적 자본' 덕분이라고 추산했다. 사이먼이 말하는 사회적 자본이란 천연자원만이 아니라 더 중요한 요인인 공동체가 보유한 기술과 조직 기능, 좋은 정부의 존재 등이다. 이런 요인들이야말로 부자들이 일을 시작할 수 있는 토대이다. 사이먼은 덧붙였다. "도덕적 견지에서 보면 90퍼센트의 정율 소득세를 주장할 수도 있다." 물론 사이먼은 그렇게 무리한 세율을 주장하진 않았다. 의욕 저하 효과를 잘 알고 있었기 때문이다. 그렇지만 이 계산에 따르면 부자가 축적한 부는 모두 고된 노력을 기울인 결과물이기 때문에 자기 부를 고스란히 소유할 자격이 있다는 주장의 토대가 허물어진다. 사이먼의 말이 옳다면, 이런 주장은 기껏해야 부자가 가진 부의 10퍼센트에만 해당되기 때문이다.

어쨌든 누구나 자기가 버는 돈을 가질 자격이 있다는 사실을 인정한다 할지라도, 그렇다고 해서 그 돈을 어떻게 써야 하느냐는 질문에 답이 되지는 않는다. 화려한 파티나 개인 소유 제트기, 호화 요트에 쓰든, 아니면 화장실 변기에 넣고 물을 내리든 간에 마음대로 할 권리가 있다고 말할 수도 있다. 그렇지만 여전히 우리는 쉽게 예방할 수도 있는 질병으로 사람들이 죽어 가는데 부자들이 이렇게 돈을 쓰는 것은 잘못이라고 생각할 수 있다. 지금의 방글라데시에서 반인도주의적 비상 상황이 벌어지던 30여 년 전에 쓴 글에서 나는 얕은 연못 옆을 지나는데 어린 아이가 물에 빠져서 익사할 위험에 놓인 사례를 든 적이 있다. 그 아이가 물에 빠지는 데 우리가 아무런 원인을 제공하지 않았다 할지라도, 만약 우리가 아주 작은 불편이나 수고를 감수하고 아이를 구할 수 있다면, 거의 누구나 아이를 구해야 한다는 데 동의한다. 아이를 구하지 않는 다른 어떤 행동도 무정하고 부당하며, 한마디로 잘못된 일이다. 아이를 구하다가 이를테면 새로 산 신발이 못쓰게 될 수도 있다는 사실은 아이가 익사하게 내버려둘 만한 타당한 이유가 되지 못한다. 마찬가지로 신발 한 켤레 값으로 어느 개발도상국의 보건 프로그램에 기부를 해서 한 아이의 생명을 구할 가능성이 높아진다면, 우리는 마땅히 그렇게 해야 한다.

그렇지만 가난한 사람을 도와야 하는 우리의 의무는 이 사례에 함축된 것보다 훨씬 크다. 우리는 아이가 연못에 빠진 일에 아무 책임이 없는 통행인만큼 무고하지 않기 때문이다. 예일 대학교 교수인 철학자 토머스 포기는 적어도 우리가 누리는 풍요의 일부는 가난한 사람들을 희생시켜 얻은 것이라고 주장한다.[8] 포기는 통상적으로 비판받는 개발도상국의 농산물 수출을 가로막는 유럽과 미국의 장벽뿐 아니라 개발도상국과 미국 사이의 무역에서의 생소한 측면들을 근거로 제시한다. 이를테면 인터내셔널 기업들은 집권 과정에 상관없이 모든 나라의 정부에서 천연자원을 사들인다는 점을 지적한다. 이런 이유 때문에 여러 집단이 정부를 무너뜨리려 하는 막대한 경제적 유인이 생겨난다. 반란에 성공하면 원유나 광물, 목재를 마음껏 팔아치울 수 있기 때문이다.

포기에 따르면 국제적 기업들은 개발도상국의 부패한 독재자들과 거래를 한다는 점에서 훔친 물건인 줄 알면서도 사는 사람보다 나을 게 없다. 차이가 있다면 국제적인 법 질서와 정치 질서에서 이 기업들을 훔친 물건을 취한 범죄자가 아니라 매입한 물건의 합법적 소유자로 인정한다는 것이다. 물론 이런 상황은 번영을 유지하는 데 필요한 원료를 획득할 수 있기 때문에 선진 산업국에는 이익이 되지만 자원이 풍부한 개발도상국에는 재앙이다. 본디 혜택이 돼야 하는 풍부한 자원이 저주로 바뀌고, 그 결과로 쿠데타와 내전, 부패의 악순환이 꼬리를 물며, 이런 자원이 국민 전체에게 거의 이득이 되지 않기 때문이다.

이런 점에서 볼 때 가난한 사람들에 대한 우리의 책임은 낯선 이에게 도움을 베푸는 문제가 아니라 우리가 야기했고 지금도 야기하고 있는 피해를 보상하는 문제다. 어떤 이는 우리의 풍요가 사실 가난한 사람들에게 이롭기 때문에 그들에게 보상할 필요가 없다고 주장할지 모른다. 사치스러운 생활은 일자리를 창출하며, 따라서 부가 물방울처럼 아래로 떨어져서 가난한 사람들을 돕는 효과가 원조보다 더 크다는 것이다. 그렇지만 선진 산업국의 부자들은 사실 극빈층이 만든 물건을 전혀 사지 않는다. 경제 세계화가 진행된 지난 20년 동안 교역이 확대되면서 전세계의 많은 빈민이 빈곤에서 벗어날 수 있었지만, 세계 전체 인구에서 가장 가난한 10퍼센트는 혜택을 받지 못했다. 대부분 사하라 사막 이남 아프리카에 사는 극빈층의 일부는 부자들에게 팔 만한 물건이 아무것도 없으며, 다른 극빈층은 물건을 시장까지 가지고 갈 기반 시설이 모자란다. 작물을 항구까지 가지고 갈 수 있다손 치더라도 유럽과 미국이 자국 농민들에게 보조금을 지급하기 때문에 팔 수가 없다. 이를테면 규모가 훨씬 크고 부자인 미국의 목화 생산업자들을 상대로 경쟁하는 서아프리카 목화 생산자들처럼, 부자 나라에서 보조금을 받는 생산자들보다 생산 비용이 낮더라도 판매는 힘들다.

이런 문제들의 해결 방법은 민간 필란트로피 사업이 아니라 국가에서 내놓아야 한다. 원조가 정부를 통해 진행되면 면세 수준 이상을 버는 사람은 누구나 일정한 몫을 낼 수 있고, 더 낼 능력이 있는 사람들에게 추가로 걷으면 된다. 우리는 게이츠와 버핏의 행동에 찬사를 보내지만, 동시에 한두 명의 개인이 수억 명의 운명을 결정하게 만드는 체제를 걱정할 수 있다. 그렇지만 미국 정부가 제공하는 해외 개발 원조 액수는 국민소득 100달러당 22센트 수준으로 포르투갈과 비슷하고 영국 비율의 절반이다. 엎친 데 덮친 격으로 이 원조의 대부분이 미국의 전략적 이익에 가장 들어맞는 곳으로 간다. 이라크는 현재 미국 개발 원조의 최대 수혜자고, 이집트, 요르단, 파키스탄, 아프가니스탄 등이 10위권을 차지하고 있다. 미국 공적 개발 원조액의 4분의 1 이하, 곧 국민총소득 100달러당 겨우 5센트가 세계 최빈국들에 돌아간다.

미국 정부 원조에 민간 필란트로피를 더해보면 훨씬 나은 그림이 된다. 미국인들은 다른 어떤 나라보다도 국제 필란트로피 사업에 기부하는 1인당 액수가 많기 때문이다. 그렇지만 민간 기부를 포함시키는 경우에도 노르웨이, 덴마크, 스웨덴, 네덜란드 같은 나라는 경제 규모에 비례해서 미국보다 해외 원조로 서너 배 많은 돈을 내놓는다. 그리고 원조의 많은 부분이 최빈국으로 간다. 최소한 현재 상황으로 볼 때, 글로벌 빈곤 해결을 위해 필란트로피 사업을 해야 한다는 주장에 대해 정부가 이 문제를 다루고 있다는 반론으로 꺾을 수는 없다. 그리고 설사 미국의 공적 원조가 방향을 제대로 잡고 국내총생산GDP에 견줘 관대한 대부분의 나라들에 맞먹는 수준으로 높아지더라도 여전히 민간 필란트로피 사업의 역할이 있을 것이다. 외교적 고려나 유엔에서 표결에 영향력을 행사하고자 하는 욕망에 제약받지 않는 민간 기부자들은 부패하거나 방탕한 정부와 관계를 맺는 일을 더 쉽게 피할 수 있다. 이 기부자들은 직접 현장으로 가서 마을이나 풀뿌리 조직들과 함께 일하면 된다.

필란트로피스트들은 또한 로비스트들에게 신세를 지지 않는다.《뉴욕 타임스》가 보도한 대로 미국이 원조하는 수십 억 달러가 국내 상품 판매로 연결된다.[9] 전문가들은 물품 원조가 아프리카 현지 시장이 침체시켜 농민들의 생산 동기를 떨어뜨린다고 말하지만, 그런 경고에도 불구하고 아프리카에 보내는 밀은 미국에서 재배해야 한다. 아프리카와 전세계에서 에이즈 확산을 저지하는 데 사용되는 수억 개의 콘돔은 아시아에서 절반 비용으로 생산이 가능하더라도 미국에서 제조돼야 한다. 이런 결정 때문에 인간의 생명이 희생될 게 분명한데도 말이다.

민간 필란트로피스트들은 정부가 발을 내딛기를 두려워하는 분야에서 자유롭게 모험을 한다. 워렌 버핏은 부인 수전 톰슨 버핏Susan Thompson Buffett의 이름을 딴 재단을 통해 가족계획과 낙태 합법화 단체를 비롯한 재생산 권리를 지지해왔다. 또 다른 이례적인 시도로 버핏은 '연료 은행'을 세워 핵 비확산 약속을 지키는 나라들에 핵원자로 연료를 공급하겠다는 국제원자력기구IAEA의 계획에 5000만 달러를 내겠다고 약속했다. 여러 해 동안 논의된 이 구상은 각국이 자체 핵연료 생산 시설을 건설하려는 시도를 포기하게 만드는 유용한 단계라며 폭넓은 동의를 얻는다. 핵연료는 언제든지 무기 생산으로 전환될 수 있기 때문이다. 버핏은 이런 결정이 '더 안전한 세계를 만들기 위한 투자'라고 말했다.[10] 이 일은 각국 정부가 할 수 있고 해야 하는 것이지만, 이제까지 어떤 정부도 첫걸음을 떼지 않았다.

원조를 비판하는 사람들은 언제나 있었다. 민간 필란트로피를 세심하게 계획하고 지적으로 영리하게 지휘하려는 노력이야말로 원조가 효과를 발휘하지 못한다는 비판에 맞선 최선의 답이 될 것이다. 물론 인간이 벌이는 대규모 사업이 대개 그렇듯이 어떤 원조는 비효율적일 수 있다. 그렇지만 실제로 역효과를 낳지만 않는다면, 원조는 상대적으로 비효율적인 도움이라 할지라도 부자들의 사치스러운 소비보다는 인간 복지를 증진시키는 데 더 많은 기여를 한다.

그렇다면 부자들은 기부를 해야 한다. 그런데 얼마나 많이 기부를 해야 할까? 게이츠는 300억 달러에 가까운 돈을 내놓았지만, 지금도 530억 달러의 재산으로 《포브스》 선정 미국 부자 명단에서 선두에 올라 있다. 시애틀 근교 호숫가에 있는 6만 6000평방피트* 너비의 첨단 저택은 1억 달러를 넘는다고 한다. 재산세만 100만 달러 정도다. 게이츠가 갖고 있는 레스터 사본

※ 약 6132제곱미터.

Leicester Codex은 레오나르도 다빈치가 직접 쓴 책 중에서 유일한 개인 소장품이다. 1994년에 3080만 달러를 주고 사들였다. 빌 게이츠는 충분히 기부를 한 걸까? 더 정확하게는 다음과 같이 질문할 수 있다. 만약 게이츠가 정말로 모든 생명이 동등한 가치를 지닌다고 믿는다면, 그렇게 비싼 집에서 레오나르도의 사본을 소유하고 사는 모습을 어떻게 보아야 하는가? 조금 검소하게 살면서 추가로 돈을 기부함으로써 더 살릴 수 있는 생명이 없는 걸까?

그렇지만 가진 재산에 견줘 내놓은 액수로 판단하면, 게이츠가 마이크로소프트 공동 창업자인 예전 동료 폴 앨런을 비롯한 《포브스》 선정 400대 부자 대부분보다 더 낫다는 사실을 인정해야 한다. 1983년에 회사를 떠난 앨런은 평생 동안 8억 달러가 넘는 거액을 필란트로피 사업에 내놓았다. 거의 모든 사람들이 기부할 수 있는 액수보다 훨씬 많은 금액이다. 그렇지만 《포브스》에 따르면 앨런은 미국에서 다섯째 가는 부자로 총자산이 160억 달러

에 이른다. 앨런은 프로 미식축구 구단 시애틀 시호 크스와 프로 농구 구단 포틀랜드 트레일블레이저 스, 헬리콥터 두 대를 탑재한 413피트* 짜리 원양 항 해 요트, 60피트*** 짜리 잠수함을 소유하고 있다.

앨런이 재산의 5퍼센트를 기부하고 게이츠가 약 35퍼센트를 기부한 사실 사이에 도덕적 타당성을 가르는 선이 있을까? 게이츠에게 충분히 기부를 하 지 않았다고 말할 만큼 개인적인 선례를 보여준 사람은 거의 없지만, 젤 크 라빈스키는 예외다. 40대 중반이던 몇 년 전, 크라빈스키는 4500만 달러에 이르는 부동산을 거의 전부 보건 관련 단체에 기부했다. 필라델피아 인근 젠킨타운에 있는 소박한 집과 가족이 쓸 필수 생활비만 남기고 전액을 기부 한 셈이다. 매년 수천 명이 신부전 때문에 신장 이식을 기다리다가 사망한다 는 사실을 알게 된 뒤, 크라빈스키는 필라델피아의 한 병원에 연락해서 한 쪽 신장을 생판 모르는 사람에게 기증했다.

《뉴요커》에서 이런 이야기를 접한 나는 프린스턴 대학교 수업에 크라빈 스키를 특강 강사로 초청했다. 크라빈스키는 자신의 이타주의 이면에 있 는 간단한 논리를 이해받지 못하는 현실에 괴로워하는 듯하다. 타고난 수 학적 사고력으로 높은 투자 수익을 올려온 크라빈스키는 신장 한쪽을 기증 해서 사망할 확률은 4000분의 1이라고 말한다. 다른 이의 신장을 받지 못 하면 죽을 사람에게 남는 신장을 주지 않는 것은 자기의 생명을 낯선 이의 생명보다 4000배 소중히 여긴다는 뜻이다. 크라빈스키는 이런 계산을 '역겨 운' 생각이라고 본다.

크라빈스키가 우리 대부분하고 다른 점은 모든 인간 생명이 동등한 가치 가 있다는 사실을 미사여구가 아니라 삶의 길잡이로 여긴다는 것이다. 크라 빈스키는 어떤 이들은 자기를 미친 사람 취급한다는 점을 인정하며, 심지어 부인도 남편이 너무 지나치다고 생각한다. 신장 기증에 관련된 부인의 반론은 언젠가 자녀 중 하나가 신장이 필요하고 남편이 기증을 할 수 있는 유일한 사람인 상황이 벌어질 수 있다는 것이다. 내가 아는 한 크라빈스키는 여느 평범한 부모들처럼 자녀를 극진히 사랑한다. 이런 애정은 우리 본성의 일부고, 자손을 낳아서 제 힘으로 생존할 때까지 아주 오랜 기간을 돌봐야 하는 포유류로 진화하면서 생긴 산물이다. 그렇지만 크라빈스키가 보기에는 그렇다고 해서 자기 자녀의 생명을 낯선 사람의 생명보다 몇 천 배나 소중히 여기는 태도가 정당화되지는 않는다. 다른 아이 1000명의 목숨을 살릴 수 있다면 자기 아이를 죽게 내버려둘 생각이냐고 묻자 크라빈스키는 그렇다고 대답했다. 실제로 크라빈스키는 다른 아이 두 명을 살릴 수 있다면 자기 아이가 죽어도 된다고 말한 적이 있다. 그렇지만 최근에 크라빈스키는 부인을 달래느라 부동산업에 복귀해 얼마간 돈을 벌었고, 가족에게 더 큰 집을 사 줬다. 물론 여전히 최대한 많은 액수를 기부하고 있고 가정생활의 평온을 유지하는 선만을 지킬 뿐이다.

버핏은 자기 자녀들에게 말한다. "무엇이든 할 수 있는 정도로 재산을 주겠지만, 아무것도 하지 않아도 되는 만큼은 주지 않겠다."[11] 버핏이 판단할 때 그 액수는 각자 '몇 십만 달러' 정도면 된다. 절대액으로 보면 대부분의 미국인들이 자녀에게 남겨줄 수 있는 유산보다는 훨씬 많고, 크라빈스키의 기준으로 보면 확실히 너무 많다. (크라빈스키는 어려운 일은 처음에 4500만 달러를 기부하는 게 아니라 마지막에 1만 달러를 기부하는 것이라고 말한다. 업계에서 제구실을 못할 정도로 구두쇠로 살아야 하기 때문이다.) 그렇지만 버핏은 세 자녀에게 각각 100만 달러를 남겨준다 할지라도 재산의 99.99퍼센트 이상을 기부한 셈이다. 더군다나 재산의 대부분을 자녀에게 남겨주는 방식이 규범인 사회에서 누군가 그만큼 기부를 하고, 나머지 몇 십만 달러를 내놓지 않았다고 트집잡을 게 아니라 칭찬해야 마땅하다.

뉴욕 대학교의 리엄 머피Liam Murphy나 프린스턴 대학교의 내 동료인 콰메 앤서니 애피아Kwame Anthony Appiah 같은 철학자들은 우리의 의무는 글로벌 빈곤 해결에서 각자의 공정한 몫을 실행하는 데 국한된다고 주장한다.[12] 그 사람들은 세계에서 가장 가난한 사람들이 번듯한 삶을 영위할 수 있도록 보장하는 데 드는 비용을 계산하고 이 액수를 부유한 사람들끼리 나누게 한다. 그러면 각자가 기부할 액수가 나오는데, 그 액수를 기부하면 우리는 가난한 사람들에 대한 의무를 완수하게 된다.

그 공정한 액수가 얼마나 될까? 한 가지 계산 방법은 앞으로 9년 동안 2000년 유엔 밀레니엄 정상회담에서 정한 밀레니엄 개발 목표를 우리의 목표로 정하는 것이다. 역사상 세계 지도자들이 가장 많이 모인 이 자리에서 참석자들은 2015년까지 다음 같은 목표를 달성하겠다고 약속했다.

- 세계 극빈층(하루에 1달러에 해당하는 구매력 이하로 사는 사람)을 절반으로 줄인다.
- 굶주림에 시달리는 사람을 절반으로 줄인다.
- 세계 모든 나라의 어린이가 초등 교육을 이수할 수 있게 보장한다.
- 교육상의 성별 불균형을 끝장낸다.
- 5세 이하 어린이의 사망률을 3분의 2 줄인다.
- 산모 사망률을 4분의 3 줄인다.
- 인간 면역 결핍 바이러스HIV/에이즈 확산을 막아 감소 추세로 돌리며, 말라리아를 비롯한 주요 질병의 발병을 막아 감소 추세로 돌린다.
- 안전한 식수를 지속 가능하게 확보하지 못하는 사람을 절반으로 줄인다.

컬럼비아 대학교 교수인 경제학자 제프리 삭스Jeffrey Sachs가 이끄는 유엔 사업단은 이 목표를 달성하는 데 연간 소요되는 비용이 2006년 1210억 달러를 시작으로 2015년에는 1890억 달러로 늘어난다고 추산했다. 이미 공표된 공적 개발 원조 계획을 고려하면, 매년 이 목표를 달성하는 데 추가로 필요한 액수는 2006년 480억 달러와 2015년 740억 달러뿐이다.[13]

이제 미국의 부자들과 슈퍼 부자들의 소득을 살펴보고, 그 사람들이 얼마나 기부할 수 있는지 따져보자. 최근에 파리 주르당 고등사범학교와 캘리포니아 대학교 버클리 캠퍼스 소속인 경제학자 토마 피케티Thomas Piketty와 이매뉴얼 사에즈Emmanuel Saez가 2004년 미국 조세 자료를 바탕으로 작성한 통계 덕에 이 일이 쉬워졌다.[14] 두 사람이 제시한 수치는 세전 소득인데, 상위 부유층들이 꽤 많이 벌어들이는 자본 소득을 배제한 것이다. 간단히 보여주기 위해 수치를 반내림했다. 또한 이 수치가 '조세 단위', 곧 개인이 아니라 가족을 가리킨다는 점을 주목하라.

피케티와 사에즈가 제시한 최상위 집단은 미국 납세자의 0.01퍼센트를 차지한다. 1만 4400명인 이 집단은 평균 1277만 5000달러를 벌며, 총소득은 1840억 달러다. 이 집단의 연간 최저 소득은 500만 달러 이상인데, 따라서 이 사람들이 각자 연평균소득의 3분의 1인 금액, 평균으로 430만 달러를 어려움 없이 기부할 수 있다고 가정해도 무리는 아니다. 이 액수를 전부 합치면 610억 달러 정도가 된다. 그래도 각자에게 330만 달러 이상의 연소득이 남는다.

다음 집단은 상위 0.1퍼센트다(앞의 집단은 제외된다. 아래 동일). 12만 9600명인 이 집단은 연평균 소득이 200만 달러를 약간 넘고 최저 소득은 110만 달러다. 각자 소득의 4분의 1을 기부하면 그 평균이 650억 달러 정도가 되는데, 각자 최소한 연간 84만 6000달러가 남는다.

상위 0.5퍼센트는 57만 5900명의 납세자가 차지하는데, 평균 소득은 62만 3000달러고 최저 소득은 40만 7000달러다. 이 사람들이 소득의 5분의 1을 기부하면 그래도 각자 32만 5000달러가 남고, 전체 기부액은 720억 달러가 된다.

상위 1퍼센트로 내려가면 평균 소득 32만 7000달러에 최저 소득 27만 6000달러인 71만 9900명의 납세자가 있다. 이 사람들은 소득의 15퍼센트를 무리 없이 낼 수 있다. 그 액수는 모두 350억 달러가 되고, 각자 최소한 23만 4000달러가 남는다.

마지막으로 상위 10퍼센트 집단은 연간 최소한 9만 2000달러, 평균 13만 2000달러를 번다. 이 집단은 1300만 명에 육박한다. 이 사람들이 전통적인 십일조, 곧 소득의 10퍼센트인 평균 1만 3200달러를 각자 기부하면 1710억 달러 정도가 되고, 각자 최소한 8만 3000달러가 남는다.

어떤 이는 내가 소득별 기부금 비율로 제시한 수치가 과연 가장 공정한 설계인지를 놓고 장황하게 논쟁을 벌일 수도 있다. 어쩌면 차등 비율을 더 높여서 슈퍼 부자가 더 많이 내고 그저 형편이 넉넉한 정도인 사람들은 덜 내는 편이 나을 수도 있다. 또한 미국 가구의 상위 10퍼센트 말고도 기본 생활 수준을 넘어서는 모든 사람이 최소한 소득의 1퍼센트라도 기부하게 할 수도 있다. 아무튼 이 계산에서 놀라운 점은 누구에게도 심각한 곤란을 강요하지 않고서도 4040억 달러에 이르는 기부금을 모을 수 있다는 사실이다. 그것도 미국 가구의 10퍼센트에게서만.

분명 다른 나라의 부유층도 글로벌 빈곤을 경감하는 짐을 나눠 져야 한다. 미국은 경제협력개발기구OECD 국가들의 국내총생산에서 36퍼센트를 차지한다. 확실히 미국은 다른 모든 주요 국가보다 부유하고 어떤 선진 산업국보다도 부의 분배가 더 불평등하기 때문에, 미국 부자들은 전세계 기부의 36퍼센트 이상을 내야 한다. 따라서 글로벌 빈곤을 경감하기 위한 전체 원조의 36퍼센트 이상이 미국에서 나와야 한다. 계산을 간단히 하기 위해 미국이 부담해야 하는 공정한 몫이 절반이라고 치자. 이것을 바탕으로 내가 제안한 구상을 전세계로 확대하면 연간 발전 원조로 8080억 달러가 제공된다. 이 수치는 삭스가 이끄는 사업단이 2006년 현재 밀레니엄 개발 목표를 달성하기 위해 필요하다고 추산한 액수보다 6배가 많으며, 그 액수에서 공적 개발 원조 집행액을 뺀 차액보다 16배가 많다.

만약 우리가 글로벌 빈곤을 뿌리 뽑기 위한 우리의 공정한 몫만을 해야 한다면, 그 짐은 크지 않을 것이다. 그렇지만 우리가 할 일은 정말 그것뿐일까? 우리는 모두 공정성은 좋은 것이라는 데 동의하며, 남들이 자기 몫을 다 하지 않는 탓에 더 많은 일을 하는 상황을 좋아하는 사람은 아무도 없기 때문에 공정한 몫이라는 원칙은 매력적이다. 그런데 결국 우리는 이 원칙을 거부해야 한다. 얕은 연못에 빠진 아이 이야기로 다시 돌아가자. 한 명이 아니라 50명이 물에 빠졌다고 생각하자. 우리는 그 아이들하고 아무 관계가 없는, 연못 주변 잔디밭에 소풍을 온 50명의 성인이다. 우리는 쉽게 연못으로 걸어 들어가서 아이들을 구할 수 있으며, 무릎 깊이의 흙탕물에 절벅거리며 들어가는 일이 춥고 찝찝하다고 해서 아이들을 구하지 않는 게 정당화되지는 않는다. '공정한 몫' 이론가들은 우리 각자가 아이를 한 명씩 구하면 모든 아이를 구할 테고, 따라서 어느 누구도 한 아이 이상을 구할 의무는 없다고 말할 것이다. 그런데 소풍 온 사람 중 절반이 아이를 구하기보다는 옷을 적시지 않는 쪽을 택하면 어떻게 될까? 나머지 사람들은 각자 한 명씩만 아이를 구하고 말아도 될까? 우리가 공정한 몫을 했지만 아이들 중 절반은 물에 빠져죽는다는 사실을 알면서도? 우리는 당연히 자기의 공정한 몫을 하지 않은 사람들에게 분노할 테지만, 그런 분노가 나머지 아이들을 죽게 내버려둘 이유는 되지 못한다. 칭찬과 비난의 측면에서 보면, 우리는 아무 행동도 하지 않는 이들을 가장 강한 표현으로 비난할 권리가 분명히 있다. 반면에 우리는 자기의 공정한 몫을 하고 구조를 중단한 사람들에게는 그런 비난을 삼갈지 모른다. 그렇다 하더라도 그 사람들은 쉽게 구할 수 있는 아이들을 익사하게 내버려뒀으며, 그런 행동은 잘못된 일이다.

마찬가지로 현실 세계에서 보면 충분한 소득이 있는 사람들이 글로벌 빈곤을 경감하기 위해 자기가 해야 할 공정한 몫을 하지 않을 때는 심각한 도덕적 태만으로 간주돼야 한다. 그렇지만 쉽게 더 많은 몫을 할 수 있는데도, 그리고 다른 이들이 제 몫을 하지 않기 때문에 더 많은 기부를 하면 절망 상태에 빠진 많은 사람들을 도울 수 있는데도 자기에게 부여된 공정한 몫만을 기부하는 사람들에게 어떤 태도를 취해야 적절한지를 결정하기란 그렇게 쉽지 않다. 마음속 깊이 판단할 때, 우리는 더 많은 도움을 주지 않는 행동이 잘못이라고 생각해야 한다. 그렇지만 자기의 공정한 몫만 하고 더는 아무것도 하지 않는 사람들을 실제로 비판해야 하느냐는 문제는 그런 비판이 그 사람들과 다른 이들에게 미치는 심리적 영향에 좌우된다. 그리고 이 영향은 다시 사회적 관습에 좌우된다. 만약 대부분의 사람들이 그런 일을 거의 또는 전혀 하지 않는다면, 공정한 몫의 수준보다 더 높은 기준을 정하는 경우에 그 기준이 너무 벅차 보여서 공평한 기여를 하려고 마음먹은 사람들이 그만큼도 하지 못하게 만들 수 있다. 따라서 공정한 몫의 수준을 충족하는 사람들을 비판하는 일은 삼가는 쪽이 최선이다. 우리 사회의 기준을 높여가는 과정에서 우리는 한 번에 한 걸음씩 전진해야 한다.

나는 30년 넘게 우리 지구에 거대한 풍요와 생명을 위협하는 빈곤이 동시에 존재하는 현실에서 제기되는 윤리적 문제에 관한 책을 읽고, 글을 쓰고, 학생들을 가르쳤다. 그렇지만 이 글을 준비하면서 미국의 상위 10퍼센트 소득자가 얼마나 많이 버는지를 계산하고 나서야 세계의 부자들이 글로벌 빈곤을 뿌리 뽑거나 사실상 뿌리 뽑는 일이 얼마나 쉬운지를 온전히 이해하게 됐다. (실제로 지난 30년 동안 훨씬 더 쉬워졌다. 부자들이 더욱더 부유해졌기 때문이다.) 나는 이 결과를 보고 깜짝 놀랐다. 수치들을 다시 한 번 확인하고 연구 조교에게도 확인을 부탁했다. 그런데 하나도 틀리지 않았다. 우리의 능력에 비춰볼 때 밀레니엄 개발 목표는 부당하고 충격적일 정도로 낮은 수준이다. 지금 드러나는 여러 지표로 볼 때 그럴 가능성이 크지만, 우리가 이 목표를 달성하지 못하면 어떤 변명의 여지도 없다. 우리가 스스로 정해야 하는 목표는 절대 빈곤 속에서 충분히 먹지도 못하고 살아가는 사람의 비중을 절반으로 줄이기가 아니라, 어느 누구도, 또는 사실상 아무도 그런 비참한 상황에서 살 필요가 없게 만드는 일이다. 이런 목표는 추구할 만하며, 충분히 달성할 수 있다.

# 2장

# 극빈자를 돕기 위한 정의와 선행의 의무[1]

엘리자베스 애시퍼드

피터 싱어는 커다란 영향을 미치고 다양한 논쟁을 부른 〈기근, 풍요, 도덕성 Famine, Affluence and Morality〉에서 만성적 극빈 상태 때문에 생사를 위협받는 이들을 도와야 하는 우리의 개인적 의무는 지나가다가 연못에 빠진 아이를 구해야 하는 엄중한 의무와 도덕적으로 비슷하다고 주장한다.[2] 싱어의 주장에 대해 흔히 제기되는 반론은 물에 빠진 아이를 구할 의무와 극빈층을 원조할 의무는 맥락상 중요한 차이가 있기 때문에 비슷하다고 보기 힘들다는 주장이다. 전자는 개인 행위자가 예상할 수 없고 드물며 우연히 벌어지는 소규모 비상 상황에 대응하는 행동인 반면, 만성적 극빈 상태는 체계적인 문제로서 거대 집단에 속한 성원들의 기본 이익을 끊임없이 위협하는 한편 제도화된 집합적 행동 계획을 통해서만 제대로 다룰 수 있다. 극빈층을 도와야 하는 우리의 의무에 관한 싱어의 설명은 이런 차이에 비중을 전혀 두지 않기 때문에 터무니없이 벅찬 요구라고 흔히 이야기된다.

여기서 나는 이런 차이는 분명 결정적이며, 더 나아가 우연한 비상 상황이 제기하는 위협하고 다르게 만성적 극빈 상태가 개인의 이익에 제기하는 위협이 근본적인 부정의injustice를 구성하는 이유는 주로 이런 차이 때문이라고 주장한다. 그렇지만 보기 드물고 우연히 벌어지는 비상 상황에서 하는 대응하고 동일한 방식으로 상대적으로 부유한 행위자와 매우 곤궁한 특정한 개인 사이에도 존재하는 단순하면서 긴급한 도덕적 관계에 우리의 관심을 집중시키는 점이야말로 싱어의 주장이 갖는 힘이라고 나는 생각한다. 정의의 의무를 넘어서 선행beneficence의 엄중한 의무를 세우기 때문이다. 따라서 만성적 극빈 상태로 고통받는 이들의 곤경은 제도적 대응이 필요한 체계적 부정의를 구성한다는 점에서 물에 빠진 아이의 곤경하고는 다르지만, 그래도 생명을 구한다는 싱어의 비유는 유효하다. 더 나아가 나는 만성적 극빈 상태라는 곤경이 특정 집단의 성원들에게 체계적이고 지속적인 위협을 가한다는 점에서 드물게 벌어지는 예측 불가능한 비상 상황하고 구분되기 때문에,

만성적 극빈 상태로 고통받는 이들에 대한 선행 의무의 바탕이 되는 도덕 원칙은 연못 같은 비상 상황에 대응하는 선행 의무의 바탕이 되는 원칙보다 **더 큰 것**을 요구한다고 주장한다. 선행의 의무를 싱어의 공리주의적 접근의 극단적 요구성demandingness으로 설명하지 않는 칸트주의적 계약론은 현재 상태status quo가 기본적으로 정의롭다는 암묵적인 가정을 하는 경향이 있다. 그 결과 이런 주장은 만성적 극빈 상태로 고통받는 이들에 대한 우리 개인의 선행 의무에 내재된 요구성의 맥락을 반영하지 못한다.

그래서 나는 글로벌 절대 빈곤이 실제로 제도 개혁을 요구하는 근본적 부정의를 구성하더라도, 그렇다고 해서 그런 빈곤으로 고통받는 이들에 대한 우리 개인의 선행 의무가 지닌 엄중함과 요구성에 관한 싱어의 설명이 훼손되지는 않는다는 점을 보여주려 한다. 오히려 연못 사례에서 엄중한 도움의 의무를 확립하는 도덕적 근거는 글로벌 빈곤에도 동일하며, 절대 빈곤이 최저 생활 기준(기본 생활)에 제기하는 위협이 우연한 비상 상황이 아니라 체계적 부정의에서 생겨나는 한, 도움을 줘야 하는 우리의 선행 의무는 더욱 강하게 요구된다.

첫째 절에서 심각한 궁핍에 시달리는 이들에 대한 정의와 선행의 의무를 짧게 개관하면서 시작하려 한다. 둘째 절에서 만성적 극빈 상태로 기본 생활을 위협받는 이들에 대해 우리가 갖는 의무의 엄중성과 요구성에 관한 싱어의 설명을 분석한다. 셋째 절에서는 생명을 구하는 비유가 잘못됐다는 반론에 대한 싱어의 반박을 옹호한다. 마지막 절에서는 만성적 극빈 상태가 우연한 비상 상황하고 다르게 특정 집단의 성원들의 기본 생활을 지속적으로 위협하는 한, 극빈층에 대한 개인의 선행 의무는 우연한 비상 상황에서 생겨나는 선행 의무보다 더 크게 요구된다고 주장하려고 한다.

## 만성 극빈 상태로 고통받는 이들에 대한 정의와 선행의 의무

정의의 의무와 선행의 의무를 구별하기는 무척 어렵다.[3] 게다가 공리주의에 따르면, 모든 의무는 궁극적으로 선행 의무에서 파생되는 것으로 볼 수 있으며, 정의의 의무는 그런 의무 중에서 특정한 부분 집합을 가리킨다. 내 논의에서 볼 때, 두 종류 의무의 핵심 특징을 몇 가지 확인하고, 두 의무의 범위를 협소하게 설명하더라도 우리는 만성적 극빈 상태로 고통 받는 이들의 곤경을 시정할 두 종류의 의무가 있다는 점을 보여주는 정도로 충분하다. 두 종류의 의무 사이에 겹쳐지는 부분이 있을 가능성은 남겨두고자 한다.

나는 선행 의무를 타인의 이익에 대해 적당한 실제적 관심을 보이는 의무라고 생각한다.[4] 이런 의무의 고전적 사례는 거리에서 누군가 눈앞에서 쓰러지는 모습을 보면 전화로 앰뷸런스를 부를 의무다. 이 의무의 근거는 쓰러진 사람의 목숨을 구하기 위해 이렇게 쉬운 일을 하지 않는 것은 그 사람의 절대적 이익에 실제적 관심을 갖지 않는 것으로 본다는 것이다.

정의의 의무가 지닌 핵심 특징은 이 의무가 권리에 대응한다는 점이다. 따라서 정의의 의무는 이런 의무를 이행할 자격이 있는 특정한 개인들에게 주어지며, (주로 사회 제도에 의해) 이 의무가 강요되는 방식은 정당하다. 인권은 인간의 보편적인 도덕적 지위 때문에 모든 사람이 갖는 권리다. 나는 기본적 인권을 특히 도덕적으로 긴급한 일단의 가장 근본적인 권리를 표시하는 개념으로 간주하며, 이런 권리가 하는 역할은 사람들의 기본 생활을 일반적인 위협에서 보호하는 것이라고 본다. 기본 생활이란 최소한의 번듯한 생활을 실현하는 데 필수적인 이익이다.

만성적 극빈 상태로 고통받는 이들에 대한 정의의 의무를 고려할 때, 분명히 중요한 의무는 그런 빈곤을 유발하는 원인이 되지 않을 소극적 의무다.[5] 이 논의에서 나는 극빈층을 도울 적극적 의무에 초점을 맞춘다. 적극적 의무에는 기본적인 정의에 대한 의무가 포함되며, 생존권은 소극적인 의무뿐 아니라 적극적 의무도 모두가 지켜내야 하는 기본적 인권이다.[6] 생존권에 대한 적극적 의무는 사람들이 생계 소득을 벌 기회를 박탈당하지 않도록 보호하는 의무와 그런 기회를 박탈당하거나 다른 어떤 이유로 생계 소득을 얻지 못하는 이들을 도울 의무다.[7]

만성적 극빈 상태로 고통받는 이들을 도울 정의의 의무에서 독특한 점은 이 의무가 권리이기도 하기 때문에 제도적으로 분명히 설명되고 강제돼야 한다는 사실이다. 기본적인 인간 생존권이 존재한다면, 각 개인은 이런 생존 수단을 합당하게 확보할 자격이 있다. 이 권리 보장을 위해 각 개인이 생계 소득 수단을 합당하게 보장받게 할 수 있도록 여러 행위자들의 적극적 의무를 명시하고, 할당하고, 강제하도록 하는 과제가 존재한다. 즉 의무들이 생존권의 보편적 실현을 보장하는 하나의 집합 행동 계획을 구성해야 하기 때문에 의무들을 제도적으로 조정할 필요가 있다. 또한 의무 준수를 확보하고, 각 개인의 권리가 실제로 실현되도록 합당한 수준의 보장을 확보하기 위해 의무를 강압적으로 강제할 필요가 있다.

반면, 극빈자에 대한 선행의 의무는 불완전성을 전제로 하기 때문에 모든 사람에게 혜택을 주지 못한다. 각각의 행위자는 누구를 돕고 그 사람에게 어떤 종류의 도움을 줄지를 자유롭게 정할 수 있으며, 만약 서로 다른 행위자의 개인적인 선행의 의무가 충분하지 않거나 조정되지 않아서 모든 궁핍한 개인을 도울 수는 없다고 하더라도, 어떤 의무 불이행이 되는 것은 아니다. 어느 궁핍한 개인이든 도움을 요구할 도덕적 권리는 없으며, 도움을 받지 못한다고 해서 불평을 할 근거도 없다.[8] 제러미 월드론Jeremy Waldron이 하는 주장처럼 말이다.

※ 월드론이 빈곤 문제에 관심이 많은 부유한 필란트로피스트로 설정한 가상의 인물이다.

존스※와 존스의 필란트로피스트 친구들은 만약 자기들이 모두 (우연히) 동일한 몇몇 사람들에게 자선을 아낌없이 베풀거나 모두 각자의 불완전한 의무를 수행한 뒤에도 몇몇 가난한 이들이 여전히 어떤 혜택도 받지 못했다면 뭔가 잘못된 것이라고 생각할지 모른다. 우리는 이 현상이 다음과 같이 표현되기를 바란다. 잠재적 수혜자 각자는 도움을 받을 권리가 있다.[9]

내가 다른 곳에서 주장한 것처럼,[10] 생존권은 소극적 의무뿐 아니라 적극적 의무도 강제하는 기본적 인권이라는 주장은 현대의 정의에 대한 두 개의 지배적 이론, 공리주의와 칸트주의적 계약론에서 나온다. 이것은 정의에 대한 의무가 해야 할 역할이 (혜택을 주거나 그에 대한 부담을 지는 일이 선택적이 아니라 사회적 흥미에 의한 것이라는 전제인) 여러 가지 이익이 서로 상충될 때, 공평한 해결점을 찾는 것이라는 통념을 검토함으로써 알 수 있다.[11] 토머스 포기가 강조하는 대로,[12] 이런 이익은 확률적, 사전적 ex ante 관점에서 판단된다. 애당초 생존권을 누리지 못하는 이들은 성장을 크게 제약받는 삶과 틀림없이 조기 사망에 직면한다. 세계의 전반적인 부의 수준을 감안할 때, 생존 수단 부족으로 기본 생활에 제기되는 위협은 약간의 비용으로도 충분히 근절할 수 있다.[13]

공리주의와 칸트주의적 계약론의 정의 설명은 심각한 장애나 희귀한 질병처럼 소수 사람의 기본 욕구가 위태로운 상태여서 전체적으로 상당한 비용을 들여야만 보호할 수 있는 사례를 앞에 두고 갈라진다.[14] 공리주의에 따르면 작은 집단의 이익보다 이익 보호를 위해 다른 사람이 부담해야 하는 전체 비용이 더 중요할 수 있는 반면, 칸트주의적 계약론은 그런 개인 간 이익과 손실의 상호 교환적 합산을 금지한다. 그렇지만 두 가지 정의 설명에서 모두 다음의 결론이 나온다. 즉, 인간 생존권을 인정하지 않는 사회 제도는 상충하는 이익의 공평한 해결을 하지 못하고, 개인에 대한 최소한의 관심이나 합리적인 자율적 행위자로서 존중을 갖지도 못한다.

공리주의에 따르면, 생존 수단의 부족으로 야기되는 고통과 그런 상황에 영향받는 사람의 수가 무척 많고 이런 현실을 시정하는 데 드는 비용이 아주 적은 점을 감안할 때, 문제를 시정하지 않는 태도는 각 개인의 안녕이 도덕적으로 중요하다는 점을 최소한도 인정하지 않는다는 것을 의미한다. 칸트주의적 계약론에 따르면, 우리는 행위자들에게 이 곤경을 시정할 의무가 있다고 하는 원칙을 거부할 수 없으며, 가난한 개인이나 부유한 행위자 둘 다의 관점에서 이 의무는 인권에 상응하는 정의의 의무로 받아들여진다.

극빈 상태가 된 개인의 관점에서 보면, 그 개인이 도움 받을 자격이 없다고 하는 류의 원칙은 전혀 정당하지 못하다(확실한 생존 수단이 없어서 짊어지게 된 부담이 극도로 크고, 생존 수단을 확보하기 위해 다른 개인들에게 전가되는 비용이 작다는 점을 감안하면). 원조 의무가 있는 행위자들의 관점에서 보면, 정의의 의무는 특징적으로 이 의무를 억지로 강요하는 행동이 정당하다고 여겨진다. 다른 행위자들이 자기 몫을 하지 않은 결과로 소수가 원조의 엄청난 짐을 떠안는 게 부당하고, 또한 제도적으로 조정하는 편이 훨씬 더 효율적이기 때문에, 다른 행위자들이 원조 의무를 따르도록 억지로 강요하는 원칙을 거부할 수는 없다.[15]

신체적 안전의 권리를 비롯한 다른 모든 기본권에 더해 인간의 기본적 생존권이 충족된다면, 일반적인 위협에 대해 각 개인의 기본 생활이 보호받는 정도가 현상태status quo가 될 것이다.[16] 따라서 확률적인 사전적 관점에서 보면, 앞에서 언급된 희귀한 질병의 사례가 아니라면, 각 개인은 번듯한 삶을 영위할 가능성이 충분히 있을 것이다. 반면 생존권이 확보되지 못한 상황이라면, 손쉽고 값싸게 해결할 수 있음에도 불구하고 어떤 사람들은 처음부터 높은 조기 사망율이나 자율적이고 번듯한 삶의 기회로부터의 배제에 놓이게 된다. 이 사람들의 입장에서는 이런 이익과 부담의 불균형은 받아들일 수 없는 것이다.

요컨대 나는 정의 의무의 핵심 특징은 이 의무가 권리에 상응한다는 점이라고 생각한다. 반면 선행의 의무는 상응하는 권리를 수반하지 않는다. 정의의 의무는 사회 제도의 형성에 초점을 맞춘다. 첫째, 정의의 의무가 적용되는 범위는 공동체 전체에 걸쳐, 또는 인권의 경우에는 전지구적 사회 제도와 국제 사회에 걸쳐 경쟁하는 이익에 대한 공평한 해결이다. 둘째, 정의의 의무는 상응하는 권리가 보편적으로 충족되도록 보장하고, 제도적으로 표명, 조정, 집행되는 집합 행동의 기획으로 구성돼야 한다. 따라서 정의의 의무를 실행하는 책임이 최종적으로 각각의 개인에게 있다고 하더라도 사실이 의무는 보통 기본적으로 집합적 의무로 이해되어, 개별 행위자의 의무는 근원적인 집합적 의무에서 파생되는 요소로 간주된다.

반면 선행의 의무는 개별 행위자가 다른 특정 개인에게 어떤 빚을 지고 있는가에 초점을 맞춘다. 그 개인의 이익에 현실적으로 관심이 있기 때문이다. 선행의 의무는 그 의무를 효율적인 방식으로 수행하기 위해 다른 행위자들과의 조정과 제도적 개선을 추구하는 2차적 의무를 낳을 수 있다. 그런데 뒤에서 주장할 것처럼 주요하고 근원적인 의무는 개인적 의무로 간주될 공산이 크다.[17]

이제 만성적인 극빈 상태 때문에 위협받는 이들을 도와야 하는 우리의 의무에 관한 싱어의 설명으로 돌아가자. 이 주장에서 가장 인상적인 특징(이자 특히 비판적 검토를 받은 특징) 하나는 싱어가 한 사람이 약간의 희생을 치르고 특정한 개인의 생명을 구할 수 있는 처지에 놓이게 된 비상 상황에 비유해서 주장을 편다는 점이다. 이런 식의 비상 상황이 생명에 제기하는 위협은 임의적이고 드물며, 우연적이고 소규모로 나타난다. 싱어가 원래 이 사례를 소개할 때 이 행위자는 현장에 있는 유일한 개인이다. 반면 만성적 극빈 상태는 대부분의 사람들의 기본적 이익에 지속적인 위협이 되며, 조정된 제도적 행동을 통해서만 적절하게 시정하거나 실제로 근절하고 방지할 수 있다. 이런 중대한 차이 때문에 싱어의 비유는 실패작이라는 주장이 꾸준히 제기됐다.

앞에서 개괄한 정의의 의무에 따르면, 바로 이런 차이 때문에 만성적 극빈 상태를 시정하고 근절하는 적극적 의무는 연못의 사례에서 발생하는 의무하고 다르게 기본적인 정의의 의무로 봐야 한다. 연못의 사례 같은 비상 상황은 드물고 우연히 벌어지며 소규모기 때문에, 이런 상황이 각 개인에게 제기하는 위협은 사건 확률적인 관점에서 보면 아주 작으며, 더군다나 현실적이고 논리적으로 볼 때 제도적으로 방지할 수 있는 위협이 아니다. 반면 만성적 극빈 상태가 중대한 이익에 제기하는 위협은 우연한 것이 아니다. 이 위협은 특정 집단 성원에게 영향을 미치며 대규모로 벌어진다. 처음부터 이 집단의 성원들은 죽음에 직면하기 쉬운데다 최소한의 번듯한 삶을 누릴 적당한 기회도 차단되는데, 기본 생활에 대한 이런 위협은 적은 비용으로 손쉽게 예방할 수 있다. 이런 이유로 나는 만성적 극빈 상태가 근본적인 부정의라고 주장한 적이 있다.

그런데도 두 시나리오에 결정적인 유사성이 있다는 점에서 싱어의 주장은 맞다. 두 경우에 모두 우리는 정의의 의무 말고도 그것을 넘어서서 선행의 엄중한 의무를 지게 되기 때문이다. 우선 싱어 주장에 대한 분석을 제시하는 것으로 시작하려 한다. 그리고 싱어의 비유에 대한 주요한 반론을 분석하고, 그런 반론에 맞서 싱어의 주장을 옹호할 생각이다.

## 싱어가 한 주장에 관한 분석

싱어의 주장은 지나가던 어떤 사람이 근처 연못에 빠진 아이를 바지에 흙탕물을 묻히는 정도의 사소한 희생을 치르고서 쉽게 구할 수 있는 상황에 관련된 비유에 호소한다. 싱어가 지적하듯이 이런 상황에서 그 행위자는 아이를 구해야 하는 대단히 엄중한 의무를 지게 되는 것은 분명하다. 싱어의 핵심 주장은 물에 빠진 아이를 구하지 않는 행위가 잘못이듯이 우리가 만성적 극빈 상태 때문에 중대한 이익을 위협받는 이들을 돕지 않는 행위도 마찬가지 이유에서 잘못이라는 것이다.

싱어가 한 주장의 첫째 전제는 고통과 죽음은 나쁜 것이라는 이론의 여지가 없는 주장이다. 계속해서 싱어는 물에 빠진 아이를 구하지 않는 행위가 잘못인 이유에 대한 가장 명백한 설명은 도움을 주지 않으면 그 아이가 당해야 하는 피해가 대단히 큰 반면 도움을 주는 행위자가 치르는 희생은 작다는 점에 근거한다고 주장한다. 싱어는 이런 주장을 어떤 행위자가 (그만큼) 도덕적으로 중요한 희생을 치르지 않고서도 나쁜 일이 벌어지는 상황을 막을 수 있다면 그렇게 해야 한다는 일반적인 도덕 원리로 표현한다. 싱어가 한 주장의 이 둘째 전제를 '전제-2'라고 부르자(싱어가 제시하는 '전제-2'의 두 가지 형태에 관해서는 잠시 뒤에 이야기하자). 계속해서 싱어는 이 원리가 상대적으로 부유한 행위자들이 극빈 상태로 고통받는 이들을 도울 의무의 맥락에도 마찬가지로 적용된다고 주장한다. 만성적 극빈 상태는 고통과 죽음을 야기하며, 이 행위자는 이를테면 비정부 기구에 기부하는 식의 개인적인 작은 희생을 치름으로써 고통을 예방하거나 생명을 구할 수 있는 위치에 있다. 싱어는 상대적으로 부유한 모든 행위자는 극빈 상태에 때문에 기본 생활을 위협받는 이들을 도울 의무가 있다고 결론짓는다. 이 의무는 물에 빠진 아이를 구할 의무하고 똑같이 엄중하다.

만성적 극빈 상태가 만연한 상황에서 절대 다수의 사람이 중대한 이익을 위협받고 있고, 그 행위자가 상대적으로 작은 개인적 희생을 치르고 도움을 줄 수 있다면, '전제-2'는 거듭해서 적용된다. 그러므로 이 전제는 이내 절대적으로 요구된다. 싱어는 '전제-2'의 두 가지 형태를 제시하면서 독자에게 둘 중에 하나를 선택하도록 요청한다. 이때 둘째 형태는 상대적으로 덜 요구된다.

첫째이자 싱어가 선호하는 형태는 이렇다. "도덕적으로 비슷하게 중요한 어떤 것을 희생시키지 않은 채 어떤 나쁜 일이 생기는 것을 막을 힘이 우리에게 있다면, 도덕적으로 볼 때 우리는 그 일을 해야 한다."[18] 이 말은 그 행위자가 기부를 해서 본인이 겪는 희생이 기부를 함으로써 막을 수 있는 희생하고 똑같아질 때까지 계속 기부를 해야 한다는 뜻이다. 그렇지만 싱어는 특정 공리주의에서 주장하는 바와 같이 비인간적인 선을 극대화해야 한다는 요구를 거론하지 않았음을 분명히 해야 한다.※

> ※ 한계 효용 체감의 법칙에 따라 기부금이 늘어날수록 동일 기부금(돈)의 손실로 인한 희생이 커지게 된다. 일반적으로 기부자에게 만 원의 중요성이 크지 않고 끼니를 걱정하는 사람에게 큰 의미를 갖는데, 기부자가 수혜자 수준으로 돈의 희생이 큰 의미가 될 때까지 기부해야 한다는 뜻이다.

공리주의 이론의 몇몇 형태에서는 도덕적으로 볼 때 우리 전부가 불행보다 행복을 크게 만들기 위해 항상 전력을 기울여야 한다는 결론이 나온다. 여기서 나는 모든 상황에서 이런 결론으로 이어지지 않는다는 견해를 취한다. 만약 우리가 비슷하게 도덕적으로 중요한 어떤 것을 희생하지 않고 막을 수 있는 나쁜 사건이 전혀 없다면, 내 주장은 전혀 적용되지 않기 때문이다.[19]

오히려 싱어는 우리가 나쁜 일, 먹을 것, 주거, 의료의 부족 때문에 겪는 고통과 죽음을 막아야 하는 의무에 호소하고 있다. 이 의무의 요구성은 현재 우리가 막을 수 있는 위치에 있는 고통과 죽음이 그토록 많다는 사실에서 유래한다. 만성적 극빈 상태가 강요하는 곤경이 극심하고, 이 행위자가 더 많은 기부를 함으로써 한 개인의 목숨을 살리거나 바꿀 수 있으며, 또한 기부로 도울 수 있는 사람들이 엄청나게 많기 때문에 '전제-2'의 첫째 형태는 행위자에게 자기가 극심한 희생을 치를 때까지 기부할 것을 요구한다.

싱어가 제시하는 '전제-2'의 다른 형태는 이렇다. "도덕적으로 큰 희생을 치르지 않고서 아주 나쁜 일이 생기는 것을 막을 힘이 우리에게 있다면, 도덕적으로 우리는 그 일을 막아야 한다."[20] '전제-2'의 첫째 형태가 터무니없는 요구를 하는 반면, 사소한 희생이라도 일정한 도덕적 의미가 있는 것으로 묘사할 수 있는 상황에서 둘째 형태는 너무 요구가 없어서 거의 무의미할 정도고, 따라서 이 형태는 싱어가 주장하는 결론을 입증할 수 없다는 이의 제기가 있었다. 이를테면 싱어는 기부를 통해 사람들의 목숨을 살릴 수 있는 상황에서, 그 돈을 유행하는 옷 같은 사소한 사치품에 쓰는 일은 잘못이라는 점을 입증하는 데 열심이다. 그렇지만 비록 때로 최신 유행 옷을 사는 행위가 누군가의 생명을 구하는 행위에 비교할 만큼 도덕적으로 중요하지 않은 것은 분명하지만, 그렇다고 도덕적으로 **전혀** 중요성이 없는 것은 아니라고 정당하게 주장할 수 있다(옷이 있으면 몸을 따뜻하게 하는 것 말고도 우리의 안녕이 향상되기 때문이다).

그렇지만 싱어 주장의 핵심은 물에 빠진 아이를 구하지 않는 행위는 잘못이라는, 많은 이들이 받아들이는 견해에 호소하고, 나아가 이 의무와 절대 빈곤 때문에 위협받는 이들을 도울 의무 사이에 유사점이 있다는 사실을 보여주는 것이다. 따라서 싱어의 주장이 지닌 설득력을 가장 잘 평가하기 위해 최대한 호의적으로 해석하려면, '전제-2'의 이 형태가 물에 빠진 아이를 구하지 않는 것은 잘못이라는 우리의 직관에 관해 가장 그럴듯한 설명을 제시한다고 봐야 한다. 요구성의 정도라는 면에서 원리의 첫째 형태와 스펙트럼의 반대쪽 끝에 가까운 원리의 둘째 형태를 제시하고 독자에게 둘 중 하나를 스스로 선택하도록 권유한다는 점에서 싱어의 전략은 물에 빠진 아이를 구해야 하는 우리의 의무를 설명하는 원리가 정확히 얼마나 많은 요구를 하느냐는 문제를 열어두며, 요구되는 희생의 수준이 스펙트럼의 두 극단 사이의 어디에 있다고 생각하든 간에 이 원리는 절대적 빈곤의 상황에 적용될 때 급진적 함의가 있다는 점을 보여준다고 생각할 수 있다.

일반적인 도덕적 사고에서는 아이를 구하지 않으면 익사할 게 확실하다고 하더라도 이 행위자가 자기 생명을 잃을 위험이 상당하다면, 또는 이 행위자가 팔다리를 잃거나 다른 영구적인 중증 장애를 겪게 된다면, 아이를 구할 엄중한 의무가 있다는 주장을 받아들이지 않을 것이다. 그러므로 일반적인 도덕적 사고에서는 이 행위자가 다른 누군가의 희생과 자기의 희생이 동등해지는 지점까지, 곧 행위자가 그런 희생을 막을 수 있는 지점까지 자기 이익을 희생해야 한다는 공리주의 원칙을 거부하는 듯하다. 다른 한편 일반적인 도덕적 사고는 행위자에게 상당한 경제적 희생을 치르더라도 아이를 구할 것을 요구한다(이를테면 이 사고에서는 행위자에게 한 벌뿐인 말쑥한 정장을 망치는 희생을 하더라도 아이를 구할 것을 요구한다). 그러므로 '전제-2'의 한 가지 이해는 싱어가 제시하는 두 형태 사이의 중간 견해로서 두 요소를 결합하며, '비슷한 도덕적 중요성'을 대략 '동일한 도덕적 영역'을 의미하는 것으로 해석한다. 이런 사고는 모호한 범주지만, 생명이나 사지를 잃을 상당한 위험성이나 한 사람의 삶을 망치게 될 희생은 피해자의 죽음하고 동일한 도덕적 영역에 속하는 반면 상당한 경제적 희생은 그렇지 않다. 게다가 첫째 원리가 행위자에게 가족 관계를 포기할 것을 요구하지 않는다는 싱어의 발언은 이런 해석을 암시한다. 대부분의 사람들은 행복한 삶을 영위하려면 이런 관계가 필요하다고 보기 때문이다. 따라서 이런 관계를 대가로 하는 희생은 도덕적으로 매우 중요한 희생이다. "그러므로 여기서 내가 주장하는 원리는 이런 희생을 요구하지 않는다."[21] 이런 사고는 또한 싱어가 최근에 이 원리를 설명하며 내놓은 다음 같은 주장에 담긴 내용하고도 일치한다. "비슷하게 중요한 희생을 하지 않고서 나쁜 일이 생기는 것을 막을 수 있는 힘이 있다면, 막지 않는 것은 잘못된 일이다."[22] 여기서 싱어는 또한 이것은 의도적으로 모호하게 정리한 원칙이라고 공공연하게 말한다. 따라서 독자는 자기가 가장 합리적이라고 판단하는 해석을 스스로 선택할 수 있다.

그러므로 이런 해석을 바탕으로 '전제-2'를 만성적 극빈 상태라는 상황에 적용하면, 행위자는 사람들의 생명(또는 다른 기본적 이익)을 구하기 위해 시간과 돈을 계속 기부해야 한다. 더 기부를 하는 경우에 자기가 당하는 희생이 기부를 함으로써 막을 수 있는 끔찍한 피해하고 똑같은 도덕적 영역에 놓이게 된다고 정직하게 주장할 수 있는 시점까지 말이다. 싱어가 보여주듯이 '전제-2'에서 인상적인 요소는 행위자가 누군가의 생명(또는 다른 기본적 이익)을 구할 수 있는 모든 사례에 반복적으로 적용된다는 점이다. 행위자가 비정부 기구에 더 많은 기부를 할수록, 한계 효용이 줄어드는 점을 감안하면 추가 기부를 함으로써 입게 되는 희생은 더 커진다. 그렇지만 이 행위자가 이미 상당히 많은 돈을 기부한 경우에도 수백 달러를 더 내놓는 것이 한 생명을 구하는 일이나 비참한 피해(한 아이의 죽음 같은)를 피하는 일하고 동일한 도덕적 영역에 속한다는 주장을 하기는 어려울 것이며, 따라서 '전제-2'에 따르면 이 행위자가 추가로 기부를 하지 않는 것을 정당화하기는 어렵다. 다음 번 기부, 그다음 기부 등도 사정은 마찬가지다. 따라서 '전제-2'의 이 둘째 형태가 요구하는 희생은 여전히 많은 요구를 한다. 그렇다고 하더라도 이제 지금까지 제기된 반론에 맞서 생명을 구하는 일에 대한 비유와 싱어가 반복하는 선행의 원칙에 대한 호소를 옹호하려 한다.

## 싱어가 사용한 비유 옹호하기

흔히 제기되는 반론은 행위자가 다른 사람의 목숨을 직접 구해야 하는 엄중한 의무를 부여받는 작은 규모의 비상 상황에 빗대어 싱어가 사용하는 비유는 통하지 않는다는 것이다. 이런 식의 비상 상황에서는 그 개별 행위자가 다른 사람의 목숨을 구하기 위해 어떤 조치를 취해야 하는지에 초점을 맞추는 게 적절하다. 반면 만성적 극빈 상태는 제도적 대응을 통해서만 제대로 다룰 수 있다. 따라서 이런 맥락에서 보면 부유한 어느 개별 행위자가 궁핍한 특정 개인들을 직접 돕기 위해 어떤 조치를 취해야 하는지에 초점을 맞추는 것은 적절하지 않다.[23]

싱어의 주장에 대해 정확하게 표현된 이런 식의 반론을 찾기는 쉽지 않으며, 따라서 이런 반론을 이해하는 다양한 방식을 살펴보겠다. 원조 의무의 실행 방식에 관한 싱어의 주장에 대한 비판으로 볼 때, 이런 반론은 완전히 잘못된 표적을 겨냥한 것이다. 싱어는 우리가 이 의무를 최대한 효율적으로 실행해야 한다고 처음으로 강조한 사람이다. 만약 이런 목표를 위해 비정부 기구에 기부를 하는 대신 제도를 개혁하려고 다른 이들을 상대로 조정하려는 시도가 필요하다면, 우리는 바로 그런 노력을 해야 한다.[24] 싱어의 핵심 주장은 우리에게 부여된 원조 의무의 엄중함과 요구성에 관련되며, 제도 개혁을 추구할 의무는 비정부 기구에 기부해야 하는 의무만큼이나 엄중하고 많은 것을 요구할 수 있다.

그러므로 반론이 효과를 가지려면 싱어가 주창하는 원조 의무의 엄중함과 요구성에 관한 주장에 담긴 함의를 겨냥해야 한다. 따라서 나는 이런 비판에 초점을 맞추려 한다. 이 반론은 우리가 '전제-2'를 일상적으로 적용할 때 생기는 큰 희생을 하도록 도덕적으로 요구받을 수 없다고 말한다. 비상 상황에서 남을 도울 엄중한 의무는 부당하게 많은 요구를 하지 않는다. 이런 비상 상황은 드물고 우연적이며 단기적이기 때문이다. 이와 대조적으로, 이 반론에 따르면, 만성적 극빈 상태 때문에 절대 다수에게 지속적으로 가해지는 위협에 대응해야 하는 의무를 비상 상황의 수준으로 엄중하게 부여할 수는 없다.

싱어의 설명에 담긴 요구성에 대한 이런 반론은 만성적 극빈 상태라는 맥락에서는 우연한 비상 상황하고 다르게 우리가 선행의 의무보다는 정의의 의무에 초점을 맞춰야 하며, 정의의 의무는 선행의 의무보다 요구성이 덜하다는 것이다. 앞서 살펴본 것처럼 정의의 의무는 제도적으로 할당되고 집행되는 집합적 의무로 해석하는 쪽이 타당할 것이다. 만약 만성적 극빈 상태를 시정하고 예방하기 위한 제도적인 조정 계획이 마련되면, 이것은 궁핍한 이들을 도우려는 개별 행위자의 시도보다 훨씬 더 효율적일 테고, 따라서 만성적인 극빈 상태를 다루는 전체 비용이 훨씬 줄어들 것이다. 게다가 각 행위자가 자기 의무의 공정한 몫을 채우도록 만든 강제 메커니즘(이를테면 과세)이 마련되기 때문에 이 부담은 행위자들 사이에 공정하게 분배될 것이다. 그러므로 개별 행위자에게 번거로운 희생이 가해지지 않을 것이다.

만성적 극빈 상태 문제에 대응하는 적절한 방법이 무엇이냐는 문제에 초점을 맞추면, 분명 정의의 의무를 제도적으로 실행하는 것이 최우선이 된다. 정의로운 제도가 마련돼서 누구나 처음부터 정당한 경제적 수혜 자격을 누린다면 사람들은 대체로 생존 소득을 벌 적당한 기회를 얻게 되고, 그럴 능력이 없는 사람에게는 생존 소득을 제공하면 된다. 만성적 극빈 상태로 고통받는 이들의 곤경에 대응하는 선행의 의무는 생겨나지도 않는다. 앞에서 주장한 것처럼 궁핍한 사람들이나 상대적으로 부유한 행위자들 어느 쪽의 시각에서 보더라도 이런 제도적 기획이 기성의 제도보다 훨씬 좋다. 그렇지만 현존하는 실제 상황에서 개별적인 도덕적 행위자에게 제기되는 또 다른 핵심 질문은 이미 존재하는 부정의한 사회 제도의 결과로 만성적 극빈 상태에 시달리는 이들의 현실적인 곤경에 어떻게 대응해야 하느냐는 문제에 관한 것이다. 여기에서 다음 세 가지 고려 사항이 생겨난다.

첫째, 체계적인 부정의는 정의의 의무뿐 아니라 선행의 의무도 불러올 수 있다는 사실이다. 애초에 정의로운 사회 제도가 마련돼 있었으면 생겨나지 않았을 테지만, 이제는 선행의 의무가 핵심적으로 중요할 수 있다. 싱어가 제시한 연못 비유의 한 변형을 검토하면 이 점이 여실히 드러난다. 정부가 반대파를 협박하기 위해 반대파 가족을 위협하는 행동을 벌이면서 몇몇 아이들의 목숨이 위험에 처하는 경우를 가정해보자. 이 경우에 아이들의 목숨에 가해지는 위협은 우연한 비상 상황이라기보다는 하나의 부정의를 구성한다. 만약 어떤 행위자가 이 아이들 중 한 명을 만나서 아이의 생명을 쉽게 구할 수 있다면, 정의에 대한 어떤 설명에서는 그 행위자에게 아이를 구할 정의의 의무가 부여되지 않을 수도 있지만(아마 그 행위자가 이미 정부와 정부의 탄압 수단에 반대하는 자기 몫의 공정한 의무를 이행했거나 이 부정의에 연루되지 않은 외국인이기 때문에), 싱어의 연못 사례하고 똑같은 방식으로 그 행위자는 분명 아이를 구할 선행의 의무를 부여받는다.

둘째, 정의로운 제도가 마련돼 있지 않은 지금의 비이상적인 세계라는 맥락에서 절대 빈곤 상태에 빠진 이들에 대한 정의의 의무는 사실 선행의 의무에 성격상 가까울지 모른다. 이런 맥락에서 보면, 한편으로 만성적 극빈 상태를 막기 위한 제도적 기획(이를테면 과세를 통한)에 자기의 공정한 몫을 기여해야 하는 행위자의 정의의 의무와 다른 한편으로 비정부 기구를 지원하기 위해 자기 소득과 시간의 막대한 비율을 기부하는 선행의 의무를 비교할 수 없다. 오히려 정의의 의무와 선행의 의무의 내용은 비슷할 것이다. 앞서 살펴본 것처럼 정의의 의무뿐 아니라 선행의 의무도 제도 개혁을 추구하는 방향을 지향할 수 있다. 거꾸로 리엄 머피가 주장한 것처럼, 부정의한 사회 제도가 존재하는 경우에도 정의의 의무가 비정부 기구에 기부하는 쪽을 향할 수도 있다. 이런 기부가 제도 개혁을 추구하는 것보다 더 효율적으로 사람들의 기본 이익을 보호할 수 있는 상황이라면 말이다.[25]

두 종류의 의무의 요구성으로 돌아가 보자. 정의의 의무는 근본적으로 집합적인 의무기 때문에 의무 수행을 강요하는 강제적인 제도적 메커니즘이 마련돼 있지 않는 경우에 개별 행위자들은 설령 많은 이들이 자기 의무를 수행하지 않더라도 자기에게 주어진 공정한 몫의 의무 이상을 하도록 요구받지 않는다고 어떤 이들은 주장할 것이다. 그렇지만 이 주장은 인간 생존권에 관련된 경우에 전혀 명백하지 않다. 행위자들이 자기에게 주어진 공정한 몫의 정의의 의무를 수행해야 한다는 견해가 그럴듯한 것은 이 의무가 상호적인 집단의 성원 지위에 근거를 둔 특권에 상응하는 경우다. 이런 권리는 공통의 이익에 기여한 덕분에 얻은 것이며, 자기의 공정한 몫을 기여하지 않은 이들은 이 권리를 상당히 몰수당할 수 있다(다른 이들의 기여에 무임 승차하는 일을 막기 위해). 그렇지만 생존권 같은 기본 인권은 노력해서 얻거나 몰수당하기에는 너무도 절박한 것이며, 단지 인간이라는 보편적인 도덕적 지위만 있어도 누구나 갖는다. 게다가 그 행위자가 자기에게 주어진 공정한 몫의 정의의 의무만을 이행한다고 했을 때, 고통을 받는 이들은 자기의 공정한 몫을 기여하지 않은 사람들이 아니다. 그런 이들은 상호 작용하는 행위자들로 구성된 공동체의 동료 성원이기는커녕 합리적인 자율적 행위를 위한 전제 조건도 갖고 있지 못하다.

이 논쟁적인 주장을 옹호하려는 시도는 이 글의 범위를 벗어나기 때문에 일단 제쳐두려 한다. 그렇지만 이 주장은 셋째 논점으로 연결된다. 이 맥락에서 선행의 의무가 지니는 한 가지 이점은 이 의무가 정의의 의무보다 확인하기가 더 쉽다는 점이다. 길을 지나다가 연못에 빠진 아이를 보면 구해야 하는 의무가 부여된다는 점에 대해서는 거의 논란의 여지가 없다. 아이를 구하지 않는 것은 아이의 이익에 전적으로 무관심한 태도를 보이는 행위기 때문이다. 싱어의 주장이 강조하는 것은 만성적 극빈 상태의 제도적 원인과 해법이 얼마나 복잡하든 간에 물에 빠진 아이의 생명을 구해야 하는 의무의 밑바탕을 구성하는 도덕적 이유는 만성적 극빈 상태에 대해서도 정확히 동일한 방식으로 통용되며, 따라서 엄중한 원조 의무의 기초가 된다는 사실이다.

또한 현 상황에서는 정의의 의무도 선행의 의무와 같이 개별 행위자가 할 수 있는 수준의 행동은 어떤 것이든 필요한 수준에 견주면 대단히 불충분하고 효력이 없다는 사고를 낳기 쉽다는 점을 강조해야 한다. 정의의 의무가 주로 초점을 맞추는 것은 사회 제도의 형태이며, 부정의한 사회 제도가 존재할 때 정의의 의무는 주로 제도 개혁을 겨냥한다. 그렇지만 개별 행위자는 대개 높은 수준의 제도 개혁을 달성할 능력이 없으며, 더군다나 개별 행위자가 제도 개혁에 기울이는 노력은 만성적 극빈 상태의 실제 피해자들에게 거의 또는 전혀 영향을 미치지 못할 공산이 크다. 선행의 의무는 이런 점에서 이점이 있다. 선행의 의무는 개별 행위자로서 우리가 빈곤한 특정 개인들에 대해 단순히 그 사람들의 이익에 관한 현실적 관심 때문에 무엇을 빚지느냐 하는 점에 주로 초점을 맞춘다. 빈곤에 대한 제도적 원인과 처방의 검토는 이 의무를 실행하는 최선의 방법을 고려할 때 부차적으로 생겨난다. 싱어가 한 주장의 강점은 부유한 개별 행위자와 만성적 극빈 상태 때문에 위협받는 특정 개인들 사이에 통용되는 단순하고 시급한 도덕적 관계에 초점을 맞춘다는 데 있다. 우리 스스로 도움을 줄 엄중한 의무가 있다고 느끼게 되는 연못 사례하고 똑같은 방식으로 말이다. 두 경우에서 모두 우리는 개별 행위자로서 작은 개인적 희생을 치르고 특정 개인의 생명을 구하거나 변화시키는 위치에 서게 된다.[26] 전지구적 빈곤의 맥락에서는 빈곤의 규모와 복잡성 때문에 이런 관계가 가려지는 경향이 있다.

그리하여 나는 만성적 극빈 상태를 예방하는 정의로운 사회 제도가 존재하지 않는 현 상황에서는 정의의 의무만이 아니라 선행의 의무도 중요한 도덕적 역할을 한다고 말하고 싶다. 비록 이 두 종류의 의무는 각기 다른 토대 위에 놓여 있지만, 앞서 살펴본 것처럼 둘 다 내용은 비슷하다. 두 의무를 모두 실행하려면 비정부 기구에 기부를 하고 제도 개혁을 추구할 필요가 있다. 만성적 극빈 상태의 규모와 복잡성을 감안할 때, 두 가지 대응 모두 피터 엉거Peter Unger가 말하는 '무익성 사고futility thinking'로 이어질 수 있다.[27] 우리가 비정부 기구에 얼마나 많은 기부를 할지 생각할 때, 이 기부가 가난한 이들 중에서 몇몇 극소수에게만 도움이 될 뿐 만성적 극빈 상태를 낳는 제도상의 근본 원인에 맞서 싸우지는 못하리라고 예상되는 상황에서 많은 기부를 하는 것이 이득 없는 희생이라는 느낌이 들기 쉽다. 다른 한편 제도 개혁에 착수하는 방법을 생각할 때, 이런 노력은 근본 원인을 다루기는 하지만 개별 행위자인 우리가 이 개혁을 의미 있게 진전시킬 수 없다는 점에서 만성적 극빈 상태에 시달리는 특정한 희생자의 삶에 전혀 영향을 미치지 못할 위험성이 있다. 우리는 이런 식으로 오락가락하다가 결국 어떤 대응도 실행하지 못하고 말 위험이 있다. 두 종류의 의무 모두 각기 다른 보완적인 관점에서 이런 무익성 사고에 대항해 싸우는 데 중요한 구실을 한다. 선행의 의무가 하는 역할은 우리가 작은 개인적 희생을 치르면 궁핍 상태에 놓인 어떤 이들의 죽음이나 극단적 고통을 막을 수 있는 위치에 있다는 사실, 그리고 이 점은 우리가 도움을 줘야 한다는 도덕적 의무감을 느끼는 소규모 비상 상황의 경우하고 마찬가지로 전지구적 극빈 상태의 맥락에서 커다란 도덕적 의미가 있다는 사실에 우리의 관심을 집중시키는 것이다.

싱어의 생명 구하기 비유에 대한 반론을 이해하는 또 다른 방법은 선행의 의무 자체에 관한 비현실적 분석을 제시하게 만드는 주장으로 보는 것이다. 연못 사례에서 개별 행위자는 현장에 있는 유일한 사람이다. 그러므로 선행의 의무는 개인적 의무다. 반면 절대 다수의 행위자들이 도울 수 있는 만성적 극빈 상태라는 상황에서는 선행의 의무를 집합적인 것으로 이해해야 한다는 주장이 있을 수 있다.

이렇게 선행의 의무를 집합적인 것으로 이해하는 방법의 정교한 옹호론은 리엄 머피가 제시했다.[28] 머피는 선행의 의무란 도울 능력이 있는 행위자 집단이 하나의 집단으로 여겨지는 '궁핍한 이들'에게 진 집합적 의무라고 주장한다. 각 행위자는 설령 다른 행위자들이 자기의 공정한 몫을 실행하지 않더라도 이 집합적 의무에서 자기의 공정한 몫만을 실행하면 된다. 그리하여 한 개별 행위자에게 요구되는 희생의 수준은 모두 자기 몫을 수행할 때 최적이 되는 수준을 넘지 않는다.

이렇게 보면 궁핍한 이들의 이익은 행위자가 잠재적 시혜자 집단의 성원으로서 공동 관리하는 잠재적 수혜자 집단에 포함되어 있으며, 이 행위자가 줘야 하는 원조의 양은 오직 시혜자들 간 원조 부담의 공정한 분배에 따라서만 결정된다. 따라서 궁핍한 이들의 이익은 공동으로 관리되며, 행위자는 이익에 대해 직접적으로 대응하는 게 아니라 그 공동 관리의 적절한 몫에 대응하면 된다. 그 적절한 몫 이상을 실행할 때 행위자가 얼마나 작은 희생을 치르든 간에, 그리고 그렇게 함으로써 얼마나 큰 피해를 막을 수 있든 간에 말이다.

싱어는 아이 몇 명이 물에 빠지고 몇 명의 사람이 그 아이들을 구할 수 있는데 대부분 구하지 않는 연못 사례의 변형을 검토한다. 머피의 협동적 선행의 원리에 입각하면, 이 행위자는 아이들 중에 자기에게 주어진 공정한 몫만을 구하면 된다. 행위자는 자기가 다른 아이들을 돕지 않을 때 그 아이들이 얼마나 큰 피해를 입는지, 그리고 그렇게 하는 데 얼마나 작은 희생이 필요한지에 무관하게 다른 아이들의 곤경에 대응할 의무가 없다. 자기에게 주어진 공정한 몫을 넘어서는 일이기 때문이다. 그렇지만 싱어는 이 시나리오에서는 그 행위자가 물에 빠진 아이들 중 자기의 공정한 몫만을 구해야 한다고 말한다면 설득력이 없을 것이라고 지적한다. 만약 자기 몫의 한 명만 구한다면, 익사하게 내버려둔 다른 아이들을 중요시하지 않는 것처럼 보이게 된다. 이렇게 보이는 이유는 그 행위자가 아주 작은 희생을 치르고서 아이들을 구할 수 있기 때문이다. 따라서 이 상황에서는 행위자에게 물에 빠진 아이들이라는 하나의 집단 중 비례에 따른 자기 몫의 구조 의무를 부여하는 게 아니라 행위자가 구할 수 있는 아이들 각각에게 '전제-2'가 반복적으로 적용된다고 주장하는 쪽이 더 설득력이 있다.

다음 질문은 대부분의 사람들이 자기 몫의 아이들을 구해야 하는 의무를 거부하는 연못 사례와 만성적 극빈 상태라는 지속적 문제를 비유하는 일이 과연 타당하느냐는 것이다. 연못 사례에서 행위자가 자기에게 주어진 공정한 몫의 도움만 준 행동은 선행을 실천하지 못한 것이라는 점을 입증한다는 결론으로 이어진 고찰은 이 상황에도 마찬가지로 적용된다. 만약 이 행위자가 극빈층에게 자기에게 주어진 공정한 몫의 도움 이상을 줘 아주 작은 희생을 치르면서 엄청나게 많은 사람들의 생명을 구하거나 바꿀 수 있다고 가정하면, 그렇게 하지 않는 행동은 그 사람들의 이익에 충분한 관심을 보이지 않는 일이 될 것이다. 머피는 '전례 없는 규모의 재앙'이 벌어진 상황에서는 행위자들이 자기에게 주어진 공정한 몫의 도움만을 줘야 한다는 주장에 예외가 있을 수 있다고 인정한다.[29] 부유한 사람들은 현재 바로 이런 상황에 직면해 있다고 해석할 수 있다. 매년 빈곤 관련 사망자 수가 1800만 명에 이르고, 그밖에도 수백만 명의 삶이 만성적 극빈 상태의 결과로 고통받는 현재 상황은 결코 전례가 없는 일은 아니지만 도덕적 재앙이라고 봐도 무방하다.[30]

또한 만성적 극빈 상태 때문에 기본적 삶을 위협받는 이들을 도와야 하는 선행의 의무는 애초에 이런 빈곤을 막을 수 있는 정의로운 사회 제도가 존재했으면 생겨나지 않았을 것이라는 점을 지적해야 한다. 선행의 의무가 생겨나는 이유는 단지 제도 개혁을 실행해서 사람들이 충분한 경제적 기회와 권리를 누리도록 보장해야 하는 정의의 의무가 실행되지 않았기 때문이다. 만약 머피와 같이 만성적 극빈 상태에 고통받는 이들에 대한 선행의 의무를 인정한다면, 우리는 이미 행위자들이 마땅히 해야 하는 행동을 다른 행위자들이 하지 못한 결과로 사람들에게 실제로 닥쳐온 곤경에 대응해야 하는 부담스러운 도덕적 요구를 부여받을 수 있다는 점을 인정하는 셈이다. 선행의 의무의 범위를 정하는 문제에서, 다른 행위자들이 자기 몫의 의무를 하지 않을 때, 사람들이 곤경에 처하게 되고, 그 사람들을 돕는 게 작은 희생만이 요구된다는 사실을 고려하지 않고, 선행의 의무를 모든 행위자가 자기 몫을 다한다는 것을 전제로 해 할당된 도움의 양으로 제한하는 것은 자의적인 일로 보인다.

나는 사람들의 고통이나 죽음을 막아야 하는 엄중한 의무의 토대가 되는 비상 상황의 특징이 만성적 극빈 상태 때문에 기본적 삶을 위협받는 이들에 관련된 우리 상황에도 똑같이 적용된다는 싱어의 주장이 옳다고 결론 내린다. 이 두 상황이 서로 다르기는 하지만 '전제-2'는 두 경우에 모두 적용된다. 행위자가 지금까지 얼마나 많은 도움을 주었든 간에 그 사람은 여전히 아주 작은 개인적 희생(이를테면 200달러)을 치르기만 하면 곤경에 빠진 다른 사람, 달리 도움을 받지 못하는 사람의 생명을 구하거나 바꿀 수 있다. 우리가 이 특정한 개인의 곤경을 고려한다면, 그 행위자가 지닌 선행의 의무가 이 사람에게도 적용돼야 한다는 점을 부정하기는 힘들다. 부유한 행위자들이 현재 직면하는 이런 이상한 상황, 곧 평판이 좋은 비정부 기구에 말 그대로 200달러를 내놓을 때마다 누군가의 생명을 구하거나 바꿀 수 있는 상황에서 행위자들이 그런 희생을 추가로 하지 않는 것을 정당화하기란 어렵고, 도덕적으로 편안한 중단 지점이란 존재하지 않는다. '전제-2'가 계속 적용되기 때문이다. 현재 상태가 정의롭게 바뀌기 전까지는 싱어의 연못 비유는 개별 행위자와 궁핍한 개인들 사이에 통용되는 시급한 도덕적 관계를 반영한다. 물에 빠진 아이 시나리오하고 똑같은 방식으로 작동하는 것이다.

게다가 앞으로 주장할 테지만, 만성적 극빈 상태가 특정 개인들의 기본적 삶에 지속적인 위협이 되고 체계적인 부정의를 구성한다는 점에서 싱어의 연못 사례하고 다르기 때문에, 그 사람들에 대한 선행의 개인적 의무를 결정하는 원리는 우연한 비상 상황에서 사람들의 기본적 이익을 보호해야 하는 선행의 의무를 결정하는 원리보다 더 많은 것을 요구한다.

## 기본적 삶에 대한 체계적이고 비우연적인 위협에 맞서 사람들을 보호해야 하는 선행의 의무가 지닌 요구성

만성적 극빈 상태로 고통받는 이들에 대한 선행의 의무를 설명하는 싱어의 논리에 담긴 요구성과 싱어가 관련된 공리주의 이론에 대한 반론은 흔히 공정한 도덕 이론의 주요 경쟁자인 칸트주의 계약론의 관점에서 나왔다. 그러나 칸트주의 계약론이 유일하게 적당한 요구를 한다는 옹호론은 종종 현상태가 기본적으로 정의롭다고 암묵적으로 가정한다. 따라서 이런 옹호론은 만성적 극빈 상태로 고통받는 이들을 도와야 하는 우리의 의무라는 맥락에 적용하기 힘들다.

선행의 의무에 대한 여러 원리들은 많은 도움을 요구하는 원리가 도움을 줄 위치에 있는 행위자에게 부과하는 희생과, 적은 도움을 요구하는 원리가 궁핍한 개인들에게 부과하는 희생을 비교함으로써 평가된다.[31] 도덕 원리가 부과하는 희생은 개인의 안녕에 미치는 영향에 국한되지 않으며, 그런 원리가 개인들이 자기 삶에 대해 갖는 통제의 정도에 미치는 영향 같은 고려도 포함될 것이다. 게다가 이 원리들을 평가할 때 단순히 특정한 행동이나 행동의 포기를 위해 도움을 주는 행위자나 도움을 필요로 하는 사람에게 부과되는 비용에만 초점을 맞출 것이 아니라 각기 다른 종류의 행동이 금지되거나 허용되는 사회 세계의 전반적인 성격을 고려할 필요가 있다.

칸트주의 계약론이 싱어의 접근법보다 낮은 수준의 도움을 요구하는 대안을 제공한다는 주장은 도움을 위한 희생을 측정하기 위한 기준이 되는 현상태가 개인들이 모두 평등한 위치에 있는 상태라고 가정한다. 이를테면 라훌 쿠마Rahul Kumar는 적당한 요구를 하는 원조 의무에 관한 칸트주의적 계약론의 설명을 옹호하면서 사람들의 기본 삶이 위협받는 비상 상황이 우연히 발생했을 때 생겨나는 원조 의무를 논의한다.[32] 쿠마가 초점을 맞추는 사례를 보자. 광견병에 걸린 개가 사람을 위협하고 중인데, 사람이 물리면 치명상을 입는다. 행위자는 이 사람과 개 사이에 끼어들어서 팔을 잃는 희생을 해야만 개를 막을 수 있다. 이런 비상 상황은 우연히 일어나기 때문에 여러 원리를 검토하는 개인들은 모두 동등한 위치에 있다. 요구가 적은 도움 원리를 고수하는(이런 비상 상황에서 도움을 받지 않음으로써) 이들은 또한 덜 부담스러운 원조 의무를 짊어짐으로써 그 원리의 혜택을 고수한다. 이런 비상 상황은 우연하면서도 드문 일이기 때문에, 확률적인 사전적 관점에서 볼 때 어떤 특정 개인이 비상 상황에서 생명을 구하는 도움을 필요로 하는 위치에 있을 가능성은 극히 낮다. 그러므로 요구가 적은 도움의 원리가 이런 비상 상황을 관장하는 경우에라도 기대 수명이 줄어들 가능성은 크지 않다. 따라서 각 개인은 요구가 적은 원리에 따라 부과되는, 이런 비상 상황에서 도움을 받지 않는 대가와 비교했을 때 요구가 많은 원리에 따라 부과되는, 자기 삶에 대한 통제권이 적어지는 대가가 더 크다고 판단할 것이다.

그렇지만 만성적 극빈 상태로 고통받는 이들에 대한 선행의 의무에 대한 원리를 검토하는 맥락에서 보면, 여러 원리에 대해 반론을 제기하는 개인들은 동등한 위치에 있지 않다. 만성적 극빈 상태가 사람들의 기본적 삶에 가하는 위협은 우연하지도 희박하지도 않다. 만성적 극빈 상태는 특정 집단에 속한 성원들의 기본적 삶에 지속적인 위협을 가한다. 이 집단의 성원들은 애초부터 도움을 받지 않으면 최소한의 삶을 영위하고 막대한 피해(자기 자신이나 자녀의 죽음 같은)를 입지 않을 기회가 차단된다. 이런 개인들이 볼 때 행위자들에게 자기들을 도울 선행의 의무를 부여하지 않는, 요구가 적은 원리가 일반적으로 수용됨으로써 자기들에게 예상되는 희생은 대단히 가혹한 것이며(조기 사망이나 다른 어떤 엄청난 피해를 입는 희생이다), 이런 개인들은 요구가 적은 원리로부터 혜택을 받지 못한다. 따라서 이런 개인들은 자기가 도움을 받지 못하는, 요구가 적은 원조 원리를 강하게 반대할 공산이 크며, 도움을 주는 개인들이 막대한 요구를 하는 원리에 제기하는 반대보다 중요하다. 그러므로 만성적 극빈 상태라는 맥락에서 발생하는 도움의 의무를 관장하는 도덕 원리에 관한 칸트주의적 계약론의 설명은 우연한 비상 상황의 맥락에서 발생하는 도움의 의무보다 훨씬 더 요구하는 바가 클 것이다.

앞서 주장한 대로 기본적 생존권의 달성은 최소한의 정의를 위한 필요조건이다. 이 권리가 충족된 상황이라면, (심각한 장애 등이 있는 경우를 제쳐두면) 오직 비상 상황의 맥락에서만 사람들의 기본적 삶이 위협받게 된다. 게다가 우리가 일반적으로 갖고 있는 도덕적 사고는 비상 상황에서 사람들의 기본적 삶을 보호할 의무는 매우 엄중하다고 생각한다. 희생자들을 돕지 않으면 엄청난 피해를 입어야 하기 때문이다. 앞서 지적한 대로 싱어는 이런 의무의 배경이 되는 이론적 원리에 관한 그럴듯한 분석을 제시한다. 도움을 주지 않으면 그 사람이 입어야 하는 피해가 극심하고 도움을 주는 행위자가 치르는 희생은 작기 때문이다.

이런 의무적 요구가 적당하다고 보는 일반적인 견해는 그런 비상 상황이 드문 일이라고 암묵적으로 가정한다. 그렇지만 앞서 주장한 대로 비상 상황에서 도움을 줄 엄중한 의무의 토대는 만성적 극빈 상태 때문에 기본적 삶을 위협받는 이들을 도울 의무의 토대를 형성하기도 한다. 사람들의 기본적 삶에 대한 위협이 지속적이고 대규모로 가해지더라도 말이다. 규모의 차이가 있다고 해서 극빈자를 도울 의무의 엄중성이 줄어드는 것은 아니다. 게다가 만성적 극빈 상태가 특정 집단의 성원들에게 지속적인 위협을 가하는 한, 나는 그런 빈곤으로 고통받는 이들을 도울 의무의 밑바탕에 놓인 도덕 원리는 우연한 비상 상황의 맥락에서 생겨나는 도움의 의무보다 훨씬 더 요구하는 바가 크다고 주장한 적이 있다.

정의의 역할이 상충하는 이익의 공평한 해결을 보장하는 것이라면, 현상 태가 근본적으로 부정의한 경우에 부담스러운 원조의 의무의 짐을 지지 않으려는 행위자의 이익과 궁핍한 상태에서 도움을 받으려는 개인의 이익 사이에 빚어지는 충돌이 해결되기 힘들다고 생각하는 것이 타당하다. 만약 현재 상태가 정의롭다면 일반적인 위협에 대해 사람들의 기본적 삶이 보호를 받을 테고, 각 개인은 번듯한 삶을 영위할 합리적인 기회를 가질 것이다. 사람들의 기본적 삶이 위협받는 경우는 오직 보기 드물고 우연한 비상 상황의 맥락에서만 가능하다. 이런 비상 상황에서 도움을 줄 의무는 아마 행위자의 핵심적 이익을 희생하도록 요구하지 않을 테고, 비상 상황은 드물게만 발생하기 때문에 이 의무는 누적적 희생을 수반하지 않는다. 그러므로 이런 상황에서 궁핍 상태에 처한 이들에 대한 의무는 요구하는 바가 크지 않을 것이다.

반면 인간 생존권이 실현되지 않는 경우에 최소한의 적절한 생계 수단이 없거나 생계 소득을 벌 현실적인 기회가 없는 사람들에게 지금 존재하는 현 상태는 전혀 받아들일 수 없는 것이다. 애초부터 그런 사람들은 가장 기본적인 삶을 지속적으로 위협받는다. 개별 행위자들이 도움을 줄 수 있는 개인들이 도움을 받지 못할 때 겪어야 하는 피해의 심각성은 도움을 줄 이유의 근거가 되며, 이것은 우연한 비상 상황에서 죽음이나 극심한 고통을 막을 이유만큼이나 긴급한 이유가 된다. 그리고 그 사람들의 곤경이 우연한 일이 아닌 한, 이 이유는 훨씬 더 강력하다.

# 3장

# 국제 비정부 기구는 어떻게 행동해야 하는가[1]

토머스 포기

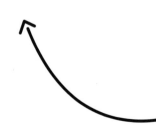

우리가 사는 이 세계에는 아무 잘못도 하지 않았는데 무척 가난한 사람들이 무수히 많다. 공식 통계는 어마어마하다. 10억 2000만 명(전례 없는 규모다)이 만성 영양실조 상태고,[2] 8억 8400만 명이 안전한 식수가 부족하며,[3] 25억 명이 개선형 화장실improved sanitation※이 충분하지 않고,[4] 20억 명이 필수 의약품이 부족하며,[5] 9억 2400만 명이 적절한 주거가 부족하고,[6] 16억 명이 전기가 부족하며,[7] 7억 9600만 명의 성인이 문맹이고,[8] 2억 1800만 명의 어린이가 아동 노동자며,[9] 2005년 기준 14억 명이 한 달 동안 미국에서 38달러로 살 수 있는 양보다 더 적게 소비했다.[10] 연간 전체 사망자의 약 3분의 1인 1800만 명이 빈곤 관련 원인으로 사망한다. 영양 공급, 안전한 식수, 값싼 탈수증 치료제, 백신, 항생제, 기타 약품으로 충분히 예방할 수 있는 죽음이다.[11] 유색인, 여성, 어린이가 전 세계 빈민의 절대 다수를 차지하며, 따라서 극빈 상태의 막중한 영향으로 고통받는 것도 주로 이 사람들이다.[12]

이 통계에 등장하는 사람들은 멀리 떨어진 저발전 국가에 산다. 부자 나라에 사는 우리 중 몇몇은 그런 이들의 상황에 관심을 기울이고 개선하려 한다. 그렇지만 혼자서 이 일을 하기 어렵기 때문에 우리는 남들하고 협력한다. 우리는 가난한 나라에서 우리 정부와 기업들이 피해를 덜 주고 좋은 일을 더하게 만들어서 정치적으로 이 일을 할 수 있다. 우리는 또한 공동 모금한 기부금으로 조성한 기금을 인권, 발전, 인도주의적 목표 등에 효율적으로 쓰는 국제 비정부 기구INGO를 지원해서 이 일을 할 수 있다.

그렇지만 우리 중에서 어느 쪽으로든 행동하는 사람은 충분하지 않다. 전 세계에서 극심한 빈곤과 그런 빈곤에 수반되는 의료와 교육의 부족을 뿌리 뽑기 위해 제대로 된 노력을 기울이는 데 필요한 비용과 기회 비용은 연간

※ 2002년 유니세프와 세계보건기구(WHO)가 세계 수도 공급과 화장실 현황을 조사하는 과정에서 만들어 낸 신조어. 배설물을 접촉하는 일이 없도록 위생적으로 분리하는 방식을 총괄하는 표현으로 수세식 화장실, 자연부패식 화장실, 뚜껑이 있는 구덩이 화장실 등 방식은 다양하다.

3000억 달러에 이른다. 적어도 처음에는 그렇지만, 해가 갈수록 비용이 크게 줄어들 것이다.[13] 세계 인구의 16퍼센트가량을 차지하는 가장 부유한 나라들에서만 모으더라도 이 액수는 충분히 감당할 수 있다. 이 나라들의 국민총소득GNI은 약 42조 달러[14]에 이르는데, 극심한 빈곤을 뿌리뽑는 비용보다 140배 더 많다. 그렇지만 연간 3000억 달러는 부자 나라들이 전 세계 빈민을 보호하기 위해 매년 실제로 지출하는 약 280억 달러에 견주면 엄청난 액수다. 기초 사회 서비스 분야의 공적 개발 원조가 약 155억 달러고,[15] 국제 비정부 기구를 통한 원조가 약 126억 달러(국민총소득의 0.03퍼센트)다.[16]

국제 비정부 기구는 기금을 쓰는 방식과 관련하여 어려운 도덕적 결정에 직면한다. 엄청난 빈곤이 존재하지만 빈곤을 줄일 돈은 적기 때문에 국제 비정부 기구가 어떤 결정을 내리든 간에 많은 이들의 삶에 커다란 영향을 미칠 공산이 크다. 솔직하게 말하면, 국제 비정부 기구는 종종 많은 이들의 죽음으로 이어질 것이 분명한 결정을 내려야 한다. 제한된 기금을 어떤 사람들을 보호하려는 노력에 지출한다면 결국 다른 사람들은 운명에 내버려두는 셈이기 때문이다. 이것은 막중한 책임이다.

기부자들도 그런 막중한 선택에 직면한다. 몇몇 국제 비정부 기구는 낭비와 부패가 심한데, 이런 기구에 기부를 하면 심각한 피해를 전혀 막지 못한다. 그리고 한 국제 비정부 기구에 내가 기부금을 내면 사람들의 죽음을 막을 수 있다고 확신할 수 있을 때, 비슷한 다른 국제 비정부 기구들이 존재한다. 따라서 다른 곳이 아닌 한 국제 비정부 기구에 기부를 함으로써 나는 간접적으로 누가 살고 누가 죽을지를 결정하는 셈이다. 분명 나의 기부금을 제대로 된 모든 국제 비정부 기구에 분산시키는 행위는 해법이 아니다. 그렇게 해봤자 한 기구에 몰아주는 것보다 훨씬 적은 돈을 각 기구가 받을 뿐이기 때문이다.

국제 비정부 기구는 숙고를 거듭해 많은 이들에게 전달하기 때문에 규모의 경제를 실현할 수 있다. 기부자는 자기 대신 이 일을 할 국제 비정부 기구를 선택할 때, 다음 세 가지의 신뢰를 가지고 기부하는 셈이다. 첫째, 우리는 이 국제 비정부 기구가 모은 돈을 어떻게 써야 하는지에 관한 도덕적 우선순위를 세심하게 정식화했다고 믿는다. 둘째, 우리는 이 기구가 특정 사업에 지원된 자금을 통해 이 우선순위를 제대로 실행하는 데 필요한 정보와 창의적 인재를 획득했다고 믿는다. 셋째, 우리는 이 기구가 채택한 사업들에게 효율적으로 자금을 지원하고 있다고 믿는다. 비록 우리가 모든 국제 비정부 기구를 다양한 방식으로 진단할 수 있지만, 대부분의 기부자들이 적정한 비용으로 해결할 수 없는 많은 신뢰의 요소들은 여전히 많이 존재한다.

기부자들의 신뢰는 국제 비정부 기구 직원들에게 다음 세 가지의 책임을 부여한다. 첫째, 이 직원들은 잘못된 도덕적 우선순위를 설정하거나, 둘째, 실행 불가능하거나 역효과를 낳는 사업에 자금을 지원하거나, 셋째, 부주의와 부패 때문에 돈을 허비해서 기부자들을 실망시켜서는 안 된다. 기부자들이 보낸 신뢰를 악용하고 기금을 낭비한 사실을 기부자들이 모르게 함으로써 이 책임을 피해갈 수는 없다. 한 명의 기부자로서 나는 심각한 피해를 막는 데 관심을 기울인다. 분명 나는 내가 낸 기부금이 실패로 돌아간 것이 아니라 성공적으로 쓰였다고 생각할 때 마음이 더 편하다. 그렇지만 내가 바라는 목표는 단순히 내가 그렇게 했다고 믿는 게 아니라 심각한 피해를 실제로 막는 것이다. 따라서 국제 비정부 기구가 기부자들의 신뢰에 부응하는지 여부는 오로지 **실제로** 도덕적으로 중요한 사업을 통해 기부금을 효과적으로 쓰는지에 달려 있다.

다행스럽게도 이 책임은 기부자의 신뢰와 대체로 내용이 일치한다. 기부자의 세 가지 신뢰를 위한 세 가지 임무를 제대로 수행하는 국제 비정부 기구는 기부자들에게나 해외의 가난하고 억압당하는 이들에게나 아무 잘못도 하지 않는다. 단지 몇몇 소수 빈민만을 보호할 수 있다 하더라도 말이다.

이 장의 나머지 부분에서는 국제 비정부 기구가 기부자의 신뢰로부터 부여받은 세 가지 임무 중 첫째 임무, 곧 기탁받은 돈을 어떻게 써야 하는지에 관한 도덕적 우선순위를 마련하는 일에 관해 몇 가지 견해를 제시하려 한다. 이 견해들은 명확한 해답이 되지는 못한다. 단지 도덕적 우선순위의 문제에 대한 해답에 담겨야 하는 중요한 도덕적 고려들을 한데 모으려는 시도일 뿐이다. 이 문제를 조사하면서 두 가지 점을 염두에 두자. 첫째, 첫 임무에 관한 고찰은 나머지 두 임무하고 완전히 분리되지 않는다. 둘째, 국제 비정부 기구가 무엇을 할 수 있는지, 그리고 그 일을 얼마나 비용 면에서 효율적으로 할 수 있는지에 관한 예측은 그 기구가 어떤 도덕적 우선순위를 정해야 하는지에 관련된다. 더욱이 국제 비정부 기구는 단순히 혼자 힘으로 움직이는 행위자가 아니다. 이 기구는 또한 기부자들을 위해 일하는 대리인이자 신탁자다. 따라서 국제 비정부 기구는 자기의 도덕적 책임성만이 아니라 기부자들의 도덕적 책임성도 반영한다. 기부자들은 국제 비정부 기구에 자기들의 도덕적 책임성을 실행하는 일을 맡기기 때문이다.

## 네 가지 기본적 반론

언뜻 명백해 보이지만 명료하게 밝힐 필요가 있는 네 가지 도덕적 고려 사항으로 시작하자.

*(A) 다른 조건(비용 포함)이 동등하다면, 가벼운 피해보다는 심각한 피해를 입을 사람을 보호하는 일이 도덕적으로 더 중요하다.*
이 명제에서 핵심 개념은 심각한 피해라는 개념이다. 지금의 맥락에서 나는 **피해**를 사람들이 건강이나 시민 지위(시민권과 정치권, 공동체 내부의 존중), 인간의

일반적인 욕구와 필요에 관련된 생활 표준을 충족시키지 못하는 부족으로 정의하자고 제안한다. 이런 거친 정의는 세 가지 주목할 만한 특징이 있다.

1. 이 정의는 부족의 상대적 기준이 되는 최소한의 충분성의 경계를 제안한다는 점에서 충분주의sufficientarianism※다. 이 경계선상이나 경계를 상회하는 생활을 하는 사람은 어떤 **심각한** 피해도 입지 않는다. 간단히 말하기 위해 이제부터 내가 이야기하는 **피해**는 **심각한 피해**를 의미한다.

2. 이 정의는 사람들의 기본적 욕구에 초점을 맞춤으로써 자원(의료, 시민권, 교육, 돈 등)이 지니는 중요성의 한계적 감소를 고려한다.

3. 이 정의는 원인에 상관없이 어떤 부족도 피해로 인정한다. 따라서 극심한 빈곤은 가뭄이나 예속 노동자라는 사회적 신분, 과거의 분별없는 생활 등 어떤 원인의 결과든 간에 피해다. 마지막 이유로 야기된 피해는 도덕적 중요성이 덜하다. '다른 조건이 동등하다면'이라는 구절은 이 점 때문에 삽입된 것이다.

앞의 두 특징을 설명하기 위해 국제 비정부 기구가 인도에서 계획하는 어떤 사업이 누군가의 소득에 한 달에 100루피를 더한다고 가정하자. 1번 특징은 이런 추가가 도덕적으로 큰 의미가 없을 것이라고 말한다. 관련된 사람의 생활 수준이 이미 최소한 충분하기 때문이다. 그 사람은 가난 때문에 어떤 피해도 입지 않고 있으며, 따라서 이 사업은 피해를 입지 않도록 보호해주지 않을 것이다(물론 다른 사람들을 보호해줄 수는 있다). 2번 특징은 소득수지 적자income deficit※※가 클수록 **불균형적으로** 더 피해가 크다고 말한다. 따라서 최소생활비보다 한 달에 200루피가 모자라는 돈으로 살아가는 인도인은, 다른 조건이 동등하다면, 최소생활비보다 겨우 100루피 모

※ 상대적 불평등의 축소라는 목표를 추구하는 평등주의하고 다르게 절대적인 고통의 양을 줄이는 데 집중하자는 견해. 절대적 욕구와 필요를 충족시키는 충분한 최저 수준이 달성된다면, 어느 정도의 불평등을 감수해도 된다고 본다.

※※ 개인이나 가구가 벌어들이는 소득이 빈곤선보다 낮을 때 두 금액 사이의 차액을 가리킨다.

자라는 돈으로 살아가는 사람보다 두 배 **이상** 피해를 겪는다. 그러므로 최소생활비보다 200루피가 모자라는 돈으로 살아가는 사람에게 매달 추가로 100루피가 생기면, 최소생활비보다 한 달에 겨우 100루피 부족한 돈으로 사는 사람에게 100루피를 주는 것보다 더 큰 피해로부터 보호받는다. 일반적으로 말하면 수혜자가 가진 자원이 적을수록 대체로 자원이 점점 증가하는 것이 도덕적으로 더 중요해진다. 도덕적으로 중요한 점은 이 사업이 사람들의 자원에 미치는 영향이 아니라 사람들의 생활 수준, 곧 기본적인 인간적 욕구를 충족시킬 수 있는 능력에 미치는 영향이다.

명제(A)를 더 자세히 설명하다 보면 세 가지 주요한 쟁점을 맞닥뜨린다. 하나는 무엇을 피해로 간주해야 하고, 각기 다른 유형의 피해에 어떤 비중을 둬야 하는지다. 적절한 피해 측정법을 개발하고 옹호하는 일은 분명 복잡한 과제다. 여기서는 지면상 이 문제는 제쳐두겠다.

또 다른 쟁점은 **효과**를 어느 정도 고려해야 하는지다. 어린아이가 심각한 영양실조를 겪는 경우에 정신적 발달과 신체적 발달이 지체되며, 이런 지체는 아이의 생애 전체에 걸쳐 추가적인 피해를 부과한다. 이런 효과를 계산에 넣어야 하는 것은 자명해 보인다. 아이의 영양실조를 막으면 또한 나중에 닥칠 이런 피해도 막는 셈이 된다. 그렇다면 아이의 생애 전체에 걸쳐 일어나는 전반적인 피해 감소에 초점을 맞춰야 한다.

그렇지만 이런 식으로 효과를 포함시키면, 흔히 기대 수명이 더 많은 이들을 보호하는 일이 기대 수명이 짧은 이들을 보호하는 일보다 도덕적으로 더 중요하게 될 것이다. 생명을 구하려는 노력조차 대체로 더 젊은 사람들에게 집중돼야 하는 듯 보일 것이다. 같은 죽음이라도 젊은 사람들에게 더 큰 손실이 부과되기 때문이다.

마지막 쟁점은 피해 위협을 받는 이들과 그 사람들을 보호하려고 하는 이들(국제 비정부 기구와 기부자들) 사이에 무엇을 피해로 간주하고 그 피해를 어떻게 계산할지를 놓고 존재하는 견해차에 관련된다. 어떤 여자는 음핵 절제가 통상적인 일이고 필요한데다 썩은 이를 뽑는 것만큼이나 해롭지 않다거나 가족과 공공 영역에서 여성의 종속이 성스럽고 좋은 일이라고 믿을지 모른다. 우리는 여성의 종속이라는 현실과 이런 종속이 여성에게 해롭지 않다고 믿도록 주입받는 환경 때문에 여성이 피해를 입는다고 믿을 수 있다. 그렇다면 스스로가 피해라고 생각하지 않는 피해에서 여자를 보호해줘야 할 도덕적 이유가 있을까? 어떤 남자는 영양실조보다도 값비싼 종교적 의무를 수행하지 않는 것 때문에 훨씬 더 큰 피해를 입는다고 믿을지 모른다. 우리는 정반대라고 믿을 수 있다. 그렇다면 우리에게는 그 남자가 생각하는 종교적 의무를 수행하게 해주거나 식료품을 살 수 있게 해주는 것 중에서 어느 쪽이 도덕적으로 더 타당한 근거가 있을까? 우리가 보호하려 하는 이들에게 피해에 관한 우리 자신의 생각을 강요하는 것은 과연 가부장적 온정주의가 아닐까?

*(B) 다른 조건(비용 포함)이 동등하다면, 보호해주지 않으면 더 큰 피해를 입을 사람들을 보호해주는 것이 도덕적으로 더 중요하다.*

내가 인간의 평범한 욕구와 필요라는 측면에서 피해를 어떻게 생각하고 있는지를 감안하면, 한계적으로 감소하는 자원의 중요성이 이미 피해 개념에 통합돼 있다는 점에서 명제(B)는 명제(A)하고 무관하다. 이 개념은 절대 빈곤 상태의 인도인의 생활 수준에 한 달에 60루피의 추가 소득이 미치는 영향은 일반 빈곤층인 인도인에게 한 달에 100루피의 추가 소득이 미치는 영향하고 똑같다는 사실을 이미 고려한다. 따라서 한계적으로 감소하는 자원의 중요성에 대한 고려하고는 별도로 명제(B)는 (피해라는 측면에서 정의된 대로) 형편이 더 좋지 않은 사람들을 우선시해야 한다고 주장한다.

한계적으로 감소하는 자원의 중요성이 적용되지 않는 경우에 이 점은 간단하다. 그러므로 위험한 실내 공기 오염과 땔감 모으는 시간을 크게 줄여주는, 성능 좋고 연료 효율 높은 화로를 제공하는 국제 비정부 기구를 생각해보자. 모든 빈곤 가정에 충분한 화로를 제공하는 계획은 불가능에 가깝기 때문에 이 기구는 절대 빈곤층이 거주하는 농촌 지역과 농촌보다 덜 가난한 다른 지역 중 어느 곳에 화로를 공급할지 선택해야 한다. 두 집단의 사람들은 동등한 피해 감소(기대 수명, 건강 등의 증대)를 실현할 테고, 덜 가난한 사람들조차 스스로 그런 화로를 살 여유가 전혀 없다. 따라서 두 집단이 달성 가능한 피해 감소의 측면에서는 차이가 없을지라도 명제(B)는 절대 빈곤층에게 유리한 쪽으로 결정할 것을 국제 비정부 기구에 지시한다.

어떤 이는 모든 피해 감소의 **크기**와 **도덕적 가치** 또는 **도덕적 중요성** 사이에 구분선을 그음으로써 이 점을 용어로 규정할지 모른다. 한 달에 추가 소득 60루피(성능 좋은 화로)가 전형적인 절대 빈곤층 사람에게 중요한 정도는 한 달에 추가 소득 100루피(성능 좋은 화로)가 단순히 가난한 사람에게 중요한 정도하고 마찬가지지만(피해 감소 정도가 똑같다), 전자의 이득이 여전히 도덕적으로 후자보다 더 중요하다(이 이득으로 달성된 피해 감소가 도덕적으로 더 가치 있다).

따라서 명제(B)는 한 사람에게 달성된 피해 감소가 다른 사람에게 달성된 피해 감소보다 더 **작으면서도 도덕적 가치는 더 클 있다**고 주장한다. 앞의 사람이 뒤의 사람보다 더 큰 전반적인 피해에 노출되는 경우에 이런 결과가 생긴다. 희소한 자원 때문에 국제 비정부 기구가 이런 두 가지 목표 달성 사이에서 선택해야 하는 한, 명제(B)는 더 크지만 도덕적으로 가치가 작은 뒷사람의 피해 감소보다 더 작지만 도덕적으로 가치가 더 큰 앞사람의 피해 감소를 택하라고 지시한다. 마찬가지로 나는 국제 비정부 기구가 피해 감소의 크기보다는 도덕적 중요성(도덕적 가치)을 반영하는 것으로 정의되는 더 큰 **피해 보호**를 목표로 삼아야 한다고 말할 것이다.

명제(B)를 더 자세히 설명하다 보면 세 가지 주요한 쟁점을 맞닥뜨린다. 명제(A)의 설명에서 맞닥뜨린 쟁점들하고 대체로 비슷한 쟁점들이다. 하나는 피해 감소의 도덕적 가치가 그 수혜자의 궁핍함에 어느 정도나 좌우되는지에 관한 것이다.[17] 명제(A)에서 보듯이 국제 비정부 기구는 가장 큰 피해에 노출된 사람들에게 최대한 많은 피해 감소를 달성하는 것을 목표로 삼아야 한다. 국제 비정부 기구는 또한 한 기구의 사업이 어떤 특정한 사람에게 해줄 수 있는 피해 감소의 도덕적 중요성을 이 피해 감소의 크기와 보호받는 그 사람이 겪는 전반적인 피해의 정도로 명시함으로써 두 최대화 목표값maximand을 통합해야 한다. 이런 설명은 각 요소에 동등한 비중을 두면서 대칭적으로 진행될 수도 있고, 또는 어느 한 요소에 더 비중을 두면서 비대칭적으로 진행될 수도 있다. 더 궁핍한 사람들을 얼마나 우선시해야 하는지에 관해서는 합리적인 견해차가 존재할 여지가 많다. 각기 다른 국제 비정부 기구는 서로 다른 수준에서 이 우선순위를 정할 것이다. 그렇지만 개별 기구 내에서는 여러 후보 사업이 그 사업의 영향을 받는 개인들에게 미치는 영향을 동일한 기준으로 평가하기 위한 동일한 상수를 사용하면서 독특한 수준을 선택하는 경우에만 후보 사업들을 유의미하게 비교할 수 있다.

명제(B)를 설명하면서 맞닥뜨리는 또 다른 쟁점은 사람들이 얼마나 궁핍한지를 결정하기 위해 사람들 삶의 얼마나 많은 부분을 검토해야 하느냐는 문제다. 한쪽 극단에서 보면 사람들이 현재 놓여 있는 상황에만 관심을 기울일 것이다. 지금 겪는 피해만 관련이 있다는 말이다. 그런데 다른 극단에서 보면 과거 전체와 예상되는 미래, 사람들의 생애 전체를 고려할 수 있다. 몇 년 전에 사람들이 끔찍한 가뭄을 겪은 사실은 다른 곳보다 이 사람들의 말라리아 예방에 주력해야 할 뚜렷한 이유가 된다.

*(C) 다른 조건(비용 포함)이 동등하다면, 더 적은 사람들보다 더 많은 사람들의 주어진 피해 보호를 달성하는 일이 도덕적으로 더 중요하다. 이 경우에 피해 보호의 총계는 보호받는 사람의 수로 짜인 일차 함수다. 대체로 몇 건의 피해 감소가 지니는 도덕적 가치는 각각의 도덕적 가치의 합계다.*

명제(C)는 점진적으로 강해지는 세 가지 주장을 편다. 첫째이자 가장 약한 주장은 서수$^{ordinal}$다. 다른 조건이 동등하다면, 만약 n〉m일 때 n명의 사람들에 대한 피해 보호를 달성하는 것은 m명의 사람들에 대해 동일한 피해 보호를 달성하는 것보다 도덕적 가치가 더 크다. 둘째, 좀더 강한 주장은 기수$^{cardinal}$다. 다른 조건이 동등하다면, n명의 사람들에 대해 일정한 피해 보호를 달성하는 것은 m명의 사람들에 대해 동일한 피해 보호를 달성하는 것보다 n/m배에 해당하는 도덕적 가치를 갖는다. 셋째, 가장 강한 주장은 도덕적 가치의 이런 덧셈 합계를 동등하지 않은 피해 보호까지 확대한다.

명제(C)의 가장 강한 주장을 받아들인다면, 어떤 사업의 도덕적 가치나 중요성은 이 사업이 영향을 미치는 개인들을 위해 달성하는 피해 보호의 도덕적 가치의 총합이라는 결론이 나온다.

*(D) 다른 조건(피해 보호 포함)이 동등하다면, 국제 비정부 기구는 후보 사업 중에서 비싼 것보다 싼 것을 선택해야 한다. 더 구체적으로 보면, 후보 사업들의 선택 가치는 비용에 반비례한다.*
이 명제는 국제 비정부 기구가 가진 자원이 그 기구가 수행하는 사업에 비해 희소하다는 사고에서 비롯된다. 어떤 국제 비정부 기구든 비용이 덜 드는 사업을 실행하는 쪽을 택해야 한다. 그래야만 도덕적으로 중요한 성과를 더 많이 낼 수 있기 때문이다.

이 네 명제를 하나로 합치면, 국제 비정부 기구의 행동을 관장하는 도덕 원리에 대한 첫 번째 접근으로서 다음과 같이 정식화할 수 있다.

*(ABCD) 다른 조건이 동등하다면, 국제 비정부 기구는 각 사업의 비용 효율성에 근거해 후보 사업 중에서 선택을 해야 한다. 비용 효율성은 사업의 도덕적 가치를 비용으로 나눈 값으로 정의된다. 여기서 한 사업의 도덕적 가치는 그 사업이*

*달성하는 피해 보호다. 곧 이 사업이 영향을 미치는 개별 사람들에게 초래하는*
*피해 감소(와 증가)의 도덕적 가치의 총합이다.*

이 원리는 여러 면에서 명확하지 않다. '다른 조건이 동등하다면'이라는 구절뿐
아니라 피해 개념에 관련해서도 말이다. 이 글의 나머지 부분에서는 이 구절에 관
한 탐구, 곧 다음 같은 질문에 전념하려 한다. 여러 후보 사업들의 순위를 매기기
위한 근거들의 저울에 영향을 미치는 다른 요인들은 무엇인가?

### 분배 공정성

다른 조건들을 동등하지 않게 만들 수 있는 한 가지 중요한 요인은 분배
공정성이다. 국제 비정부 기구에서 일하는 많은 관리자들은 나라들 사이의
공정성이라는 특정한 이상에 대단히 몰두한다. 단지 자원을 비용 효율적으
로 사용할 수 있다는 이유로 특정 나라의 사람들을 보호하는 데 더 많은 자
원을 지출하는 것은 불공정하다고 생각한다. 또한 한 나라에 자원을 투입
해서 **일정한** 피해 보호를 달성할 수 있는 한, 설령 같은 자원으로 다른 나라
에서 훨씬 많은 성과를 얻을 수 있다 할지라도 그 나라에 공정한 몫의 자원
을 할당해야 한다고 믿는다.

해외의 피해 감소를 위해 일하는 이들이 유지하는 분배 공정성에 대한 이
런 믿음은 현실 세계에서도 드러난다. 만약 이런 신념이 없다면 국제 비정부
기구와 관련 (정부 또는 정부 간) 기구들은 아주 다른 방식으로 활동할 것이
다. 이 경우에 관련 기구들은 극빈 상태를 비용 효율적으로 줄이는 데 가
장 유리한 환경을 제공하는 지역에 이런 목적에 쓸 수 있는 제한된 기금을
집중할 것이다. 몇 년 전에 폴 콜리어Paul Collier와 데이비드 달러David Dollar는 이
나라들을 순서대로 나열하면 에티오피아와 우간다, 인도라고 주장했다.[18]
두 사람은 인도와 방글라데시를 제외하더라도 이미 제공하던 원조를 모든
나라에 빈곤-효율적으로 재할당하면 평생에 걸친 빈곤 보호 비용이 1인당

2650달러에서 1387달러로 줄어들고, 따라서 지금처럼 단지 1000만 명이 아니라 1910만 명을 빈곤에서 구할 수 있다고 추산했다.[19] 이렇게 재할당을 하면 원조가 비효율적인 10여 개 빈국이 대상에서 완전히 제외되며, 빈곤에서 지속적으로 보호하는 비용이 1인당 600달러(에티오피아)나 1000달러(우간다)까지 낮은 다른 나라들에 제공하는 원조가 늘어날 것이다.[20]

자세한 내용은 제쳐두고라도 콜리어와 달러의 말은 분명히 맞다. 피해 감소를 위한 노력에 쓰이는 기금 할당은 매우 비효율적이며, 몇몇 나라에 집중한다면 이 기금이 빈곤 근절의 형태로 달성하는 성과가 크게 늘어날 수 있다. 두 사람이 한 대략적인 계산이라 논란의 여지가 많지만, 제안된 분배 공정성의 제약을 논의하기 위한 현실 세계의 맥락을 제공하기는 한다. 비용 효율성을 가장 높일 수 있는 곳에 노력을 집중함으로써 궁핍한 삶에서 910만 명을 추가로 보호하는 일이 도덕적으로 더 중요한가? 아니면 가난한 사람들이 사는 모든 나라에 희소한 자원을 공정하게 할당하는 일이 도덕적으로 더 중요한가?

내가 볼 때 분명 여기서 우리는 제안된 분배 공정성 제약에 반대하고 더 많은 사람들을 보호하는 쪽으로 결정을 내려야 한다. 만약 우리가 몇몇 나라에 집중한다면, 스스로 아무 잘못도 없고 다만 여기서 제외되는 다른 나라에 살 뿐인 많은 궁핍한 사람들을 보호하기 위해 아무 일도 하지 않으리라는 것은 사실이다. 그렇지만 모든 가난한 나라들에 우리의 노력을 공정하게 분산시킨다면, 똑같이 궁핍하고 아무 잘못도 없이 그런 운명을 짊어지게 된 훨씬 더 많은 사람들을 보호하기 위해 아무 일도 하지 않을 것이다. 가용 자원을 **어떻게 할당하더라도** 많은 사람들, 보호받아야 하는 사람들은 몹시 가난한 삶에 노출될 것이다. 모든 사람을 완전히 보호할 수 없다면, 적어도 최대한 많은 성과를 얻어야 한다.

이 선택을 좀더 구체적으로 살펴보자. 어떤 국제 비정부 기구가 제한된 자원 때문에 에티오피아에 우물 두 개를 파서 5000명에게 안전한 식수를 공급하거나 아니면 차드에 우물 하나를 파서 1000명에게 식수를 공급할 수 있다고 가정하자. 앞의 사업을 하면 훨씬 더 많은 사람이 보호를 받는 반면, 뒤의 사업을 하면 국제 비정부 기구가 지닌 자원의 분배 공정성이 높아진다. 다른 기금들이 이미 에티오피아의 여러 사업에 할당돼 있기 때문이다. 만약 앞의 사업을 선택한다면, 우리는 숫자상의 불균형을 거론하면서 1000명의 차드인들이 당하는 곤경을 무시하는 결정을 정당화할 수 있다. 그렇지만 뒤의 사업을 선택한다면 5000명의 에티오피아인들이 당하는 곤경을 무시하는 결정을 어떻게 정당화할 수 있을까? 똑같이 궁핍한 차드인 1000명을 보호하는 것보다 에티오피아인들을 보호하는 것이 덜 중요하다고 생각한다는 점을 어떻게 설명해야 할까?

우리는 이미 에티오피아에는 여러 사업에 다른 기금이 할당된 반면 차드에는 어느 곳에도 기금이 할당되지 않았기 때문에 이 기금을 차드의 사업에 투입해야 한다고 말할 것이다. 그렇지만 과연 이런 점이 타당한 이유가 될까? 우리를 만나 대화를 나누는 에티오피아 사람들은 이렇게 대꾸할 수 있다. "에티오피아의 다른 곳에서 진행되는 사업들은 **우리**를 보호하기 위해 아무 일도 하지 않는다. 그런데 왜 그 사업들이 이 결정에 영향을 미치는가? 우리가 다른 사업의 보호를 받는 사람들하고 같은 나라에 사는 것은 우연의 결과다. 이 사실이 왜 우리에게 불리하게 작용해야 하나? 우리가 사는 지역이 다른 나라라면 보호를 받을 수 있는데, 왜 그만큼 보호받을 가치가 없는 것인가?"

공해에서 긴급 구조 상황이 벌어진다고 생각해보자. 수온이 아주 낮은 곳에서 대형 크루즈 선이 가라앉았는데, 얼음장 같은 물에 흩어져 있는 생존자들이 죽기 전에 우리가 탄 작은 배로 몇몇 사람들을 끌어올리려 애를 쓰고 있다. 크루즈 선에 탄 승객과 승무원은 여러 나라의 국민이다. 우리가 단순히 최대한 많은 사람을 구하려고 한다면, 구조되는 사람들의 국적을 공정하게 배분하지 못한다(분배 공정성 제약의 옹호론자들이 명시하려 하는 어떤 기준에 따르든 간에). 그렇다면 공정한 나라별 대표성을 추구하면 우리 구조 노력의 비용 효율성이 떨어지고 구조하는 사람의 수가 줄어드는 결과가 나온다 할지라도 이런 대표성을 목표로 삼을 수 있을까? 부정적인 답이 나온다면, 국제 비정부 기구들도 나라들 사이의 공정성을 희생하고 **개인들** 사이의 공정성을 추구하면, 곧 각 개인의 이익에 동등한 비중을 둬 최대한 많은 사람을 보호하면 왜 안 될까? 나라들 사이의 분배 공정성을 고집하는 태도는 모든 인간이 동등한 가치를 갖는다는 우리의 공통된 신념, 곧 국적에 상관없이 동등한 관심을 가지고 모든 **사람**을 대해야 한다는 사고에 거스르는 것이다.

집단을 가로지르는 분배 공정성을 옹호하는 이들은 또 다른 문제에 맞닥뜨린다. 국적이 아닌 다른 특징으로 정의되는 집단의 경우는 어떻게 되는가? 자원 할당을 **나라별로** 공정하게 해야 한다면, 지역, 지방, 종파, 세대, 성별, 정주 규모 등에 따라서도 공정하게 해야 하지 않을까? 그렇다고 대답하면 공정성 제약이 수도 없이 추가되는데, 이 제약들은 서로 상충하기 쉽다. 이런 각각의 제약은 피해 보호 노력의 비용 효율성을 떨어뜨리는 경향이 있다. 아니라고 대답하면 일관성이 없어지는 문제가 생긴다. 도대체 국적이 그렇게 특별하게 대접받는 이유는 무엇인가? 왜 우리는 국적을 공정하게 대우하면서 언급된 다른 집단 규정은 공정하게 대우하지 않는가?

피해 보호를 극대화해야 한다는 아주 비중이 큰 관심을 위해 집단을 가로지르는 공정성에 대한 관심을 제쳐둬야 한다고 결론 내리기 전에 더 문제적인 두 가지 특별한 사례를 검토해보자.

먼저 심각한 기아가 발생한 비상 상황을 생각해보자. 어느 국제 비정부 기구가 식량을 들여오고 있지만, 제한된 자원 때문에 모든 사람을 살릴 수는 없다. 입수할 수 있는 식량을 공정한 몫으로 나눠서는 한 사람도 살아남지 못한다. 따라서 일부라도 살리려면 기구는 제한된 식량 공급을 선별적으로 분배해야 한다. 그런데 어떻게 선별해야 할까? 두 가지 선택지를 검토해보자. 이 기구는 굶주린 사람을 무작위로 선별해서 입수 가능한 식량이 동날 때까지 각자에게 최소한으로 필요한 양을 나눠줄 수 있다. 또는 예상되는 생존자 수를 극대화하는 선별 규칙을 정하는 쪽을 택할 수도 있다. 이런 규칙을 적용하면 대체로 최소한으로 필요한 식량의 양이 가장 적은 사람들에게 유리할 것이다. 특히 이 규칙은 신진대사가 효율적인 사람, 곧 성인보다 아동, 남자보다 여자에게 유리할 것이다. 국제 비정부 기구 직원은 이런 끔찍한 상황에서 어떻게 해야 할까?

이런 질문들에 대해 국제 비정부 기구 직원이 던진 '하느님에게 기도해서는 안 된다'는 말이 흔히 회자된다. 그런데 이런 사고는 도움이 되지 않는다. 어떤 결론이 나올지 알 수 없기 때문이다. 어떤 분배 규칙을 사용할지에 관한 결정은 불가피하게 우리의 몫이다. 이 상황은 이런 무서운 선택을 우리에게 부과하며, 우리는 이 책임을 피할 도리가 없다. 일종의 복권 뽑기를 진행하고 현장에서 도망을 침으로써 절망적인 처지의 사람들이 우리가 남겨둔 식량을 놓고 싸우게 만든다 할지라도, 우리는 누가 살고 누가 죽을지를 정하는 결정을 하는 셈이다. 우리는 이런 질문에 직면**해야 한다**. 어떻게 식량을 분배할 것인가?

내 생각에 이 질문에 직면해서 우리는 이 상황에 최적의 선별 규칙을 적용해야 한다. 이를테면 남자와 여자를 동수로 보호하는 쪽을 선택할 경우 80명을 살릴 수 있지만 남자 20명과 여자 65명을 보호할 경우 85명을 살릴 수 있다면, 그렇게 해야 한다.

어떤 사람들을 보호하기 어려운 이유가 이 사람들이 겪은 부정의 때문인 경우에는 분배 공정성 제약에 대한 이런 일반적인 거부가 가장 설득력이 없어 보인다. 따라서 안전한 식수를 이용할 수 있도록 우물을 파는 국제 비정부 기구가 직면하게 되는 의사결정을 생각해보자. 이 기구가 명목상 분배 공정성을 거부하고, 같은 우물을 이용하는 사람이 더 적은 농촌 지역보다 인구 밀도가 높은 도시 지역에서만 우물을 판다고 가정해 보자. 그런데 이 기구가 사업을 하는 나라에서는 천대받는 소수 종교 신자들은 (그 신앙이 '나쁜 본보기가 될' 수 있기 때문에) 도시 지역 이주가 금지돼 고립된 농촌 지역에만 거주한다고 가정해보자. 이런 상황이라면 최적화 방침을 거부할 생각이 드는 게 당연하다. 이 방침은 사실상 소수 종교 성원들에게 부당하게 가해진 피해를 체계적으로 악화할 것이기 때문이다.

이 사례가 분배 공정성을 제한할 수 있다는 생각을 얼마나 뒷받침할 수 있는지를 알려면, 적어도 두 가지 불순물을 제거해야 한다. 앞에서 설명한 사례를 보면, 천대와 차별을 받는 소수 종교 성원들은 우물이 만들어질 경우 안전한 식수를 이용하게 될 도시 거주자보다 실제로 궁핍하다는 생각이 떠오를 수 있다. 이런 설명이 사실이라면, 명제(A)와 (B)에 따라 소수 종교 지역에 우물을 파는 쪽으로 균형을 기울게 만드는 결정적인 이유가 된다. 또한 앞에서 설명한 사례를 보면, 도시 거주자들이 소수 종교를 천대하는 데 가담하고 차별에 공모한다는 생각이 떠오를 수 있다. 이런 점을 고려하면 도시 거주자들에게 불리한 쪽으로 이유의 균형이 기울지만, 이 자격 이유는 분배 공정성하고는 아무 관계가 없다. 이 사례를 분배 공정성 제한을 뒷받침하는 근거로 제시하기 위해 똑같이 천대받는 또 다른 소수 종교 집단을 가정해서 이 사례를 구성해보자. 도시 게토에 살고 있는 소수 종교 집단은 마찬가지로 궁핍하지만, 농촌 지역의 소수 종교 집단을 천대하는 많은 다른 이들은 이 집단을 천대하지 않는다. 여기서 우리의 국제 비정부 기구는 최적화 방침에 따라 (둘째 소수 집단의 많은 성원들을 보호할 수 있는) 도시 게토에 우물을 파야 하는가, 아니면 안전한 식수를 얻는 사람의 총수가 상당히 줄어들지라도 농촌 지역에도 우물을 파야 하는가? 여기서 설명하는 사례에서 나는 앞에 논의한 여러 이유에도 불구하고 제안된 공정성 제약을 포기하고 첫째 선택을 지지하는 것이 어렵지 않다.

나는 여기서 소개한 논의들로 이 문제가 결정적으로 해결된다고 보지 않는다. 그렇지만 지금으로서는 이 논의들 덕에 제안된 분배 공정성의 이상이 (ABCD)를 단순하게 적용하는 선택을 제약해서는 안 된다고 확신하게 됐다. 이 원리에 포함된 '다른 조건이 동등하다면'이라는 구절을 궁핍한 개인들 사이에 기회 균등을 달성하거나 나라들과 집단들 사이에 피해 감소 노력을 똑같이 분배하기 위해서 비용 효율성을 포기해도 된다는 식으로 해석해서는 안 된다.


## 추가로 고려할 점

여기에서는 (ABCD)의 적절한 설명에 관련 있는 다섯 가지 추가 쟁점을 다루려 한다. 물론 완벽한 설명은 아니다.


### 절멸과 다양성

(ABCD)는 어떤 사업이든 그 도덕적 가치를 개인주의적 측면에서 이해한다. 곧 이 사업이 영향을 미치는 개별 사람들에게 초래하는 피해 감소(와 증가)의 도덕적 가치의 총합으로 이해한다. 따라서 중요한 도덕적 관심을 배제시킬 수 있다. 이를테면 기금을 비용 효율적으로 할당하면 어떤 민족이나 문화가 절멸의 위협을 받는 일정한 지역(이를테면 아마존)이 배제된다. 이런 민족 중에 마지막으로 남은 성원들이 죽거나 조상 땅에서 쫓겨나는 경우에 그 도덕적 손실은 이 개인들이 겪는 피해보다 더 크다고 생각하는 것도 당

연하다.

어떤 이는 개인주의적 패러다임에 맞는 방식으로 이런 직관을 설명하기 위해 다양성의 가치에 호소할지 모른다. 인류의 생물학적이고 문화적인 다양성이 감소하면 모든 인간이 손해를 본다고 말이다. 그렇지만 개인들이 이런 손해를 입는다는 이유로 굶주리는 에티오피아인 5000명이 아니라 아마존 원주민 500명의 생명을 구하는 쪽으로 근거의 저울을 옮길 수 있다고 보기는 힘들다. 그러므로 이런 직관을 수용하기 위해 규범적인 개인주의를 조금 완화해서 도덕적으로 심각한 모든 손실이 개별 인간이 겪는 피해는 아니라는 인식의 여지를 남겨야 한다. 고유한 문화(언어, 종교, 공통의 생활 방식)를 가진 한 민족의 소멸이나 타락은, 이 사건이 그 민족의 마지막 성원들에게 수반하는 모든 피해에 덧붙여 그것 자체로 심각한 손실일 수 있다.

### 위험성과 불확실성

원조 사업은 얼마나 많은 가시성을 낳느냐는 점에서 서로 다를 수 있다. 어떤 사업들은 도덕적 가치와 비용이 분명하게 예측 가능한 반면, 다른 사업들은 상당한 위험이 뒤따르거나 심지어 불확실성이 존재한다. 후자의 구분을 간략하게 살펴보기로 하자.

결정을 하는 사람이 무슨 일이 생길지 알지 못하지만 가능한 결과들과 그 확률에 관해 믿을 만한 가정을 할 수 있는 한, 결정은 위험성risk을 수반한다. 결정을 하는 사람이 다양한 결과들의 확률에 관해, 또는 무엇이 가능한 결과인지에 관해 믿을 만한 가정을 할 수 없는 한, 결정은 불확실성을 수반한다. 위험성을 수반하는 결정과 불확실성을 수반하는 결정의 구분은 단계적이다. 곧 정도의 문제다. 이를테면 우리는 가능한 한 결과의 가치('대가payoff')와 그 확률이 40~45퍼센트이며 다른 결과의 가치와 그 확률이 35~50퍼센트라는 것을 알지만, 이 중 어느 쪽도 일어나지 않는다면 어떤 일이 생길지는 모를 수 있다. 이 경우에 처음 두 결과에 관련된 일정한 불확실성이 존재하며(정확한 가능성은 알지 못한다), 다른 가능한 결과들에 관해서는 많은 불확실성이 존재한다. 그 정확한 확률은 물론 심지어 각각의 가치도 알지 못하기 때문이다.

위험성에 대처하기 위한 일반적인 방법은 불확실한 한 사업의 도덕적 가치를 **확률 가중으로 예상되는**probability-weighted expected **도덕적 가치**로 산정하는 것이다. 한 사업의 실현된 가치가 불확실한 요소들에 좌우되는 한, 각기 다른 결과가 나올 수 있다. 이 경우에 우리는 각 결과에 대해 그 확률과 이 사업으로 실현될 도덕적 가치를 산정할 수 있다. 따라서 확률 가중으로 예상되는 이 사업의 도덕적 가치는 이 곱(확률 곱하기 조건부 가치)의 총합으로 계산된다. 비용에 관련된 위험성도 마찬가지다. 여기서 우리는 불확실한 사업의 비용을 **확률 가중으로 예상되는 비용**으로 산정한다. 한 사업의 비용이 불확실한 요소들에 좌우되는 한, 각기 다른 결과가 나올 수 있다. 이 경우에 우리는 각 결과에 대해 그 확률과 그 사업으로 발생하는 비용을 산정한다. 따라서 확률 가중으로 예상되는 사업의 비용은 이 곱(확률 곱하기 조건부 비용)의 총합으로 계산된다. 그러므로 불확실한 사업의 (사전적인) 비용 효율성은 앞선 경우처럼, 곧 (확률 가중으로 예상되는) 그 사업의 도덕적 가치를 (확률 가중으로 예상되는) 비용으로 나눔으로써 산정된다.

이것은 불확실한 사업을 평가하는, 도덕적으로 타당한 방법인가? 이를테면 1000명의 생명을 구할 10퍼센트의 가능성(①)과 100명의 생명을 구할 100퍼센트의 가능성(②)에 동등한 도덕적 가치를 부여하는 것이 타당한가? 평등주의자들은 ①을 선호해야 한다고 대답할 것이다. 생존 가능성을 더 균등하게 분산시키는 방법이기 때문이다. 어떻게 보면 이 말이 맞지만, 나는 그 답이 맞는 사전적인 의미가 도덕적으로 부적절하다고 본다. 장기적으로 보면, 두 전략 모두 똑같은 수의 생명을 구한다. 그리고 사실 ①의 경우에 많은 추가적인 사람들이 실패한 피해 보호 시도의 대상이었다. 이 사실은 이 사람들에게 아무런 가치가 없다. 다른 어떤 도덕적 가치가 있을까?

다른 이들은 ②를 선호해야 한다고 생각한다. 그런 이들은 ①은 도박을 하는 것이기 때문에 인간 생명을 경시하는 풍조를 나타낸다고 느낄지 모른다. 나로서는 이해하기 어려운 느낌이다. 또는 금융 시장에 익숙한 이들은 ①에 일정한 리스크 프리미엄을 붙여야 한다고 느낄지 모른다. 금융 세계에서는 돈의 한계 효용 체감 때문에 이런 리스크 프리미엄이 적절한 요소로 여겨진다. 그렇지만 인간 생명의 구조에는 한계 가치 체감이 존재하지 않는다.

따라서 어느 쪽으로든 도덕적 가치의 동등한 할당에서 벗어날 설득력 있는 이유가 없기 때문에 나는 위험성을 수반하는 의사 결정에 관련해 불확실한 사업의 비용 효율성은 사전적인 비용 효율성으로 이해돼야 한다고 결론짓는다. 이것은 확률 가중으로 예상되는 도덕적 가치를 확률 가중으로 예상되는 비용으로 나누는 방식으로 계산된다.

불확실성에 대처하는 일은 훨씬 더 어렵다. 몇몇 이론가들은 불확실성 때문에 보수적인 대응이 필요하다고 주장했다. 예상 가능한 최악의 결과에 큰 비중을 둬야 한다는 것이다. 여기서 가장 보수적인 전략은 이른바 **맥시민 규칙**maximin rule(최소 극대화 규칙)이다.[21] '맥시민'은 가장 큰 최소치를 뜻하는 라틴어 'maximum minimorum'의 약자다. 맥시민 규칙은 행위자에게 최악의 경우 시나리오 중 최선의 것에 관련된 선택지를 택하도록 지시한다. 그렇지만 여기서 이 규칙은 지나치게 보수적인 듯 보인다. 이 점을 알기 위해 다음과 같은 한 사례를 생각해 보자.

어느 국제 비정부 기구가 기아가 확산된 한 지역에 썩기 쉬운 식량 한 트럭을 갖고 있다. 식량은 최대 800명의 사람이 조기 사망하지 않도록(이를테면 수확철까지 죽지 않도록) 보호할 만큼 충분하다. 한 선택지는 동쪽에 있는 소읍에 식량을 싣고 가는 것이다. 이렇게 하면 굶어 죽기 직전인 사람

200명을 확실히 보호할 수 있다. 다른 선택지는 서쪽으로 싣고 가는 것인데, 이렇게 하면 더 큰 소도시에 있는 사람 800명을 구할 가능성이 있다. 동쪽에 있는 소읍은 트럭으로 갈 수 있다고 알려져 있지만, 서쪽에 있는 소도시도 트럭으로 갈 수 있는지에 관한 정보는 구할 수 없다. 서쪽 길을 가보면 남아 있는 연료가 소모될 테고, 만약 트럭으로 가지 못하면 식량이 있어도 아무도 보호하지 못한다.

이런 경우 나는 이렇게 추론해야 한다고 본다. 서쪽 소도시에 갈 수 있다면, 서쪽으로 갈 경우 동쪽으로 가는 경우보다 굶주리는 사람 600명을 더 구할 것이다. 서쪽 소도시에 가지 못한다면, 동쪽으로 갈 경우 서쪽으로 가는 경우보다 200명을 더 구할 것이다. 불확실성을 감안할 때, 이 두 조건 명제는 대칭된다. 대칭을 깨뜨릴 수 있는 요소는 한 가지뿐이다. 보호받는 사람의 수가 더 많다는 점 말이다. 그러므로 트럭은 서쪽 소도시로 가야 한다.

현실 세계에서 확률에 관련된 불확실성은 대개 이 사례만큼 절대적이지 않다. 일부 결과가 나타날 가능성에 관해 보통 대략적인 산정이 가능하다. 그렇지만 현실 세계에서는 종종 다른 불확실성의 원천이 존재한다. 행위자들이 가능한 모든 결과를 완전히 이해하지 못하기 때문이다. 이 사례에서 각각의 두 사업은 무수한 방식으로 도움이나 방해를 받을 수 있으며, 가능한 모든 결과에 대해 대략적인 확률을 파악하는 일은 고사하고 결과를 예상하는 것도 불가능하다.

그렇지만 국제 비정부 기구가 위험성과 불확실성을 다루는 데서 길잡이로 삼아야 하는 전반적 원칙은 분명하다. 국제 비정부 기구는 예상되는 장기적 비용 효율성을 극대화하는 방식으로 위험성과 불확실성을 의사 결정에 통합시켜야 한다. 일반적으로 말하자면 다음 같다.

*(ABCD*\*) 다른 조건이 동등하다면, 국제 비정부 기구는 장기적인 비용 효율성, 곧*

*기구가 수행하는 사업의 예상되는 도덕적 가치 총계를 이 사업의 예상되는 비용 총계로 나눈 값으로 정의되는 수치를 극대화할 것으로 예상되는 규칙과 절차에 따라 여러 후보 사업에 관한 의사 결정을 관리해야 한다. 여기서 도덕적 가치나 피해 보호의 총계는 이 사업에 영향을 받는 개별 사람들에게 초래되는 피해 감소(와 증가)의 도덕적 가치의 총합이다.*

### 기금 모금

국제 비정부 기구가 수행하는 사업은 기금 모금 성공에 피드백 효과를 미친다. 그리고 이 기구는 본질적으로 좀더 비용 효율적인 사업과 기부자를 끌어들이는 힘이 강한 사업 사이에서 복잡한 선택에 직면한다.

실행하는 데 각각 200만 달러가 들어가는 두 사업을 놓고 결정을 내려야 하는 상황을 생각해보자. G사업은 산정되는 도덕적 가치가 9000인 반면, H사업은 산정되는 도덕적 가치가 3000에 불과하다. (이를테면 G사업은 9000명의 어린이를 아사에서 구할 수 있는 반면, H사업은 3000명을 구할 수 있다.) 그러므로 어떤 이는 G사업의 **본질적인 비용 효율성**(9,000/2, 곧 4,500)이 H사업의 본질적인 비용 효율성(3,000/2, 곧 1,500)보다 세 배 높다고 말할 수 있다.

그렇지만 H사업은 현재 이목이 집중된 '분쟁 지대'에서 수행되기 때문에 언론의 관심을 더 많이 받을 것이다. 누군가는 이렇게 되면 추가적인 기부가 촉발돼 H사업의 '진정한' 비용이 줄어들 것이라는 식으로 생각할 수 있다. 기금 모금 전문가가 H사업은 150만 달러의 추가 기부금 수입을 유발하는 반면 멀리 떨어진 장소에서 수행되는 G사업은 겨우 20만 달러의 추가 기부금 수입을 유발할 것으로 예상한다고 가정해보자. 이런 상황이라면 G사업의 '진정한' 비용 효율성은 9,000/1.8(5,000)이고, H사업의 '진정한' 비용 효율성은 3,000/0.5(6,000)라고 말할 수 있다.

사업의 비용과 비용 효율성을 평가하는 두 방법인 본질적인 비용과 '진정한' 비용 중에서 어느 것이 옳은가? 내가 볼 때 답은 **어느 쪽도 옳지 않다**다. 본질적인 비용 효율성에 초점을 맞추면, 기금 모금에 대한 관심이 세속적이라거나 국제 비정부 기구가 얼마나 많은 돈을 받는지에 관한 책임은 오로지 잠재적 기부자들에게 있다는 이유 때문에 추가 기금으로 가능하게 될 피해 보호의 성과를 무시하게 될 수도 있다. 이런 결과는 받아들이기 힘들다.

'진정한' 비용 효율성에 초점을 맞추는 일도 마찬가지로 받아들이기 힘든 이유를 이해하려면, 사업으로 촉발될 수 있는 추가 기부금에 관련해 또 다른 구분선을 그을 필요가 있다. 단지 한 국제 비정부 기구에서 다른 기구로 방향 전환을 할 뿐인 추가 기부금과, 관련된 모든 기구가 받는 기금의 총합을 늘리는 추가 기부금을 구별할 필요가 있다. 이 구분을 표시하기 위해 한 국제 비정부 기구의 사업은 **대체성**substitutional 기부금과 **증가성**accretive 기부금을 둘 다 유인할 수 있다고 말해보자. 앞의 경우에 한 국제 비정부 기구는 관련된 기부금의 전체 공동 자원의 일부를 받는 수혜자로서 다른 기구를 대체한다. 뒤의 경우에는 이 공동 자원 전체가 확대된다.

이런 구분은 낯설어 보일 수 있다. 본디 비용 효율성 논의의 근거지인 기업 세계에서는 이런 구분이 별로 중요하지 않다. 광고 캠페인을 운영할지 여부를 결정할 때, 기업은 추가적인 사업과 소득의 측면에서 캠페인 비용을 예상되는 이익에 비춰 평가한다. 이런 이익을 검토하는 과정에서 기업은 경쟁자들에게서 사업을 빼앗아오는 식이든 전반적인 수요를 늘리는 식이든 개의치 않는다. 굳이 어느 편인지 따지자면, 기업은 경쟁자들에게서 사업을 빼앗아오는 쪽을 약간 선호할 것이다. 이 편이 시장 점유율에 더 큰 영향을 미치고 또 절대적인 면에서 경쟁자들을 약화시킬 테기 때문이다. 모름지기 기업은 다른 기업들이 목표를 추구하는 데 성공하고 효율적이기를 바랄 이유가 전혀 없다.

그렇지만 국제 비정부 기구의 세계에서는 이 구분이 무척 중요하다. 많은 기구들이 **동일한** 목표를 추구하기 때문이다. 이를테면 많은 국제 비정부 기구는 굶주림과 영양실조에서 어린이를 보호하려 한다. 이런 각각의 기구는 다른 기구가 아니라 **자기가** 어린이들에게 보호를 제공하는 데 관심을 기울이기보다는 어린이들을 보호하는 일 자체에 관심을 기울일 도덕적 이유가 훨씬 더 많다.

이 점을 이해하기 위해 그런 공통의 목표를 추구하는 두 국제 비정부 기구가 있다고 생각해보자. 기구-1은 G 같은 사업을 선호하는 경향이 있는 반면 기구-2는 H 같은 사업을 선호하는 경향이 있다고 가정해보자. 기부금의 공동 자원이 고정된 한, 하나의 팀으로 간주할 때 두 기구의 비용 효율성이 점차 감소하는 결과가 나타나게 된다. 두 기구의 다양한 사업 정책 때문에 기구-1에서 기구-2로 기부금의 흐름이 전환될 것이기 때문이다. 그 결과 두 기구가 시작하는 사업은 점점 기구-1이 시작한 G유형의 사업보다는 기구-2가 시작한 H유형의 사업이 될 것이다. 기구-2는 기구-1에서 자기 쪽으로 기금을 전환함으로써 이 기부금의 비용 효율성을 3분의 2 줄게 된다 (G유형의 사업은 H유형의 사업보다 비용 효율성이 세 배이기 때문이다).

자기들의 기금이 어떻게 고갈되는지를 파악한 기구-1은 기구-2의 선례를 따라 비슷하게 H유형의 사업으로 활동을 전환할 수 있다. 이렇게 하면 기구-1이 기금의 감소를 저지하는 데 도움이 될 수 있다. 그렇지만 또한 G유형 사업에서 H유형 사업으로 바꾸는 전반적인 이동이 가속화된다. 기구-1이 전환을 하든 안 하든 간에 시간이 흐르면서 두 기구가 모금한 돈 중 훨씬 많은 액수가 G유형 사업보다 H유형 사업으로 갈 것이다. 더욱이 기부금 공동 자산이 고정돼 있다고 가정하면, 재앙 같은 결과가 생기게 된다. G유형 사업에 전념하는 경우에 견줘 이 기부금이 피해 보호라는 면에서 비용 효율성이 훨씬 줄어들 것이기 때문이다.[22]

주목을 *끄*는 사업이 일반적인 사업에서 기대하기 힘든 기부금을 들여오는 한, H유형 사업으로 전환하는 것은 바람직할 수 있다. 앞에서 수행한 '진정한' 비용 효율성 계산에서 본 대로 말이다. 따라서 G사업과 H사업 중에서 결정을 내리는 데 필요한 열쇠는 G사업과 H사업을 통해 모금한 새로운 기금이 어느 정도나 대체성이거나 증가성인지에 관한 경험적 산정이다.

사업의 비용과 비용 효율성을 계산하는 정확한 방법은 후보 사업들이 끌어모을 새로운 기금을 고려한다. 물론 이 기금이 증가성인 경우에만 해당된다. 앞에서 제시한 계산 사례에서 국제 비정부 기구는 H유형 사업으로 모금되는 새로운 기금이 거의 전적으로 증가성인 경우에만 G유형이 아니라 H유형의 사업을 선택해야 한다. 이런 논의는 국제 비정부 기구가 스스로 얼마나 많은 성과를 얻는지에 관계없이 대체로 피해 보호를 목표로 삼아야 한다는 가정에 입각한 것이다.

기금 모금에 관한 이 논의는 좀더 일반적인 점을 보여준다. 국제 비정부 기구는 **자기들이** 실현하는 도덕적 가치의 측면에서 정의되는 **행위자~상대적**agent-relative 목표나 모든 국제 비정부 기구가 **함께** 실현하는 도덕적 가치의 측면에서 정의되는 상응하는 **행위자~중립적**agent-neutral 목표를 추구할 수 있다. 이 사례에서 드러난 대로 행위자~상대적 목표를 추구하면 국제 비정부 기구들 내부는 물론 각 기구들 사이에서 기금 할당이 악화됨으로써 행위자~중립적 목표의 달성이 손상되는 것이 당연하다.

게다가 행위자~상대적 목표를 추구하는 선택은 또한 **직접적으로 집단적 자멸을 초래한다.**[23] 만약 모든 국제 비정부 기구가 성공적으로 행위자~상대적 목표를 추구한다면, 모든 기구가 그 대신 행위자~중립적 목표를 성공적으로 추구할 경우 얻을 수 있는 것보다 애초에 추구한 목표의 측면에서도 결과가 더 나쁘다. 자기들이 스스로 실현하는 도덕적 가치를 극대화하려 하는 국제 비정부 기구는 G유형 사업보다 H유형 사업을 선호할 것이다. 다른 기구들도 선례를 따라야 하고, 그렇지 않으면 피해 보호 사업에서 밀려난다. 그렇지만 모든 국제 비정부 기구가 H유형 사업에 자원을 집중하면, 각 기구는 모든 기구가 G유형 사업에 자원을 집중하는 경우에 실현하게 될 수준에 못 미치는 도덕적 가치를 실현하게 된다.

행위자-중립적 목표는 도덕적으로 더 그럴듯하고 행위자-상대적 목표는 직접적으로 집단적 자멸을 초래하기 때문에 국제 비정부 기구는 행위자-중립적 목표에 전념해야 하고, 따라서 **정확한 비용**이라는 의미에서 (ABCD*)의 **비용**을 이해해야 한다.

그런데 다른 국제 비정부 기구들이 행위자-상대적 목표로 '전향'한다면 어떤 **한** 기구는 어떻게 해야 할까? 행위자-중립적 목표를 고수하면서 그 결과로 자기들이 받는 기금이 줄어드는 상황을 받아들여야 할까? 똑같이 전향하면서 그 결과로 글로벌 국제 비정부 기구의 효율성이 감소하는 상황을 받아들여야 할까? 아니면 다른 국제 비정부 기구들과 기부금을 내는 대중이 함께 이 문제를 제기해야 할까?

### 의무론적 관심 ― 기부자 차별

지금까지 국제 비정부 기구의 도덕적 우선순위에 관한 내 논의는 대체로 결과주의적 사고로 귀결됐다. 확실히 이 사고는 전통적 의미에서 결과주의적이지 않다. 이 사고는 우리에게 단순히 피해 감소로 정의되는 선을 극대화하라고 지시하는 대신 궁핍한 이들을 피해에서 보호하는 데 더 비중을 둔다 (명제(B)). 몇몇 이론가들은 이런 우선주의적 요소 정도면 하나의 도덕적 사고를 두드러지게 의무론적으로 만드는 데 충분하다고 주장한다.[24] 그렇지만 내가 보기에 우리에게 어떤 **가중된** 총계(이 경우에 궁핍한 이들에게 유리하게 가중된)를 극대화하도록 지시하는 사고는 여전히 대체로 결과주의적인 것이다.

우리는 이런 철학자들의 용어 논쟁에 얽매일 필요는 없다. 다만 이제 더 중요한 의무론적 관심을 논의한다는 표시로 언급하고 넘어가자.

지금까지 나는 국제 비정부 기구가 비용 효율성이 가장 높은 사업에 자원을 집중해야 한다고 주장했다. 이 주장은 국제 비정부 기구가 좀더 적은 비용으로 피해에서 보호받을 수 있는 궁핍한 사람들에게 유리하게, 그리고 보호 비용이 비싼 궁핍한 사람들에게 불리하게 차별을 해야 한다는 점을 함축한다. 나는 이 함의를 그럴듯한 것으로 받아들였다. 이런 차별은 오로지 최대한 많은 궁핍한 사람을 보호하려는 관심(명제(C))에서 생겨난 결과인 한 어쨌든 도덕적으로 불쾌하지 않다.

그렇지만 이제 이런 복잡한 문제를 검토해보자. 국제 비정부 기구에 돈을 기부하는 부유한 사람들이 대부분 백인이고 어느 정도 인종 차별주의자라고 가정해보자. 궁핍한 백인들을 피해에서 보호하는 사업은 똑같이 궁핍한 유색인들을 피해에서 보호하는 다른 사업에 견줘 앞으로 추가되는 기부금에 훨씬 더 많은 성과를 끌어낸다. (르완다와 코소보에서 발생한 위기 사태에 대중이 보인 반응으로 판단할 때, 이런 가설은 결코 비현실적이지 않다.) 이런 난점을 보여주기 위해 두 사업 중 하나를 선택하는 문제를 검토해보자. 사업 K는 궁핍한 백인을 대상으로 하고, 사업 L은 궁핍한 흑인을 대상으로 한다. 기금 모금에 대한 피드백 효과를 무시하면, 사업 L이 훨씬 더 비용 효율적이다(본질적인 의미에서).

그렇지만 앞으로 추가되는 기부금에 훨씬 더 많은 성과를 낳을 것이기 때문에 사업 K는 (내가 주장한 의미의) 비용 효율성에 관한 정확한 이해에서 볼 때 훨씬 더 비용 효율적이다. 그렇다면 이제까지 말한 모든 내용을 감안할 때, 국제 비정부 기구는 L유형 사업보다 K유형 사업을 실행해야 한다. 이런 결론이 그럴듯한가?

어떤 이는 부유한 사람들의 태도가 언제든 바뀔 수 있다고 정확한 지적을 하면서 이런 어려운 질문을 회피하려는 마음이 들지 모른다. 국제 비정부 기구는 궁핍한 유색인들하고도 일체감과 유대감을 느끼도록 고안된 홍보 캠페인을 벌일 수도 있다. 이런 지적은 사실이지만, 그렇다고 그 난관에 적절한 답은 아니다. 이런 홍보 캠페인은 피해 보호 사업에 사용될 수도 있던 기금을 전용하는 행위다. 분명 이런 전용은 정당화될 수 있다. 이를테면 L유형 사업을 지지하려는 의지를 높이고, 국제 비정부 기구의 평판을 개선해 추가 기부금을 늘리고, 해외의 가난한 흑인들이 느끼는 배제와 모욕을 줄임으로써 모든 국제 비정부 기구가 장기적으로 달성하는 피해 보호를 증대하는 경우가 그렇다. 그렇지만 이런 전용은 종종 정당화되지 못할 것이다. 그러므로 정확한 비용 효율성이 중요한 문제라면, 지금 설명한 상황하고 비슷한 처지에 직면한 국제 비정부 기구는 종종 기부자들의 인종주의적 태도를 그냥 내버려두고 K유형 사업에 자원을 집중해야 한다. 이런 사실을 보면, 정확한 비용 효율성에 초점을 맞추는 태도를 수정할 필요가 있는 걸까?

이런 난점에 대해 본질적으로 다섯 가지 반응이 뒤따른다. 첫째, 기부자의 인종주의 또는 더 일반적으로 기부자들이 피해 감소 노력을 자기들이 선택한 사업으로 돌리는 과정에 도덕적으로 잘못된 점이 전혀 없다는 반응이다. 어쨌든 그 기부금은 **그 사람들** 돈이고, 어떤 영화를 보거나 누구를 만나 데이트를 할지를 자유롭게 결정하듯이 그 사람들은 어떤 선한 대의를 지지할지를 도덕적으로 자유롭게 결정할 수 있다는 것이다.

나는 두 가지 논점에서 이 첫 반응에 동의하지 않는다. 다음 소절에서 분명히 말하겠지만, 나는 지금의 세계에서 우리가 피해 보호 노력을 지지하는 도덕적 이유는 (적극적인 의무라는 의미에서) 오로지 적극적인 것만은 아니라고 생각한다. 오히려 우리가 내는 기부는 우리가 피해 발생에 중대하게 관여한다는 사실에서 생겨나는 좀더 엄중한 의무에 따라 도덕적으로 요구된다. 게다가 설령 우리가 국제 비정부 기구에 기부를 해야 하는 적극적인 도덕적 이유만 있다 할지라도 단지 피부색 때문에 몇몇 궁핍한 사람들을 선호한다면 여전히 도덕적으로 불쾌한 일일 것이다. 이런 편애가 강하면 강할수록 도덕적으로 더욱 나쁜 일이 된다.

둘째, 기부자의 인종주의는 확실히 유감스러운 일이지만, 국제 비정부 기구가 그런 기부자의 인종주의를 경험적 사실로 고려하면서 피해 보호 전략을 최적화하려 노력하는 것은 도덕적으로 의심스러울 이유가 전혀 없다는 반응이다. 나는 이런 반응에 공감할 수 없다. 확실히 이 국제 비정부 기구는 도덕적 가치를 실현하기 위해 최선을 다하려 하고 있으며, 기부자들이 지닌 인종주의에 전혀 공감하지 않는다. 그렇지만 해당 비정부 기구는 이 인종주의를 실행하는 셈이며, 좋은 대의를 위해서 하는 일이라 할지라도 이런 행동은 도덕적으로 나쁜 짓이다.

셋째, 국제 비정부 기구가 기부자의 인종주의를 실행하는 행위는 확실히 도덕적으로 나쁜 일이지만, L유형 사업을 선호하는 이런 중요한 이유는 우리가 사는 세계에서 보통 피해 보호를 달성하는 일의 거대한 도덕적 중요성에 따라 압도된다는 반응이다. 따라서 인종주의를 실행하는 데 반대하는 이유가 결정적 변화를 가져올 수 있는 것은 산정 가능한 수준에서 경쟁하는 사업들이 정확하게 평가된 비용 효율성에서 서로 접근한 경우뿐이다. L사업이 K사업에 견줘 우월한 것처럼 한 사업이 이런 면에서 훨씬 우월하다면, 우월한 사업을 선택해야 한다. 비록 이 선택 때문에 K사업으로 보호를 받을 수 있던 이들에게 잘못된 일을 하는 데 관여하는 셈이라 할지라도 말이다. 나는 이것이 가장 그럴듯한 반응이라고 본다.

넷째, 기부자들의 인종주의적 태도에 맞서 싸우는 동시에 인종주의의 도구가 되지 않으려는 관심은 다른 한편에 많은 조기 사망의 위험이 존재한다 할지라도 도덕적 이유의 균형에 영향을 미칠 만큼 충분한 비중이 있다는 반응이다. 이런 도덕적 이유는 다른 이유들과 균형을 유지해야 한다. 따라서 우리는 모든 어린이가 똑같이 중요하다는 원칙을 옹호해야 하며, 백인 어린이들에게 집중하면 추가 기부금이 더 발생해서 더 많은 수를 구할 수 있게 된다 할지라도 흑인 어린이 10명을 기아 상태에서 구해야 한다. 이런 반응은 또한 어느 정도 호소력이 있어 보인다. 다만 나는 이런 '원칙의 옹호'가 얼마나 많은 추가적인 죽음을 정당화할 수 있는지에 관한 질문에 어떻게 답할 수 있는지 알지 못한다. 인종주의를 거부하는 일과 추가로 다른 생명을 구할 수 있는 일 사이에 정확한 교환 비율은 무엇일까? 이 교환 비율이 높아져서 원칙을 옹호하는 것이 피해 보호라는 면에서 정말로 값비싼 일이 되면, 내가 보기에 이런 반응은 금세 현실성이 없어진다.

다섯째, 절대주의적 의무론의 방식으로 인종주의 반대 원칙에 압도적인 우선권을 부여하는 반응이다. 성별과 피부색 같은 요인들에 관한 한, 우리는 추가 기부금 증가를 무시하고 오로지 사업의 **본질적인** 비용 효율성에만 초점을 맞춰야 한다. 만약 이 기준을 따르면 우리가 달성할 수 있는 피해 보호가 크게 줄어든다 할지라도, 우리는 이런 감소를 받아들여야 한다. 우리가 어떤 피해 보호 전략을 선택하는지에 따라 심각한 인간적 고통이라는 측면에서 엄청난 차이가 나타난다는 점을 감안할 때, 이 반응은 받아들이기 힘들다.

다음 소절은 이 반응이 발휘하는 호소력의 주된 원천 중 하나를, 곧 다른 이들을 돕기 위해 어떤 사람들에게 해를 끼쳐서는 안 된다는 의무론적 사고를 암묵적으로 허물어뜨린다. 이 사고의 장점이 무엇이든 간에(절대적 제약으로 이해하면 설득력이 없다), 이 세계에서 갖는 적절성은 심각하게 제한된다. 우리가 국제 비정부 기구를 통해 가난한 나라 사람들을 보호하기 위해 노력을 기울이도록 도덕적으로 요구받는 이유는 도움이나 적극적인 의무 등의 명분 때문만이 아니라 우리가 가담하고 이득을 얻는 악폐를 완화하기 때문이기도 하다.

이제까지 한 논의는 대체로 결과주의적 접근법을 제안한다. 우리가 달성할 수 있는 피해 보호가 클수록 그 목표를 달성해야 하는 이유가 더 많아지는 것이다. 다른 조건이 동등하다고 여겨지는 한 이 제안은 훌륭하다. 그렇지만 동등하지 않은 한 가지 중심적 요소는 우리, 곧 국제 비정부 기구와 그 기부자들이 문제가 되는 피해와 인과적으로 관련돼 있다는 사실이다. 우리는 보통 국제 비정부 기구가 단순히 다른 이들이 겪는 피해를 방지하거나 완화하는 **적극적인** 도덕적 책임을 수행한다고 생각한다. 그렇지만 국제 비정부 기구는 또한 피해를 야기하지 않는 **소극적인** 도덕적 책임도 수행한다.

국제 비정부 기구가 계획하는 사업들이 무고한 사람들에게 피해를 줄 것이 예상되는 경우가 흔히 있다. 이를테면 폭발 일보 직전인 지역에 우리가 발송하는 자원의 일부를 적대하는 파벌들이 강탈한 뒤 그 자원을 활용해 더 많은 폭력을 가할 것이라고 예상할 수 있다. 이렇게 되면 이 사업은 전투에 기름을 붓는 셈이 돼 피해를 야기한다. 이런 경우에 입수 가능한 증거로 볼 때 이 사업의 예상되는 도덕적 가치를 부정적으로 받아들이는 사람들이 확인되지 않는다면, 수정되지 않은 명제(ABCD*)는 여전히 그럴듯한 지도 원리가 될 것이다. 그렇지만 종종 우리는 그런 증거를 발견한다. 우리는 어느 무장 집단이 우리의 자원을 약탈할 능력과 성향이 있는지 알며, 그 집단이 노리는 피해자들이 누구인지도 안다. 이런 경우에 이 사업을 선택하지 않아야 하는 보통의 비용 효율성 이유('분배 공정성' 절을 보라)는 그런 잠재적 피해자들이 겪는 피해(의 위험)를 더하지 않아야 하는 소극적인 도덕적 책임에 따라 강화된다.

도덕적 이유의 또 다른 범주는 우리가 야기하거나 야기하는 데 관여하게 될 피해를 방지하거나 완화하는 것이다. 이런 **중간적인** 도덕적 이유는 국제 비정부 기구 직원들이 (사악하게, 부주의하게, 또는 심지어 결백하게) 무고

한 사람들에게 피해를 줄 위협을 가하는 일련의 사태들을 작동시킨 특별한 사례들에서 국제 비정부 기구가 벌이는 활동에 관련될 수 있다. 이런 경우 국제 비정부 기구가 사람들을 이런 피해에서 보호해야 하는 도덕적 이유는 이 기구가 이 위협을 야기하는 데 중대하게 관여하지 않았을 경우에 견줘 더 엄중하다.

많은 가난한 나라에서 극심한 빈곤이 지속되는 현실은 어느 정도 상당히 피할 수 있는 양보다 훨씬 더 많은 빈곤을 예상 가능하게도 (재)생산하는 글로벌 제도 질서의 설계가 낳은 결과다. 지난 20년 동안 부자 나라들이 다른 경로의 세계화를 추구했다면 극심한 빈곤 문제는 현재보다 규모가 훨씬 작았을 것이다.

부자 나라의 시민인 우리가 (우리 정부를 통해) 이런 부정의한 질서를 부과하는 데 가담하거나 거기서 이익을 얻는 한, 우리는 세계 곳곳에서 인간이 겪고 있는 피해의 대부분에 중대하게 관여하는 셈이다. 그러므로 국제 비정부 기구와 그 기구에 관련된 기부자들은 우리가 달성해야 하는 **중간적인** 도덕적 이유가 있는 도덕적으로 **덜** 소중한 피해 감소와 우리가 달성해야 하는 **적극적인** 도덕적 의무만이 있는 도덕적으로 **더** 소중한 피해 감소 사이에서 실제로 어려운 선택에 직면하지 않는다.

부자 나라 시민들 중에서 아주 일부만이 그런 피해를 피하기 위해 기꺼이 기부를 한다. 부자들이 내는 기부는 부자 나라 시민들이 피해야 하는 중간적인 도덕적 의무가 있는 모든 피해를 피하는 데 전혀 충분하지 않다. 이렇게 중대한 부정의가 지배하는 상황에서 우리는 대체로 아주 불충분한 기부를 최대한의 효과를 내는 방향으로, 곧 비용 효율성이 가장 높은 사업들로 돌린다. 따라서 중간적인 도덕적 의무에 관한 고찰은 (ABCD*)에서 뚜렷하게 벗어나는 것을 정당화하지 않은 채 비용 효율적인 피해 보호를 달성해야 하는 우리의 도덕적 이유의 힘을 크게 증대한다.

이 글에서 한 논의는 대부분의 독자들이 내 결론의 일부에 전혀 동의하지 않으리라는 점을 시사한다. 다행스럽게도 이 논의는 또한 우리 모두 이 견해를 세심하게 상술하고 활용함으로써 배울 점이 많다는 것을 시사한다.

# 4장

# 발몽 효과

**필란트로피의 따뜻한 만족 이론[1]**

존 엘스터

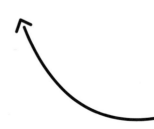

왜 사람들은 자선을 목적으로 기부를 할까? 쓰나미나 비슷한 사태의 피해자들에게 기부를 하는 경우에 그 답은 분명해 보일지 모른다. 사람들은 고통과 가난을 완화하기 위해 기부를 한다. 이 동기는 **이타적**이다. 이 글에서는 최근 중요하게 다루어지는 다른 동기에 대해 논의하려고 한다. 사람들은 '따뜻한 만족'을 경험하기 위해 기부를 한다는 것이다. 이 동기는 이기적이다(따뜻한 만족' 동기가 기부를 하는 유일한 이기적인 이유는 아니다).

'따뜻한 만족'은 다음 두 가지 이유로 부각됐다. 첫째, 관련 연구에서 이타적인 동기를 가정했을 때 예측되는 기부 결과가 현실의 기부 수준보다 낮게 나온 반면, 이기적인 동기를 가정했을 때 예측되는 기부 결과는 현실을 더 잘 설명한다. 둘째, 뇌 영상이 이기주의 가정을 뒷받침하는 직접적인 증거를 제공하는 것으로 보인다는 점이다. 뇌 영상을 보면 사람들이 기부 결정을 할 때 뇌의 보상 중추reward center가 활성화된다. 이타적 동기와 이기적 동기는 둘 다 '경제적 인간Homo economicus' 모델에 관련된 이기적 동기들하고는 다르다. 오데드 슈타르크Oded Stark는 경제적 인간 모델을 적용한 연구에서 이민자들이 본국에 보내는 송금은 새로운 나라의 노동시장에서 자기의 경쟁자가 될 수 있는 본국의 다른 노동자들이 이민을 나오지 못하게 막으려는 자기 이익의 소산이라고 주장한다.[2] 그렇지만 이는 기부자들 사이의 무임승차 문제를 무시한다는 점에서 결함이 있다.[3] '따뜻한 만족' 설명은 무임승차 문제를 야기하지 않는 장점이 있다.

 '**따뜻한 만족**' 효과를 가리키는 또 다른 용어로 **발몽 효과**Valmont effect라는 말을 쓸 수도 있다. 《위험한 관계Dangerous Liaisons》에서 발몽 자작은 처음에 투르벨 법원장의 부인을 유혹하려는 순전히 이기적인 동기에서 자선 행동에 관여한다. 발몽은 투르벨 부인의 첩자 하나가 자기를 따라다니면서 행동을 관찰한다는 사실을 알고는 세금 체납 때문에 가재도구를 빼앗길 처지에 놓인 가난한 가족을 찾아 나선다.

저는 세금 징수원을 불러 지극히 관대한 연민을 담은 고결한 태도로 돈을 줬습니다. 다섯 식구를 빈곤과 절망에 빠뜨리려 하는 56리브르를 말입니다. 이 간단한 한 가지 행동이 있은 뒤 주위에 모여 있던 사람들이 어떤 찬사의 함성을 질러댔는지 부인께서는 상상하실 수 없을 겁니다. …… 어쨌든 연신 떠들어대는 감사의 말에 둘러싸인 제 모습은 마치 연극에서 결말 장면을 연기하는 주인공 같았답니다. 무엇보다 중요한 사실은, 관객들 중에 충실한 첩자가 섞여 있었다는 거죠. 제 목표가 달성된 겁니다. …… 정말 저 자신도 흡족할 만한 멋진 생각이었습니다. 투르벨 부인은 이만한 노력을 기울일 가치가 있는 여인입니다. 또한 제 이런 노력들은 조만간 제가 그 여자를 얻을 수 있게 해주는 권리증이 돼줄 겁니다.[4]

발몽은 계속해서 자기 경험을 곱씹으며 좋은 일을 하는 것 자체에서 즐거움을 발견한다. 가족들이 고마움을 표하려고 자기 앞에 무릎을 꿇었을 때 발몽은 이상한 감정을 깨닫는다. "여기서 한 가지 잠시 마음이 약해진 사실을 고백해야겠습니다. 눈물이 핑 돌면서 가슴속에서 저절로 뭉클한 무언가가 느껴지더군요. **사람들이 선행을 하면서 이런 기쁨을 느낀다**는 게 놀라웠습니다. 덕망 있는 자선가라고 불리는 자들도 그러니까 사람들이 흔히 떠벌리는 것만큼 훌륭한 사람은 아니라는 생각도 들었습니다(강조는 덧붙임)."[5]

이것이 발몽 효과다. 나중에 참고하기 위해 이 효과의 발생이 발몽의 행동을 가져온 의식적인 동기에는 개입되지 않았다는 점을 언급하고 넘어가자.

다음 절에서는 이타주의에 바탕을 둔 설명들이 유행에 뒤지게 된 이유를 설명하고, 이타주의의 종언을 초래한 반론들은 어느 정도 이타주의의 경제적 모델링이 가진 인위적 특성이 낳은 결과라고 주장할 것이다. 셋째 절에서는 물질적 비용이 드는 행동에 관한 설명에 개입하는 폭넓은 이기적 동기들을 검토할 것이다. 그리고 마지막 절에서는 (일부) '따뜻한 만족에 따른' 행동의 비합리적 성격에 관한 언급들을 결론 삼아 제시하려 한다.

## 내시 이타주의

40년 전에 몇몇 저자들은 **이타주의자들로 구성된 공동체에서 수혜자의 복지는 일종의 공공재**라는 사실에 주목했다.[6] 만약 필란트로피스트 A가 수혜자 C의 빈곤을 덜어줌으로써 C의 복지를 더 높은 수준으로 올려준다면, 소비의 한계 효용이 체감된다는 사실에 따라 필란트로피스트 B가 자기 돈으로 할 수 있는 선행은 줄어들며, 따라서 B가 하는 기부는 줄어들 것이다. 이 이야기의 이면에서 작동하는 메커니즘을 보여주기 위해 나는 아주 단순한 2인 모델을 사용할 것이다. 이 모델은 n명으로 구성된 일반적 사례로 쉽게 확대될 수 있다. '쉽게 확대된다'는 말은 선택이 동일하다는 것이 **아니라** 이익 분배 구조가 비슷하다는 뜻이다.

타인의 효용에서 간접적인 효용을 느끼는 이타주의자 A와 B, 그리고 수혜자 C가 있다고 가정하자. A와 B는 각각 M만큼의 돈을 갖고 있고, C는 돈이 없다. A와 B가 돈으로부터 얻을 수 있는 효용은 직접적인 소비 효용과 C의 소비 효용을 보면서 얻는 간접적 효용이 있는데, 간접적 효용은 C가 느끼는 소비 효용보다 k배로 작다($0 < k < 1$, 예를 들어 k가 0.5일 때 C가 10의 효용을 느끼면 그것을 본 이타주의자는 5만큼의 간접 효용을 느낀다. 그러나 $k < 1$이기 때문에 간접 효용이 C의 소비 효용과 같을 수 없다). 그러나 수혜자 C는 기부자 A, B의 소비를 보면서 간접 효용을 느끼지 않고, 기부자 A, B도 상대방의 소비를 보면서 간접 효용을 느끼지 않는다고 가정한다. 이때, 두 기부자가 수혜자에게 주는 기부금을 제법 큰 액수 X이거나 적은 액수 Y 중에서 선택할 수 있다($2Y < X$). 이 조건에서 (1) 기부자 한 명이 X를 기부할 때, 혹은 (2) 기부자 두 명이 각각 Y를 기부할 때의 X, Y, M, k의 값을 계산할 수 있을까? 이런 경우, 기부자가 한 명일 때보다 두 명일 때 수혜자가 얻게 되는 기부금이 줄어든다. (1) 기부자가 한 명인 상황에서는 다음의 조건이 성립된다.

$(M-X)^{1/2} + kX^{1/2} \rangle (M-Y)^{1/2} + kY^{1/2}$ ❶

(기부자가 X를 기부했을 때 본인의 소비 효용(M-X)과 수혜자가 기부금 X로 얻는 효용을 보고 얻는 간접 효용 kX의 합이 그보다 적은 돈인 Y를 기부했을 때보다 크다.)

직관적으로 보면 간단하다. 돈의 한계 효용을 체감하기 때문에, 처음에 M이라는 돈을 갖고 있던 기부자가 기부를 통해 잃게 되는 소비 효용은 한 푼도 없던 수혜자가 그 돈으로 얻게 되는 소비 효용보다 작을 수밖에 없다. 그런데 기부자 입장에서는 수혜자가 느끼는 소비 효용의 k배만큼 줄어든 비율로만 간접 효용을 느끼기 때문에 기부자 입장에서 계산하면 한계 효용 체감으로 인한 기부의 효용 증대 효과가 상쇄된다. 여기에서는 한계 효용 체감으로 인한 기부의 효용증대 효과가 간접효과 k보다 크기 때문에 한 명의 기부자가 큰 돈 X를 기부하는 (1)상황이 된다. 상황(2)를 만드는 조건을 검토하려면 두 이타주의 기부자 A와 B의 상호 작용을 보아야 한다.

　다음 표는 A의 입장에서 느끼는 이익을 보여준다. B도 A와 같은 효용함수와 초기 현금 자산을 갖고 있기 때문에 똑같은 이익표를 갖게 된다. A가 B의 기부금이 크건 작건 상관없이 적은 돈을 기부하는 것을 선호하게 된다면 기부자 두 명이 각각 Y를 기부하는 상황이 발생할 것이다.

$(M-Y)^{1/2} + k(X+Y)^{1/2} \rangle (M-X)^{1/2} + k(2X)^{1/2}$ ❷

(B가 X를 기부한다고 가정했을 때, A가 Y를 기부한 경우의 효용 〉 A가 X를 기부한 경우의 효용이다. 기부한 후 A에게 남는 개인 효용(M-Y)과 A로부터 Y, B로부터 X를 기부 받은 수혜자를 보며 얻는 간접 효용k(Y+X)는 A가 X를, B도 X를 기부했을 때 얻는 효용보다 크다.)

| | | B의 기부 | |
|---|---|---|---|
| | | X | Y |
| A의 기부 | X | $(M-X)^{1/2} + k(2X)^{1/2}$ | $(M-X)^{1/2} + k(X+Y)^{1/2}$ |
| | Y | $(M-Y)^{1/2} + k(X+Y)^{1/2}$ | $(M-Y)^{1/2} + k(2Y)^{1/2}$ |

$(M-Y)^{1/2} + k(2Y)^{1/2} > (M-X)^{1/2} + k(X+Y)^{1/2}$ ❸

(B가 Y를 기부한다고 가정했을 때, A가 Y를 기부한 경우의 효용 > A가 X를 기부한 경우의 효용이다. 기부한 후 A에게 남는 개인 효용(M-Y)과 A로부터 Y, B로부터 Y를 기부 받은 수혜자를 보며 얻는 간접 효용k(2Y)는 A가 X를, B가 Y를 기부했을 때 얻는 효용보다 크다.)

부등식 ❶, ❷, ❸은 변수들이 다음의 값, 즉 k=1/2, M=10, X=3, Y=1일 때 성립된다. 이 값들에 대해 다음의 '대각선'부등식도 성립된다.

$(M-X)^{1/2} + k(2X)^{1/2} > (M-Y)^{1/2} + k(2Y)^{1/2}$ ❹

(A, B 모두 X를 기부했을 때의 A의 효용은 A, B 모두 Y를 기부했을 때보다 크다.)

부등식 ❷, ❸, ❹를 보면 두 이타주의 기부자들 사이에 죄수의 딜레마가 존재한다는 점을 알 수 있다. 둘 다 적게 기부하는 것보다는 둘 다 많이 기부하는 편이 낫지만, 각자는 상대방이 얼마를 기부하든 간에 적게 기부하는 쪽을 선호하게 된다. 적은 기부가 우월한 전략dominant strategy※인데, 앞의 표에서 오른쪽 아래 칸의 결과가 나온다. 죄수의 딜레마의 다른 많은 사례들처럼 차선의 결과가 나오는 원인은 긍정적인 외부 효과positive externality※※에 있다. 각각의 필란트로피스트는

※ 상대방의 선택하고 무관하게 자기에게 유리하도록 선택하는 전략.

※※ 행동의 당사자가 아닌 사람에게 편익을 유발하는 현상. 외부 경제(external economy)라고도 한다.

수혜자의 궁핍을 덜어줌으로써 또한 상대 필란트로피스트가 이 궁핍을 덜어줘야 할 유인을 줄인다. 이 결론은 각 기부자가 상대방의 존재와 동기를 안다는 가정에 의존한다는 사실이 결정적으로 중요하다. 2인 사례에서 이런 가정은 합리적인 것일 수 있다. 그렇지만 수천만이나 수억 명의 잠재적 기부자로 구성된 사회에서는 대단히 비현실적인 가정이다.

위 사례의 결과가 두 기부자가 X와 Y 두 액수 중 하나로 선택을 제약받는다는 인위적 가정에 의존하지 않는다는 의미에서 죄수의 딜레마가 존재한다는 사실은 확고하다. 두 기부자가 얼마를 기부할지를 자유롭게 선택하는 때에도 최적화 행동은 파레토 차선인 내시 균형Pareto-suboptimal Nash equilibrium을 낳는다. 기부 수준이 서로 최적이 되는 상태인 것이다. (그렇지만 이 경우에 행위자들은 우월한 전략을 갖고 있지 않다.) 이때에는 수혜자가 이타주의자가 한 명일 때보다 두 명일 때 더 궁핍한, 언뜻 불합리해 보이는 결과가 확실히 예상되지는 않는다. 만약 두 이타주의자가 자유롭게 선택한다면 한 명의 이타주의자일 때보다 수혜자의 형편을 나아지게 만드는 액수를 기부할 것이다.[7] 어쩌면 이 가정이 충족되는 (기부자가 한 명일 때보다 두 명일 때 수혜자의 형편이 더 나빠지는) 실제 세계의 상황을 발견할 수도 있겠지만, 발견되기 전까지는 이 결과는 이례적인 일일 뿐이다.

이 딜레마에 대한 해결 노력 중 하나는 공익을 사적인 선으로 바꾸려 노력하는 것이다. 필란트로피 분야에서 잘 알려진 대로 자선 단체는 종종 기부 수혜자를 기부자의 독점적 대상으로 바꾸려고 노력한다. 세르주-크리스토프 콜므Serge-Christophe Kolm가 말하는 대로 전통 사회에서는 집안마다 '가난한 사람들'이 있었다.[8] 오늘날 '아이를 입양하세요'라는 슬로건은 기부자의 노력이 다른 이타주의자들에게 외부 효과를 야기하지 않는 것을 보장하는 효과를 발휘하며, 이런 효과가 일정한 동기가 되기도 한다. 대학이 동문들에게 호소하는 행동도 똑같은 생각에서 나온 행동일 것이다. 같은 대학 출신 동문들 사이에 외부 효과가 존재할 테지만, 무제한적 기부를 하는 경우보다는 더 약할 것이다.

부등식 (4)를 놓고 볼 때, 만약 개인들이 표의 왼쪽 위 칸에서 오른쪽 아래 칸으로 '대각선을 따라 선택'을 하면 또한 죄수의 딜레마에서 파레토 차선인 결과를 벗어나는 일이 가능하다. 몇몇 학자들은 이런 식으로 문제 틀을 잡는 것이 개인적 합리성을 가질 수 있다고 주장하는 듯하지만,[9] 나는 그런 주장을 납득하지 못했다. 다음 두 가지 메커니즘이 더 흥미로워 보인다.

첫째, 이 두 개인(또는 좀더 타당한 예로 n명의 죄수의 딜레마에 놓인 다수 개인들의 집단)은 모든 사람에게 후한 기부를 하도록 강제하는 법률을 만들자고 표를 던질 수 있다. 몇몇 형태의 조세는 실제로 무임승차의 유혹에 맞서 집단적으로 필란트로피를 약속하는 것으로 볼 수 있다. '볼 수 있다'는 위험한 구절을 세금을 채택하려는 동기나 세금의 효과를 가리키는 것으로 받아들여야 하는지는 열린 문제다. 그렇지만 다른 경우에 조세가 개별적인 노력은 공공재의 차선의 공급을 유발하리라는 사실에 대한 자의식적인 반응이었다는 것은 의심의 여지가 없다. 그런데 어떤 의미에서 이것은 문제를 한 발 뒤로 옮기는 일에 불과하다. 하나의 정형화된 사실로, 선거 중에 각 당의 조세 정책에 따라 투표가 어느 정도 결정된다고 가정해보자. 투표 행위 자체가 유권자가 사회에 기부를 하는 것으로 볼 수 있다면, 시민들은 왜 귀찮게 투표를 하는 걸까? 앞으로 살펴보겠지만, 하나의 대답은 발몽 효과에 호소하는 것이다.

둘째, 마술적 사고 때문에 개인들은 대각선을 따라 선택하는 것처럼 행동할 수 있다. A와 B가 정말로 일란성 쌍둥이라면, 자기가 무슨 일을 하든 간에 쌍둥이 형제도 똑같이 행동할 것이라고 생각하기 쉽다. 많은 사람들이 이런 경험이 있을 것이다. 토요일 저녁 집에서 기부 모금 방송을 보고 있는데, 기부를 권유하러 다니는 사람이 초인종을 누른다. 그 순간에는 그 사람을 돌려보내고 싶다는 생각이 들겠지만, 금세 다른 생각이 떠오른다. "다른 사람들도 다 퇴짜를 놓았으면 어쩌지? 나는 기부할 여유가 있는데, 내가 안 하면 누가 할까?" 그래서 결국 기부를 한다. 마치 우리의 행동이 마술 같이 다른 사람들도 선례를 따르도록 유도할 수 있는 것처럼. 같은 상황에서 이 선택은 일종의 정언 명령의 결과일 수도 있지만, 다른 경우에는 마술적 사고나 자기기만 같은 식의 설명이 더 그럴듯하다. 이를테면 이런 생각에서 투표를 할 수 있다. "내가 투표를 하면, 나 같은 다른 사람들도 나오겠지."[10]

실제로 궁핍과 고통을 완화하는 데 드는 재원을 많은 부분 조세를 통해 조달하지만, 현대 서구 사회에는 또한 자선이나 필란트로피 목적에 자기 돈이나 시간을 기부하는 개인들이 꽤 많다. 경제학자들은 이런 개인들의 행동을 마술적 사고 같은 비합리적 메커니즘의 언어로 설명하는 방식을 꺼리기 때문에 합리적 최적화의 언어로 설명하는 방식을 추구하는 경향이 있다. 이상적으로 보면 경제학자들은 **합리적 이기주의**rational egoism의 언어로 설명을 제공하고 싶어한다. 이를테면 경제학자들은 필란트로피를 사회 규범의 언어로, 그리고 사회 규범을 이기심의 언어로 설명하려 하면서 사람들이 좋은 일에 기부를 하는 이유는 기부를 하지 않으면 동료들이 가하게 될 제재를 피하기 위해서라고 말한다. 내가 다른 글에서 주장한 대로,[11] 이런 설명은 왜 합리적 이기심이 다른 이들로 하여금 기부하지 않는 사람을 벌하게 만드는지를 설명하지 못하는 치명적 약점이 있다. 좀더 분명한 약점을 꼽자면 이 설명은 익명의 기부를 설명하지 못한다. 비록 종교를 믿는 신자는 하느님이 지켜보고 있으며 구원을 보상으로 받게 되리라고 믿으면서 익명으로 기부할 수 있지만, 이런 믿음은 사실 대부분의 종교 교의에 일치하지 않는다(우리는 하느님의 손길을 강제할 수 없다). 만약 기부자가 합리적이라면, 이런 사실을 이해해야 한다. 그리고 어쨌든 종교에 무관한 익명 기부자도 많다.

많은 경제학자들은 이기주의만으로 필란트로피 행동을 설명하기는 힘들다는 데 동의할 것이다. 그렇지만 경제학자들은 하나로 수렴하는 두 가지 압력 때문에 이타적인 동기보다는 이기적인 동기에서 설명을 찾는다.

첫째, 경험적인 압력이 있다. 각 시민이 다른 모든 사람이 기부할 때 최적이 되는 액수를 기부하는 내시 이타주의Nash altruism는 아주 낮은 수준의 기부를 하게 된다는 결론으로 이어진다. 제임스 안드레오니James Andreoni의 말을 빌리면, 우리는 합리적 균형 행동의 가정에서 '대규모 경제에서는 사실상 어느 누구도 공익을 제공하지 않으며, 따라서 적십자, 구세군, 미국 공영 방송 피비에스PBS 등은 논리적으로 불가능하게 된다'는 결론이 도출될 수 있다.[12] (내시 이타주의와 달리) 기부가 수혜자보다 기부자에게 좋은 일이라는 사실 때문에 기부가 실행된다면, 그 기부는 공익보다는 사적인 선을 낳는다. 기부자가 자기가 한 기부에서 나오는 이익을 모두 자기 것으로 만들기 때문에 이타주의 설명에서 나온 집단적 행동의 (기부자가 늘어날수록 기부금이 줄어드는) 문제가 존재하지 않는다.

둘째, (추측에 가까운 문제로) 심리적인 압력이 있다. 경제학자들은 냉철하고 현실주의적인 것처럼 보이고 싶다는 비과학적인 이유에서 이타적인 가정보다는 이기적인 가정을 선호할 수 있다. 로버트 프랭크Robert Frank는 말한다. "냉정한 연구자는 본인이 이타적이라고 지칭한 행동에 대해 다른 치밀한 동료가 실제로는 이익을 추구하는 행위라는 점을 입증하는 상황을 가장 큰 모욕으로 여기며 두려워한다."[13] 설사 그 행동이 행위자의 물질적 이익을 증진한다는 엄격한 의미에서 이익을 추구하는 행위라는 점을 입증하지 못할지라도, 치밀한 동료는 그 행동이 따뜻한 만족을 유발하기 때문에 자기중심적이라는 점을 보여줌으로써 우위에 설 수 있다.

한 집단의 성원이 각각 다른 성원에게 이익을 안겨줄 기회가 있는 공익 실험의 상황에서 발생하는 '따뜻한 만족' 효과를 간결하게 서술하면 '기부 **행위**는 그 행위가 집단의 이익을 얼마나 증가시키는지에 무관하게 주체의 효용을 고정된 양만큼 증가시킨다'는 것이다.[14] 심리적으로 보면 이런 설명은 설득력이 없는 듯하다. 따뜻한 만족은 적은 선보다는 많은 선을 행해야 만족이 높아지는 듯 보인다. **별 가치가 없다고 알려진 기부는 비용이 들지 않는 기부**처럼 따뜻한 만족을 발생시킬 수 없다. 다른 사람에게 주어지는 이익이 크고 자기에게 주어지는 비용이 클수록, 더 따뜻한 만족이 생겨난다. 실제로, 그리고 원칙적으로, 기부자의 **이타적 목표로서의** 타인의 복지 향상과 **기부자의 이기적 목표를 달성하기 위한 조건으로서의** 그런 복지 향상을 구별하기란 쉽지 않다. 토머스 팰프리Thomas R. Palfrey와 제프리 프리스브리Jeffery E. Prisbrey가 행위자에게 부과되는 이기적 비용과 행위자의 이기적 이익, 이타적 이익을 변수로 사용해서 만든 회귀 방정식에서 이타적 이익은 '0과 크게 다르지 않은' 수준이라는 사실이 밝혀진다.[15] 나는 솔직히 두 사람의 주장을 믿지 못하겠다. 두 사람의 분석에서 어떤 오류가 확인되기 때문이 아니라 인간 존재와 인간의 행동은 이런 방식으로 움직이지 않기 때문이다. 인간이 결국 따뜻한 만족에만 관심을 기울인다 할지라도 타인을 위해 좋은 일을 한다고 믿지 않는 한 그런 만족을 얻을 수 없으며, 또한 타인을 위해 더 좋은 일을 한다고 믿을수록 더 따뜻한 만족이 생겨난다.

이 분야에서 경제학자들의 지적 정교화가 부족하다는 추가 증거로 어떤 사람은 안드레오니가 자기 이론을 위해 펴는 다음 같은 주장을 인용할 수도 있다. "사람들이 기부에서 기쁨을 얻는다는 사실은 일종의 자연 관찰이어서 거의 의문의 여지가 없다."[16] 맞는 말이지만, 신경경제학자들이 말하듯이 X를 함으로써 기쁨을 얻는 것과 기쁨을 얻기 위해 X로 가는 것은 전혀 다른 문제다.[17] 선행의 결과로 천국에 가는 것과 천국에 가기 위해 선행을 하는 것을 혼동하는 일은 지적인 오류일 뿐 아니라 성직 매매 죄가 되기도 한다. 이 점은 중요하기 때문에 이 말에 유서 깊은 기원이 있다는 사실을 언급할 만하다. 세네카는 《행복론On the Happy Life》에서 이렇게 단언한다.

애초에 덕성이 쾌락을 가져온다고 해도 쾌락을 얻기 위해 덕성을 추구하는 것이라고 할 수는 없다. 덕성이 가져오는 것은 쾌락이 아니라 다른 무엇이며, 다른 목표를 추구하다 보니 우연히 쾌락을 덤으로 얻게 되는 것이다. 마치 낟알을 심기 위해서 들판을 갈아엎었는데, 여기저기 꽃이 피어나는 것하고 같은 이치다. 꽃이 아름답기는 해도 이 가련하고 작은 식물을 키우려고 그렇게 많은 땀을 흘린 것은 아니다. 씨를 뿌린 농부에게는 다른 목적이 있었고, 꽃은 덤으로 생긴 것이다. 쾌락 또한 덕성을 추구하는 원인이나 덕성에 대한 보상이 아니라 그저 덤으로 얻는 것에 지나지 않는다. 우리는 즐거움을 준다는 이유로 덕성을 받아들이는 것이 아니라 덕성을 받아들이면 즐거움도 생기는 것이다.[18]

나는 경제학자도, 신경과학자나 필란트로피 전문가도 아니기 때문에 왜 사람들이 좋은 일에 기부를 하는지에 관련된 명확한 이론을 제시할 수는 없다. 사람들마다 갖가지 이유가 있을 테고, 이런 이유들은 서로 다른 비율로 결합되기 때문에 정밀한 분석은 쉽지 않을 것이다. 사회 규범이 작동한다는 점, 곧 남들이 보기 때문에 기부를 한다는 이유는 비교적 논쟁의 여지가 없다. '준도덕적 규범'이 작동한다는 점, 곧 남들이 기부하는 모습을 보기 때문에 기부한다[19]는 이유 또한 특히 자연재해가 발생한 직후에는 그럴듯하다. 나는 마술적 사고 같은 비합리적 현상을 배제하지 않겠지만, 증거를 찾기는 힘들다. 여러 상황에서 특정한 대상을 겨냥한 이타주의(이를테면 '아이를 입양하는' 일)가 관찰된다. 구세군이나 적십자에 내는 기부는 특정한 대상을 겨냥하지 않은 이타주의의 표현일 수 있다. **대부분의 유권자들이 투표의 역설을 걱정하지 않는 것처럼 많은 기부자들이 내시 균형을 고려하지 않는다.** '따뜻한 만족'이라는 동기 또한 앞에서 지적한 이유들 때문에 일정한 구실을 할 테지만, 이타주의하고 구별하기는 쉽지 않을 것이다. 이것은 또한 내가 이름 붙인 이른바 **행위 효과**agency effect하고도 구별하기 힘들다.

## 이기적인 동기의 여러 종류

'따뜻한 만족' 효과는 이기적인 동기의 한 종류에 불과하다. 이 효과는 **내면적 이기심**의 범주에 속한다. 이 경우에 행위자는 이를테면 내면의 청중을 위해 행동한다. 게다가 행위자들은 **외부 청중의 승인을 구할** 수도 있다. 흔히 우리는 남에게 이익을 주려는 의도로 행동을 했다고 칭찬받기를 원하기 때문에 어떤 행동을 한다. 루이 16세의 재무 장관 네케르가 장관 급여를 받지 않겠다고 하자 사랑하는 딸인 스탈 부인조차 '칭찬을 받으려고' 하는 행동이라는 사실을 인정했다.[20] 이 경우에 네케르는 자기 목적을 밀어붙이는 데 어떤 다른 영향을 미칠 수 있는지에 전혀 상관없이 승인을 얻으려 했다. 대조적으로 발몽이 투르벨 법원장의 부인에게서 칭찬을 받으려 한 행동은 칭찬 자체가 목적이 아니라 부인을 유혹하기 위한 수단이었다.

우리는 또한 이번에도 역시 다른 어떤 효과에 상관없이 외부 청중의 **비난을 피하려고** 행동할 수도 있다. 아리스토텔레스는 말했다. "수치심은 불명예를 상상하는 것인데, 여기서 우리는 **불명예의 결과가 아니라** 불명예 자체를 겁내게 된다"(강조는 덧붙임).[21] 존경의 대상이 된다는 사실이 그것 자체로 즐거운 일인 것처럼, 경멸의 대상이 되는 것은 그것 자체로 고통스러운 일이다. 두 가지 동기 모두 필란트로피에서 작용할 것이다. 많은 기부자들은 자기가 내놓는 기부가 알려져서 자기의 관대함을 인정받고 싶어한다.[22] 필란트로피를 엄격하게 요구하는 몇몇 엘리트 집단에서는 사람들이 동료들의 반감을 피하기 위해 기부를 한다는 증거도 있다.[23]

내면의 청중에게도 비슷한 이중성이 존재할 것이다. 나는 내면의 청중에게서 승인을 얻거나 불승인을 피하려 할 것이다. 내가 관련 문헌들을 이해하는 바에 따르면, '따뜻한 만족'은 오로지 내면의 청중에게서 승인을 얻는 문제에 관련된다. 그렇지만 만약 나 자신을 칭찬할 수 있기 위해 자선 사업에 기부를 한다면, 나는 또한 나 자신을 모욕하는 일을 피하려고 이런 행동을 하는 게 아닐까? 자선 기부는 내 자부심을 높이기보다는 죄책감을 덜기 위해 하는 걸까? 이 장의 마지막 절에서 이 문제의 몇몇 측면을 다시 살펴볼 것이다. 여기서는 자부심 향상과 죄책감 완화의 구분을 어떤 행동이 낳는 효과와 행동 동기로서 그 효과가 하는 구실로 간단히 언급해보려 한다.

지난 몇 년 동안 **이타주의와 자기중심주의의 신경 과학**이 생겨났다.[24] 여기서는 드퀘르뱅de Quervain 등의 연구와 조르지 몰Jorge Moll 등의 연구, 그리고 윌리엄 하보William Harbaugh, 울리히 메이어Ulrich Mayr, 대니얼 부가트Daniel Burghart의 연구를 검토해보려 한다.[25] 이 논문들에서 설명하는 주제는 다양하다. 첫째 논문은 이타적 징벌altruistic punishment, 둘째 논문은 다양한 목적에 대한 기부나 기부 거절, 셋째 논문은 공공재에 대한 자발적 기부와 강제적 기부의 장단점을 다룬다. 세 논문 모두 '따뜻한 만족' 효과를 다루지만, 둘째와 셋째 논문만 자기중심주의 문제에 직접 관련된다. 그렇지만 첫째 논문의 분석도 나머지 두 논문의 논의를 해명해준다고 생각한다.

드퀘르뱅 등이 다루는 주제는 이타적 징벌인데,[26] 이 주제는 엄밀하게 보자면 두 가지 이유로 필란트로피와 동떨어져 있다. 첫째, 이 필자들이 연구하는 행동은 행위자 이외의 사람들에게 간접적 이익만을 발생시킨다. B가 A에게 하는 부당한 행동을 A가 징벌하는 경우에 B는 장래에 C에게 좀더 공정하게 행동할 것이다. 둘째, C가 얻는 이득은 의도되거나 예측되었던 것이 아니다. A의 목표는 단지 **일정한 비용을 치르고 자기가 가시적으로 얻는 이익은 전혀 없이** 복수를 하는 것이었다.

이런 행동을 보여주는 그럴듯한 현실 사례가 있다. 조르주 르페브르Georges Lefebvre는 프랑스 혁명 시기의 농촌 부랑자들에 관해 이렇게 말한다.

이 모든 떠돌이들은 비록 엄밀한 의미로 따지면 거지는 아니었지만 툭하면 농가를 찾아가서 음식과 하룻밤 잠자리를 청했다. 진짜 거지들이 그렇듯 그 사람들도 퇴짜를 맞지 않았다. 자선이나 선한 본성 때문이 아니었다. 농민은 떠돌이 몰래 모진 욕을 퍼부었다. …… 농민들은 두려웠다. 물론 직접 해코지를 당하는 것도 두려웠지만, 익명의 복수를 훨씬 더 두려워했다. 몰래 나무와 울타리를 베어버리거나, 가축을 해치거나, 최악의 경우에는 불을 지를까봐.[27]

이런 징벌을 객관적으로 이타적이라고 말할 수 있는 이유는 이 징벌을 실행하는 사람과 그렇게 하다가 잡히는 사람에게 일정한 비용이나 위험을 야기하면서 **미래의 부랑자들에게 이익을 준다**는 점 때문이다. 에드워드 P. 톰슨E. P. Thompson은 또 다른 역사적 사례를 제시한다.[28]

드퀘르뱅 등의 연구에서 중요한 측면은 다음 같다. 신뢰 게임Trust Game※에서 투자 수익을 돌려주지 않은 사람을 징벌할지를 결정하는 과정에서 '따뜻한 만족'(뇌 보상 중추의 활성화)을 확인한 필자들은

※ A와 B라는 두 사람이 있을 때, A가 B에게 돈을 주면 B는 그 두 배의 돈을 받게 되고, 그 뒤 A에게 받은 만큼 돌려주는 가상의 게임이다. B가 돌려주는 액수가 신뢰의 수준을 나타낸다.

이 효과가 **사소한** 것인지 아니면 **어떤 행동을 자극하는** 것인지 질문을 던진다. 필자들의 말을 들어보자. "한 가지 해석은 징벌이 클수록 더 강한 만족감을 일으킬 수 있었다는 사실인데, 이것을 보면 징벌이 클수록 꼬리핵 활성화caudate activation가 더 강해진다는 점을 알 수 있다. 또는 배신자를 징벌하는 데서 더 큰 만족을 기대한 참여 주체가 징벌에 기꺼이 더 많은 돈을 투자했을 수 있다."[29] 필자들은 둘째 해석에 손을 들어준다. '비용이 들지 않는 조건'에서 최대한 징벌을 하는 주체들 중에 그런 조건에서 보상 중추가 가장 크게 활성화되는 사람들은 또한 '비용이 드는 조건'에서 (상대와 자기 자신에게 더 큰 비용을 야기하면서) 더 가혹한 징벌을 하기 때문이다. 이런 사람들은 징벌에서 더 많은 쾌감을 느끼기 때문에 징벌에 기꺼이 더 많은 지출을 하며, 따라서 둘째 가설을 뒷받침한다.

그리하여 호메로스의 구절을 빌리자면, 복수는 '꿀처럼 달콤할' 뿐 아니라, 우리는 꿀을 먹을 때처럼 달콤함을 **얻으려고** 복수를 한다. 따라서 이 연구는 '따뜻한 만족'을 **행동이 야기한 효과**를 보지 않고 '따뜻한 만족'으로 행동을 **설명**한다. 이런 구분은 아래에 이어질 논의에서 결정적인 구실을 한다. 좀더 넓은 맥락에서 보자면, 이 구분은 앞에서 말한 자선 기부의 동기인 (기독교적) 구원과 자선 기부의 효과인 구원 사이의 구분하고 동일하다.

다른 두 연구로 넘어가기 전에 이타적 징벌에 관한 작용이 제3자 징벌로 확대되는 모습을 보는 일이 흥미롭다는 점을 언급하고 싶다.[30] 우리가 B가 C(A는 모르는 사람이다)를 부당하게 대우한다는 이유로 A가 B를 징벌하는 모습을 볼 때, 똑같은 보상 중추가 활성화될까? 만약 그렇다면 이 효과는 사소한 것인가 아니면 어떤 행동을 자극하는 것인가? 직관적으로 보면, 징벌을 하는 행위자가 비개인적인 정의의 대행자인 경우에 '따뜻한 만족'을 얻기 위해 행동을 하기보다는 이를테면 개인적 복수를 하려 할 때 그렇게 행동을 하는 것이 더 그럴듯해 보인다. 제2자 징벌(복수)에서 A에게 중요한 사실은 단순히 B가 징벌을 받는 게 아니라 B가 A에게 **징벌을 받고** 또한 A로부터 징벌을 받는다는 사실을 B가 **아는** 것이다.[31] 제3자 징벌에서는 B가 징벌을 받고, A가 징벌을 가하는 사람이 아니라는 사실이 중요해 보일 것이다. 직관에 따르면, A는 B가 C를 부당하게 대우한다는 이유로 A 본인이 B를 징벌하는지, 또는 제4자인 D(또는 C)가 징벌을 수행하는지에 관심을 가질 필요가 없다. '따뜻한 만족' 효과는 두 경우에 똑같아야 한다. 정의가 실현되는 모습을 보는 자체가 기쁨이기 때문이다. 같은 금전 보상이라도 저절로 굴러들어올 때보다 버튼을 눌러서 얻을 때 실험 주체의 보상 중추가 더 크게 활성화된다고 알려져 있기 때문에,[32] 정의가 실현되는 것이 보상인 경우에도 사정은 마찬가지일 수 있다. 우리는 이것을 **행위 효과**effect of behavior라고 생각할 수 있다. 추측을 해보자면, '따뜻한 만족' 효과와 행위 효과의 구분은 켄트 베리지Kent Berridge가 제안하는 좋아함liking과 원함wanting의 구분에 관련이 있을 듯하다.※[33]

몰 등의 연구는 제목과 달리 자선보다는 이데올로기적 견해들을 다룬다.[34] 실험 대상들은 낙태, 아동 기아 방지 기금, 사형제, 안락사, 핵발전소, 전쟁 등의 명분에 대해 기부를 결정할 선택권을 얻었다. (몰 등의 논문과 온라인 보충 정보에는 실험에 쓰인 목적 64개가 모두 열거되지 않았다.) 이 중 아동 기아 방지 기금만 일반적으로 필란트로피의 대상으로 여겨진다. 기부를 하거나 기부를 거부하거나 어느 쪽이든 비용이 들 수도 있고 들지 않을 수도 있다. 아동 기아 방지 기금에 기부를 거부하기 위해 비용을 지불하는 것은 상상하기는 어렵지만, 이데올로기적인 다른 문제들의 경우는 기부 거부가 이해가 된다. 이 실험에는 또한 기부 명분과 아무 상관없이 금전 보상만을 수반하는 선택들도 들어 있다. 필자들이 다음 사실을 발견했다. "사회적 명분에 대한 기부는 두 유형의 (신경계) 보상 체계를 강화했는데, (하나는) 순전히 금전적인 보상과 관련되고, (다른 하나는) 기부에서만 특화되어 나타나는 것으로 인간과 다른 동물들의 사회적 애착과 소속감 보상 메커니즘에서 핵심 구실을 한다."[35]

직관적 근거에서 보면, 사람들이 안락사나 낙태처럼 자기가 혐오하는 목적을 위한 기부금이 늘어나는 것을 막으려는 결정에서 쾌락을 얻을 수 있다는 말이 아주 그럴듯하다. 그렇지만 이런 결정은 단순히 '따뜻한 만족' **효과**를 제공할 뿐이다. 드퀘르뱅 등과 달리 필자들은 이 선택들에 관해 '따뜻한 만족'에 근거한 **설명**을 제안하지 않는다.[36] 안드레오니의 연구 결과[37]가 자기들이 발견한 내용하고 '양립 가능'하다고 하면서 실제로 '따뜻한 만족'의 '효과'만 언급할 뿐이다.[38] 내가 오독하지 않았다면, 이 연구는 자기중심적 필란트로피 이론을 뒷받침하지 않는다. 애초에 필란트로피가 연구의 초점이 아니기도 하지만, 무엇보다도 필자들이 '따뜻한 만족'을 행동의 효과 이상으로 보지 않고 '따뜻한 만족'에 근거한 설명을 주장하지 않기 때문이다.

하보, 메이어, 부가트는 공공재, 특히 지역 푸드뱅크에서 강제적 기부와 자발적 기부 문제를 다룬다.[39] 세 사람은 실험 대상자의 기부금을 어떤 목적에 강제로 이전(일종의 과세)하면 구체적인 개인적 보상에 연결된 뇌의 특정 영역이 활성화될 수 있다는 점을 발견한다.[40] (당신이 인정하는 목적을 위해) 세금이 부과되면 기분이 좋아진다. 또한 이 영역의 활성화도 **최종 결과를 통제한 뒤에 보면** 강제 이전보다 자발적 이전이 더 높다'는 점도 알아냈다(강조는 덧붙임).[41] "선택권을 가져서 얻는 이익은 기부의 '따뜻한 만족' 동기와도 일치한다."[42] 따라서 '순수한 이타주의'와 '따뜻한 만족'은 자선 기부의 중요한 동기다.[43] 페어가 지적한 대로 우리는 '어떤 조건에서의 신경 활동을 분석해 다른 상황에서 선택 행동을 예측함으로써' 상관관계로 보이는 것들에서 인과관계를 찾아낼 수 있다.[44] 쾨르뱅 등의 연구에서 비용 없는 조건에서 일어나는 비용이 드는 활동은 비용이 드는 조건에서 하는 선택을 예상하기 위해 활용된다.[45] 하보, 메이어, 부가트 등의 연구에서는 강제적 조건에서 일어나는 활동은 자발적 조건에서 하는 선택을 예상하기 위해 활용된다.[46]

그렇지만 하보, 메이어, 부가트는 자발적 조건에서 보상 중추의 활성화가 더 크다는 사실은 또한 내가 이름 붙인 **대리인 효과**의 결과일 수도 있다고 말한다.[47] 나는 이 현상을 '따뜻한 만족' 효과하고 구분하는 일이 중요하다고 생각한다. **선행**에서 생기는 '쾌감'을 일반적으로 해석하면 **좋은 기분을 느끼려는** 욕망을 수반한다(징벌에 따른 '따뜻한 만족'은 이 점에서 다르다). 어떤 이들은 사람들이 환경 보호를 위해 기꺼이 자기 돈을 바치겠다는 의사를 표현하는 행동은 '도덕적 만족감을 사들이기' 위한 것이며,[48] 사람들이 이기적이기보다는 '사회 지향적으로sociotropically' 투표하는 행동은 자기 자신의 비용은 거의 들이지 않고 '자기 이미지를 향상시키기' 위한 것이라고 주장했다.[49] 내 방식대로 표현하자면 사람들은 자기중심적으로 행동한다. 그렇지만 저절로 돈이 굴러들어오는 것과 비교하였을 때, 돈을 얻기 위해 버튼을 누름으로써 더 나은 자기 이미지를 달성할 수 있는 사람은 없다. 그렇다. 보상을 얻기 위해 일을 하면 보상을 받을 만한 가치와 자격이 있다는 느낌이 더해지지만, 버튼 누르기는 자격을 부여하는 일의 형태가 아니다.

이런 문제는 내 전문 분야가 아닌 탓에 어느 정도 불가지론을 견지한다. 드퀘르뱅 등은 복수 행동에 관한 '따뜻한 만족' 설명의 좋은 증거를 제공하는 듯하지만, 자선 기부 문제는 안 다룬다.[50] 하보, 메이어, 부가트는 이 문제를 다루지만, 연구 결과를 대리인 효과로 설명하는 정도에 그친다.[51] 마지막 절에서는 따뜻한 만족을 얻을 것이라는 기대감으로 의견상 이타적인 행동을 설명할 수 있다고 가정한 뒤 그런 가정에서 몇몇 함의를 더 끌어내보자.

## '따뜻한 만족'을 얻기 위한 행동은 자기기만을 요구한다

행동경제학에서 여러 진보가 일어났지만 많은 경제학자와 정치학자는 여전히 '경제적 인간' 모델에 지배받는다. 행위자가 **합리적**이고 **이기적**이라는 가정은 지극히 소박한 동시에 정확한 예측을 가능하게 한다. 그런데 이 모델의 예측이 실패할 때 해결책이 필요하다. 일반적으로 설명이 실패했을 때 자연스러운 반응은 처음 모델에서 최대한 벗어나지 않으면서 관찰된 사실을 설명하려 시도하는 것이다. 내가 관심을 갖는 사례에서 **합리적 이기주의**에서 최대한 벗어나지 않는 것은 **합리적 자기중심주의** 모델일 것이다. 이 모델에서 전형적인 행위자의 효용 함수에는 자기의 물질적 이익, 그리고 얼마나 자기를 도덕적 행위자로 생각할 수 있는지의 정도가 포함된다. 다른 경우처럼 이런 목표들 사이에는 이율배반이 자리한다. 행위자는 자기 이미지를 높여 '따뜻한 만족'을 얻으려고 기꺼이 물질적 복지를 어느 정도 희생할 수 있다.

필란트로피를 비롯한 비이기적 행동(투표, 환경 보호 등)을 다루는 '따뜻한 만족' 이론가들은 기존 모델에서 **이기주의를 자기중심주의로 바꾸는** 약간의 조정으로 인해 다른 부분의 급진적 조정이 필요하게 된다는 점을 깨닫지 못하는 듯하다. 즉 **합리성을 비합리성으로 대체**해야 한다. 이는 내가 개념적 사실이라고 여기는 것 때문에 필요해진다. 개별적 진실은 다음과 같다. 행위자가 자기 행동을 어느 정도 남에게 이익을 주기 위해 수행한 것이라고 믿지 않는다면 그 행동에서 '따뜻한 만족'을 끌어낼 수는 없다. **내면의 청중을 위해 행동하는 자기중심적 행위자는 자기가 이타적이라고 믿어야 한다.** 오로지 자기 이미지를 향상시킨다는 **의식적 목표**만 갖고 '선한 행동'을 하는 행위자는 그런 목표를 달성할 수 없다. 자기를 칭찬하도록 다른 사람에게 돈을 줌으로써 자기 이미지를 향상시킬 수 없는 것하고 마찬가지다.

이 분석에 따르면 몇몇 자기중심적 동기는 자기기만을 필요로 하는데, 이런 자기기만은 비합리성의 전형적인 예다. 그런데 이런 결론이 복수 행동에는 적용되지 않는다. 사람이 복수에서 끌어낼 쾌락을 기대하면서, 그 쾌락을 위해 복수를 바라는 것은 아주 일관된 태도다. 복수는 냉정하게 해야 한다는 사고에는 사실 이런 식의 앞을 내다보는 쾌락 계산이 함축돼 있다. 반면 자선 기부에 관한 '따뜻한 만족' 설명은 필연적으로 자기기만을 필요로 한다.

사람들은 '주는 사람이 될 때 죄책감을 덜었다고 느낀다'는 안드레오니의 말에 이 논의를 적용해보자.[52] 이것은 기부의 효과일 수 있지만, 죄책감 경감으로 기부를 설명하려면 또 다른 논의가 필요하다. 죄책감을 더는 합리적 수단으로 기부를 선택한다는 사고는 개념적으로 일관성이 없다. 누군가 이 행위자에게 같은 목적에 부합하는 더 값싼 수단, 곧 낮은 비용의 죄책감 완화 알약을 제공했다고 가정하자. 합리적인 사람이라면 늘 주어진 목적에 부합하는 비용이 적은 수단을 택하기 때문에, 그 사람은 이 약을 먹을 것이다. 그렇지만 내가 다른 글에서 주장한 대로,[53] 기부를 하지 않은 사실에 죄책감을 느끼는 사람은 그 약을 먹는 일에서도 죄책감을 느낄 것이다. 기부를 설명하는 데 있어 죄책감 경감은 의도적인 목적이 될 수는 없다.

타인이 보는 자기 평판self-reputation을 본질적 가치를 위해서 혹은 가치를 위해서 추구할 수 있다. 자기가 단순히 이기적이지 않다고 생각하려는 욕망은 본질적 동기다. 자기가 강한 의지력을 지녔다고 생각하려는 욕망은 본질적 동기일 수도 있고 도구적 동기일 수도 있다. 마지막으로 자기가 건강하다고 믿으려는 욕망은 도구적 동기다. 이 욕망 중 어느 것이든 실현하려면 개인은 지향하는 신념을 공고히 하기 위한 행동을 취한다. 앞서 말한 세 경우에서 행동은 기부를 하거나 운 좋게 생긴 성적 접촉 기회를 삼가거나 건강함을 보여주는 테스트를 위해 열심히 노력하는 형태를 띨 수 있다.

마지막 사례를 이야기하자. 이 사례는 조지 A. 콰트론George A. Quattrone과 아모스 트베르스키Amos Tversky의 고전적 실험에서 설명된다.[54] 실험 대상자들은 먼저 고통을 참을 수 없는 순간까지 차가운 물에 손을 담그고 있으라는 요청을 받는다. 그러고는 찬물에 손을 담그고 버틴 시간이 기대 수명이 길거나(한 조건에서 참여한 대상자의 경우) 기대 수명이 짧다(다른 조건에서 참여한 대상자의 경우)는 사실을 보여주는 믿을 만한 예측 자료라는 설명을 듣는다. 마지막으로 대상자들은 다시 한 번 찬물 실험을 해달라는 요청을 받는다. 찬물을 참는 능력이 긴(짧은) 수명을 예측할 수 있는 지표라는 말을 들은 대상자들은 첫째 실험보다 더 긴(더 짧은) 시간 동안 물에 손을 담그고 버틴다. 이 행동의 **결과 효용**output utility은 부정적이지만(첫째 조건에서 참여하는 대상자들에게는 고통이 거의 참을 수 없는 수준이었다), 이 효과는 긍정적 진단 효용diagnostic utility, 곧 대상자들이 긴 기대 수명에 관한 믿음에서 끌어내는 효용에 따라 상쇄되는 것 이상이었다.

콰트론과 트베르스키가 해석한 대로 이런 연구 결과는 실험 대상자들이 자기 자신을 기만한 사실을 함축한다. 이것은 흔히 볼 수 있는 자기기만 형태, 곧 사람들이 진짜라면 좋겠다고 생각하는 믿음을 단순히 받아들이는 자기기만이 아니라 그런 믿음을 확증하는 증거를 만들기 위해 행동하는 2단계 작용이다. 자기가 이타적인 인물이라는 점을 자기에게 입증하려고 자선 사업에 기부하는 사람이나 자기가 알코올 의존증 성향이 없다는 점을 자기에게 입증하려고 정오 전에는 술을 안 마시는 사람에게서도 동일한 메커니즘이 작동하는 듯하다. 문제되는 행위는 진단상의 가치를 위해서만 수행되기 때문에, 그런 행위는 합리성을 가정하지만 조금도 합리성이 없다.

그렇지만 드라젠 프렐렉Drazen Prelec과 로니트 보드너Ronit Bodner는 이런 결론에 이의를 제기했다.[55] 두 사람의 주장을 요약하면 진단상의 가치를 위해 행동할 때 사람들은 **동기화된 자기발견**motivated self-discovery에 참여한다고 말할 수 있다. 그러므로 두 사람은 자기 평판을 강화하려고 취한 행동은 자기기만적인 것이 아니라 완벽하게 합리적인 것일 수 있다(그리고 진정한 정보를 제공할 수 있다)고 주장한다. 자력 행동bootstrapping이 효과를 발휘할 수 있다.

이를테면 나는 나 자신이 이기적이기보다는 이타적이라고 믿고 싶어한다. 이타주의 등급표에서 내 자리가 정확히 어디인지 모르지만, 나는 등급표의 위치들에 관한 주관적 확률 분포를 갖고 있다. 내가 처음 가진 자존감은 이 분포의 기댓값고 동등하다. 계속해서 나는 (이를테면 자선 사업에 기부함으로써) 결과 효용과 진단 효용을 둘 다 발생시키는 행동을 한다. 진단 효용은 그 행동을 하는 것을 조건으로 삼는 새로운 분포에 근거한 자존감 기댓값과 처음 보유한 자존감에 상응하는 기댓값의 차이다.

이 (새로운) 분포는 어디서 나오는 걸까? 심리적으로 가장 정확하지는 않을지라도 가장 단순한 가정은 추론이 참이라는 것이다. 이 말은 수정된 분포가 …… 총

효용의 두 요소의 극대화하고 일치한다는 뜻이다. 이런 사실은 심리적으로 무슨 의미일까? 그것은 의사 결정자가 자기가 어느 정도 좋은 소식을 듣고 싶은 욕망에 따라 움직인다는 것을 잘 알고 있다는 것을 의미한다.[56]

핵심은 이런 합리적인 자기 신호self-signaling가 그 사람을 전반적으로 유복하게 만드는 새로운 분포를 야기할 수 있다는 주장이다. 보상의 결과 효용 요소가 떨어지더라도 증가한 진단 효용이 상쇄할 수 있다. 게다가 '어떤 행동의 진단적 가치를 진단 동기의 존재를 위해 적절히 줄이'[57]더라도 **진단적 가치가 0까지 떨어지지는 않는다.** 이타주의의 밑바탕에 놓인 인격 속성을 감안하면, 그 힘을 드러내려고 선택한 행동은 나 자신을 이타적 존재로 보려는 내 욕망뿐 아니라 **그 속성의 힘도** 반영할 것이다. 아주 이기적인 사람은 이타주의자로 자기 평판을 구축하는 데 많은 투자를 안 하려 하기 마련이다. 이런 사실을 알고 나면 합리적 행위자는 관대한 기부를 이타적 성격의 지표로 볼 것이다. (여기서 나는 이 성향이 고정된 것이며, 아리스토텔레스가 주장한 대로 행동 때문에 **형성되기**보다는 행동으로 **드러난다**고 가정한다.)

동시에 행위자는 다음의 의미에서 자기가 한 기부가 기만적으로 많다는 사실을 알 것이다. **사심 없음에 관한 관심**(자기 평판을 위한 자기중심적 욕망)과 다른 사람의 복지에 관한 **사심 없는 관심**(이타주의)을 구별하자. 철수는 두 가지를 다 갖고 있지만, 영희는 후자의 관심만 있다. 두 사람이 지닌 이타주의의 강도는 똑같다. 철수는 영희보다 더 많이 기부하지만 자기의 이타주의가 영희보다 더 크다고 합리적으로 추론할 수 없다. 자기가 내는 기부금의 일부는 평판을 강화하려는 욕망의 결과라는 점을 알기 때문이다.

대조적으로 자기기만적인 자기 신호를 통해 '우리는 자기가 좋은 일을 하고 있다고 관대하게 **완전히** 믿는다. 그런 믿음을 스스로 갖는 것이 동기의 일부인데도 말이다'(강조는 덧붙임).[58] 다시 말해 자기기만적인 철수는 자기가 영희보다 더 이타적이라고 결론을 내린다. 보드너와 프렐렉은 이런 추론을 행동에 관한 '액면 가치 해석'이라고 말한다.[59] "자기 행동의 진단적 함의를 알지 못하는 사람(내가 든 사례에서 영희 같은 사람)은 액면 가치 추론을 지지하는 것이 타당하다. 진단 효용은 의식적으로 선택에 영향을 미칠 수 있는 것이 아니라 의도하지 않은 선택의 부산물로 경험된다."[60] 그렇지만 철수 같은 사람이 그런 추론을 지지하는 것은 자기기만이다.

이 논증에서 의심스러운 부분은 분명 사람들이 자기 자신에 관해 충분한 정보를 갖고 있어 자기가 한 행동에서 자기의 성향에 관한 참된 추론을 끌어낼 수 있다는 가정이다. 그런데 둘째 단계의 자기기만이 작동하지 않는다는 것을 어떻게 알 수 있을까? 사실 영희는 스스로 자기 행동의 진단적 함의에 신경쓰지 않는다고 믿고 싶은 동기가 있다. 그런 믿음이 있어야 상대적으로 작은 기부금을 내면서도 대단히 이타적인 성격을 추론할 수 있기 때문이다.[61] 그러므로 칸트의 설명으로 마지막 말을 대신하자.

의무에 맞는 행위의 준칙일 뿐이라고 볼 수도 있는 어떤 사례를, 순전히 도덕적인 근거와 자기의 의무에 대한 표상에서 나온 것이라고 완전히 확실히 주장하기란 경험상 절대 불가능하다. 사실 우리가 자기 자신을 아무리 예리하게 살펴봐도, 여러 선한 행동과 그토록 큰 희생을 하게 할 만큼 강력한 것은 의무라는 도덕적 근거밖에 없는 경우도 종종 있다. 그렇지만 그렇다고 해서 사실은 자기애라는 은밀한 충동이 의무의 이념을 가장해서 의지를 결정했을 수도 있다는 추론을 확실하게 부정할 수는 없다. 우리는 선한 행동과 큰 희생을 하는 과정에 고상한 근거가 있기라도 한 양 자기를 속이고 아첨하기를 좋아하기 때문이다. 그러나 사실 도덕적 가치에 관한 한, 중요한 것은 눈에 보이는 행동이 아니라 보이지 않는 내면적 원칙이 문제기 때문에 아무리 엄격하게 자기반성을 하더라도 결코 그 은밀한 동기를 완전히 알아낼 수는 없다.[62]

# 5장

# 세계 빈민 원조

## 원조 공여국의 새로운 과제

로저 시 리델

원조 제공은 특히 정부가 주체인 경우에 복잡한 문제가 된다. 피터 싱어는 말한다. "우리의 원조를 비효과적인 것으로 만드는 정책을 가진 정부가 있는 나라에 대해서는 도울 의무가 전혀 없다."[1] 그런데 '비효과적인 원조'란 과연 무엇일까? 그리고 싱어의 관점에서 볼 때, 얼마나 많은 원조가 비효과적이어야 부자 나라 정부가 원조 제공 의무에서 벗어날 수 있는 걸까? 전체 원조의 10퍼센트, 절반, 또는 더 많은 수준인가? 이를테면 전체 원조의 30퍼센트만이 실제로 원조를 받는 사람들에게 도움이 된다면, 수천 명은 아니더라도 수백 명에게 자원과 기회를 제공해 생산적인 일자리를 만들고, 그 결과 이 사람들이 가족의 의식주를 책임질 만큼 충분한 소득을 올린다면, 한 나라의 정부에 제공하는 원조가 처음 세운 목표를 달성하지 못한다는 이유로 이 원조 제공을 중단해야 할까?

원조의 영향과 효과성이 문제가 되는 이유는 빈민 원조의 핵심 과제이자 기본 딜레마가 가장 가난한 사람들이 대부분 가장 가난한 나라들에 살고 있다는 사실에 있기 때문이다. 이런 나라들은 원조가 제대로 작동할 가능성이 매우 낮다. 여러 증거를 볼 때 원조 자금을 효율적이고 효과적으로 사용하기 위해 노력하는 나라로서 능력과 투명한 시스템을 갖추고 있으며, 의사 결정과 자금 지출을 자국 시민에게 제대로 설명할 책임이 있는 나라에서 원조가 제대로 작동한다. 그렇지만 원조가 필요한 나라들은 심각한 기술 부족, 허약한 국가 기구와 의회 기관, 불충분한 법률 체계, 미약한 규제 체계, 강력한 이익 집단이 조작하기 쉬운 허약하고 미성숙한 시장과 같은 요소들이 결합된 상황이다. 또한 공공 지출을 감독할 능력이 있는 자유 언론과 튼튼한 시민사회가 부재한 나라가 대부분이다. 게다가 점점 더 많은 극빈국이 분쟁과 내정 불안에 시달리게 되면서 소란스럽고 예측하기 힘들어져 결국 원조 사업의 효과를 높이려는 노력을 훨씬 더 어렵게 만드는 환경이 조성된다. 바로 이런 요인들 때문에 원조의 영향력이 훼손되고 축소되기 쉽다.

원조를 제공하기 위해 자금을 사용해서 최대한의 효과를 낸다는 보장이 필요하다면, 영국이나 노르웨이, 스웨덴 같은 나라들로 원조의 방향을 돌려야 할 것이다.[2]

이러한 원조 제공의 핵심 딜레마를 배경으로 삼아 이 장에서는 공여국이 해외 원조를 제공할 때 직면하는 **새로운** 과제를 비롯해 몇몇 핵심 과제를 검토해보려 한다.


## 원조와 비상 상황

전세계적인 재난이 점점 더 늘어나기 때문에 원조 공여국이 직면하는 어려움도 커지고 있다. 재난으로 피해를 입은 사람들의 90퍼센트 정도가 세계에서 가장 가난하고 주변화된 이들이라는 사실에 비춰볼 때, 이런 현실은 전 세계 빈민들에게 핵심적인 문제다. 지난 세기의 전반 50년 동안 전세계의 대규모 자연재해는 50건이 되지 않았다. 그런데 1980년에 이르면 그 수가 200건 이상으로 늘어났고, 금세기 초반에는 400건 이상으로 증가했다.[3] 기후변화의 효과가 계속되면서 이런 상승 추세가 더 강화될 공산이 크고, 따라서 재해의 직접적 피해자와 사망자가 훨씬 늘어날 것이다. 비상 상황이 폭증하는 지금 상태는 원조의 흐름에 어떤 의미가 있을까?

역사적으로 인도주의 원조나 비상 상황 원조와 다른 한편의 개발 원조는 뚜렷이 구분됐다. 일반 대중이 원조의 세계에 관여하는 과정은 대체로 미디어를 거쳐 진행되는데, 미디어는 점점 압도적으로 비상 상황과 재해에 초점을 맞추고 있다. 대중(영국뿐 아니라 전세계적으로)이 점점 늘어나는 비상 상황 원조에 관련된 국가적 호소에 반응을 보이면서 기부가 증가했는데, 2004년 복싱데이*에 발생한 쓰나미 피해에 대한 기부 호소는 그전의 모든

※ 크리스마스 다음날인 12월 26일을
가리킨다.

기록을 깨뜨렸다. 이런 대중의 반응은 공적 원조 공
여자, 곧 각국 정부들이 늘어나는 비상 상황에 대해
내놓는 기부금의 증가에도 반영되고 있다.

그렇지만 이런 반응 속에서도 모든 비상 상황에 적절히 대응하는 데 필요한 돈의 액수와 실제로 제공되는 비상 원조 액수 사이에는 여전히 커다란 간극이 있다. 미디어는 '세간의 이목을 끄는' 소수의 비상 상황에만 초점을 맞추기 때문에 이런 사실은 널리 알려지지 않는다. 이런 비상 상황들은 충분한 기금을 받을 뿐 아니라 때로는 '지나치게 많은 기금'을 받기도 한다. 다른 한편 다른 기부 호소들은 여전히 대부분 상당히 적은 기금을 받는다. 이를테면 2007년까지 8년 동안 유엔에서 기금 모금에 가장 성공한 호소 중에서 85퍼센트가 목표를 달성한 반면 가장 적은 기금을 모은 호소는 목표 달성율이 32퍼센트에 불과해서, 비상 상황으로 고통받는 이들의 최우선 요구 중 4분의 1 이상이 여전히 충족되지 않았다.[4]

대부분의 사람들은 멀리 떨어진 궁핍한 이들을 도울 의무가 있다면, 재해가 발생해서 외부 지원이 시급하고 분명하게 필요한 경우에 이 의무가 가장 강력히 적용된다고 생각한다. 그렇지만 도덕적 쟁점은 이것보다 복잡하다.

## 비상 상황 원조와 개발 원조의 상대적 중요성

세간의 이목을 끄는 비상 상황을 다루는 전반적인 언론 보도에 비춰볼 때, 많은 사람들이 비상 상황 원조나 인도주의 원조가 우리가 제공하는 가장 중요한 원조 유형이고, 옥스팜Oxfam, 크리스천에이드, 무슬림에이드Muslim Aid, 워터에이드WaterAid 등의 비정부 원조 기구가 전세계 원조 노력의 주요한 부분을 차지한다고 생각하는 것도 놀랄 일은 아니다.

그렇지만 극히 대조적으로 인도주의 원조는 전세계 전체 원조의 15퍼센트 이하를 차지하며, 대부분은 민간 기부가 아니라 각국 정부가 제공한다.[5] 실제로 오늘날에도 해외 원조의 절대 다수는 부자 나라 정부들이 제공하는 기금으로 모아지며, 영국의 국제개발부와 정부간 기구 같은 정부 기관과 세계은행의 주요 원조 부문인 국제개발협회International Development Association의 원조 활동에 자금을 제공한다. 전체 원조에서 비정부 기구가 비상 상황과 개발 사업을 위해 사용하는 비율은 아마 5분의 1에도 미치지 못할 듯하다.[6]

이 문제에 관련해 대중들이 가진 훨씬 더 강한 믿음은 비상 상황 원조가 가장 시급히 필요한 이유는 이것이 생명을 구하는 데 사용되는 원조 유형이기 때문이라는 생각이다. 이번에도 수치를 보면 미묘한 차이가 있는 다른 이야기가 펼쳐진다. 많은 사람이 직간접으로 비상 상황의 결과 때문에 사망하며, 그 수는 점차 늘고 있다. 2004년까지 10년 동안 90만 명 이상이 재해로 사망했다고 추산되는데, 앞선 10년 동안 생긴 사망자 64만 명에서 40퍼센트 증가한 수치다.[7] 마찬가지로 재난 피해를 입은 사람의 수는 1960년대부터 줄곧 더욱 빠르게 늘어나 1980년대 초에 1억 명에서 1990년대 초에는 2억 명이, 그리고 금세기 초 몇 십 년에는 2억 5000만 명 이상이 될 것이다. 특히 아프리카에서 비상 식량 공급이 필요한 사람의 수가 점점 늘어나는 중이라는 증거가 있다. 2006년 초에 세계식량계획WFP은 4000만 명에게 식량을 제공해야 할 듯하다고 추산했는데, 10년 전 2000만 명에 비교되는 수치다.[8] 사망자 23만 명으로 추산되는 2004년 복싱데이에 발생한 쓰나미를 제외하더라도, 10년 단위로 본 사망자 수 증가는 50퍼센트 이상일 것이다.

그렇지만 이런 수치를 빈곤, 곧 굶주림, 영양실조, 주거 부족, 열악하거나 불충분한 상하수도 때문에 생기는 질병, 기본 의약품 부족, 말라리아 발생 지역에 거주하는 이들을 위한 모기장 부족, 기본 의료 부족, 홍역 같은 사망 유발 질병의 낮은 예방 접종율의 결과로 매년 발생하는 사망자 수에 나란히 놓으면 아주 달라 보인다. 매년 1800만 명이 앞에 언급된 원인과 그밖의 빈곤 관련 질병으로 사망한다고 추산된다.[9] 비상 상황에 따른 사망자와 함께 놓고 보면, 그 차이는 놀라울 정도다. 비상 상황에서 사망하는 사람 1명당 150~200명이 빈곤 관련 질병으로 사망한다. 이런 사망의 절대 다수는 세계 최빈국 65개 나라에서 발생하며, 대부분 사전에 막을 수 있는 죽음이다. 이런 죽음은 이미 알려진 사실이지만, 대개 주목을 받지 못하며 언론과 미디어에서도 두드러지게 다뤄지지 않는다. 빈곤 관련 사망자의 수가 너무 많은데다 문제의 규모가 너무 거대해서 전모를 파악하기 힘들기 때문이기도 하고, 이런 사망은 일상적인 일이라서 아예 '뉴스거리'가 되지 못하기 때문이기도 한다. 빈곤 관련 연간 사망자 수는 매일 평균 100대의 점보제트기 (1대당 탑승자가 500명이다)가 추락해서 한 명의 생존자도 없이 모두 사망하는 수치에 맞먹는다. 아시아를 휩쓴 쓰나미와 그 여파로 지금까지 23만 명이 사망한 것으로 추산된다. 그런데 극단적인 생활 상태와 빈곤 관련 질병으로 5일마다 이만한 수의 사람이 사망한다. 이런 수치를 근거로 따지면 30년 전의 93 대 7이나 현재의 85 대 15의 비율보다 총원조 대비 훨씬 더 높은 비율을 빈곤 감소로 돌려야 한다.

비상 상황에서 한 생명을 불필요하게 잃거나 쉽게 구하는 것, 그리고 극빈 상태 때문에 질병과 죽음에 취약해진 극빈층의 조기 사망을 야기하는 주요 요소들을 해결해야 하는 문제로 다룸으로써 한 생명을 구하는 것 사이에서 드러나는 도덕적 차이는 무엇일까? 원조 논쟁에서 이 문제는 중요하다. 대중이 도움의 의무와 필요한 원조의 종류를 인식하는 방식에 영향을 미치기 때문이다.

비상 상황, 특히 미디어의 관심이 집중되는 상황이 발생하면, 모든 공여국에서 대중이 보이는 반응은 지원 요청에 기부를 하는 것이다. 그런데 사람들이 적극적인 반응을 보일 때 이전 비상 상황에서 긴급 원조 기금의 사용과 관련된 문제들에 관해 (언론에서) 제기된 염려를 거의 또는 전혀 생각하지 않는다. 이를테면 비상 상황 원조 기금에 관한 평가들마다 흔히 원조를 필요로 하는 사람들과 원조가 할당된 지역이 일치하지 않았다고 보고한다. 또한 기관들의 노력이 중첩되면서 원조 낭비가 발생하고, 조악한 품질의 구호품이 제공되고, 필요한 기본 기술조차 없는 사람들에게 '전문 기술 원조'가 제공되고, 원조가 너무 늦게 지급됐다고 보고한다.

'무슨 일이든 해야 하'고 긴급 원조를 제공해야 한다는 인식이 언제나 과거 긴급 원조 개입이 끼친 영향에 관한 염려를 '압도'하는 듯하다. 그런 영향(에 관한 염려)이 '중요하지 않다'는 뜻이 아니다. 원조 실패와 비효율이 대개 긴급 원조 제공을 결정하는 근거로 인식되지 않는다는 말이다. 도덕적 의무가 수행해야 하는 결과물을 이끌어내는 주요 요인이 원조라는 결론을 성급히 내리기에 앞서 신중할 필요가 있다.

## 도움을 줄 의무가 있다면, 원조를 제공할 의무도 있는가

대부분의 원조 제공자들은 자기들이 제공하는 원조의 대부분 또는 많은 부분이 '효과를 발휘한다'고 믿으며, 이런 주장을 뒷받침하는 듯한 성공 사례들을 공유한다. 만약 대부분의 원조가 효과를 발휘하고 절대 빈곤이 지속된다면, 원조를 더 많이 할수록 더 많은 사람이 빈곤에서 벗어나야 마땅하다. 따라서 원조 제공자와 원조 지지자들은 더 많은 원조를 제공해야 한다고 호소한다. 부자 나라들은 한목소리로 충분한 원조가 제공되지 않는다고 주장하고 있으며, 거의 모두 더 많은 원조를 줄 필요가 있다고 말한다. 이런 배경에 비춰보면, 왜 대중이 절대 빈곤을 줄이기 위해 원조가 필요하다고 믿게 되는지 알 수 있다. 뿐만 아니라 개발을 위한 원조의 **필요성**, 즉 원조는 발전과 빈곤 경감을 추동하는 모터이며 원조 없이는 절대 빈곤을 근절하지 못한다는 믿음이 널리 퍼져 있는 이유도 쉽게 이해할 수 있다.

원조에 대한 가장 맹렬한 비판가들은 이런 견해를 반박하기 위해 세 가지 종류의 주장을 동원한다. 한 집단은 원조가 효과를 발휘하지 못한다고 주장하면서 이 점을 입증하는 증거를 제시하고, 더 나아가 원조는 과거에 (한 번도) 효과를 발휘하지 못한 만큼 앞으로도 절대 효과를 발휘하지 못할 것이라고 말한다.[10] 둘째 집단은 직접적으로 또는 간접적으로 원조를 제공하는 과정이 상당한 역효과를 발휘해서 원조로 달성할 수 있는 어떤 이익도 무색하게 만든다고 주장한다. 부패를 부추기고, 시장을 왜곡하고, 수혜 국가들이 세금 인상 등 자국 내 자원을 활용해 사용 자금을 조성하려는 의욕을 감소시키는 것이 대표적인 역효과로 꼽힌다.[11] 셋째 집단은 원조, 원조의 필요성과 영향 등에 관한 논의가 대부분 부적절하다고 주장할 뿐 아니라 절대 빈곤과 저발전은 훨씬 더 중요한 일련의 다른 요인과 영향에 따라 야기되거나 지속된다고도 주장한다. 따라서 이 비판론자들은 정말로 가난한 사람들을 돕고 싶다면 '다른 곳을 보라'고 말한다.

이 학파에 속하는 이름난 저자 중 한 명인 존 롤스는 질서정연한 만민well-ordered people※은 이른바 '고통을 겪는 사회들burdened societies'을 도울 의무가 있다고 주장한다. 그렇지만 이 의무는 그 사회들이 '질서정연하게' 되도록 돕는 원조까지만 요구한다.[12] 롤스는 북극 에스키모의 사례를 들어 추측한다.

"중요하지 않은 예외 사례를 제외하고, 어떤 사회가 합당하게 합리적으로 조직되고 통치된다면, 자원의 부족으로 인해 질서정연한 사회가 될 수 없는 경우는, 세계 어디에도 없다."[13] 또 다른 이는 토머스 포기다. 롤스와 달리 포기는 가난한 사회를 어떻게 조직해야 하는지에 관심의 초점을 맞춰야 한다고 생각

※《만민론》에서 롤스는 한 국가의 사회를 합당한 자유적 만민의 사회, 적정 수준의 만민의 사회, 무법 국가, 불리한 여건 때문에 고통을 겪는 사회, 자애적 절대주의 사회 등 다섯 유형으로 분류한다. 자유적 만민과 적정 수준의 만민이 질서정연한 만민이다.

하지 않는다. 그 대신 포기는 '부유한 이들과 이들의 정부가 어떤 식으로 국제적인 경제 질서를 장악해서 가난한 사람들의 생계를 박탈하는지'에 초점을 맞춰야 한다고 주장한다.[14]

이런 주장과 반박을 뒷받침하는 진실은 어디에 있는 걸까? 주요한 연구 결과를 다섯 가지로 요약해보자. 첫째, 지금까지 여러 나라는 개발 원조 없이 (또는 아주 적은 개발 원조를 가지고) 발전해왔고 절대 빈곤을 없애진 못했지만, 경감시켜왔다. 마찬가지로 장기간에 걸쳐 상당한 액수의 원조를 받은 나라들은 빈곤 발생에 대해 뚜렷한 개선을 경험하지 못했다. 여러 면에서 우리는 원조가 발전과 빈곤 감축을 가져오는 데 필수적이지 않다고 주장할 수 있다. 실제로 각 나라의 발전 경로에서 결정적 차이를 만들어온 것은 종종 원조가 아닌 다른 요인들이다. 원조 수혜국의 경제에서 원조가 차지하는 비중이 매우 낮다는 현실을 생각하면 놀랄 일은 아니다. 공적 원조가 국내 총생산에서 차지하는 비중은 전체 개발도상국이 1퍼센트 이하, 사하라 사막 이남 아프리카 나라들이 고작 5퍼센트, 세계 최빈국 50개국에서 10퍼센트 이하다.[15]

둘째, 개별 원조 사업들이 즉각적인 목표를 달성했다는 강력하면서도 일관된 증거가 있다. 최근의 한 연구에서는 수행된 연구들이 광범위한 편차가 있기는 하지만 공적 원조 사업의 75퍼센트 이상이 원조 제공의 핵심 목표를 달성했다는 결론에 도달했다. 원조 사업이 목표로 삼은 이들을 위해 학교를 세우고, 교사를 훈련하고, 모기장과 항레트로바이러스 약품을 제공한 것이다. 무엇보다도 시간이 흐르면서 사업 성공률이 높아지고 있다. 물론 가장 가난하고 분쟁에 시달리는 많은 나라들에서는 성공률이 매우 낮으며, 사업 지속 가능성이 여전히 문제이기는 하지만 말이다.[16]

셋째, 원조가 부문 차원에서, 종종, 갈수록 많은 변화를 만든다는 증거가 있다. 특히 지역이나 국가 차원에서 학교 확장, 교사 훈련, 예방 주사 예산 지원, 상하수도 사업 등을 위한 자원 제공처럼 상당한 액수가 제공되고 특정한 대상에 집중되는 경우에 성과를 발휘한다는 사실을 보여주는 증거도 있다.[17]

넷째이자 더 중요한 점으로, 국가적으로 유입된 총원조의 양과 빈곤층 숫자의 변화 사이의 인과관계를 보여주는 확고한 증거가 거의 없다. 우리가 가진 증거는 빈약하고 부분적이며, 그나마도 혼재된 결과를 보여주는 경향이 있다. 때로 원조는 빈곤 경감에 영향을 미친 것으로 보이며(우간다와 베트남은 최근의 좋은 사례다), 때로는 영향을 미치지 못한 것 같지만(짐바브웨), 대개 우리는 정확한 결과를 알지 못한다.[18] 그렇지만 이렇게 증거가 부족한 모습을 보고 특별히 놀랄 필요는 없다. 원조는 고용 수준과 성장률, 생활 수준, 빈곤율에 영향을 미치는 많은 요소들 중 하나일 뿐이기 때문이다.

다섯째, 우리는 각기 다른 나라들 안에서 성장, 발전, 빈곤 경감에 영향을 미치는, 즉 더 빠르게 하거나 제약하는 데 기여하는 각 요소들에 관해 점차 더 잘 알게 되며, 따라서 원조 자원을 비롯한 자원을 어떻게 활용해야 제약을 시정하고, 간극을 메우고, 필요로 하는 이들에게 지원하는 데 도움이 될지에 관해 더 많은 것을 알게 되었다.[19]

그렇다면 이 모든 사실은 원조의 필요성과 도움을 어떤 식으로 제공해야 하는지에 관해 우리에게 무엇을 가르쳐주는가? 내 견해를 밝히자면 이렇다. 확실히 원조는 애초에 발전과 빈곤 경감을 발생시키는 데 꼭 필요한 요소는 아니지만, 원조를 제공하지 않는 것보다는 더 빠르게 빈곤을 경감하는 데 도움을 줬으며 앞으로도 줄 수 있다. '빈민 친화적' 성장과 발전을 저해하는 많은 가난한 나라들 안에서 결정적인 자원 간극을 메우고 체계적이며 구조적인 문제를 시정하는 데 기여하기 때문이다. 그렇지만 이 문제들을 시정하고 '원조 관계'에 무관한, 원조 수혜국 외부의 장애물을 바로잡으려는 노력에 결합해서 제공되지 않는다면, 원조는 실체적이고 장기적인 효과를 발휘하지 못할 공산이 크다. 한편 이런 점에서 볼 때 공여국과 비정부 기구들은 세계적인 절대 빈곤을 근절하는 과정에서 원조를 통해 무엇을 할 수 있는지, 그리고 그 한계는 무엇인지를 좀더 솔직히 설명할 필요가 있다.

그런데 원조가 **필요한가?** '영향을 발휘할' 만큼 충분한 액수를 제공한다면, 그리고 빈곤 경감 과정을 방해하는 주요 요소들, 가난한 사람들에게 직접 영향을 미치는 요소들과 광범위한 체계적인 제약을 모두 바로잡는 방식으로 원조가 사용된다면, 그 답은 '그렇다'다. 따라서 절대 빈곤 때문에 야기되는 사망을 예방하고 그 숫자를 더 빠르게 줄일 필요가 있다면, 개발 원조를 제공할 필요성도 있다.

## 원조 공여국들 앞에 놓인 다른 새로운 과제들

오늘날 원조 공여국들이 세계 빈곤 근절을 목표로 한 개발 원조를 제공하는 과정에서 직면하는 또 다른 과제들은 무엇일까? 네 가지 과제가 특히 중요하다. 첫째, 빈민을 도울 도덕적 의무와 원조 할당에 관련된 공여국의 자기 이익 사이의 긴장, 둘째, 빈곤 경감을 위한 원조를 정확히 어떻게 제공해야 하느냐는 문제, 셋째, 공적 원조 제공자의 다원성과 기부를 제공할 때 필요한 조건, 넷째, 원조 제공의 자발적 성격 때문에 발생하는 체계적 문제 등이 그것이다. 이 각각의 과제에 관해 간략하게 검토해보자.

**가난한 사람을 도울 도덕적 의무와 원조 할당에 관련된 공여국의 이해 간의 긴장**
역사적으로 국가들은 다양한 동기에서 수혜국에 원조를 제공했다. 앞서 말한 대로 도덕 철학자들은 더 부유한 개인과 국가가 원조를 제공할 도덕적 의무가 있는지 여부를 놓고 논쟁을 벌여왔다. 대부분의 주요 공여국들은 개발 원조보다는 인도주의 원조에 관련해 더 강하게 주장하는 경향이 있지만, 정말로 도덕적인 이유에서 원조를 제공하기로 결정했다. 그렇지만 각국 정부가 원조를 제공하기로 한 결정이나 어떤 식으로 원조를 할당할지에 관한 결정에 영향을 미치는 다른 동기들와 함께, 이런 주장이 갖는 힘은 희석된다. 대부분의 공여국들에서, 국가 안보, 상업적 이익 증진, 단기적인 정치적 목표 등에 따라 원조를 얼마나 많이, 누구에게, 얼마나 오랫동안 할지가 결정되었다.

40여 년 전에 스웨덴 의회는 국가가 '다름 아닌 도덕적 의무와 국제적 유대의 동기'에서 원조를 제공하도록 승인했다.[20] 스칸디나비아와 북유럽의 다른 나라들도 비슷한 선언을 했다. 핀란드와 노르웨이는 더 나아가 '우리는 가능한 경우에는 언제나' 도덕적 책임에 따라 부정의에 맞서 싸우고 발전을 장려하겠다고 주장했다.[21] 최근 영국은 세계의 빈곤을 '우리가 직면한 가장 커다란 도덕적 과제'라 칭하고, '글로벌 빈곤에 맞선 싸움은 …… 도덕적 의무'로서 공적 원조 계획의 토대를 제공한다고 선언했다.[22] 2005년, 유럽연합 회원국들은 '개발에 관한 유럽 합의안European Consensus on Development'에 서명하면서 '빈곤에 맞선 싸움은 도덕적 의무'라는 데 뜻을 모았다.[23]

미국은 역사적으로 볼 때 원조를 제공하는 이유를 분명하게 설명하면서 국가 안보에 관한 관심을 크게 부각시켰지만, 또한 세계 빈민을 도와야 하는 도덕적 의무의 언어도 구사했다. 이런 견해는 인도주의 원조에 관련해서 좀더 공공연하게 표현됐다. 미국 정부는 '오로지 긴급한 필요에만 근거해서' 인도주의 원조를 제공한다. '해당 국가 정부의 성격에 상관없이 생명을 구하고 고통을 경감하는 일에 대한 관심을 반영'하는 것이다.[24] 그렇지만 이런 발언은 미국이 제공하는 공적 개발 원조의 근거기도 했다. 실제로 최근 조지 더블유 부시 행정부 시기에도 미국의 원조 프로그램이 도덕적 의무에 바탕을 둔다는 존 케네디 대통령의 견해가 주요 정부 원조 기관의 웹사이트에 뚜렷하게 게재돼 있었다.

그렇다면 미국은 왜 해외 원조 프로그램을 계속해야 할까요? 그 답은 우리의 의무, 곧 자유로운 나라들이 상호 의존하는 공동체에서 현명한 지도자이자 선량한 이웃으로서 도덕적 의무이자, 대부분 가난한 사람들로 구성된 세계에서 가장 부유한 사람으로서의 경제적 의무를 회피할 길이 없다는 것입니다. …… 지금 이런 의무를 충족시키지 않는다면 재앙이 될 겁니다.[25]

시간이 흐르면서 주요 공여국들은 표방하는 원조 제공의 목적을 (선명하게) 좁혀갔으며, 그 결과 빈곤 근절이 좀더 중심 목적이 되고 공여국의 상업적 이익은 중요성이 크게 줄어들었다. 냉전이 끝나자 원조를 제공하는 국가의 이기적 이익과 단기적인 정치적 동기가 각국이 원조 기금 할당 결정에 미치는 영향이 대폭 감소하리라는 기대가 높아졌다. 그렇지만 이런 높은 기대는 충족되지 않았다. 오늘날까지도 국가의 이기적 이익은 여전히 누구를 원조할지에 관한 공여국의 결정에 계속 뚜렷하게 영향을 미친다. 두 가지 사례가 이런 점을 여실히 보여준다. 첫째, 최근 몇 년 동안 전체 공적 원조의 40퍼센트를 약간 넘는 액수만이 전세계 극빈층의 90퍼센트 이상이 살고 있는 63개 최빈국으로 돌아간다.[26] 둘째, 1999년에 아프가니스탄, 이라크, 파키스탄은 전체 공적 원조의 2퍼센트 이하를 받았다. 그런데 6년 뒤인 2005년에는 이 세 나라가 전체 공적 개발 원조의 26퍼센트를 차지해서 금액이 거의 30배가 늘어났다. 그해에 이라크와 아프가니스탄은 양자 간 원조 액수가 가장 많은 19개 공여국 중 17개국에서 가장 많은 원조를 받은 15개국에 속했다. 10년 전에는 두 나라 모두 주요 공여국의 상위 15개 수혜국에 들지 못했다.[27]

아프가니스탄과 파키스탄은 전세계 최빈국에 속하고, 이라크의 아동 사망률은 세계에서 손꼽히게 높기 때문에 원조를 제공하는 과정에서 빈곤 경감과 전략적 목표와 목적이 중첩될 수 있다. 어떤 가난한 사람들과 나라들에 원조를 제공할지를 결정하는 문제에 단기적인 정치적 이해가 개입되면 첫째, 원조 필요성과 공적 개발 원조 기금 할당 사이에 커다란 불일치가 발생할 가능성이 높아지고, 둘째, 제공되는 원조의 흐름에서 예측 불가능성과 높은 수준의 변동성이 생긴다는 점이다. 원조의 예측 불가능성과 변동성은 원조의 잠재적 효과를 한층 감소시킨다. 내년에 원조가 다시 제공될지 알 도리가 없으면, 수혜자들은 올해 받은 원조를 교사나 간호사 급여 같은 반복되는 지출에 할당하려 하지 않을 테니 말이다. 최근 우간다에서 진행된 원조 연구에서는 지난 5년 동안 원조 수준이 매년 20퍼센트 이상 변동(증가하거나 감소)한 사실이 밝혀졌다.[28]

### 빈곤 경감을 위해 원조를 제공하는 최선의 방법

부자 나라들이 누구에게 원조를 제공할지를 결정한 뒤, 다음으로 그 원조를 정확히 **어떻게** 제공해야 하는지를 결정한다. 당연히 공여국들은 제공되는 원조가 의도한 목적에 사용되고 효과를 내야 한다는 데 관심을 보였고, 대체로 두 가지 방식으로 이런 목표를 달성하려 했다. 지금까지 원조는 주로 일련의 독립적 사업별로 '분할 포장'됐는데, 공여국들이 이런 사업을 직접 관리하거나 상당한 권한과 영향력을 행사한다. 그렇지만 몇몇 원조는 수혜국의 재무부에 전달돼 정부 지출 총액을 증가시키거나, 또는 각급 정부 부처와 기관에 보내져서 보건이나 교육 같은 특수한 지출 분야를 장려하거나 기술 격차를 시정하고, 제도를 강화하고, 역량을 향상시키는 데 기여했다. 이런 원조 제공 방식에서 대부분의 공여국은 자금 제공의 대가로 원조 사업별로 특정한 조건을 달았다.

직접 사업 원조와 수혜국 정부 부서나 기관에 제공하는 원조(일명 **프로그**

**램 원조**program aid)는 원조 제공 방식의 유행이 바뀌면서 변동을 겪었다. 최근 몇 년 동안 우리는 프로그램 원조의 장점에 관한 온갖 미사여구를 듣고 있지만, 실제로는 여전히 사업 형태로 제공되며 보통 공여국들이 사업을 설계하고 주의 깊게 감독한다. 대중적 담론에서는 '부자들이 가난한 사람들에게' 원조를 제공한다고 이야기한다. 반면, 대부분의 공적 원조는 실제로 자유롭게 사용처를 선택할 수 있는 잉여 현금 형태로 수혜자들에게 주어지지 않는다. 거의 모든 공적 원조는 공식적이고 명시적이든 조금 느슨한 방식이든 간에 공여국에서 정한 우선순위에 '묶여 있'으며, 대부분은 여전히 개별화된 독립형 사업으로 제공된다.

이런 원조 제공 방식 때문에 발생한 네 가지 문제는 원조 제공이 전통적 방식에 새로운 과제를 제공한다. 첫째, 독립형 사업의 형태로 원조를 제공하는 방식은 더 넓은 세계에서 동떨어진 '개발의 섬'을 만들어낼 위험이 있다. 실제로 공여국이 진행하는 사업이 종종 더 넓은 경제에서 전문 역량과 자원을 흡수해버려서 광범위한 발전 노력에 체계적인 역효과를 낳을 수 있다. 공여자들이 더 높은 급여를 지불하는 까닭에 정부의 핵심 직책에서 희소한 기술을 가진 사람들이 빠져나가기 때문이다. 둘째, 표면상 명백하고 실제로 점차 인정되고 있는 문제인데, 수혜국이 빈곤 경감 계획과 정책을 스스로 작성하고 실행하는(다시 말해 '자기 것으로 소유'하는) 경우에 발전이 일어날 가능성이 훨씬 크다는 것이다. 공여자가 자기 생각을 더 많이 밀어붙일수록 수혜자가 정책을 자기 것으로 소유할 가능성은 적어지며, 따라서 그런 정책을 추구하려는 책임이 줄어들게 마련이다. 셋째이자 관련된 문제로, 공여자가 발전을 장려하는 최선의 방법을 안다는 가정은 종종 그릇된 가정이라는 사실이 드러났다. 이제까지 공여자가 원조에 덧붙인 조건은 흔히 빈곤 경감을 촉진하기보다는 손상시키는 결과로 이어졌다. 넷째, 그렇지만 수혜자들은 실제로 종종 공여자가 원조에 덧붙인 핵심 조건의 일부를 무시했다.

많은 경우에 그렇다고 해서 공여자가 원조를 축소하거나 차단하는 결과로 이어지지는 않았다. 이런 사실로 볼 때 조건부가 원조 자금을 지출하는 방식에 영향을 미치는 아주 효과적인 방법은 아니라는 견해가 확인된다.[29]

관련된 또 다른 쟁점은 주어진 원조와 절대 빈곤 상태에서 살아가는 이들 사이의 연관성에 관련된다. 원조가 가난한 사람들에게 효과를 발휘하려면, (아마 현금을 나눠주는 형식으로) 빈곤층에게 직접 주거나 적어도 특정 집단의 가난한 사람들에게 직접 혜택을 주는 것을 목표로 하는 사업에 사용돼야 한다는 견해가 오래전부터 널리 받아들여졌다. 그런데 최근에는 개발에 관한 **권리 기반 접근법**이 중요하게 떠오르면서 가난한 사람들 스스로 어떤 도움과 원조를 받을지에 관한 결정에 참여해야 한다는 견해가 점차 지지를 받게 됐다. 그 결과 가난한 사람들은 이제 선의를 베푸는 외부자가 결정하는 행동과 활동의 수동적 수혜자에 불과한 대상이 아니라 자기들의 발전에 관련된 결정의 주체로 부각된다.

이런 생각을 빈곤 경감에 영향을 미치는 요인으로 밝혀진 여러 다른 요소들에 관한 분석과 함께 검토할 필요가 있다. 빈곤을 경감하는 주요한 방법은 가난한 사람만을 대상으로 삼지 않는 광범위한 진취적 계획을 추구하는 데 있다는 점을 보여주는 증거가 많이 있다. 원조를 활용해서 특정한 (가난한) 사람들이 교육과 보건 의료, 깨끗한 물, 위생 시설을 이용할 수 있게 보장하면 복지가 향상되고, 선택권이 넓어지고, 생산적 고용의 기회가 생기는 사실은 분명하다. 그렇지만 지속 가능한 부를 신속하게 창조하고 생산적 일자리의 수를 늘리기 위한 진취적 계획을 실행하면, 가난한 사람들이 똑같은 혜택을 얻게 된다. 이런 계획에는 효율적인 도로망 건설, 현대적인 통신 시스템 개발, 법치 확대, 규제 체계 강화, 언론의 자유 장려 등 폭넓은 활동이 포함된다. 이런 활동은 모두 빈곤 경감에 상당한 효과를 발휘한다는 점이 밝혀졌고, 따라서 원조를 통해 절대 빈곤층의 수를 빠르게 줄이는 데 도움이 되는 방법을 묶은 패키지의 일부로 고려할 필요가 있다.

실제로 한 나라가 발전을 가로막는 구조, 체제, 제도의 주요한 장애물을 제거하는 데 실패했을 때, 그리고 공여자가 특정 빈곤층의 단기적인 요구를 충족시키는 데 도움을 주는 사업에만 원조를 제공함으로써 이런 실패에 간접적으로 기여하는 경우라면, 원조 자금을 사용해서 그런 장애물을 제거하고 경제를 지속 가능한 발전 경로로 이동시키는 경우에 비해 더 많은 사람들이 더 오랫동안 빈곤에서 벗어나지 못할 공산이 크다.

<u>원조와 밀레니엄 개발 목표</u> 이 논의는 원조 제공을 밀레니엄 개발 목표에 연결함으로써 최근에 원조 논쟁이 어떻게 바뀌었는지를 토론하기 위한 배경을 제공한다. 2000년 밀레니엄 정상 선언에서 모든 나라가 절대 빈곤층을 없애기 위해 노력하겠다고 약속하면서 원조 제공에 주요한 변화가 일어났다. 이 약속은 (서로 연결된) 8개의 밀레니엄 개발 목표로 정식화됐다. 이제 원조 공여자들은 밀레니엄 개발 목표를 새로운 기본 틀로 삼아 원조 노력의 초점을 다시 맞춰야 했다. 첫째이자 가장 중요한 밀레니엄 개발 목표는 '빈곤과 굶주림의 근절'이었다. 따라서 **외부에서** 만들어진 목적과 목표에 따라 원조를 제공하고 이런 기준에 비춰 판단해야 했다.[30] 그렇지만 2005년에 주요 공여국들은 수혜국이 자체 작성하고 실행하는 발전 전략과 정책의 틀 안에서 수혜국에 원조를 제공한다는 데 동의하고 약속했다(이 약속은 **원조 효과성에 관한 파리 선언**Paris Declaration on Aid Effectiveness 이라는 이름을 얻었다).[31] 그리하여 또한 **내부에서** 만들어진 목적과 목표에 따라서 원조를 제공하고 이런 기준에 비춰 판단해야 했다.

어떤 이는 원조 제공에 관한 이 두 접근법이 거의 또는 전혀 충돌하지 않는다고 주장할 수도 있다. 모든 나라가 밀레니엄 개발 목표에 찬성하는 서명을 했고, 따라서 이제부터 원조를 받는 나라들은 이 목표를 기본 틀로 삼아 모든 발전 전략을 세워야 하기 때문이다. 그렇지만 현실은 무척 다르고 더 복잡하다.

공여국 처지에서 주된 문제는 주요 공여국 전체가 밀레니엄 개발 목표를 달성하기 위해 내놓겠다고 약속한 추가 자금을 제공하지 않은 점이다.[32] 또 다른 문제는 밀레니엄 개발 목표에 따라 원조를 제공하려 노력하는 정도가 서로 제각각이라는 점이다. 영국 같은 몇몇 공여국은 밀레니엄 개발 목표를 활용해 자국의 원조 자금을 할당했지만, 다른 나라들은 그렇게 하지 않았다. 전체 공적 원조의 절반 이상을 차지하는 5개 주요 공여국 중 4개국(미국, 일본, 프랑스, 독일)이 밀레니엄 개발 목표 기준에 따라 원조를 할당하지 않는다.

둘째, 대부분의 원조 수혜국은 밀레니엄 정상 선언에 서명했지만 밀레니엄 개발 목표를 세우는 과정에서 두드러진 구실을 하지 못했다. 과연 이 나라들이 밀레니엄 개발 목표를 '자기 것으로 소유'하고 목표를 실현하기 위해 노력하는지에 관해 의문이 제기됐다. 가난한 나라들이 빈곤을 없애고 싶어하지 않는 게 아니다. 핵심 문제는 어떤 방법이 최선이냐다. 대부분의 원조 수혜국은 밀레니엄 개발 목표에 포함된 것하고 다른 목적과 목표를 갖고 있다. 이를테면 대부분의 나라는 세계화의 혜택을 누리는 위치에 오르기 위해 중등 교육과 고등 교육을 확대하고 싶어하는 반면, 밀레니엄 개발 목표는 오로지 초등 교육과 기초 교육에만 초점을 맞춘다. 따라서 가난한 나라들이 대부분 밀레니엄 개발 목표를 자국의 발전 계획과 기획 틀에 공식적으로 통합시키지 않은 것도 놀랄 일은 아니다. 걱정되는 점은 가난한 나라들이 밀레니엄 개발 목표에 일치하지 않는 발전 계획을 작성했다는 것이 아니라 이 나라들이 스스로 어떤 발전 계획도 세우지 못했다는 사실이다. 대부분의 빈국들은 주요 공여국이 작성한 정책과 전략을 채택하거나 주요 공여국이 개발한 접근법을 열심히 반영해야만 공여국의 원조를 계속 받는다.

물론 공여국들도 밀레니엄 개발 목표의 우선 과제에 일치하는 계획으로 원조 자금을 할당했다. 이런 계획은 종종 즉각적이고 가시적인 성과, 곧 학생 수의 증가나 모기장 보급이 증대된 덕에 말라리아에 걸려 사망하는 아동의 감소로 이어지기는 했지만, 또한 몇몇 체계적인 역효과로 이어지기도 했다. 공여국은 에이치아이브이/에이즈처럼 좀더 '대중적인' 영역이나 부문으로 원조의 방향을 돌리는 경향이 있었는데, 그래서 다른 영역이나 목표에서는 자금이 부족하고 체계적인 왜곡이 발생하는 결과가 생겼다. 이를테면 공여국들은 물과 위생 시설보다는 보건과 교육에 더 많은 돈을 제공했다. 그리고 몇몇 나라에서는 에이치아이브이/에이즈가 인기를 끌어서 다른 보건 우선 과제에는 자금 지원이 부족한 결과로 이어졌다. 르완다의 보건 부문에 관한 최근의 한 연구는 에이치아이브이/에이즈 사업에 공여국의 자금이 집중 지원되는 바람에 기초 보건 의료 서비스에 자금이 부족해져 르완다 정부의 전반적인 보건 전략이 훼손되고 있다는 결론을 내렸다.[33] 최근 들어 공여국들은 재원이 부족하거나 충분한 관심을 받지 못한다고 생각되는 영역과 활동으로 원조를 전환하기 시작했다. 이를테면 영국을 비롯한 많은 공여국들은 조금 늦어지기는 했지만 빈곤을 경감하는 최선의 방법은 '빈민 친화적' 성장을 장려하는 활동에 초점을 맞추는 것이라는 결론에 도달했다.[34] 그 결과 다른 목표들을 달성하기 위해 다시 원조 자금이 전환되고 있다. 이번에는 부를 창출하고 고용을 향상시키는 활동에 초점이 맞춰지고, 원조 흐름의 변동성이 한층 높아지는 한편 공적 지출을 계획하려고 노력하는 수혜국 입장에서는 불확실성도 커지고 있다.

### 공적 원조 제공자의 다원성과 기부를 제공할 때 필요한 조건

부자 나라 정부가 원조를 제공한 지난 60년 동안 공식 공여자의 수는 꾸준히 늘어나서 이제 200개를 넘어선다. 언뜻 보면 이런 사실이 세계 빈곤을 줄이려는 노력에 유익한 듯하다. 공여자가 더 많다는 사실은 그만큼 더 많은 (가난한) 수혜자들에게 더 많은 원조가 제공된다는 의미일 수 있기 때문이다. 그런데 현실은 사뭇 다르다. 공여자의 증가는 공적 원조 체계의 효율성에 점차 중대한 과제로 부각되고 있다. 대부분의 공여자들이 각각의 수혜자를 상대로 서로 다른 별도의 계약을 요구하고 작성하며, 각 수혜자는 서로 다른 공여자들에게서 수백 개의 진상조사단과 평가단을 맞아야 하고, 공적 원조 자금을 분배하는 전반적인 건전한 구조가 부재하기 때문이다. 이를테면 1960년대에 각 수혜자는 12개의 공여자를 상대해야 했다. 그런데 2005년에는 그 수가 세 배로 늘어 약 33개가 됐다. 현재 서로 다른 100여 개의 원조 기관이 보건 부문 원조를 제공하고 있다.[35] 1990년에는 어떤 수혜국도 40개가 넘는 개별 공여자를 상대하는 일이 없었다. 오늘날에는 거의 40개 수혜국이 26개가 넘는 개별 공여자를 상대해야 한다.[36] 1997년에 공적 원조는 약 2만 개의 별개 사업과 프로그램으로 구성됐고, 공여자-수혜자를 연결하는 소통 사업이 모두 합쳐 2만 개에 이르렀다. 8년 뒤에 그 수는 세 배가 늘어나 6만 개가 넘었다.[37]

공적 공여자들은 원조 제공의 체계적인 문제들을 잘 알고 있을 뿐 아니라 2005년 파리 선언에서 그중 몇몇 문제를 고치는 일에 착수하겠다고 약속까지 했다. 특히 서로 다른 (개별적) 원조 노력을 조정하고 원조 수혜 정부가 추진하는 계획이나 프로그램에 좀더 긴밀하게 제휴하기 위해 함께 일하는 데 동의했다. 몇몇 공여자들은 현재 공동으로 원조를 진행하고 있으며, 몇몇은 원조를 제공하는 수혜자의 수를 줄이는 데 동의했다. 그렇지만 각종 연간 경과 보고서와 2008년 가나 수도 아크라에서 열린 실적 조사 후속 회의를 위해 작성된 보고서들은 '진행 속도가 너무 느리다'고 결론지었다. "추가적인 개혁과 더 신속한 행동이 진행되지 않는다면 2010년으로 예정된 개선 약속과 목표를 달성하지 못할 것이다."[38] 더욱이 공여자들이 스스로 정한 어떤 목표들은 개선 의지가 그다지 높지 않다. 이를테면 각 원조 수혜국에서 원조를 수혜국의 체계 안으로 돌리는 대신 공여자들이 평균 54개의 원조 사업 시행단을 별도로 운영한다. 파리 선언의 목표가 실현되면 2010년까지 그 수치가 줄어들 테지만, 여전히 모든 원조 수혜국마다 공여자가 관리하는 사업단이 평균 18개 남아 있을 것이다.[39]

## 원조의 양, 원조 할당, 원조 제공의 자발적 성격

강조해야 하는 마지막 과제는 공적 원조 자금을 모으는 방식에 초점을 맞춘다. 가장 직접적인 문제는 제공되는 원조 총액과 필요한 원조 사이에 계속 간극이 있다는 사실에 관련된다. 그렇지만 이런 직접적인 문제의 밑바탕에는 더 포괄적이고 근본적인 문제가 놓여 있다. 원조 제공 체계의 자발적 성격이 그것이다.

공적 원조 흐름의 전망  최근 열린 세계 정상회담에서 모든 주요 공여국은 국민총소득$^{GNI}$ 대비 공적 개발 원조$^{ODA}$ 비율 목표치가 0.7퍼센트에 도달할 때까지 공적 원조의 양을 점차 늘려서 공적 개발 원조를 연간 500억 달러 증대하겠다고 약속했다. 2015년까지 밀레니엄 개발 목표를 달성하는 데 결정적인 구실을 할 것으로 여겨지는 수치다. 현재 일반적인 원조 액수를 바탕으로 볼 때 이 목표치에 도달하려면 공적 개발 원조를 2000년보다 두 배 이상 늘려야 한다.

공여국의 이런 원조 약속 과정은 전혀 새롭지 않다. 1970년대, 1980년대, 1990년대에 잇따라 공여국들은 거의 똑같은 약속을 했다. 이를테면 1970년대에는 5년 안에 원조 수준을 두 배로 늘리는 것을 목표로 삼았다. 아이러니하게도 국민총소득 대비 공적 개발 원조 비율이 가장 높던 때는 1960년대 말이었다. 0.7퍼센트 비율을 달성하겠다는 약속을 처음으로 하기 바로 몇 년 전이다.[40]

2008년 중반에 가시화된 글로벌 금융 위기와 경제 위기가 시작되기 전에도 공적 원조 수준의 단기적 전망은 특별히 밝지는 않았다. 국민총소득 대비 공적 개발 원조 비율은 2004년 0.26퍼센트에서 2005년 0.33퍼센트로 상승했지만, 2007년에는 다시 0.28퍼센트로 떨어졌다. 시뮬레이션을 돌려 (낙관적) 예상을 해보면, 이 비율은 2010년까지 기껏해야 0.37퍼센트로 늘어날 것이다. 1970년대 초반 수준으로 돌아가는 셈이다. 이렇게 되면 결국 340억 달러의 자금이 부족해진다.[41]

그렇지만 공여국에서 실업률이 오르고 국내 수요 수준을 유지하기 위한 정부 지출에 초점을 맞출 필요성이 생기기 때문에 공여국으로서는 공적 원조 프로그램처럼 대체로 우선순위가 낮은 지출을 줄여야 한다는 압박이 한층 더 높아질 공산이 크다. 2009년 초에 이르러 그리스, 아일랜드, 이탈리아 등은 이미 원조 확대 프로그램을 삭감한다고 발표한 상태였다. 과거에 나타난 문제점들의 역사를 보면 지금 무슨 일이 생길지를 어느 정도 예상할 수 있다. 특히 공여국에서 예전에 발생한 경제 위기는 결국 대규모 공여국(일본과 미국)과 소규모 공여국(이탈리아 등)에서 모두 원조 프로그램을 상당히 위축시킨 한편, 1990년대 초 북유럽에서 발생한 금융 위기는 노르웨이, 스웨덴, 핀란드가 제공하는 공적 원조의 실질 금액을 단기적으로 빠르게 감소시켰다(각각 10퍼센트, 17퍼센트, 62퍼센트). 이 나라들 중 일부는 가장 후한 원조 제공자였다.

더욱이 글로벌 경제 위기 때문에 최빈국에서 빈곤 문제가 악화되고 성장률이 떨어지면서 결국 (꽤 낮은 수준인) 밀레니엄 개발 목표의 빈곤 경감 목표치를 달성하려면 훨씬 더 많은 원조를 비롯해 더 많은 지원이 필요하다는 점이 점차 분명해졌다. 실제로 세계은행은 글로벌 위기 때문에 2009년 한 해에만 빈곤 계층이 4600만 명 늘어날 공산이 크다고 추산한 한편,[42] 국제통화기금은 2009년에 저소득 국가들이 그전에 필요하던 금융 자원 말고도 최소한 2250억 달러를 더 필요로 하게 될 것이라고 판단한다.[43]

이런 상황에 담긴 함의는 분명하다. 우리가 빈곤 경감을 위해 원조를 제공하는 것이라면, 우리가 이전에 실현하지 못했던 약속보다 훨씬 더 많은 원조가 필요한 시대로 접어들고 있다는 사실이다.


원조 요구, 원조 제공 방식, 원조 제공의 자발적 성격 사이의 불일치 한 차원에서 보면, (부유한) 공여자가 제공하는 공적 원조의 (작은) 액수가 창출되는 전체 부의 (큰) 액수에서 차지하는 비중, 곧 국민총소득 대비 공적 원조 비율에 근거를 두는 이유가 이해가 된다. 이 비율이 '지불 능력'을 대표하기 때문이다. 그렇지만 두 가지 역사적 추세를 강조할 필요가 있다. 첫째, 최근 국민총소득 대비 공적 개발 원조 비율이 늘어났는데도 세계에서 가장 부유한 나라들이 공적 원조로 제공하는 부의 비중은 여전히 1970년대와 1960년대 초에 기록된 수준보다 낮다는 점이다. 이 시기에는 국민총소득 대비 공적 개발 원조 비율이 0.54퍼센트로 정점에 다다랐다.[44] 둘째, 부자 나라와 가난한 나라 사이의 평균적인 '부의 격차'가 크게 확대되고 있다는 점이다. 그리하여 1965년에는 주요 공여국들의 1인당 평균 소득이 최빈국보다 22배 더 많았지만, 2003년에 이르면 65배로 격차가 더 커졌다.[45] 다시 말해 지난 40년 동안 부자 나라들은 부의 더 많은 몫을 최빈국에 원조로 제공할 '능력'을 얻게 됐다. 그런데 실제로 부자 나라들은 그 늘어난 부의 더 적은 몫을 제공했다.

원조 제공을 오로지 공여국에서 창출된 부하고만 연결하는 경우에 생기는 문제는 부자들이 제공하는 원조의 양과 빈자들이 필요로 하는 원조의 양 사이에 필연적인 연결 고리가 전혀 없다는 점이다. 지면이 부족하기 때문에 이 글에서는 정확히 얼마나 많은 원조가 필요하고, 그 수치가 얼마이거나 얼마가 될지를 계산하려면 어떻게 해야 하는지에 관해 충분한 논의를 하기 힘들다. 그런데 부분적이고 종종 조금 조잡한 방법론을 사용하기는 했지만 지금까지 진행된 연구를 볼 때, 앞에서 짧게 논의한 비상 상황에 적절하게 대응하는 데 필요한 양이든 최빈국이 절대 빈곤 상태에서 사는 사람의 수를 크게 줄이는 데 도움을 주기 위해 필요한 발전 원조의 양이든 간에, 현재 제공되는 공적 원조의 양이 필요한 양에 크게 미치지 못한다는 점은 의문의 여지가 없다.[46]

이런 간극이 지속되는 기본적 이유는 공적 원조 자금이 오로지 모든 공적 공여국이 각자 자발적으로 행하는 결정만을 근거로 해서 모아진다(그리고 할당된다)는 점이다. 국제회의에 참여하는 공여국들은 일정한 양의 원조를 제공하겠다거나 때로는 최빈국에 공적 원조의 일정 비율을 제공하겠다고 약속한다. 그렇지만 이런 약속이 실제 원조 총액으로 귀결되도록 보장하는 메커니즘은 전혀 마련돼 있지 않다. 마찬가지로 특정한 수혜국에 제공되는 원조 총액은 각 공여국이 개별적으로 제공하기로 선택하는 원조 자금의 누적 액수로 구성된다. 제공되는 자금과 필요한 액수 사이에 직접적이고 공식적인 연결은 전혀 없다. 내가 아는 한 어떤 수혜국에서도 공여자들은 개별 수혜국하고 협력해서 수혜국이 얼마나 많은 원조를 효율적으로 사용하고 흡수할 수 있는지를 결정하고, 나아가 하나의 집단으로서 각 기관이 총액의 일정 비율을 감당하려 노력하면서 필요한 원조 전체를 제공하기 위해 노력하지 않는다.

개별 공여자들이 다음해에 어떤 특정한 수혜국에 제공하겠다고 이미 발표한 원조를 제공하지 않을 때, 이런 느슨한 합의가 분명하게 드러난다. 어떤 공여자도 공여자 집단의 한 성원이 약속한 원조 액수를 제공하지 않는 경우에 제공되는 원조 총액에서 부족한 부분을 메워야 한다는 의무감을 느끼지 않는다. 마찬가지로 공여자들 전체가 약속한 수준대로 원조를 제공하지 않을 때, 하나 이상의 공여자가 약속한 수준에 미치지 못하는 액수를 제공하는 경우에 어떤 공여자도 그 부족액을 메워야 한다는 의무감을 느끼지 않으며, 이 문제를 시정할 수 있는 제도적 메커니즘이나 과정도 전혀 없다.

우리가 공적 원조 제공의 역사에서 배울 교훈은 지금처럼 개별적인 자발적 결정에 근거해서 원조 자금을 모금하고 원조를 할당하는 '방식'은 제대로 작동하지 않는다는 점이다. 이런 방식은 공적 원조 자금을 모으고 할당하는 토대로는 완전히 부적절하다. 이런 사실은 거의 논의되지 않지만, 현재 공여국들이 직면하는 가장 중요한 과제로 손꼽힌다.

놀랍게도 이것은 새로운 과제가 아니다. 거의 지금 같은 원조 방식이 형성된 시절부터 저명한 사람들이 잇따라 공적 원조 자금을 모으고 할당하는 좀더 합리적인 방식이 필요하다고 호소했다. 이를테면 1980년에 독일 총리 빌리 브란트가 위원장을 지내서 브란트위원회Brandt Commission라는 이름으로 더 유명한 국제개발문제 독립위원회Independent Commission on International Development Issues에서 처음 발표한 보고서는 25년 전인 그때도 세계가 모종의 자동화 방식을 거쳐 원조 기금을 모으고 각국 정부가 반복해서 개입하는 일 없이 원조를 지출해야 하는 시기가 이미 지났다고 판단했다.[47] 그 보고서가 나오기 11년 전인 1969년, 캐나다 총리인 레스터 피어슨Lester Pearson이 위원장을 맡은 원조에 관한 첫 국제위원회는 공적 원조는 단기적인 정치적 고려에서 분리돼 독자적인 정체성을 가져야 하며, 또한 공여자들이 자기가 제공하는 원조가 제대로 쓰이도록 보장하는 데 깊은 관심을 가질 수 있지만 그런 관심은 '신중하게 제한되고 제도화돼야' 한다고 주장했다.[48] 그 이후로 발전되어온 원조 방식에 대해 비판하는 세 번째 저명한 정치인은 다름 아닌 국제 원조 방식을 창시한 주인공으로 간주되는 인물인 미국 대통령 해리 트루먼이었다. 1949년 대통령 취임 연설에서 트루먼은 자기가 생각하는 공적 원조 제공 방식의 토대를 개괄적으로 설명했다. 트루먼이 보기에 공여자들은 자원을 하나로 모으고, 각자 행동하기보다는 원조 제공 노력을 조정하고, **수혜자들**이 적합하다고 생각하는 방식으로 원조를 사용할 수 있게 보장하는 식으로 원조를 제공해야 했다.[49]

지금의 금융 위기와 연결된 전지구적 불황에 자극받아 점차 많은 세계 지도자들이 각 나라와 경제가 자국의 경제와 금융 시스템을 개별적으로 관리하고 조절하려는 방식을 빨리 바꿔야 한다는 데 초점을 맞추기 시작했다. 이런 개별 시스템 대신에 각국의 개별 행동을 좀더 긴밀하게 조정할 수 있는 전반적인 구조를 만들어야 한다. 그리고 각국은 이런 탄탄한 체계를 만들기 위한 행동을 요구받게 될 것이다. 또한 지금은 공여국의 정치인들에게 최빈국에 대한 원조 제공 방식에서의 핵심 문제들을 시정하기 위한 체계적인 행동을 논의하기에 적합한 시기이기도 하다. 적어도 지난 30년 동안 이런 행동이 '시급하게 필요했기' 때문이다.

## 결론

이 장에서 전하려 한 핵심 메시지 중 하나는 세계의 빈곤층을 원조하는 일은 복잡한 문제라는 것이다. 만약 당신이 부유한 세계에 사는 우리에게 절대 빈곤 상태의 경감과 근절을 도울 도덕적 의무가 **있다**는 데 동의한다면, 그리고 원조가 상당한 효과를 발휘한다고, 증거를 면밀히 분석하면 이런 결과가 가능하다는 것을 보여주기에 충분하다고 믿는다면, 이것은 윤리적인 분석과 평가를 위한 여정의 출발점에 불과하다. 원조의 유익한 효과는 결코 확실히 보장되거나 자동으로 주어지지 않으며, 공여자는 이런 원조금을 어떻게 써야 최선인지를 결정하기 위해 일련의 선택과 질문, 도전에 직면하기 때문이다. 실제로 이 장에서 나는 원조를 통해 달성한 성과와 달성할 수 있는 성과 사이에 여전히 커다란 간극이 있다고 이야기했다. 절대 빈곤을 없애야 하는 의무가 있다고 믿는 이들은 그 간극을 메우고 더 급진적인 개혁을 위해 노력하는 최전선에 서야 한다. 원조가 발전의 정답은 아닐지라도, 발전에 도움이 된데다가 잠재력도 크다. 원조 옹호론자들이 원조의 성과가 아니라 원조의 효과를 제약하고 제한하는 요인들에 더 초점을 맞춘다면 원조 사업 전체를 포기하라는 요구가 나올 수도 있다. 그러나 이는 현체제를 개혁하려는 시도보다 더 많은 빈민을 양산할 가능성이 높다.

# 6장

# 가난은 연못이 아니다

## 부유한 사람들의 과제[1]

레이프 위나

세계 인구의 절반 이상이 비참한 상태에서 살고 있습니다. 그 사람들은 먹을거리도 충분하지 않습니다. 질병에 시달립니다. 경제생활은 원시적이고 정체돼 있습니다. 그 사람들의 빈곤은 불리한 조건이고, 그 사람들 자신과 번영하는 지역에 모두 위협이 됩니다. 역사상 처음으로 인류는 이 사람들의 고통을 덜어줄 수 있는 지식과 기술을 갖게 됐습니다.

— 해리 트루먼 대통령 취임사, 1949년


10억 명이 넘는 사람들이 매일 우리 대부분이 물 한 병 값으로 내는 것보다도 적은 돈으로 살아가려고 분투한다. 거의 1000만 명에 가까운 어린아이가 매년 빈곤에 관련된 원인 때문에 목숨을 잃는다. 역사상 처음으로 우리는 세계의 빈곤과 그 빈곤이 야기하는 고통을 근절할 수 있게 됐다.

— 피터 싱어, 《물에 빠진 아이 구하기》, 2009년


이 장은 해외의 극빈 상태로 인한 감당하기 힘든 재앙에 대한 이해가 있는 사람들을 위해 쓰여졌다.[2] 이 재앙의 규모는 사실로 추정된다. 로저 리델의 비유를 빌리자면, 매일 평균적으로 빈곤 때문에 죽는 사람의 숫자는 각각 500명의 승객(대부분 어린아이들이다)을 태운 점보제트기 100대가 추락해서 생존자가 한 명도 없는 경우에 해당한다.[3] 인간의 관점에서 보면, 극빈 상태는 일간 신문과 뉴스 방송, 뉴스 웹사이트에 매일 헤드라인을 장식해야 마땅하다.

도덕적으로 살아 있는 개인들은 극빈 상태라는 재앙에 어떻게 대응해야 하는지를 알고 싶어한다. 거의 40년 동안 '싱어 해법Singer Solution'이 으뜸가는 세속적 패러다임 구실을 하면서 부유한 개인들(당신은 관련된 의미에서 '부유한' 사람일 가능성이 크다)[4]에게 행동해야 하는 이유와 해야 하는 일을 설명해줬다. 피터 싱어는 부유한 개인들은 소득의 상당한 액수를 비정부 기구

에 보내야 한다고 주장한다. 비정부 기구에서 보내는 기금 모금 요청과 같이, 싱어는 비정부 기구에 돈을 보내면 가난한 사람들의 생명을 살릴 수 있다고 말한다. 많은 사람들은 이 틀을 자기가 직면하는 도덕적 상황을 규정하는 것으로 받아들였다.

이 장에서는 극심한 빈곤이라는 엄청난 비극에 대해 개인들이 할 수 있는 일에 초점을 맞춘 싱어의 훌륭한 관점을 유지하려 한다. 그러면서 해외 원조가 지닌 복잡한 문제에 관련해 전문가들이 밝힌 여러 사실을 검토할 것이다. 개인들에게 이런 복잡한 문제가 어떤 의미인지, 그러니까 잠재적 기부자가 원조 행동을 했을 때 벌어질 것이라고 **합리적으로 기대할 수 있는** 결과가 무엇인지에 초점을 맞춘 것이다. 그리고 싱어가 제시한 틀이 우리 상황의 현실에 적합하지 않다는 결론에 이를 것이다. 극빈 상태를 도덕적으로 엄청나게 긴급한 상황으로 느끼는 사람들은 자기가 하는 행동이 극빈층에게 도움이 될지를 확실히 알지 못한 채 어떻게 행동할지를 결정해야 하며, 자기가 한 행동이 다른 나라의 가난한 사람들에게 도움뿐만 아니라 피해도 줄 수 있다는 사실을 받아들여야 한다. 이런 불행한 현실을 받아들이려면 빈곤에 관한 우리의 도덕적 추론을 재검토할 필요가 있다.


**싱어의 원래 주장**


싱어가 1972년에 내놓은 주장은 특정한 경험적 전제를 사용하는 부유한 개인들에게 적용되는, 본보기의 뒷받침을 받는 도덕 원칙에 바탕을 두며 행동 호소로 이어진다. 싱어의 도덕 원칙은 이렇다. "만약 우리가 도덕적으로 중요한 어떤 것도 희생시키지 않은 채 어떤 나쁜 일이 일어나지 않도록 막을 수 있는 힘이 있다면, 우리는 도덕적으로 마땅히 그렇게 해야 한다."[5]

싱어는 독자들에게 연못에 빠진 아이라는 유명한 사례를 제시하면서 이 원칙을 확인하도록 재촉한다. "이 원칙을 적용하면 다음과 같다. 만약 내가 얕은 연못 근처를 지나가는데 물에 빠진 아이를 본다면, 물에 들어가서 그 아이를 끌어내야 한다. 이렇게 하면 내 옷에 흙탕물이 묻겠지만 이건 중요한 일이 아니다. 그런데 아이가 죽는다면 아주 나쁜 일이 될 것이다."[6]

아이를 구해야 한다고 생각하는 사람들은 이 도덕 원칙을 승인해야 한다. 싱어는 계속해서 원조의 효과에 관한 경험적 전제를 활용해서 이 원칙은 극빈 상태로 고통받는 이들에 관해 부유한 개인들에게 도덕적 의무를 부과한다고 주장한다(싱어가 빈곤의 사례로 든 것은 1971년 벵골 기근이다). "기근 구호 기관에서 파견되거나 기근이 빈발하는 지역에 상시 배치된 전문가 옵서버와 감독관들은 우리가 우리 동네 빈민에게 구호를 전달하는 것만큼이나 효과적으로 벵골의 난민에게 우리의 구호를 전달할 수 있다."[7]

지나가는 행인이 깨끗한 구두를 버리면서 아이를 구해야 하는 것처럼, 만약 부유한 개인들이 가난한 개인들에게 효과적으로 돈을 전달할 수 있다면, 도덕 원칙은 그렇게 행동하라고 요구한다. 1972년에 발표한 글에서 싱어는 원조 기부가 얼마나 효과적으로 해외의 생명을 구하는지를 설명하지는 않았다. 25년 뒤 과거에 자기가 한 주장을 반복하면서 싱어는 기부가 극빈 상태로 위협받는 생명을 구할 수 있다고 얼마나 확신하는지를 보여줬다.

우리는 모두 얕은 연못가를 지나가는 그 사람의 상황에 처해 있다. 우리는 모두 우리가 구해주지 않으면 죽게 될 사람들, 어린이와 어른 둘 다의 생명을 구할 수 있으며, 그것도 아주 작은 비용만을 치르고 그렇게 할 수 있다. 새 시디나 셔츠를 사거나 레스토랑이나 콘서트 장에서 하루 저녁 외출을 하는 비용으로 세계 어딘가에 있는 한 사람 이상에게 생과 사의 차이를 만들어 낼 수 있다. 그리고 옥스팜 같은 해외 구호 기구는 멀리 떨어진 곳에서 행동하는 문제를 극복한다.[8]

이 구절에 따르면, 옥스팜 같은 구호 기구에 기부를 해서 한 생명을 살리는 일은 아주 비용이 저렴하다. 싱어가 드는 사례는 시디, 셔츠, 저녁밥이나 콘서트 티켓 가격인데, 우리는 이 돈으로 '한 사람 이상'을 구할 수 있다. 한 생명을 구하는 비용을 5달러에서 50달러 정도로 계산하는 듯하다.

도덕 원칙은 개인들에게 도덕적으로 중요한 뭔가를 포기하는 시점까지 생명을 구하도록 명령한다. 싱어의 경험적 전제는 생명을 구하는 일이 비용이 저렴하다고 암시하기 때문에 그 주장에는 이런 함의가 담겨 있다. "우리가 도덕적 문제를 바라보는 방식 전체, 곧 우리의 도덕적 개념 틀, 그리고 우리 사회에서 당연한 것으로 여겨지게 된 생활방식을 바꿔야 한다."[9] 부유한 개인들은 도덕적으로 볼 때 자기의 부와 소득의 상당한 양을 비정부 기구를 돕기 위해 내놓아야 한다. 지금 내놓는 것보다 훨씬 더 많이.


## 기부자의 질문

부유한 개인들이 원조에 관해 알아야 하는 것은 '기부자의 질문Donor's Question' 에 대한 답이다.

*내가 원조에 제공할 수 있는 돈이나 원조를 위한 캠페인에 할애할 수 있는 시간 은 다른 나라 사람들의 장기적인 안녕에 어떤 식으로 영향을 미치는가?*

기부자들은 이 질문에 맞는 정확한 답을 기대할 수 없다. 많은 복잡한 문제들이 그렇듯이, 우리는 정보에 근거한 합리적인 추정을 목표로 삼아야 한다. 다음의 다섯 개의 절은 개인들이 원조를 위해 돈을 내거나 캠페인을 할 때 그들이 합리적으로 믿고(기대하는) 것이 실제로 이뤄질 수 있는가를 판단하기 위해 쓰여졌다.

'기부자의 질문'은 돈을 보내는 일과 캠페인을 벌이는 일을 구별한다. 싱어는 개인들이 옥스팜이나 케어CARE, 세이브더칠드런 같은 구호 비정부 기구에 돈을 보내야 한다고 권고한다. (싱어는 효과적일 것이라고 확신하지는 못하는) 다른 선택지는 부자 나라 정부들이나 세계은행 같은 다자 기구에 '공적' 원조를 늘리거나 향상시키라고 압력을 넣는 캠페인을 벌이는 것이다.[10] 우리는 여기서 가능한 두 가지 행동 방침, 곧 비정부 기구에 돈을 보내는 행동과 공적 원조를 위한 캠페인을 벌이는 행동을 모두 검토할 생각이다.

부유한 개인들 앞에 놓인 또 다른 선택은 인도주의 원조와 개발 원조 중 어느 쪽(또는 양쪽 다)을 지지해야 하느냐다. 인도주의 원조는 원조를 받는 이들의 단기적 이익을 목표로 삼는다. 인도주의 원조에는 식량과 주거의 즉시 제공, 탈수증 완화, 치료 등(싱어가 원래 제시한 벵골 기근의 사례하고 같다)이 포함된다. 개발 원조는 중장기적으로 가난한 사람들의 복지를 향상시키는 것, 이상적으로는 가난한 이들이 자급자족할 수 있게 만드는 것을 목표로 한다. 전형적인 개발 프로젝트는 콜롬비아의 농업용수용 댐 건설, 케냐의 목축민들을 대상으로 하는 기초 읽기 능력 교육, 네팔의 농민 협동조합 조직, 말라위 여성들이 사업을 시작하도록 돕는 소액 대출 운영 등이 있다. 이번에도 여기서 인도주의 원조와 개발 원조를 둘 다 검토하려 한다.


## 원조 — 전체적인 모습

전체적인 모습을 보면 공적 원조 흐름은 사적 기부에 비해 6 대 1 정도의 비율로 더 많다. 개발 원조와 인도주의 원조의 비율도 비슷하다. '전형적인' 원조금은 정부나 다자간 기구가 개발 자금으로 보내는 것이다. 일부 원조는 경제나 사회 관련 프로그램을 확대하거나, 국가 성장을 자극하거나, 제도적 역량을 강화하기 위해 가난한 나라 정부에 제공된다. 일부 원조는 비정부 기구로 전달돼 기구가 운영하는 사업의 자금이 된다.

원조의 전체적인 풍경에는 다수의 행위자와 사업이 포함된다. 미국 국제 개발처United States Agency for International Development·USAID나 세계은행 같은 공적 원조 기관은 수백 개의 양자 간 프로그램을 비롯해 개별 프로그램과 사업에 자금을 지원한다. 원조 비정부 기구도 일부 추산에 따르면 2만 개에서 4만 개가 활동하며, 인도에만 해외 자금을 받기 위해 등록된 비정부 기구가 1000개 있다.[11] 이런 비정부 기구 중 일부는 월드비전과 가톨릭구호서비스Catholic Relief Services나 방글라데시 인구의 3분의 2에 보건 의료를 제공하는 방글라데시 농촌발전위원회Bangladesh Rural Advancement Committee와 같은 거대 기구다. 이런 기구는 일부 가난한 나라의 국내총생산보다 더 많은 예산을 운영한다. 다른 비정부 기구는 소규모거나 한 가지 문제에 주력하는 조직으로, 특정 지역이나 백내장 수술 같은 특별한 목표에 전념한다. 2003년에 세계은행 총재는 지난 10년 동안 40만 건의 발전 사업이 시작됐고, 현재 8만 건이 진행 중이라고 언급했다. 그 뒤 이 수치는 늘어났을 가능성이 크다.

따라서 개인들에게는 원조를 위해 행동할 수 있는 선택지가 여럿 있다. 많은 기구는 개인의 기부를 받으며, 캠페인 참가자는 자국 정부와 다자간 기구에 많은 메시지를 전달할 수 있다. 부유한 개인들이 알아야 할 것은 이런 선택지들 중 하나를 선택할 때 어떤 일이 생기는가 하는 점이다. 개인들은 자기가 선택할 수 있는 여러 행동들이 어떤 효과를 미치는지에 대한 정보를 어디서 얻을 수 있을까?

## 개인들을 위한 정보 원천

### 홍보 자료와 언론

가장 쉽게 구할 수 있는 정보 원천은 원조 비정부 기구에서 만든 홍보 자료다. 신문 광고, 우편 발송 광고, 텔레비전 광고, 웹사이트 등이다. 이런 자료는 신뢰하기 힘든 정보 원천이다. 비정부 기구가 대중을 대상으로 배포하는 자료의 대부분은 마케팅 전문가가 제작한 것이며, 외부의 감독을 전혀 받지 않는다. 이런 자료에서 흔히 강조하는 정보, 곧 개별적인 성공담, 지출된 총 자금 수치, '프로젝트'와 '관리'에 각각 사용된 예산의 비율을 보여주는 원형 도표는 비정부 기구가 목표를 달성하는 데 얼마나 효과적인지를 판단하는 데 필요한 정보가 아니며, 비정부 기구 활동의 전반적인 성과를 판단하는 데 필요한 정보는 더더욱 아니다.[12] 홍보 자료는 대부분 개인들에게 '머니샷money shot[※]'을 제시한다. 비정부 기구가 가난한 사람들을 돕는 모습이 담긴, 신중하게 선택된 순간의 모습이다. 대부분의 비정부 기구는 이런 머니샷과 함께 슬로건을 내세워 자기 단체를 홍보한다("우리는 어린이를 구합니다. 당신도 동참하시겠습니까?We Save the Children: Will You?", "어린이의 생명을 구해주세요Save a Child's Life").[13] 이런 홍보 자료가 추구하는 목표는 기구에 기부하면 어떤 전반적인 효과가 생기는지 정확한 정보를 제공하는 일이 아니라 수입 늘리기다.

[※] 영화 등에서 많은 돈을 들여 공들여 찍은 장면으로, 작품성이나 흥행을 위해 중요한 장면을 가리킨다.

언론은 개인들이 원조, 곧 양자간 또는 다자간 원조와 비정부 기구의 활동에 관해 쉽게 접할 수 있는 또 다른 정보 원천이다. 언론 기사도 원조의 효과에 관한 정보 원천으로는 신뢰성이 떨어진다. 대부분의 기사는 극적인 위기 사태(기근 등)를 묘사하며, 기자들은 보통 원조 기관들이 제공한 '위협받는 사람들의 수'와 '필요한 돈' 액수를 전한다. 원조 비판론자들의 인터뷰를 근거로 한, '원조는 효과가 없다'는 식의 기사도 이따금 등장한다. 대부분의 주류 언론인들은 이를테면 영국이 잠비아에 제공하는 공적 원조나 라오스에서 항레트로바이러스 치료를 위해 노력하는 노르웨이처치에이드Norwegian Church Aid 의 활동에 관해 전반적인 평가를 할 만한 전문성이나 자원이 부족하다.

### 원조에 관한 전문적 문헌

가장 믿음직한 정보 원천은 원조 전문가들이다. 원조 기관에서 일하는 수십만 명과 기관이 하는 일을 연구하는 수천 명이 바로 그 사람들이다. 개인들은 전문가들이 쓴 원조에 관한 책을 읽거나 직접 전문가의 의견을 들을 수 있다(근처 대학의 개발학과에 있는 사람과 이야기를 나누는 식으로). 여기서는 원조 문헌에 초점을 맞출 텐데, 이 문헌은 전문가에게서 직접 들을 수 있는 내용을 반영한다.

원조에 관한 실증 문헌에 접근하는 개인들은 적어도 세 가지 특징 때문에 놀라게 된다. 첫째, 원조 문헌은 방대하고 대단히 다양하다.[14] 둘째, 방대한 규모지만 '기부자의 질문'을 다루는 경우는 매우 드물다. 부유한 개인들이 알아야 하는 문제는 자기가 기부하는 돈이나 캠페인에 참여하는 시간이 다른 나라 사람들의 장기적 복지에 미치는 영향이다. 실증 문헌을 생산하는 전문가들은 대체로 연구에서 이런 질문을 다루지 않는다.

셋째, 경험적인 원조 문헌의 놀라운 특징은 대단히 논쟁적이라는 점이다. 빈곤과 원조에 관해 전문가들 사이에 널리 받아들여지는 설명은 몇 개밖에 없다.[15] 다른 모든 설명은 논쟁의 대상이다. 원조가 이데올로기의 영향을 얼마나 많이 받았는지를 생각하면 놀랄 일은 아니다. 그렇지만 이런 논쟁들에서 주목할 만한 점은 데이터를 평가하는 적당한 방법은 무엇인지, 그리고 특정한 발전 전략을 평가하기 위해 어떤 데이터가 적절한지에 관한 견해차가 대단히 크다는 사실이다. 실제로 세계에 얼마나 빈곤층이 많은가 같은 기초적인 질문을 다루는, 가장 많이 사용되는 세계은행의 통계조차 신중한 학자들로부터는 '의미도 없고 신뢰성도 없다'고 강한 비판을 받아왔다.[16] 이런 견해차는 원조의 구체적이고 전반적인 성과에 관한 평가를 달라지게 한다.

이를테면 급진주의자들은 원조란 기본적으로 서구 제국주의 사업의 연장선이라거나 극빈 상태에서 사는 대부분의 사람들은 '개발'을 통해 빈곤에서 벗어나기를 바라지 않는다고 말한다. 주류 문헌 안에서 원조 전문가들은 (그 사람들의 재능을 무시하는 것은 전혀 아니지만) '신봉자believer'와 '불신자atheist'로 나눌 수 있다. 제프리 삭스 같은 신봉자들은 원조가 도움이 될 수 있다는 사실을 알며 더 많은 원조가 필요하다고 주장한다. 신봉자들은 《빈곤의 종말 — 어떻게 하면 우리 생애에 빈곤을 끝낼 수 있을까?The End of Poverty: How We Can Make It Happen in Our Lifetimes》 같은 책을 출간한다. 윌리엄 이스털리William Easterly 같은 불신자들은 전통적인 원조가 대부분 낭비거나 해롭다는 사실을 안다고 주장한다. 불신자들은 《백인의 짐 — 왜 서구의 비서구 원조는 실패만 낳고 성공은 거두지 못할까The White Man's Burden: Why the West's Efforts to Aid the Rest Have Done So Much Ill and So Little Good》 같은 책을 펴낸다.[17] 수십 년 간의 원조에 관한 문헌은 신봉자와 불신자의 분열이라는 특징을 갖는데, 공적 원조와 비정부 기구 사업, 인도주의 원조와 발전 원조에 모두 관련해서 찾아볼 수 있다.

전문가들 사이에 원조의 효과를 둘러싸고 견해차가 생기는 일차적인 원인은 원조 노력이 진행되는 맥락이 대단히 복잡하다는 사실이다. 앞으로 살펴보겠지만, 원조를 받는 지역의 정치, 사회, 경제 체제는 대단히 복잡하다. 각각의 맥락은 차원에서 서로 다르며, 각기 다른 외부 요인에 영향을 받는다. 극심한 빈곤이 자리한 지역은 종종 선진국의 지역하고 아주 다르다(이를테면 이런 지역은 민주주의가 부족하고 혼란이 심하다). 이런 지역들에는 항상 각기 다른 의제를 상이한 역량으로 추구하는 여러 행위자가 있다. 이런 지역에서는 강력한 행위자가 스스로에게 이익이 되는 방식으로 원조 사업에 영향력을 행사하는데, 이런 점 때문에 원조 노력이 성공하기 어려워진다.

게다가 가난한 나라에서 특정한 개입이 낳은 성과에 관한 기본 데이터를 수집하는 방식에는 종종 커다란 한계가 있다. 그리고 원조는 이 체제에서 작동하는 여러 요인 중 하나일 뿐이기 때문에, 이런 데이터를 바탕으로 원조가 다른 요인들이 발휘하는 영향에 어떤 특정한 효과를 미치는지를 알아내기는 쉽지 않다. 이런 복잡한 문제 때문에 선의로 무장하고 지성과 정보를 갖춘 사람들이 원조에 관한 주요한 경험적 질문('X라는 행동을 할 때 어떤 결과가 나오는가?')을 평가하는 데서 크게 의견이 갈리게 된다.

다음 절에서는 원조가 제공되는 맥락의 복잡성 때문에 원조 기관에 제기되는 과제 몇 가지를 검토하려 한다. 이 과제들은 주류 원조 문헌에서 널리 논의되고 있으며, 개인이 원조에 기부를 하거나 캠페인에 참여할 때 사람들이 합리적으로 믿고 (기대하는 것)이 실제로 일어날 것인가의 문제에 직접 관련된다.

원조의 과제에 관한 논의는 보통 원조 비판론자들이 시작하기 때문에 이 장에서 내가 어떤 견해를 취하는지 분명히 밝히고 강조하려 한다. 내가 요약하는 과제들은 모두 원조 전문가들에게 잘 알려진 것이며, 많은 기관들은 이런 과제들을 극복하려고 커다란 노력을 기울인다. 이 과제들은 모두 원조 분야 종사자들에게는 '오래된 뉴스old news'다. 이 장에서는 원조의 효과를 둘러싼 신봉자나 불신자의 견해 중 어느 쪽도 취하지 않을 생각이다. 이 과제들을 정리한 뒤, **어떤 유형의 원조든 피해보다는 도움이 되는지, 아니면 도움보다는 피해가 되는지에 관해 전반적인 평가를 내리지 않을 생각이다. 또한 빈곤 경감을 위한 행동의 어려움을 논의함으로써 그런 행동을 하려는 개인을 단념시키는 것을 목적하지 않는다.** 그보다는 (피터 싱어의 정신을 이어받아) 우리의 현실을 규정하는 사실들을 잘 이해할 수 있도록 정리해서 개인들이 자기가 무엇을 해야 하는지를 스스로 결정할 수 있게 하려 한다.

마지막으로 한마디 덧붙이면, 나는 원조에 관여하는 대부분의 개인들이 가난한 사람들을 위해 더 나은 세계를 만들려 한다고 가정한다. 우리는 원조 산업에서 통상적인 범위의 인간적 동기를 발견하지만, 원조 공무원들 그리고 무엇보다도 원조 활동가들은 극심한 빈곤을 경감하는 문제에 관해 대부분의 사람들보다 더 관심이 많다. 이 분야에 종사하는 활동가들은 또한 진짜 곤경을 겪으면서 놀라운 용기를 보여준다. 그러나 여기에서 중요한 것은 선의가 아니다. '기부자의 질문'은 (선의의) 효과에 관한 것이다.

## 원조의 난관들

부유한 개인들과 극빈 상태에서 사는 사람들 사이에는 아주 복잡한 인과관계가 있다. 이런 복잡성 중 일부는 부자와 빈자 사이의 중재자인 정부 기관과 비정부 기구의 내적 구조 안에 자리한다. 복잡성의 대부분은 가난한 사람들이 사는 정치적, 경제적, 사회적 맥락 안에, 즉 가난한 나라들 안에 존재하는데, 동시에 이들은 외부 세계와 상호 작용도 하고 있다. 가난한 나라에 사는 사람들의 운명을 규정하는 요인들은 선진국의 요인들만큼 많고 서로 얽혀 있다. 이런 요인들 중 일부는 익숙하고 일부는 아주 다르다.

이런 인과적 복잡성 때문에 원조 계획의 성공에 대한 많은 난관이 생겨난다. 다음 절들에서는 일곱 개의 표제 아래 일부 난관들을 모아놓았다. 이 목록은 완전하지 않으며, 또한 이 난관들이 극복하기 힘든 것도 전혀 아니다. 원조 사업에 종사하는 모든 이들은 이 난관들을 알고 있으며, 많은 정부와 기관은 극복하려 노력한다. 그렇지만 이 난관들은 여전히 심각하게 남아 있다. 인도주의 원조 기관과 발전 원조 기관, 정부와 비정부 기구 모두 직면하고 있다.

지진이나 기근 같은 인도주의 비상 상황이 벌어지면 빠른 시간 안에 효과적인 원조를 제공해야 한다. 대체로 많은 정부 기관과 비정부 기관이 원조 제공을 서두르면서 이 노력들이 서로 중복되거나, 부적절하든지 기준에 못 미치는 원조를 제공하거나, 원조가 필요 없는 이들을 대상으로 삼거나, 원조가 필요한 이들 사이에 원조 제공의 격차가 생기는 등 여러 가지 위험이 커진다. 2004년 아시아 쓰나미 사태 같은 몇몇 비상 상황에서 공여자들은 효과적으로 소화할 수 있는 액수보다 많은 돈을 제공했다. 반면 다른 대부분의 비상 상황에서는 원조 자금이 충분하지 못하다.

개발 원조의 경우에는 당면한 긴급성보다는 원조 노력의 장기적 지속이 관건이다. 이를테면 기생충에 감염된 아이에게 구충제를 먹이면 기생충이 사라진다. 그렇지만 구충제만 주고 끝나면 아이는 몇 달 안에 다시 기생충에 감염될 가능성이 크다. 여느 성공적인 빈곤 경감 프로그램들처럼 기생충 박멸도 장기적 노력이 필요하다. 십이지장충병, 말라리아, 에이치아이브이/에이즈 같은 주요한 공중 보건 문제의 경우에 상당한 진전을 가져오려면 10~15년이 합당한 기간이다. 수혜국 주민들이 멀리 떨어져 있거나 이동이 잦다면 장기적인 노력이 그만큼 더 어려워진다.

게다가 장기 사업이 지속되는 동안 주변 상황의 변화가 예상되기도 한다. 사업 관리자들은 경제 변화나 환경 변화, 현지 정부의 새로운 지침, 사업 자원을 차지하려 새로운 행위자, 수혜자들 사이에 사업과 직원들에 대한 태도가 달라지는 것 등에 직면하리라고 예상할 것이다. 원조 사업이 재정적 도전에 직면하는 상황도 드문 일은 아니다. 이를테면 비정부 기구의 자금 모집 담당자가 사업 실행 단계 동안 자원을 제공하겠다는 약속을 이행하지 못하면 이런 상황이 생긴다.

비정부 기구는 관리와 조정이라는 독특한 난관에도 직면한다. 대부분의 가난한 나라에서 국가 기관은 매우 허약하거나 아니면 강하고 자기 잇속만 차린다. 실제로 대부분의 가난한 나라에서 빈곤층이 가난한 이유 중 하나는 정치 기구가 비효율적이거나, 부패하거나, 독재적이거나, 아예 존재하지 않는다는 사실이다. 비정부 기구는 특히 보건부나 교육부 같은 정부 부처가 기능을 다하지 못한다는 사실을 알기 때문에 빈곤을 경감하려는 노력에 가세한다. 인도주의 원조와 발전 원조에서 모두 비정부 기구는 '자유롭게 움직이는' 기관이며, 이 기구의 대표와 관리자, 최전선의 활동가들은 각국 정부가 할 수 없거나 하지 않으려 하는 임무를 떠맡는다.

원조 비정부 기구는 자유롭게 움직이기 때문에 각 기구는 그것 자체가 자족적이고 자립적인 '소규모 정부 부처'다. 어떤 기구는 모자 보건이나 환경 같은 단일 쟁점에 초점을 맞춘다. 다른 기구들은 교회를 기반으로 하며, 원조 활동을 선교와 결합하는 것을 사명으로 삼을 수도 있다. 많은 비정부 기구는 현장 활동가를 채용하는데, 이 활동가들은 대부분 젊은 단기 직원으로 자기가 일하게 될 지역에서 일한 경험이 없다. 많은 원조 기관은 외부에서 한 나라로 들어가는데, 파견단과 관리 직원은 이 나라에서 말 그대로 외국인이다. 이 때문에 비정부 기구는 자기들이 만든 프로그램을 정부 부처와 수혜 주민, 현지에서 활동하는 그 나라의 다른 비정부 기구들하고 통합하는 데 어려움을 겪을 수 있다. 조정 메커니즘이 부재하기 때문에 서로 다른 비정부 기구들 사이에, 비정부 기구들과 현지 주민들 사이에 의사소통 장애가 생기고 추구하는 목표가 엇갈린다. 이런 위험은 언제나 도사리고 있다. 공적 원조 기관들처럼 몇몇 원조 기구는 또한 어떤 지역이나 문제에 '깃발을 꽂'고 원조 제공에 관련해 다른 기관들을 상대로 경쟁하려 하는 경향이 있다.

공적 원조의 경우에도 다수의 공여자와 부처가 조정을 하지 못할 때 자원 낭비와 지원 격차, 정책 충돌 등이 발생할 가능성이 상당히 많다. 유엔개발계획UNDP이 보고서에서 지적하듯이 한때 탄자니아에서는 40개에 이르는 공여자가 2000개의 각기 다른 원조 사업을 진행했다.[18] 이 사업들을 포괄적인 하나의 빈곤 전략으로 결합시키는 작업을 어떤 기관이 나서서 떠맡는다 할지라도 엄청난 일이 될 것이다. 공적 공여자들은 종종 수혜국 정부에 너무 많은 보고서를 요구해서 공무원들이 프로그램 실행 업무에 전념하지 못하게 만든다. 공적 공여자들은 또한 종종 약속한 원조를 제공하지 않으며, 다른 공적 공여자들은 이런 자금 손실을 메울 필요성을 느끼지 않는다. 이렇게 제대로 조정이 되지 않기 때문에 빈국의 관료 기구가 순조롭게 운영되는 경우에도 계획 수립이 쉽지 않다.[19]

### 참여

개발 계획을 세울 때 대부분의 기획자들은 다음의 딜레마에 직면하게 된다. 사업 성공을 위한 현지인의 참여를 끌어내려면 현지의 기술과 관습에 수용적이어야 하는데, 많은 프로젝트들이 하려는 일이 참여자들의 생산, 정치, 재생산 관행을 변화시키는 것이다. 아시아와 아프리카의 곳곳에는 개발 원조가 진행된 초창기부터 현지 주민들의 기술이나 관습에 맞지 않아서 만들기만 하고 방치된 기반 시설 사업이 많이 있다. 공동체를 재정착시키거나 주변화된 집단에 힘을 불어넣거나 현지 정치를 민주화하기 위해 시작된 사업들은 대개 기성의 관습에 혼란을 일으켜서 애초에 대상으로 삼은 참가자들의 저항을 초래한다. 어떤 사업이 젠더 관계나 성적 관계의 변화(여성의 문자 해독이나 에이즈 예방 사업 등)를 지향하는 경우에 현지의 '(남성의 여성에 대한 관습적) 소유 관계'와 곤란한 충돌이 더욱 심해진다.

공적 공여자들은 민간 기획자들이 지방 차원에서 직면하는 과제하고 동일하게 국가적 차원에서 직면한다. 공적 공여자들은 종종 원조가 효과를 발휘하게 만들려면 해당 국가 정부가 어떤 일을 해야 하는지 자기가 안다고 생각한다. 그렇지만 또한 공적 공여자들은 이런 사업의 효과는 해당 국가가 사업을 '자기 것으로 받아들이는 것'에 달려 있다는 사실을 안다. 과거에 공적 공여자들은 장래의 원조는 현지 정부가 일정한 지침을 실행하는 것을 조건으로 제공하겠다고 밝힘으로써 이 딜레마의 한쪽 뿔을 움켜쥐었다. 그렇지만 현지 정부는 종종 이런 지침을 무시했으며, 그럼에도 추가 원조를 받았기 때문에 조건을 설정하는 방법은 이제 효과를 잃었다.

### 자원 유용

물론 가난한 나라 사람들은 부자 나라 사람들하고 똑같이 합리적이고 도덕적으로 빈틈도 없다. 가난한 나라의 정치 상황이나 경제 상황도 마찬가지로 복잡하다. 두 나라 국민 간 주요한 차이 중 하나는 가난한 나라에서 국가 기관의 효과성이 한참 떨어진다는 점이다. 이런 사실 때문에 원조 자원이 애초에 의도한 수혜자들이 아니라 다른 곳에 유용될 가능성이 커진다.

가난한 나라의 정부 부처를 통해 개발 사업을 시행하는 경우에 국가, 지구, 지방 차원에서 사업 자금과 공급품이 유용될 수 있다. 곧 원조가 부패의 먹잇감이 되고, 원조를 더 많이 할수록 부패를 자극할 수 있다. 우간다 공교육 자금 지원에 관한 한 연구에서 밝혀진 내용에 따르면, 4년이라는 사업 기간 동안 애초에 전달하려 한 지원금의 10퍼센트만 공립 학교에 지급됐다. 나머지는 지방 관리들의 수중에 들어갔다.[20]

원조 비정부 기구는 사업 시행을 위한 허가를 받느라, 또는 지방세를 납부하는 형태로 종종 가난한 나라 정부에 직접 돈을 줘야 한다. 비정부 기구가 가난한 나라 정부에 내는 이런 돈은 독재자의 통치를 지원하거나 관료 집단의 부패를 부추길 수 있다. 비정부 기구는 때로 비자를 받거나 수도에 본부를 유지하기 위해 부패한 관리나 군 지도자에게 돈을 줘야 하며, 어떤 때는 현장에서 사업을 시행하기 위해 범죄자를 돈으로 매수하거나 심지어 고용해야 한다. 이런 지불금으로 부와 정당성을 얻는 집단은 권력을 행사해서 빈곤을 악화시킬 수 있다. 한 나라에서 부당한 권력을 행사하는 이들은 종종 원조 기관을 기꺼이 받아들인다. 원조 기관을 받아들이면 후원 관계patronage를 맺을 기회가 많아지기 때문이다. 그리고 비정부 기구는 정의상 자체의 공식적 권력이 전혀 없기 때문에 정부나 범죄자들을 상대로 교섭하는 능력이 제한된다.

자원을 유용할 위험성은 특히 무력 분쟁 상황에서 뚜렷하다. 인도주의 단체는 궁핍한 사람들에게 접근하기 위해 현지 군대나 민병대에 식량 원조를 맡겨야 할 때도 있다. 전투원들은 자기가 사용하거나 다른 물자(무기 등)하고 교환하기 위해 종종 원조 기관에서 식량이나 담요, 차량을 훔친다. 어떤 지역에 '무상' 식량이나 의료가 있다는 사실은 전투원들에게 싸움을 계속하거나 필요 없는 소수 집단을 이런 서비스가 제공되는 난민 수용소로 몰아낼 동기가 된다. 인도주의 원조가 제공되는 수용소는 또한 그곳 자체가 질병이 전염되는 장소가 되거나 (르완다 종족 말살 때처럼) 난민-병사들이 다시 집단을 형성하고 추가 공격을 개시하기 위한 준비로 신병을 충원하는 안식처가 될 수 있다.

자원 유용의 위험성은 이른바 정치경제학의 철칙을 보여준다. 자원은 더 많은 권력을 가진 이들에게 흘러가는 경향이 있다. 또는 거꾸로 말하면 사람들은 권력이 없을수록 자원을 손에 넣기가 어려워진다. 더 부유하고, 강하고, 건강하고, 무장이 잘 돼 있고, 잘 먹고, 교육을 많이 받고, 상황이 유리한 곳에 사는 사람일수록 자원의 흐름에서 이익을 챙길 가능성이 크다.

### 경제 효과

싱어가 이야기하는 종류의 기근은 흉년 같은 '자연적인' 사건보다는 정치 기구와 경제 기구의 붕괴 때문에 야기된다. 아마르티아 센Amartya Sen이 말한 것처럼, 좋은 정부에게 기근은 사실 '너무 막기 쉬운 일'이어서 기근이 발생하게 만드는 게 오히려 놀라운 일이다."[21]

　외부에서 유입되는 자원이 의도한 효과를 발휘하지 못하는 이유는 기근이 정부 제도의 실패라는 맥락에서 발생하기 때문이다. 이를테면 에티오피아는 1980년대 중반에 기근이 발생한 뒤 10년 동안 매년 상당량의 식량 원조를 받았다. 정상 상태에서 전체 식량 생산의 10퍼센트에 해당하는 양이었다. 이 시기 동안, 그리고 에티오피아 국내에 전체 국민의 영양 섭취 요구량을 충족시키기에 충분한 식량이 있었는데도 전체의 절반 가까운 가구가 여전히 식량 불안정 상태였다. 많은 식량이 구호 사업을 거쳐 분배됐지만, 궁핍한 사람들 손에 쥐어진 식량은 상대적으로 적었다. 부유한 지역이 아주 가난한 지역하고 똑같은 양의 수입 식량을 받았고, 평균적으로 식량이 불안정한 가구의 23퍼센트는 식량을 전혀 받지 못했다. 게다가 식량이 불안정한 가구에 분배된 식량은 대부분 결국 현지 시장에 다시 팔려서 식량 가격이 떨어지고 국내 생산 유인이 감소했다. 그 결과 식량 불안정이 고조되고, 다음 해에 다시 식량 원조 캠페인을 벌여야 했다.

　원조는 또한 경제에도 역효과를 미칠 수 있다. 원조 자금은 대체 가능하며, 공적 원조 흐름에서 풀려난 돈은 현지 정부가 다른 용도로 쓸 수 있다. 이를테면 수혜국 정부는 원조 자금을 군사력 증강에 전용할 수 있다. 원조 자금이 경제에 유입되면 기초재의 가격 인플레이션이 커지거나 현지 통화의 환율이 인상돼 수출 산업이 어려움을 겪을 수 있다('네덜란드 병'). 부자 나라들이 보내는 (헌옷 같은) 현물 기부는 (의류업 같은) 국내 제조업을 망하게 할 수 있다. 그런데 이런 제조업은 가난한 나라들이 빈곤에서 벗어날 수 있는 전통적인 경로 중 하나다. 보건 등의 분야에서 젊은이를 훈련시키는 데 투자하는 경우에, 그 나라에 충분한 일자리가 없거나 다른 나라에 있는 일자리가 보수가 더 좋으면 역효과가 생길 수 있다('두뇌 유출'을 자극한다).

　또한 원조 사업이 국가 내 다른 영역에서 더 생산적으로 기술을 사용할 수 있는 사람을 흡수해 가기도 한다. 케냐에서 세계은행이 진행한 농업 지원 사업은 케냐 정부 소속 고위 경제학자보다 12~24배 많은 급여를 직원들에게 지급했다.[22] 코소보에서는 해외 원조 기관들이 많은 현지 교사와 행정관리들을 통역자와 운전사로 고용했다(코소보에는 원조 기관이 워낙 많아서 주택 가격이 현지인들이 감당하기 힘든 수준으로 올랐다).

### 종합적 효과

마지막 사례에서 알 수 있듯이, 때로 원조는 같은 장소에서 동시에 진행되는 여러 사업 계획들이 **결합**되면서 의도하지 않은 부작용을 낳는다. 원조 사업은 심지어 인도주의 지원과 발전 지원의 구분선을 넘나들며 각자의 효과에 서로 방해할 수 있다. 이를테면 목축민들에게 무상 인도주의 구호 원조를 제공하면, 이 사람들이 자급자족을 향상시키려는 목적으로 발전 사업을 진행하는 전통이 깃든 땅으로 돌아가는 대신 원조 보호소에 남고 싶은 생각이 들 수 있다.

다른 의도하지 않은 부작용은 앞에서 설명한 관리의 난관과 비슷하다. 한 연구는 이렇게 보고한다. "전형적인 아프리카 나라에서는 30개 정도의 공적 공여자와 수십 개의 국제 비정부 기구가 1000여 개 지역 사업과 해외에서 온 전문가 수백 명에게 원조를 제공한다. …… 전체 원조 수준이 높아지고 분산된 공여자 수가 많아질수록 원조 수혜국 정부에서 관료 집단의 질이 나빠지기 쉽다."[23] 공여자들과 비정부 기구들은 종종 사업 계획이 종합적으로 수혜국 정부의 효율성과 사업의 질에 어떤 영향을 미치는지 고려하는 일보다는 '돈을 가져오고' 사업을 개시하는 데 더 관심이 많다.

### 거버넌스 약화와 의존

원조 사업에 관한 장기적 관점에서의 염려는 이런 계획 때문에 개발도상국 정부와 시민 사이의 연결 고리가 약해질 수 있다는 점이다. 이 염려는 특히 공여자들이 정부를 무시하고 시민들에게 직접 '서비스'를 제공하는 경우에 두드러진다. 해당 정부의 관점에서 보면, 외국에서 자금을 받는 비정부 기구들이 극빈층을 보호하기 위해 개입한다는 사실로 인해 정책 결정에서 극빈층을 무시하기가 더 쉬워진다. 한편 시민의 관점에서 보면, 자기에게 기초 서비스를 제공하는 창구가 국가 정부나 지방 정부가 아니라 비정부 기구일 때 정부에게 투명성과 책임성, 민주주의를 증대하라고 압박할 이유가 줄어든다. 이런 염려는 비정부 기구들이 해외에서 자금을 받아 기초 서비스의 상당한 부분을 책임지는 수십 개 나라에서 특히 심각하다.

공적 원조가 관리들의 개인적 부패와 관련된다는 이야기는 원조 산업에서 널리 회자된다. 관리들이 정치적 지지를 받을 수 있을 때만 시민들에게 원조 자금을 제공한다는 점도 염려의 대상이다. 공적 원조는 한 나라에서 지대 추구 문화※를 조성할 수 있다. 즉 재화나 서비스를 생산하는 노력이 아니라 장관을 만나 친구가 되거나 돈벌이가 좋은 공직을 확보해 개인적 사업을 추구하는 기반으로 삼는 쪽이 성공으로 나아가는 길이라고 생각하는 것이다.

거버넌스에 관한 기본적인 염려는 공적 원조와 비공식 원조 때문에 정부와 시민 사이의 사회 계약이 깨질 수 있다는 점이다. 정부와 시민이 모두 외국인들에게 더 의존하게 된다. 예산의 많은 부분을 해외 공여자에게서 받는 정부는 대중의 지지를 유지하는 일보다는 이 공여자들을 만족시키는 일에 더 관심을 갖게 된다. 해외 비정부 기구에 의존하는 시민들은 자기하고 관계가 별로 없고 제구실도 하지 못한다고 생각하는 정부에 영향을 미치려는 노력에 관심을 기울이지 않는다.

※ 지대 추구는 기존의 부에서 자신의 몫을 늘리는 방법을 찾으면서도 새로운 부를 창출하지는 않는 활동을 말한다. 지대 추구 활동에 의해 고르지 못한 자원 분배, 실질적 부 감소, 정부 세입 감소, 소득 불균형의 심화, (잠재적) 국가 악화 등의 현상이 일어날 수 있으며, 이에 대한 결과로 경기 효율이 떨어진다.

## 사회문화적 영향

사회문화적 영향에 관련된 마지막 난관들은 전문 원조 문헌과 원조 활동가들 사이에서 종종 논의된다. 여기서는 통계적 측면보다는 인간적 측면에서의 염려로 표현되는 경향이 있다. 잠재적 문제들이 과학적으로 계량하기 어렵기 때문이다.

원조 기관들은 수혜국에서 함께 일할 사람들을 선별해야 한다. 원조 기관의 선택을 받은 사람들은 누구든 간에 흔히 그 결과에 따라 자원과 기회, 그리고 무엇보다도 정당성을 획득한다. 부유한 외국 정부들이 어떤 지도자들하고 함께 일을 할 때, 이 지도자들은 대중에게서 정당성을 얻는다. 비정부 기구가 마을 노인들하고 함께 일을 하기로 하면, 이 노인들(대개 가장 보수적인 공동체 성원이다)은 권력을 획득한다.

마찬가지로 원조 기관이 한 지역에 들어가서 지역 성원 여부, 인종, 종족, 빈곤 등을 기준으로 수혜자를 분류하는 경우에 사람들 사이에 각 집단을 대상으로 한 일체감이나 적대감이 커지면서 집단들 사이에 긴장이 높아지기 쉽다.[24] 통역자를 고용하는 일도 의도하지 않은 효과를 미칠 수 있다. 기관이 고용하는 현지인은 보통 외국어 구사 능력 때문에 현지 엘리트 집단의 특권적인 성원인 경우가 많기 때문이다. 요컨대 원조는 가난한 나라에서 부와 권력의 불평등을 확대하고 기성의 경쟁 관계를 악화시킬 수 있다.

마지막으로 부유한 외국인들이 가난한 공동체에서 사업을 운영하는 경우에 사회문화적 역효과가 발생할 가능성이 있다.[25] 현장의 원조 활동가들이 자기들 재산을 지키려고 무장 경비원을 고용하는 경우에 행복한 삶을 위해서는 총이 필요하다는 암묵적인 메시지가 전달될 수 있다. 선의를 품은 원조 활동가들조차 생색내는 태도 없이 신뢰성을 지니고 가난한 사람들을 만나 대화를 하기가 어려워진다. 그리고 가난한 사람들 처지에서는 부유한 외국인들이 자기와 자기 가족은 절대 얻을 수 없는 생활 방식(값비싼 자동차, 여가 생활과 좋은 음식, 해외여행)을 유지하는 모습을 보면서 매일 좌절감을 느끼게 마련이다. 이런 식의 염려를 이해하는 최선의 방법은 당신이 사는 공동체가 당신과 이웃들보다 훨씬 부유한 외국인들이 운영하는 원조 사업의 대상이 된다고 상상해보면 된다.


## 복잡성이 낳는 두 가지 결과

이 모든 난관들은 원조 전문가들이 오래전부터 알고 있던 사실이며, 훌륭한 원조 공여자(스칸디나비아 국가 정부 등)와 비정부 기구(옥스팜과 케어 등)는 이런 문제를 피하기 위해 합심하여 노력을 기울인다. 이를테면 훌륭한 비정부 기구는 정부 부처와 정기적으로 접촉하는 직원을 상주시킨다. 훌륭한 원조 기관은 관리직과 현장직에 경험 많은 현지 활동가들을 고용하고, 현지 공동체하고 협력해서 진정으로 필요한 것이 무엇이고 현지의 사회 체제가 어떻게 작동하는지를 파악하려 노력한다. 훌륭한 기관은 또한 공식적이거나 비공식적인 메커니즘을 활용해 같은 지역에서 활동하는 다른 주요 기관들을 접촉한 뒤 일부라도 사업을 조정한다. 그런데도 시간과 관리와 조정, 참여, 자원 유용, 경제 효과, 종합 효과, 거버넌스 약화와 의존, 사회문화적 영향 등 이 모든 난관은 여전히 중대하고, 원조 분야에서 일하는 어떤 사람이라도 이 모든 어려움이 묘사되는 사연을 가지고 있다.

난관들을 정리하는 것은 어떤 종류의 원조에서 피해보다 이익이 큰지 그 반대인지에 대한 전반적인 평가를 내리기 위해서는 **아니다**. 유일한 목적은 부유한 개인들과 극빈 상태에서 사는 사람들 사이의 대단히 복잡한 인과 관계를 부각하려는 것이다. 인과적 복잡성에 관한 이런 사실들에서 두 가지 일반적인 결론이 나온다.

*1. 어떤 원조는, 전반적으로 보면 유익한 경우에도(곧 전반적으로 피해보다 도움이 되는 경우에도), 다른 나라에 사는 몇몇 사람들을 전보다 더 형편이 나쁘게 만들 수 있다.*

난관들에 관한 검토를 통해 이런 결론이 나온다. 가난하게 사는 한 개인의 관점에서 보면, 특정한 원조 노력은 도움이 되기보다는 피해를 줄 수 있다. 원조는 그 사람을 지배하는 권력을 가진 독재자, 부패한 관료, 군벌, 군인, 범죄자 등에게 힘을 줄 수 있다. 인도주의적 구호 노력은 그 사람을 자급자족하는 생활에서 멀어지게 할 수 있으며, 개발 사업은 일자리를 구하는 데 도움이 되지 않는 기술을 배우게 만들 수 있다. 원조는 전반적으로 인플레이션을 높이거나, 고용을 축소하거나, 공공 서비스 공급을 약화시킨다. 나라에 원조가 유입되면 필요한 정치 개혁이 지체되고, 정부와 시민 모두 상대방보다 외국인들에게 더 반응을 보일 수 있다. 원조는 경제 불평등이나 종족 간 적대에 불을 붙여 개인에게 해를 주거나 자존감을 손상시키기 쉽다. 그밖에도 역효과가 많이 있다. 한 나라를 대상으로 하는 원조 사업이나 공적 원조가 도움이 된다고 가정하더라도 적어도 몇몇 사람들은 그전에 비해 형편이 나빠질 수 있다.

*2. 부유한 개인들은 자기가 내거나 참여하는 원조 기부금이나 캠페인 활동이 전반적으로 어떤 효과를 미치는지에 관해 믿을 만한 추산을 하기가 매우 어렵다.*

'기부자의 질문'은 다음 같다. 내가 원조에 제공할 수 있는 돈이나 원조를 위한 캠페인에 할애할 수 있는 시간은 다른 나라 사람들의 장기적 안녕에 어떤 식으로 영향을 미치는가? 앞의 경우처럼 이런 질문에 관해 우리는 정보에 근거한 합리적인 추정치에 만족해야 한다. 그렇지만 기부자와 수혜자

사이의 인과관계가 복잡하기 때문에 이런 판단을 내리기가 매우 어렵다.

## 평가와 점검 메커니즘

우리는 해외 원조의 복잡한 문제에 관한 개관을 거의 마무리했다. 그렇지만 원조에 대해 너무 높은 인식론적 장애물을 세운 듯하다. 어쨌든 많은 부유한 개인들은 홈리스를 지원하는 자선 사업 같은 국내(부자 나라) 단체에 기부하는 데 확신을 느낀다. 그리고 많은 이들은 자기가 자국 정부에 내는 세금의 일부는 자국 내부의 가난한 사람들을 돕는 데 쓰일 것이라고 확신한다. 개인들이 부자 나라인 국내의 '원조 노력'에 확신을 느낀다면, 해외에서 진행되는 원조 노력에 관해서도 마찬가지로 확신을 갖지 않을까?

여기서 제시한 일곱 가지 난관이 부자 나라 내부의 '원조'에도 어느 정도 적용되는지에 관한 평가는 사람마다 다르다(이를테면 보수주의자는 '복지 의존'을 걱정하는 반면, 자유주의자는 '자선의 (수혜자에 대한) 낙인'을 염려한다). 이 문제들을 어떻게 평가하든 간에, 선진국에 사는 개인들은 본인의 인식론적 상황이 국내의 행동보다는 해외의 행동에 관련해서 더 좋지 않다는 사실을 받아들여야 한다. 개인들로서는 국내의 원조보다 해외의 원조에 관해 정보에 입각한 합리적인 견해를 갖기가 훨씬 어렵다.

이는 앞서 검토한 내용으로 볼 때 어느 정도 분명하다. 국내의 경우와 달리, 해외 원조에서는 아주 유력한 외국인들이 가난한 나라에 들어가서 빈곤층을 상대로 직접 행동을 하거나 생활 방식을 바꾸게 만든다. 그리고 가난한 나라의 제도는 대개 부자 나라의 제도보다 훨씬 열악하다. 경제는 더 허약하고, 정치 상황은 혼란스럽거나 억압적이고, 또는 혼란스러운 동시에 억압적이다. 해외 원조는 본디 국내 '원조'보다 더 어려우며, 해외 원조가 진행되는 환경은 대부분 성공적인 결과를 만드는 데 도움이 되지 않는다.

개인들이 자국 내 '원조'보다 해외 원조에 관해 확신을 덜 느끼게 되는 큰 이유가 두 가지 더 있다. 첫째, 해외 원조의 효과를 평가하는 전문적 메커니즘이 원조의 전반적 효과에 관한 충분한 정보를 제공하지 못한다는 점이다. 둘째, 해외 원조를 순조롭게 유지하기 위한 수단이 더 적다는 점이다. 이 두 가지는 평가와 점검 메커니즘의 문제다.[26]

### 원조 평가

평가는 그것 자체가 전문 분야로 대학에 교육 과정이 있고, 정부 부처에 부서가 있고, 전문적인 문헌과 국제회의 등도 있다. 미국이나 영국 같은 부유한 나라에서 수행된 정책 개혁과 개별 사업에 관한 평가는 오랜 역사를 지닌, 정교하고 상대적으로 충분한 자원을 갖춘 활동이다. 반면 해외 원조 평가는 예산도 부족하고 아직 초기의 미성숙 단계에 머물러 있다.

해외 원조 사업과 프로그램에 관한 평가는 프로그램의 성패를 판단하기 위한 기본 수단이다. 그러므로 평가는 어느 원조 기관이 효과적이고 어떤 유형의 사업이 어떤 환경에서 효과를 발휘하는지를 알려줄 수 있는 중요한 메커니즘이다. 로버트 캐슨Robert Cassen이 쓴 《원조는 효과를 발휘하는가?Does Aid Work?》[27] 같은 원조의 효과성을 다룬 고전들은 이런 평가에 바탕을 둔다.

원조 평가 분야를 처음 검토하는 이들은 드러나는 사실을 보고 놀랄지 모른다. 원조 평가는 본래 어려운 일이다. 게다가 원조 평가는 거의 진행되지 않고, 되더라도 종종 허술하게 진행되며, 체계적 분석을 거쳐 계획에 피드백되는 경우도 드물다. 더욱이 평가가 완벽하게 성공적이라 할지라도 '기부자의 질문'에 답하는 데는 한계가 있다. 지금은 인도주의 평가에 비해 좀더 정교하고 자원을 갖춘, 사업 차원의 개발 평가에 초점을 맞추려 한다.

개발 사업은 항상 평가하기가 어렵다. 평가자는 해당 개입(에이즈 예방 교육 프로그램이나 소액 대출 사업 등)이 복잡한 환경 속에서 어떤 효과를 발휘했는지를 판단해야 하는데, 개입이 없었다고 가정한 상황과 현재 상황을 대조하는 방식으로 이런 판단을 내릴 수 있을 뿐이다. 다시 말해서 평가자는 '이번에 우리가 X 사업을 했을 때 무슨 일이 일어났는가?'와 '이번에 우리가 X 사업을 하지 않았으면 무슨 일이 있어났을까?' 사이의 차이를 측정하려 노력한다. 드문 경우를 제외하면 언제나 평가자는 뒤의 반反사실적 질문에 답을 찾아야 한다. 이것은 어려운 일이다. 실제 상황에서 관찰된 효과(콘돔 사용 증가, 구매력 감소 등)가 X 사업 때문에 야기됐을 수도 있고, 또는 다른 환경 요인들 때문에 생겼을 수도 있다(이를테면 어느 유명 인사가 에이치아이브이에 감염됐다는 뉴스, 인플레이션 증가). 아니면 X 사업의 효과가 실제로 증폭됐거나 사업 이외의 원인들 때문에 상쇄되는 수준을 넘어섰을 수도 있다. 인과관계를 파악하는 일은 원래 까다롭다. 게다가 몇 가지 문제도 있다.

첫째, 심층적이고 확실한 평가가 좀처럼 수행되지 않는다. 원조 사업과 프로그램 중 아주 일부만 공식적인 평가를 받는다. 배즐 크랙넬Basil Cracknell은 1990년대에 미국, 스웨덴, 영국의 원조 기관들과 세계은행이 평가에 지출한 액수는 전체 예산의 0.05~0.2퍼센트 정도라고 보고한다.[28]

둘째, 진행되는 사업 평가는 대부분 자체 평가로, 사업을 실행한 사람들이 수행한다. 나머지는 사업 실행 기관이 의뢰한 컨설턴트나 정부 부처나 다자간 기구의 평가 부서 직원이 진행한다. 문제는 자체 평가자는 제대로 훈련을 받지 못한 경우가 많고, 전문가들은 종종 사업이 시행되는 나라나 지역에 익숙하지 않다는 점이다. 그렇지만 평가의 질에 관련된 가장 심각한 염려는 평가가 체계적으로 긍정적인 방향으로 편향된다는 점이다. 자체 평가자, 컨설턴트, 정부 부처, 원조 기관 등은 성공 가능성이 높아 보이는 사업을 평가하는 데 관심이 있으며, 다들 좀더 긍정적인 평가가 제출되는 데 관심이 많다.

긍정적인 편향으로 향하는 경향을 견제하는 통제 메커니즘이 거의 없다.

셋째, 평가는 종종 체계적으로 분석되지 않거나 계획에 피드백 되지 않는다. 'X 사업을 할 때 어떤 일이 생기는가?'라는 질문에 답하기 위한 대규모 분석을 하려면 표준화된 변수를 갖춘 개별적 평가들이 필요하다. 여러 평가들에 관한 표준화는 종종 제대로 된 메타 분석을 수행하는 데 충분하지 않다. 대부분의 기관은 자체의 평가에 관한 공식적 메타 분석을 하려는 시도도 하지 않는다. 실제로 극소수 기관만이 향후 사업 계획을 위해 조직 내부에서 체계적으로 평가 정보를 수집하고 배포한다. (외부자에게 체계적으로 평가를 공개하는 일은 훨씬 더 드물다.) 이렇게 분석과 피드백이 부족한 이유를 간단히 설명하자면, 미래의 원조 자금 지출을 결정할 때 대체로 과거의 효과성에 관한 증거를 바탕으로 삼지 않기 때문이다.

현재 진행되는 원조 평가는 대부분 질이 좋지도 않고 제대로 활용되지도 않는다. 이런 상황이 특히 실망스러운 이유는 원조에서는 종종 놀라울 만치 효과를 발휘하지 못하는 것들이 있기 때문이다. 이를테면 케냐에서는 학교 교과서를 더 이해하기 쉬운, 한 장씩 넘기는 차트로 교체하려 한 그럴듯한 사업이 있었다.[29] 이 사업에서 나온 평가 데이터를 분석한 한 결과에 따르면, 이 차트 덕에 학생들의 시험 성적이 표준 편차의 20퍼센트 향상됐다. 다음번 분석에서는 겨우 5퍼센트 향상됐다. 그렇지만 사업을 무작위 평가하니(곧 통제 집단하고 비교하니) 시험 성적이 향상했다는 증거가 전혀 없었다. 이 유망한 사업은 효과를 발휘하지 못했지만, 일반적인 평가에서는 효과가 나타났다고 보고했다.

무작위 평가는 중요한 문제이며 평가에 관한 주된 논점으로 이어진다. 무작위 평가는 개발 분야에서 도입되고 있는 주제로서 어떤 효과를 발휘하는지를 판단하는 '황금률'으로 여겨진다. 무작위 평가가 있으면 '이번에 X 사업을 하지 않았으면 무슨 일이 일어났을까?'라는 반사실적 질문에 관한 답을 추측할 필요가 없다. 무작위 평가가 만병통치약은 아니다(비용이 많이 들고, '확대'하기가 어려우며, 아직 특정 유형의 사업을 어떻게 다른 환경으로 이전할 수 있는지를 평가하는 데만 판정 결과를 활용해야 한다). 그렇지만 지금 같은 일반적인 평가 절차보다는 분명히 발전된 형태다.[30]

그렇지만 설령 모든 원조 평가가 무작위 평가 같은 질로 진행됐다고 해도, 그러니까 실제로 시행된 모든 사업이 이런 양질의 평가를 받았다고 해도 그 전체 결과는 공여자들이 알아야 하는 수준에 한참 미치지 못할 것이다. 평가는 기본적으로 **단기적 목표를 충족시키는 데 성공했는지**를 측정하기 때문이다. 평가는 앞에서 제시한 일곱 가지 과제 목록에서 논의된 바와 같은 체계적인 효과를 측정하려는 시도를 거의 하지 않는다. 깨끗한 물 공급 사업에 관한 평가는 일정한 비용으로 새로운 양수기를 설치했다고 결론을 내린다. 말라리아 퇴치 사업에 관한 평가라면 일정한 수의 모기장을 배급했고 그중 일정 비율이 실제 사용될 것이라 예상할 수 있다고 보고할 것이다. 이런 종류의 평가는 이런 정보에 근거해서 사업 성공을 선언한다. 그 원조가 '효과를 발휘'했는지 여부를 선언하는 것이다. 이 사업이 미칠 수 있는 정치적, 경제적, 사회적, 심리적 효과를 설명하는 경우는 거의 없으며, 이런 효과를 측정하기 위해 어떤 시도가 진행되는 경우는 더욱 드물다.

이해할 만한 일이다. 체계적 효과는 단기적 결과보다 측정하기가 훨씬 더 어렵기 때문이다. 그렇지만 체계적 효과에 관한 정보가 없다면, 기부자들은 자기가 던진 질문에 관한 답을 합리적으로 추측할 수 없다. 최선의 사업 평가라 할지라도 특정한 원인-결과 관계를 '특정 부분만 확대해서extreme close-up'으로 보여주는 일일 뿐이다. 기부자는 전체적인 그림을 원하는데 말이다.

원조 효과성에 관한 으뜸가는 전문가로 손꼽히는 리델은 《해외 원조는 실제로 효과를 낳는가?Does Foreign Aid Really Work?》에서 공적 공여자들과 사업 평가에 관해 이렇게 말한다.

증거를 통해 더 큰 목표 달성을 위한 사업의 성공에 관해 무엇을 알 수 있을까? 그 답은 부문 차원이나 경제 전반에서 판단을 내리는 근거로 삼을 수 있는 증거가 거의 없다는 것이다. 수십 년 동안 공여자들은 진행한 사업의 전반적인 성과가 검토가 필요하다고 생각한 적이 없다. 사업이 성공을 거뒀다면 전반적인 성과도 났을 것이라고 그냥 가정했을 뿐이다. 최근에 일부 공여자들은 원조 투입과 전반적인 결과 사이의 체계적인 관계에 대한 시범적인 연구와 평가를 통해 이런 정보 간극을 메우려 노력하고 있다. 그렇지만 특히 부문 차원과 일반적 차원에서 사업과 전반적인 결과의 관계에 관해 일정한 판단을 내리기에는 여전히 증거가 충분하지 않다는 결론이 지배적이다.[31]

그리고 공적 원조에 관한 인식론적 상황이 나쁘다고들 하지만 비정부 기구에 관련된 상황은 더 나쁘다.

특정한 나라들에서 비정부 기구가 진행하는 개발 활동은 전반적으로 어떤 영향을 미치는가? 유감스럽게도 예나 지금이나 비정부 기구의 개발 개입과 활동이 전반적으로 미친 체계적인 영향을 평가하기 위한 데이터와 정보는 거의 없다. 국가 차원과 국가를 넘어선 차원에서 공적 원조가 미친 영향을 분석하기 위해 지출된 돈과 소모된 잉크의 양을 비교하면, 어떤 원조 수혜국에서도 비정부 기구 활동이 전반적으로 미친 영향을 평가하기 위한 엄밀한 시도가 전혀 없었다는 사실은 놀라울 따름이다. 실제로 여러 분야의 다양한 개입들이 만든 총체적인 결과에 대한 이해를 높이기 위해 특정 국가에서 주요 비정부 기구 개입들의 통합적 성과를 집계하려는 노력이 없었다. 심지어 비정부 기구가 서비스 전달에서 중심 역할을 하는 분야에서도 집계된 바가 없다.[32]

## 점검 메커니즘

해외 원조 공여자로서 부유한 개인이 놓인 인식론적 상황은 같은 개인이 이를테면 납세자로서 놓인 상황보다 훨씬 열악하다. 데이터의 질과 유용성, 분석의 질과 체계성은 부자 나라에서 시행되는 사업 계획에서 훨씬 양호하다. 클린턴 시대에 진행된 복지 제공 개혁 같은 미국의 주요한 국내 공공 정책 사업 계획을 예로 들어보자. 이런 사업 계획이 미친 영향에 관한 개별 연구[33]와 종합적 분석[34]의 범위와 깊이는 해외 원조 분야의 그 어떤 사례보다 훨씬 훌륭하다. 부유한 나라들은 (다른 어떤 경우하고 마찬가지로) 분석에 관련해서 자국 안에서 진행되는 일에 훨씬 더 많은 자원을 투입한다.

게다가 공여자들은 해외 원조가 체계적으로 부정적 효과를 미칠 수 있다는 사실을 더 걱정해야 한다. 원조를 순조롭게 진행하는 데 필요한 점검 메커니즘은 대개 부자 나라보다 가난한 나라에서 더 취약하기 때문이다. 부자 나라에서 어떤 정책이나 사업이 아무 효과를 미치지 못하거나 의도하지 않은 역효과를 낸다면, 이것을 탐지하고 변경할 수 있는 여러 메커니즘이 존재한다. 언론 보도, 관료 기구 감사, 학문적 조사, 민주적 투표 등은 선진국에 존재하는 (상대적으로) 효과적인 점검 메커니즘이다. 해외 원조에 관련해서는 이런 메커니즘이 허약하거나 부재하기 쉽다.

원조 비정부 기구에 관한 점검 메커니즘을 사례로 들어보자. 원조 비정부 기구는 영리를 목적으로 운영되지 않기 때문에 기업이 소비자 선택을 받기 위해 좋은 제품을 제공하는 방식으로 좋은 사업 제공의 책임을 지지 않는다. 물론 원조 비정부 기구는 어떤 민주적인 유권자 집단에게도 책임을 지지 않는다. 그리고 관료 기구 감사나 언론의 조사, 학문적 연구처럼 정부 부처를 제약할 수 있는 점검은 사실 원조 비정부 기구에 매우 미약한 교정 압력을 가한다. 먼저 이런 제도는 가난한 나라에서 거의 언제나 허약하다. 게다가 비정부 기구는 (대체로 소규모 지방 사업을 시행하는 방식으로) 가난한 나라에 돈을 가져다주기 때문에 가난한 나라의 정부와 언론은 대체로 비정부 기구가 미치는 영향을 진지하게 조사하지 않는다. 또한 가난한 나라에서 진행하는 개발 사업의 전반적인 성과는 국제 언론이 일반적으로 초점을 맞추는 주제가 아니다. 현재 비정부 기구가 학문 연구 결과를 행동 변화로 옮길 수 있는 경로나 유인은 거의 존재하지 않는다. 원조 비정부 기구를 대상으로 하는 외부 감사는 비정부 기구 사업의 결과는 건드리지 않고 재정 청렴성 같은 기본적 문제만을 다룬다. 그리고 대부분의 원조 기관은 서로 비판하기보다는 '침묵 규약code of silence'을 준수하는 경향이 있다.

점검 메커니즘이 부재하기 때문에 원조 비정부 기구는 거의 전적으로 자기들이 한 개입의 결과에 관해 책임을 지지 않는다. 비정부 기구가 선의로 진행하는 사업이 가난한 사람들을 효과적으로 돕는 데 실패하거나 의도하지 않게 빈곤을 악화시키더라도 이 기구는 보통 행동 방식을 바꾸라는 압력이나 어떤 제재도 받지 않을 것이다. 이런 사실이 특히 유감스러운 이유는 앞서 살펴본 대로 해외 원조의 본성과 가난한 나라의 허약한 제도적 환경 탓에 원조 노력이 궤도를 이탈할 가능성이 크기 때문이다.

앞의 다섯 절을 요약하면, 원조에 대한 조사 연구를 검토한 결과 확인된 두 가지 논점은 이렇다.

*1. 어떤 원조는, **전반적으로 유익한 영향을 미치는 경우에도**(전반적으로 볼 때 피해보다는 도움을 주는 경우에도), 다른 나라에 사는 어떤 사람들에게는 안 좋은 영향을 미친다.*
*2. 부유한 개인들이 자기가 실행하는 원조 기부나 캠페인이 미치는 전반적인 효과를 확실하게 추산하기란 매우 어렵다.*

원조, 원조의 난관, 원조 평가의 결함, 원조 기관에 관한 점검 메커니즘의 부족 등을 둘러싸고 전문가들이 벌이는 논쟁을 감안하면, 부유한 개인들은 원조의 효과에 관련해 신봉자도 아니고 불신자도 아닌 쪽이 합당하다. 좀 더 정직한 태도는 불가지론이다. 이 점을 염두에 두고 싱어와 부유한 개인들이 놓인 상황으로 돌아가보자.

## 싱어의 《물에 빠진 아이 구하기》

### 실증적 주장들

싱어가 2009년에 펴낸 책은 여러 면에서 그전에 진행한 원조에 관한 연구의 연속선 위에 있다. 싱어는 동일한 도덕 원칙(당신이 작은 희생을 치르면서 나쁜 일이 발생하는 것을 막을 수 있다면 그렇게 해야 한다)과 동일한 사례(연못에 빠진 아이 구하기), 동일한 행동 호소(부자는 지금보다 더 많은 액수를 원조 비정부 기구에 내야 한다)에 근거해 주장을 편다.

싱어의 책에서 혁신적인 점은 경험적 전제에 관련된다. 1972년에 발표한 논문에서 싱어는 행동하라는 자기의 호소를 뒷받침하기 위해 '사실에 관한 실질적인 전문 평가'가 필요하지 않다고 말했다. 원조가 효과적이라는 점이 논쟁의 대상이 아니기 때문이었다.[35] 이런 주장에 대조되게 2009년에 싱어는 책 전체의 4분의 1을 '원조에 관한 기본 사실'에 할애하고, '한 생명을 구하는 데 얼마나 많은 비용이 드는가?'라는 질문을 경험적으로 평가하는 데 한 절 전체를 쓴다. 처음 쓴 논문에서는 원조 활동가들에 관해 이렇게 말한다. "우리가 동네에 사는 누군가에게 원조를 줄 수 있는 것처럼 거의 똑같이 효과적으로 벵골의 한 난민에게 우리의 원조를 전달할 수 있다." 반면 책에서는 이렇게 말한다. "절대 빈곤에 놓인 사람의 삶을 구하거나 바꿔놓는 데 얼마가 필요한지 계산하기는 어렵다." "원조의 현실적 결과는 언제나 우리가 생각한 것보다 복잡하기 마련이다."[36]

최근에 싱어가 원조의 인과적 복잡성에 관심을 기울이게 된 변화는 환영할 만한 일이다(물론 빈곤의 도덕적 긴급성에 거듭 관심을 환기하는 것도 반가운 일이다). 그렇지만 부유한 개인들이 처한 인식론적 상황에 관한 이 책의 설명은 그 질이 들쭉날쭉하다. 한편으로 책에서 싱어는 앞의 여러 절에서 검토한 원조 문헌에서 뽑아낸 몇 가지 논점을 다룬다. 이를테면 싱어는 비정부 기구가 홍보하는 '관리에 지출된 예산의 비율' 수치가 유용하지 않고, 가난한 나라에 식량을 수입하는 일은 현지 농업 생산에 피해를 줄 수 있으며, 원조 자금은 '네덜란드 병'을 야기하고 의류나 식품 가공 같은 빈곤 친화 산업의 성장을 가로막을 수 있다고 이야기한다.

다른 한편, 같은 책에서 원조 효과성의 증거로 제시하는 몇몇 이야기는 원조 전문가들에게 익숙한 복잡한 문제를 회피한다. 이를테면 싱어는 자기가 낸 기부금이 어린이들의 생명을 구했다고 믿는 어떤 부자 친구의 이야기를 효과성의 증거로 제시한다. 그리고 옥스팜이 후원하는 인도의 한 사업 현장에 잠깐 들렀을 때 한 원조 수혜자가 건넨 긍정적인 한마디가 '이 사업이 성공했다는 사실을 보여주는 확실한 증거'라고 말한다.[37] 전반적으로 볼 때 이 책은 전문가 문헌, 사업 성공 평가에 관한 '일부분 확대', 비정부 기구 홍보 자료에서 흔히 보이는 '머니샷(감동 사진)' 등의 논점을 섞은 혼합물이다.

부유한 개인들에게 이 책의 주된 관심사는 '기부자의 질문'에 관해 싱어가 내놓는 최종 답변이다. "우리는 자선 단체의 많은 활동이 비용-효과 면에서 탁월하다는 점을 이미 봤다. 그리고 그런 활동을 통해 생명을 구하는 비용을 200달러에서 2000달러 안쪽으로 잡아도 문제가 없다."[38] 여기서 싱어는 부유한 기부자가 원조 비정부 기구에 200~2000달러를 보내면 죽을지도 모를 한 생명을 구할 수 있다고 주장한다. 1997년에 싱어가 추산한 5~50달러보다 (인플레이션 조정을 거쳐) 약 30배 정도 높아진 액수다. 기부자들은 이 수치가 얼마나 유용한지를 알고 싶을 것이다.

싱어가 제시하는 수치의 중요한 원천 하나는 '기브웰GiveWell'이라는 이름을 가진, 뉴욕에 있는 어느 매혹적인 단체에서 내놓았다. 기브웰은 20대 중반의 미국 헤지펀드 매니저 두 사람이 2006년에 만들었다. 두 사람은 자기 소득의 일부를 효과적인 빈곤 경감에 기부하고 싶어했다. 싱어가 들려주는 두 사람의 이야기는 이렇다.

(두 사람은) 표피적이고 진실을 오도할 수 있는 효율성 지표를 …… 넘어서는 질문들에 관련해 자선 단체들이 얼마나 준비가 부족한지 알고 놀랐다. 결국 두 사람은 도저히 이해할 수 없는 사실 하나를 깨달았다. 자기들이 자선 단체에서 원하는 정보를 얻기가 그렇게 힘든 까닭은 자선 단체 자체에 그런 정보가 없기 때문이라는 사실 말이다. 대부분의 경우에 자선 단체든 독립 기관이든 주요 기부자가 기부를 하기 전에 결정의 근거로 삼아야 하는 자료, 곧 두 사람이 일하는 투자 관리 분야에서는 너무나 당연시되는 엄격한 효과성 분석이 진행되지 않았다. 정보가 존재하지 않는다면, 개인 기부자든 대규모 재단이든 자기들이 낸 돈이 낼 효과에 관련해 아무런 예상도 하지 못한 채 거액을 내놓고 있다는 말이다. 어떻게 수천 억 달러나 되는 돈이, 그 돈이 과연 잘 쓰이는지 잘못 쓰이는지 알 수 있는 어떤 단서도 없이 기부금 명목으로 조성되고 있다는 말인가?[39]

앞에서 원조 비정부 기구에 관해 살펴본 사실을 감안할 때, 이 젊은 미국인들이 깨달은 현실은 그다지 놀랍지 않다. 그렇지만 놀랄 만한 사실은 이 헤지펀드 매니저들이 직장을 그만두고 기브웰을 만들기로 결정한 점이다. 기브웰의 설립 취지는 '한 생명을 구하는 데 얼마가 드는가?'에 관한, 입수할 수 있는 최선의 정보를 찾아내 이 정보를 잠재적인 부유한 기부자들에게 전달하는 것이다. 기브웰은 현재 특정한 비정부 기구를 추천하고 한 생명을 구하는 데 얼마가 드는지를 알려주는 수치를 제시하는데, 싱어는 책에서 이 수치에 의존한다.

기브웰이 꼽은 최선의 사례를 자세히 살펴보자. 이곳이 추천하는 원조 사업 계획은 의도하지 않은 효과가 발생할 가능성이 가장 낮은 경우다. 국제인구서비스Population Service International·PSI라는 비정부 기구가 진행하는 이 캠페인은 말라리아 사망자 수를 줄이려는 목적으로 주로 아프리카의 가난한 사람들에게 살충제 처리한 모기장을 판매한다. 기브웰은 기부자들이 국제인구서비스에 내놓는 기부금 623~2367달러 정도로 한 생명을 구할 수 있다고 추산한다. 그리고 820달러를 합리적 추정치로 제시하는데, 싱어는 이 수치들을 그대로 인용한다.[40]

원조의 난관을 잘 아는 이들에게, 기브웰이 사용하는 방법론은 제시된 수치가 왜 '기부자의 질문'에 맞는 합리적인 답을 제시하지 못하는지를 보여주는 사례에 지나지 않는다. 기브웰은 (국제인구서비스가 제공한) 다음의 데이터만을 사용해 수치를 계산했다.

- 배포된 모기장 수
- 모기장이 사용될 확률
- 모기장이 사용되는 경우에 한 생명을 구할 확률
- 사업 예산

이것이 '한 생명을 구하는 비용'의 근거가 되는 모든 정보다. 이런 정보는 '기부자의 질문'에 답하는 데 충분한 걸까? 이를테면 2009년에 당신이 국제인구서비스에 820달러를 기부했다고 가정하자. 당신은 당신이 한 기부의 도덕적으로 두드러진 결과가 기부를 하지 않았더라면 구하지 못했을 한 생명을 구한 것이라고 합리적으로 확신할 수 있을까? 우리는 이 장에서 열거한 원조의 과제 몇 가지만 갖고도 그 답이 분명 '아니오'라는 사실을 보여줄 수 있다. 언제나 그렇듯이 주된 교란 변수는 사실이 아닌 것을 가정하는 것과 의도하지 않은 효과다. 국제인구서비스가 최선의 사례로 제시하는 마다가스카르, 비용–효과 면에서 가장 성공적이라고 주장하는 이 나라를 잠깐 살펴보기만 해도 이 점은 분명히 드러난다.[41]

- 국제인구서비스는 유니세프, 다양한 적십자 소속 단체, 마다가스카르 보건부 등 마다가스카르에서 모기장을 배포하는 몇몇 조직 중 하나다.[42] 이런 노력에 투입되는 돈은 대부분 에이즈·결핵·말라리아 퇴치를 위한 글로벌펀드(글로벌펀드)Global Fund to Fight AIDS, Tuberculosis, and Malaria, 세계은행, 미국 국제개발처 등 공적 원천에서 나온다. 이렇게 행위자들이 다수기 때문에 첫째 사실과 다른 가정이 제기된다. 만약 국제인구서비스가 당신이 낸 기부금으로 산 모기장을 배포하지 않았다 할지라도, 다른 원조 기관이 어쨌든 그 모기장을 배포했을까? 그리고 당신의 개인적 기부가 없었다면 글로벌펀드나 세계은행이 그 부족액을 메웠을까? (그렇게 메워진 돈이 글로벌펀드의 다른 사업들에서 나온 것이라면, **그 사업들은** 어떤 다른 영향을 낳았을까? 또는 글로벌펀드의 기부자들은 당신이 내지 않은 돈을 메우기 위해 전반적으로 더 많은 기부를 했을까?)
- 국제인구서비스는 '소셜 마케팅' 조직이다. 이 조직은 많은 보조금을 받아 만든 모기장을 무료로 주기보다는 판매한다(다른 비정부 기구나 마다가스카르 보건부도 그렇게 한다). 이 조직은 가난한 이들이 시장에서 모기장을 구매했을 때, 실제 사용 가능성이 더 높다고 생각하기 때문에 유상 판매를 한다. 그렇지만 (싱어가 원조에 관한 긍정적인 연구를 얻기 위해 의존하는 이들을 비롯한) 몇몇 최고 전문가들은 소셜 마케팅에 비판적 태도를 취한다.[43] 게다가 케냐의 소셜 마케팅에 관해 무작위 평가를 진행한 결과 모기장을 판매하면 모기장 구매율이 크게 줄고, 가장 부족한 이들에게 모기장이 전달되지 않으며, 이용도가 높아지지 않는

다는 사실이 드러났다.[44] 2009년에 당신이 국제인구서비스에 기부한 돈은 다른 비정부 기구에 기부한 경우에 견줘 말라리아 퇴치 노력에 방해가 됐을 수 있다.

- 국제인구서비스는 자세한 예산을 발표하지 않는다(주요 원조 비정부 기구들은 대부분 마찬가지다). 그러므로 당신이 국제인구서비스에 기부한 돈을 결국 누가 받는지 알아내기란 불가능하다. 아마 일정한 비율은 가난한 사람들에게 판매하는 모기장을 구입하는 데 쓰였을 것이다. 그렇지만 당신이 기부한 돈의 일정 비율은 또한 마다가스카르 안에서 다른 곳에 쓰였을 수 있다. 2009년 마다가스카르 대통령은 강력한 군부가 묵인하는 와중에 전복됐다. 비판 세력은 대통령이 '대규모 부패, 정실 인사, 공공 자원 관리 부실과 남용' 등을 저질렀다고 비난했다.[45] 당신이 국제인구서비스에 낸 돈의 일부는 마다가스카르의 열악한 거버넌스에 들어가서 관련된 행위자들에게 권력을 줬을 가능성이 있다.

- 마다가스카르 보건부는 2003년 이래 모기장 100만여 개를 무상 배포했다고 보고하는데, 따라서 지금도 모기장을 배포할 능력이 있는 것으로 보인다.[46] 그렇다면 왜 국제인구서비스 같은 외국 비정부 기구들이 마다가스카르에서 모기장을 배포하고 있는지 궁금증이 생길 수 있다. 마다가스카르 정부가 국민들의 기본적인 보건을 확보하는 문제를 전적으로 책임진다면, 사람들은 자국 정부에 더 많은 요구를 할까?

이런 문제들만 봐도 국제인구서비스에 관한 기브웰의 수치는 '기부자의 질문'에 합당한 대답을 제공하지 못한다. 그리고 싱어가 《물에 빠진 아이 구하기》에서 제시한 비용 추산은 이런 약점을 고스란히 이어받는다.

### '싱어 해법'을 위한 시사점

다시 싱어가 원조에 관한 행동을 호소하는 근거로 삼는 원칙을 살펴보자.

_도덕적으로 중요한 희생을 치르지 않고서도 나쁜 일이 벌어지는 상황을 막을 수_
_있다면 우리는 도덕적으로 그렇게 해야 한다._

이 원칙은 우리가 원조에 기여하는 행위에 대해 단 하나의 부정적 효과만
을 부각시킨다. 우리 자신이 '희생할 수 있다', 곧 우리 자신이 가용할 수 있
는 돈이나 시간이 줄어들 수 있다는 점 말이다. 이 원칙은 원조에 내는 기부
금 때문에 또한 몇몇 가난한 사람들이 원래보다 더 형편이 나빠질 수 있는
가능성은 언급하지 않는다.[47] 그렇지만 이 글의 논의에서 지금까지 강조한
대로, 원조 분야에 종사하는 모든 사람은 원조가 도움뿐 아니라 피해도 야
기할 수 있다는 점을 인정한다.

이 점을 부각시켜 살펴보자. 여기서 문제는 우리가 다른 사람들에게 피해
를 줄 위험성을 **싫어하는지** 여부가 아니다. 문제는 싱어의 원칙이 다른 사람
들에게 피해를 줄 위험성의 **존재**를 인정하지 않는다는 것이다. 그리고 위험
성의 존재를 인정하게 되면 도덕적 추론이 바뀌게 된다. 우리가 할 수 있는
일이 남을 도울 뿐 아니라 피해도 줄 수 있을 때, 우리가 도덕적으로 해야 하
는 일에 관한 우리의 판단은 싱어의 원칙에서 묘사된 상황에 비교해서 상당
히 달라진다. 《당신이 구할 수 있는 생명The Life You Can Save》(《물에 빠진 아이 구
하기》의 원제)은 《당신이 구하거나 위험에 빠뜨릴 수 있는 생명들The Lives You
Could Save or Endanger》하고는 다른 책이다.

이를테면 기브웰 웹사이트에서 싱어의 말 같은 구절이 당신의 생각에 어
떤 영향을 미치는지를 생각해보라. 내가 덧붙인 마지막 괄호 속 문장이 있
을 때와 없을 때 어떻게 달라지는지도.

**당신이 내는 돈으로 얻을 수 있는 것.** …… 조직 전반에 걸쳐 우리는 국제인구서
비스가 한 생명을 구하는 데 650~1000달러가 든다고 추산합니다. 이 추정치에

포함되지 않지만 국제인구서비스의 활동은 원하지 않는 임신 예방이나 생명을 위협하지는 않는 말라리아 감염 감소와 같은 이익도 창출합니다.[48] (이 추정치에는 또한 가난한 나라 정부의 부패를 부추기거나 가난한 나라 정부가 자국 시민을 책임지는 유인을 약화시키는 등 국제인구서비스의 활동에 따른 잠재적 위험성도 포함되지 않습니다.)

싱어의 원칙은 도움의 가능성에만 초점을 맞추고 피해 유발의 위험성은 무시하기 때문에 원조에 관해 생각하는 부유한 개인의 추론에 길잡이가 되지 못한다. 싱어의 원칙이 원조는 가난한 이들에게 심각한 부정적 효과를 미칠 위험이 없다고 이야기하는 한, 우리가 사는 세계에 이 원칙을 적용할 수는 없다. 마찬가지로 **당신이 피해를 줄 수 있다**는 사실은 쏙 뺀 채 **도움을 줄 수 있다**고만 말하는 비정부 기구의 기금 마련 호소도 당신이 결정을 내리는 순간의 진짜 현실을 제대로 포착하지 못한다.

당신은 이 점을 스스로 확인할 수 있다. 원조를 전문적으로 연구하는 아무한테나, 이를테면 근처 대학의 발전연구학과에서 일하는 학자에게 연락해서 이런 질문을 던져보라.

- 1972년 이래 싱어가 추천한 어떤 자선 단체에든 실제로 낸 기부금에 관해 이 기부금이 적어도 한 생명을 구하는 결과를 낳았고 자원 유용이나 거버넌스 약화, 사회정치적 영향, 그밖의 체계적 효과를 통해 가난한 사람들의 형편이 더 나빠지는 데 기여하지 않았다고 합리적으로 확신할 수 있는가?
- 지금 당장 우리가 **아무** 액수나 기부할 수 있는 **어떤** 특정한 비정부 기구가 벌이는 활동이 어떤 가난한 사람들의 형편도 나쁘게 만들지 않으면서 다른 가난한 사람들의 생명을 구하는 전반적인 영향을 미칠 것이라고 합당하게 예상할 수 있는가?

많은, 아니 조금이라도, 긍정적인 대답을 얻는다면 놀라운 일일 것이다.

싱어의 원칙은 부유한 개인과 가난한 개인들의 실제 관계를 정확하게 포착하지 못한다. 따라서 이 원칙은 둘 사이의 도덕적 관계를 포착하지 못하며, 행동 호소의 근거가 될 수 없다. 당신은 얕은 연못에 빠진 아이를 구할 수 있다는 사실을 아는 때하고 비슷한 상황에 놓여 있지 않다. 오히려 이런 상황에 더 가깝다. 당신이 낯선 사람에게 돈을 건네면, 그 사람은 다른 사람들이 고용한 다른 낯선 사람들하고 함께 호수에 빠진 아이들을 몇 명 구하려 할지 모른다. 그래서 이 사람들은 난간도 없는 다리에서 군중의 아우성을 헤치고 가야 겨우 호수에 도착할 수 있는 것 같은 모습이다.

### 개인적 행동의 과제들

이 글 첫머리를 장식한 해리 트루먼 대통령의 취임사에서 드러나듯이, 극심한 빈곤이라는 인재(인적 재난)이 부유층이 가진 엄청난 자원에 나란히 비교되면서 여러 해 동안 원조에 관련된 행동을 호소하는 흐름을 촉발했다. 그렇지만 원조가 쉬운 일이라면 극심한 빈곤은 지금쯤 쉽게 끝났을 것이다. 이 장에서 나는 원조의 복잡한 문제 몇 가지와 그 결과로 제기되는 난관들을 논의했다. 책임감을 갖고 개인의 원조 행동을 호소하려면 이런 난관들, 그리고 특히 도덕적으로 두드러지는 두 가지 사실을 인정해야 한다. 원조는 피해를 야기할 수 있다는 사실과 원조의 전반적 효과에 관한 정보의 질이 매우 나쁘다는 사실 말이다.

원조 전문가들이 이런 사실들에 관해 어떤 일을 해야 하는지는 비교적 말하기 쉽다. 원조 전문가들은 피해가 너무 커지지 않게 제한하고 부유한 개인들에게 더 나은 정보를 주기 위해 노력해야 한다. 이를테면 다음 같은 일들을 해야 한다.

첫째, 적어도 원조를 전문적으로 연구하는 (학자 등) 전문가 중 몇몇은 최소한 연구 주제의 일부라도 '기부자의 질문'에 대응하는 더 나은 답을 찾는 데 초점을 맞춰야 한다. 해외의 극심한 빈곤에 적절하게 대응하는 일은 부유한 개인들의 삶에서 커다란 도덕적 과제 중 하나다. 지금까지 원조 전문가들은 그런 개인들을 많이 도와주지 않았다. 현재 '기부자의 질문'에 대응해 부분적인 답이라도 공개적으로 시도하려는 사람들이 원조 분야에서 전문성이 전혀 없는 이들이라는 사실은 매우 부끄러운 일이다. 기브웰을 운영하는 사람들이 바로 그 주인공이다.

둘째, 공적 공여자들은 가난한 나라의 관료 기구에 더 신뢰할 만한 원조 흐름을 보장하고 압박을 완화하기 위해 원조를 조정하는 식으로 부정적 효과의 가능성을 줄여야 한다. 또한 더 많은 양질의 평가, 특히 체계적인 효과를 측정하려고 시도하는 평가에 자원을 지출해야 한다. 그리고 비정부 기구를 대상으로 하는 향후의 자금 할당을 과거의 입증된 성과에 한층 더 밀접하게 연결해야 한다.

셋째, 가난한 나라에 돈을 들여오는 모든 원조 기관은 그 돈이 결국 어디로 가는지에 관해 더 투명하게 공개해야 한다. 이상적으로 보면 장비 절도뿐 아니라 세금, 임대료, 뇌물, 보안 같은 항목별로 지출된 예산을 자세히 밝혀야 한다. 개별 기관이 혼자서만 투명성을 증대하면 자금 모금에서 손해를 보기 때문에 기관들이 협력해서 투명성을 보장하기 위한 확실하고 믿을 만한 행동 규범의 틀을 만들고 실행해야 한다.

이런 개혁 중 일부를 성취하려면 사업 시행에서 자원을 끌어와야 할 테고, 개혁을 전부 성취하더라도 여기서 논의한 원조의 난관들을 모두 극복하는 데 충분하지 않을 것이다. 그렇다 하더라도 원조의 난관들을 체계적으로 해결해가야 하고, 개혁은 원조를 향상시키고 원조의 효과를 이해하는 데 필요하기 때문에 정당한 일이다.

반면 원조의 과제에 관해 부유한 개인들이 어떻게 대응하는 것이 적절한지는 분명하지 않으며, 개인들이 놓인 상황에 따라 달라질 수 있다. 현상황에서 개인들은 '기부자의 질문'에 답하기 위한 합리적인 추산을 찾기 힘들다. 그렇다면 어떻게 해야 할까?

몇몇 개인들은 결과가 확실한 원조 사업을 찾아서 이 사업이 가난한 사람들에게 미치는 전반적인 성과 파악에 노력하는 식으로(이렇게 하려면 현지에서 상당한 시간을 들여야 할 것이다) 자기가 가진 정보의 질을 높이려 할지 모른다. 또 다른 이들은, 개인적이든 여럿이 함께하든 간에, 앞서 설명한 원조 기관 개혁을 성취하도록 장려하려 할 수 있다. 이 두 선택지는 상당한 노력을 필요로 하며 인내심도 요구될 것이다. 확실히 부자 나라에 사는 사람은 누구나 토요일 밤에 외출을 하는 대신 수표에 서명을 하기만 하면 한 생명을 구할 수 있다(그리고 그렇게만 하면 된다)는 싱어의 예전 논문들에 대한 신뢰가 사라진다. 원조를 현실적으로 바라보면 이런 불신은 피할 수 없다.

그렇지만 모든 개인이 지금 당장 할 수 있는 한 가지는 피해와 불확실성에 대한 자신의 태도를 신중하게 생각하는 일이다. 우리는 싱어의 도덕 원칙이 우리가 사는 세계의 현재 상황에는 적용되지 않는다는 사실을 봤다. 그러므로 개인들은 좀더 적절한 길잡이를 제공하는 여러 도덕적 추론 형식 중에서 어느 것에 노력을 기울일지를 스스로 시험해볼 수 있다. 당신은 다음 같은 '전체적 비용-편익'이나 '기대 수익 극대화' 원리를 지지하기를 바라는가?

우리는 **나쁜 일이 일어나지 않도록 막는** 행동의 총이익이 영향을 받는 모든 개인을 고려할 때 그런 행동의 피해보다 더 크다고 **예상되는 한 언제나 그런 행동을 해야 한다.**

이런 총계 원칙들에 관한 관심은 잘 알려져 있다. 그렇지만 이런 식의 원칙을 지지하고 싶지 않다면, 피해와 불확실성의 가능성에 민감한 다른 원칙(아마 일정한 의무론적 원칙)을 선택해야 한다. 빈곤에 맞선 대응 방향을 정하기 위해 어떤 틀을 사용하느냐 하는 문제는 단순한 원칙과 별개로 관심을 끄는 중요한 문제다. 비슷한 판단을 해야 하는 사람들에게 자신들의 철학 기술을 지원할 수 있다.

원조의 어려움에 직면한 부유한 개인들이 하지 말아야 할 일은 두 가지 회피 경로를 택하는 것이다. 첫째 경로는 원조에 관한 사실들을 부정하는 것이다. 많은 부유한 개인들은 자기가 도덕적으로 선량한 사람이라는 데 자부심을 느낀다. 많은 이들, 특히 이미 원조 단체에 기부를 하는 이들은 이런 기부가 도덕적으로 선량한 사람들이 하는 중요한 일이라고 생각한다. 이 사람들은 때로 원조가 낳을 수 있는 피해와 불확실성에 관한 사실이 자기의 자아상에 위협적이라고 생각하며, 눈을 감고 모르는 척한다. 이런 선의의 사람들에게 극심한 빈곤은 당신의 자아상에 대한 문제가 아니라는 점을 친절하게 상기시켜야 한다. 극심한 빈곤은 부유한 사람들이 일정한 자아상을 유지하는 문제보다 도덕적 중요성이 훨씬 더 크다. 극심한 빈곤을 경감하려 노력하는 것은 모든 우리들의 정언 명령이며, 우리는 지금의 세계에 관심을 집중해야 한다.

둘째 회피 경로는 불확실성 앞의 이기심, 또는 '분석의 마비paralysis of analysis'다. 개인들은 원조의 어려움에 어쩔 줄 모르게 되어 원조의 효과는 절대 알 수 없다는 결론을 내리고는 개개인만의 관심사를 추구하는 데 몰두할 수 있다. 그렇지만 이것은 적절한 반응이 아니다.

엄밀히 말해서 싱어의 정신은 옳다. 극심한 빈곤에 대응하는 일은 우리가 그것 대신에 할 수 있는 다른 많은 일보다 더 중요하다. 극심한 빈곤은 막대한 인재(인적 재난)이며, 부유한 개인은 각자 자기가 도울 수 있는 **어떤** 방법을 계속 찾아야 한다. 도움을 주는 방법은 자기가 가진 특별한 기술을 활용하거나, 자기가 속한 공동체의 자원에 의지하거나, 더 많은 좋은 정보를 모아서 공유하거나, 효과를 발휘할 수 있는 새로운 빈곤 경감 전략을 탐구하는 등 여러 가지가 있다. 또한 자기가 가진 돈을 쓰거나 즐길거리를 포기하는 방법도 있다. 극심한 빈곤은 도덕적 재앙이며, 어떤 방식으로든 여기에 맞서려면 우리가 가진 가장 소중한 자원, 곧 우리 삶의 며칠(우리 자신의 시간)을 투여해야 한다.

# 7장

# 윤리도 통역이 되나요?

## 필란트로피를 대할 때 원칙과 힘

알렉스 드 발

현대 필란트로피 사업과 수혜자의 만남은 기묘한 병존을 낳는다. 한 원조 활동가는 이렇게 말한다.

남수단은 지구상에서 가장 풀이 무성한 지역으로 손꼽힌다. 이 나라는 나일 강에서 물을 공급받는 에덴 동산으로 이곳을 찾는 사람들은 무심코 망고 씨를 버리면 하룻밤 새에 과수원이 생길지도 모른다는 느낌을 받는다. 그런데 이상하게도 내가 아프리카에서 처음 마주친 원조 활동은 허큘리스 수송기 한 대가 남수단의 들판에 수수가 든 자루를 비를 뿌리듯 떨어뜨리는 광경이었다. 어린 아이 수십 명이 흰개미집 언덕에 앉아 이 광경을 보면서 분명한 결론을 끌어내고 있었다. 먹을거리는 땅에서 나는 게 아니라 하늘에서 비처럼 내린다는 결론을.[1]

남수단의 다른 어린이들은 백인은 전부 자기 비행기를 갖고 있다거나, 이 묘한 보상금을 따내는 가장 빠른 길은 활주로를 까는 것이라고 생각했다.[2] 인도주의 활동은 의도하지 않은 결과를 낳으며, 마찬가지로 이타주의에서 나온 모든 행동에는 적어도 조금이라도 이기심이 들어 있다는 사실은 흔한 상식이다.[3] 이 글에서 나의 관심은 필란트로피 동기가 어떻게 결과로 바뀌고, 해외의 인도주의 행위자가 선행의 대상에게 어떻게 이해되느냐 하는 두 가지 문제를 윤리가 어떻게 해석하고 있는가이다.

글의 전반부에서는 이런 질문들을 다루기 위한 개념 도구를 개괄적으로 설명하면서 개발 프로그램과 그 선조들, 인도주의 노력에 관한 조사, 인권 단체, 평화 유지 계획 등에 관한 인류학적 연구에 특별히 초점을 맞춘다. 여기서는 아프리카 사례를 다루며, 비교민족지학의 정신에 따라 포괄적이기보다는 예시적인 형태를 띤다.

또한 인류학의 전통에 따라 베버의 이념형을 피하고 인간의 삶과 복지, 권리와 존엄을 향상시키거나 저해하는 현실의 제도와 실천에 초점을 맞춘다. 이상적인 정부 형태가 존재하지 않는 것처럼(그렇지만 민주주의 체제는 가장 덜 나쁜 축에 속한다), 달성해야 하는 완벽한 인도주의 공식이란 존재하지 않는다(그렇지만 오늘날 실제로 존재하는 인도주의는 아주 나쁘지는 않으며 계속 배우는 중이다). 인도주의의 원칙, 제도, 실천은 다른 거버넌스 형식이 그렇듯 지속적으로 도전받고 혁신된다. 권력을 가진 이들은 이런 원칙, 제도, 실천을 자기 편으로 끌어들이거나 조종하려 하는 반면, 권력에 대항하는 사회 집단은 그와 반대로 이끌려고 한다. 정치권력은 결과를 결정하는 주요 행위자다. 그렇지만 원칙 자체와 제도의 규칙은 권력에 대해 중요한 제약이 되며, 때로는 결과를 결정하는 중요하고 자율적인 요인으로 작용할 수 있다.

인도주의자들과 공중 보건 관리들이 말하는 이상적인 상황은 공평함이나 공익량 계산이 지배적이다. 정치적 자유주의와 경제적 자유주의가 시민적 의무감의 뒷받침을 받는 경우에 민간의 필란트로피가 번성한다. 아마르티아 센은 표현과 결사의 자유를 비롯한 자유주의의 정치 원리는 또한 효과적인 공공 정책의 시녀라고 주장했다.[4] 이처럼 여러 윤리적 계산이 조합되는 것이 나쁜 일이 아니다. 앞으로 분명히 밝히겠지만, 나는 본질적으로 해결하기 힘든 원리들의 충돌이 존재하며 인도주의적 결과는 윤리적 주장들의 중용을 통해 성취하는 것이 최선이라고 생각한다. 따라서 서로 다른 윤리들은 다만 관리할 수 있을 뿐이다.

이 글의 후반부에서는 '번역'의 두 가지 의미를 수단의 사례에 적용한다. 이렇게 하는 이유는 내가 이 나라에서 25년 동안 진행된 인도주의 사업에 익숙하기도 하고, 수단이 국제적인 노력의 여러 실험이 잇따라 진행된 현장이기도 하기 때문이다. 난민 구호, 전쟁시 인도주의 활동, 이슬람 필란트로피 사업[5] 등을 통한 개발 원조부터 다르푸르 군사 개입 옹호와 유엔 안전보장이사회의 국제형사재판소 회부에 이르기까지 다양한 국제적 노력이 진행됐다.[6] 수단인들을 '구하기' 위한 외국의 노력이 정신없이 돌아가는 바람에, 이 외부의 노력이 어떻게 수단의 파란만장한 세습 지배 체제에 동원되었는지가 보이지 않게 가려졌다. 이 글은 권리들의 충돌과 국제 규범 발전에 대한 현지의 정치적 제약에 관한 몇 가지 일반적 논평으로 결론을 맺으려 한다.

## 필란트로피 만남의 비교민족지학

인류학자 콘래드 레이닝Conrad Reining[7]은 인류학이 외딴 지방이나 식민지 사람들에게만 초점을 맞추던 데서 벗어나 외국인 행정관도 민족지학의 시선 안에 포함시켜 분석한 첫 인물이다. 그 뒤로 수혜자나 원조 수령자 등 여러 이름으로 불리는 필란트로피 행위자들이 경제 발전, 인도주의 구호, 인권 등을 어떻게 흡수하거나 전복하거나 오역하는지에 관한 연구를 포함해서 개발 인류학의 하위 분과가 속속 등장해 번성했다. 이런 민족지학자에게 인류학이 무엇인지에 관한 엄격한 정의는 이 주제에 대한 가톨릭교도의 접근법보다도 쓸모가 없다. 자기가 바라는 어떤 사회 발전을 장려하겠다는 의도를 갖고 아프리카 사회에 관여하는 일군의 사람들도 마찬가지다. 급여와 개인적 만족 이외에 행위자에게 물질적 이익을 전혀 제공하지 않는다. 이 맥락에 따라 **필란트로피**philanthropy, **인도주의**humanitarianism, **자선**charity 등의 용어는 엄격히 구분되지 않고 혼용된다.

레소토Lesotho에 관한 제임스 퍼거슨James Ferguson의 연구[8]는 이 나라에서 진행된 공공 개발 노력의 계속된 '실패'가 어떻게 정부 관료 집단이 추구하는 목적에 기여했는지에 관한 고전적인 연구다. '개발'은 이제까지 접근이 불가능하던 지역으로 정부 행정의 범위를 확대해줬고, 전에는 사적인 것이거나 공동체나 친족의 권한만 미치는 것이라고 여겨지던 사람들의 삶의 영역에 간섭하는 일을 정당화했다. 이런 문헌이 대개 그렇듯이, 여기에도 미셸 푸코의 저술이 곳곳에 숨어 있다. 국가 정부든 세계은행 같은 다자 기구든 간에 멀리 떨어져 있지만 야망을 가진 기관이 관여하면 지금까지 대개 행정 질서의 통제 밖에 있던 사람들이 측량, 규제, 과세, 성문법 등의 틀 안으로 들어오는 양상이 이어진다. 이런 통찰은 누구보다도 마크 호바트Mark Hobart[9]와 아르투로 에스코바르Arturo Escobar[10]를 시작으로, 개발 관행에 대한 날카로운 일련의 비판에 기름을 부었다. 이런 비판들은 위선의 미덕을 간과하는 경향이 있다. 관료적 통제의 확대는 권력 이전, 그리고 새로운 형태의 부패와 가부장제를 불러오지만, 관료제의 논리는 법과 질서의 원리를 포함하는 자체의 규제 질서를 갖고 있다.

인류학적 생태학이라는 유사한 분야에서도 상당한 반향이 존재한다. 이 분야의 학자들은 이미 공적인 문제 분석과 해법이 어떤 식으로 문제를 해결하기보다는 악화시킬 수 있는지를 확인했다. 감염 매개체 통제[11]와 환경 보호 노력[12] 등이 대표 사례다. 이 문헌들에서 나온 핵심적인 통찰은 토착 생태 지식과 기술을 활용하는 농민, 목축민, 채집인 등이 취약한 생태계를 성공적으로 관리해왔는데 이들은 비옥하고 다양성이 확보된 환경을 보존함과 동시에 본인들의 생계를 지속하는 데에도 상당한 성공을 거두었다.

민족지학과 제도 조사를 결합한 퍼거슨의 연구는 인접한 분야에서 생산적인 모델이라는 점을 스스로 증명했다. 이 중 두드러지는 분야는 인도주의 활동에 관한 비판적 연구다. 영국의 소규모 사회과학자 집단이 구축한 이 분야에는 수재너 데이비스Susanna Davies,[13] 마크 더필드Mark Duffield,[14] 데이비드 킨David Keen,[15] 조 매리지Zoe Marriage,[16] 그리고 내[17]가 속해 있다. 농촌 사람들이 어떻게 고난과 굶주림의 시기에 살아남는 기술을 갖게 됐는지, 그리고 해외 구호 활동가들보다 이 점에서 훨씬 유능한 전문가가 됐는지에 관한 연구에서 출발한 연구는 어떻게 전쟁시의 '복잡한 긴급 상황'에서 구호 노력이 작동하는지에 관한 문제로 관심이 이동했는데, 이런 긴급 상황은 종종 기아와 궁핍을 재생산하는 폭력 구조 자체하고 뒤얽힌다. 프랑스에도 우리와 비슷한 학자 겸 실천가 집단이 있다. 고 프랑수아 장Francois Jean[18]이 속한 이 그룹은 국경없는의사회Médicins Sans Frontières·MSF와 그 설립자들이 개척한 인도주의 행동의 독특한 브랜드와 관련이 있다.

이 저술들에서 핵심적인 윤리적 충격은 개발 비판과 같지만(선한 의도가 의도하지 않은 역효과를 낳을 수 있다), 긴급 상황 개입이 엄청난 규모와 속도로 도움뿐 아니라 피해도 줄 수 있다는 점은 이 비판을 예리하게 만드는 데 기여했다. '피해를 주지 말라'는 의학에서 그렇듯 인도주의에서도 공인된 원칙이다.[19]

그런데 도덕적 염려는 이 학문에 현실적인 날카로움을 제공하기는 했지만(이를테면 언급한 저자들 중 다수는 인도주의 기관에서 활동하거나 르완다나 수단 같은 나라에서 진행된 인도주의 대응 검토에서 두각을 나타냈다), 시야를 협소하게 만들기도 했다. '나는 어떻게 다르게 행동해야 하는가?'라는 활동가 실천가의 질문이 연구자와 저술가의 뇌리를 떠나지 않는다. 이 질문에는 학자가 놓치지 말아야 할 도덕적 손익 계산이 포함되어 있다. 가장 적나라한 것은 얼마나 많은 생명을 구하고 잃었는지에 대한 손익계산일 것이다. 이 학자는 무관심이나 냉소를 키우고, 그 결과 현장에서 일하는 이들이 운영상 저지르는 실수만큼이나 큰, 또는 그것보다 더 큰 태만의 죄에 기여하는 걸까? 비판적 연구 분야는 인도주의적 목적을 위한 군사 개입, 또는 최근 용어로 하면 '보호 책임responsibility to protect'에 대한 논쟁으로 세간의 이목을 끌고 있다. 이런 현실은 인도주의 학문 연구가 대부분 단순한 찬반 논쟁을 벗어나지 못하는 불행한 결과를 낳았고, 결국 구호 개입이 어떤 사회적 결과를 남기는지에 관한 자세한 경험적 연구가 제대로 진행되지 못하게 만들었다.

인도주의 연구는 앞에서 적용했던 지적 방법론을 인권 단체의 기능, 에이치아이브이/에이즈 예방과 치료 프로그램, 지역 평화와 화해 등의 문제에 적용한 결과들로부터 다시 풍부해질 수 있다. 이 문제들이 생소한 탐구 영역이기 때문에 새로운 질문들이 제기된다. 프레드릭 섀퍼Frederic Schaffer는 '민주주의의 번역Democracy in Translation'이라는 인상적인 제목의 연구[20]에서 세네갈 사람들은 민주주의를 시민권과 정치권을 통해 보장되는 경쟁적 정치 체제가 아니라 가산주의 체제 안에서 이익을 공정하게 나누는 방식으로 본다고 결론짓는다. 해리 잉글런드Harri Englund는 말라위에서 인권과 시민사회를 지원하려는 국제적 노력을 서술한 민족지학[21]에서 이런 접근법을 한 단계 더 진전시킨다. 잉글런드는 토착어를 구사하면서 국제적 지원 노력이 실제로 말라위 사람들에게 어떻게 번역되는지를 조사하기 시작한다. 이 주제에 관한 공적 담론은 오로지 영어로 통용되는데, 잉글런드가 치체와어Chichewa※로 이야기하자 말라위 사람들과 외국인 모두가 흥미를 보이며 환영했다.

※ 말라위 전통 언어로 영어하고 함께 말라위의 공용어다.

인권이나 자유민주주의에 관련된 새로운 개념과 사고를 아프리카 언어로 어떻게 번역해야 할지는 분명하지 않다. 게다가 나는 앞서 현지 조사 프로젝트를 진행하는 과정에서 '인권'의 치체와어 번역어인 '타고난 자유ufulu wachibadwidwe'가 권리에 관한 매우 협소한 이해를 제시한다는 점을 깨달았다.[22]

잉글런드는 교육받은 말라위 사람들에게 인권이나 시민사회 문제에 관련된 활동이 출세의 경로라는 사실을 발견한다. 국제기구에 취직하거나, 사업가 정신이 있는 사람들의 경우에는 프로젝트 자금을 요청할 수 있는 현지 비정부 기구를 세워 생계를 유지하고 근대화와 유대 관계를 향한 개인적 열망을 충족시키는 수단이 된다. 시민 교육과 인권 장려를 위한 자금 지원 메커니즘은 '역량을 구축'해서 지속 가능하고 뿌리가 튼튼한 시민사회를 남기는 것을 목표로 하는 단기 지원금이 중심이다. 실제로 외부 자금이 계속 채워지지 않으면, 이 사업 계획들은 (교회 모임을 제외하고) 거의 모두 활기를 잃을 것이다. 현재 이 분야에서 활동하는 말라위 사람들은 대부분 단기 지원금을 따라 이곳저곳 이동하면서 해외 공여자들이 내놓는 사업 제안이 바뀔 때마다 그 결실을 따내 생계 수단을 삼으려 헤맨다. 자금 제공자들이 단기 지원금을 통해 달성하려 하는 '지속 가능성'은 원래 목표의 정반대 결과를 달성하는 데 기여한다. 그렇지만 민주화 지원은 적어도 하위 엘리트 집단의 생계, 활동, 유대 관계에 기여한다. 이 집단은 후원자들이 기대하는 만큼 영향력이 크지는 않지만, 그렇다고 해도 시민사회를 만들기 위한 세력이기는 하다.

에이치아이브이/에이즈 예방과 치료를 위한 시민사회 활동에 관한 국제적 지원의 작동을 다룬 연구에서도 비슷한 논의가 발견된다. 스테펀 엘버Stefan Elbe[23]는 에이즈 전염병에 대응하는 메커니즘이 인구 관리를 확대하는 방향으로 제도화되는 과정에 대해 푸코의 '통치성governmentality' 개념을 적용했다. 나는 이 주제에 관해 쓴 책[24]에서 국제 에이치아이브이/에이즈 정책이 채택한 인권 원칙이 새로운 형태의 아프리카 시민사회 네트워킹을 양성하고 있는 과정을 연구했다. 전통적인 국제 공중 보건 정책이 인구를 엄격하게 관리하려 하면서 질병 통제를 위해 개인의 권리를 제한한 반면, 에이치아이브이/에이즈 예방과 치료를 위한 글로벌 대응은 역학적 개인주의epidemiological individualism 원칙을 따르면서 자유권과 책임을 강조하고 있다.

이런 대응이 공중 보건에서 적절하거나 효과적인 수단인지 여부를 둘러싸고 논란이 많지만,[25] 낙인이 찍힌 전염성 질병의 대유행에 맞선 이례적인 대응이 시민 자유의 억압보다는 **증대**에 관련되게 만드는 데 기여한 것은 분명하다. 유엔 에이즈계획UNAIDS이나 에이즈·결핵·말라리아 퇴치를 위한 글로벌펀드 같은 국제적 에이치아이브이/에이즈 퇴치 기관은 에이치아이브이와 에이즈 감염인들을 비롯한 에이즈 퇴치 활동가들에게 위원회에 참여해달라고 요청하고 있으며, 모든 국제적 에이즈 회의는 이들에게 중요한 의견 발표 기회를 제공하고 있다. 그 결과 여러 에이즈 퇴치 기관과 기금은 아프리카 전역에서 이례적 수준으로 시민사회의 형성과 발전을 지원하게 됐고, 이 덕에 원래 주변으로 밀려나고 낙인찍히고 차별받거나 더 나쁜 일을 당했을 개인들이 영향력과 자금을 확보했다.

지역의 평화와 화해 사업 계획은 더욱 압도적인 비판을 받았다. 데이브 이턴Dave Eaton[26]은 우간다와 케냐의 국경에서 수십 년 동안 국지적인 분쟁에 휘말린 목축민 집단들 사이에 평화적인 관계와 화해를 조성하려는 시도가 성공을 거두지 못한 이유에 관해 보고한다. 이 시도가 실패한 이유 중 하나는 소형 화기가 확산과 천연자원에 관련 압박이 심해진 결과로 무력 충돌이 자주 발생하고 사상자가 많아진다는 전통적인 분석에 결함이 있기 때문이다.

이턴은 습격 사건이 실제로 줄어들고 있는데다가 습격이 천연자원과 무관하며, 무장 해제 시도는 오히려 불안정을 야기한다는 사실을 보여준다. 오히려 동등한 수준의 무기를 보유하고 있어서 습격을 억제할 수 있던 집단이 이웃 집단에 비해 불리하게 되기 때문이다. 게다가 평화 지원단이 공동체에 방문하는 일은 그 자체로 불안정의 원인이 됐다. 지원단은 당면한 정치 지형을 제대로 알지 못했으며, 현지 지도자들은 자원이 풍부하고 인지도 높은 외부 조직들이 제공한 기회를 활용해서 공직 선거 운동을 벌였기 때문이었다. 잉글런드의 연구에서 초점을 맞추는 인권 활동가들과 달리 폭력을 행사할 능력과 의지가 있는 이런 현지 엘리트들에게 권력을 주는 것은 현실적으로나 윤리적으로나 더욱 위험한 일이다.

예상하지 못한 결과에 관심을 가질 필요가 있다는 상식 말고도 이 일련의 연구들에서 두 가지 중요한 주제가 등장한다. 첫째 주제는 국제적인 필란트로피 개입이 자체적인 후원 구조를 만들어내서 특권을 갖고 보호도 받는 사회정치적 영역을 만들었다는 점이다. 국가적 하위 엘리트 집단은 해외 자금과 기관, 네트워크에서 제공한 기회를 활용해서 특정 관심사를 발전시키고 어떤 종류의 정치적이고 도덕적인 사업을 유지해간다. 사심 없는 전문 사회복지 사업이라는 이상이 사라진 사회에서 갈 곳 없이 내몰린 사람들을 위해 국제기관들은 피난처를 만들어냈다. 이 사람들은 대개 서구식 교육이나 비종교적 교육을 받은, 계몽된 자유주의의 이상을 열망하는 개인들이다. 이들은 자신의 권력을 확대하거나 종종 가산주의와 정치적 극단주의의 야만적 형태에 대항해 그 권력을 보호하기 위한 사업을 벌인다. 전쟁이나 국가 붕괴, 또는 단순히 경제적 긴축과 예산 삭감이 진행되는 와중에 국제 비정부기구에 취직할 가능성은 현지의 식자층 엘리트 성원들에게 구명줄이나 다름없다. 국제기관은 (필연적으로) 후원patronage에 따라 움직이는 장치지만 이 기관들의 가산주의는 적어도 해방적인 구실을 할 수 있다.

둘째 주제는 국제기관들이 이중 기준을 적용한다는 것이다. 이 기관들과 그 기관에 속한 개인들이 포용과 인종차별 철폐를 위해 진심으로 노력을 기울이기는 하지만, 국제(대부분 서구) 직원과 현지 직원들에게 부여되는 가치에는 차별의 요소가 자리잡고 있다. 긴급 사태가 발생할 때 누가 철수하고 누가 남을지에 관해 결정을 내리거나, 누구의 죽음이나 부상이나 납치가 제도적 위기로 간주되고 누구의 사고는 그렇게 간주되지 않는지에 관해 결정을 내리는 경우에 이런 차별이 가장 분명하게 드러난다. 디디에 파생Didier Fassin은 언제든지 대중적으로 이런 논쟁을 벌일 생각이 있는 몇 안 되는 기관 중 하나인 국경없는의사회의 사례에서 생명의 가치에 순위를 매기는 이런 도표를 자세히 설명한 적이 있다.[27] 현지 직원들은 단체 안에서 자기들이 2등 시민이라는 사실을 잘 알고 있다. 지원받는 수혜자의 경우도 마찬가지인데 단체의 윤리성에 대한 현지 직원들의 평가는 기관의 설립 취지에 담긴 일반적인 도덕 원칙이나 전략적인 프로그램 의사 결정보다는 대체로 이 기관과 소속된 외국인 직원들이 현지인들을 개별 인간으로 어떻게 대우하는지에 따라 달라진다.

서구와 동아시아의 인권 옹호론자들 사이에 존재하는 오해를 다룬 대니얼 A. 벨Daniel A. Bell의 연구에서도 비슷한 논점이 등장한다. 양자의 충돌은 보편적 원칙의 문제라기보다는 보편적 원칙을 어떻게 추구해야 하는지에 관한 개인적이고 제도적인 정치의 문제이다. 벨은 이렇게 말한다. "문제는 미국식 정치 제도만이 인권을 보장할 수 있다고 가정한다는 것이다."[28] 이 제도의 내부나 최상층에 있는 이들은 제도적 관심이 어떻게 의제를 틀 짓게 되는지를 검토하려 하지 않는다. 제도 바깥에 있는 사람들, 특히 제도에 영향을 미칠 힘이 없는 사람들은 제도의 실천을 먼저 보고 난 뒤, 그다음에 원칙을 본다.

얼마 전까지 필란트로피의 민족지학에서는 여러 원칙과 각각을 신봉하는 조직들 사이의 충돌은 거의 검토하지 않았다. 즉 의료 구호 기관과 인권 단체 사이의 견해와 접근법에서 드러나는 차이와 같은 문제는 거의 관심을 끌지 못했다. 국제적십자위원회ICRC[29]나 국경없는의사회[30] 같은 기관의 내부 논쟁보다도 적게 다루어졌다. 전쟁과 '복잡한 비상 상황'에 관한 국제적인 관여가 복잡해지면서 이런 현실도 바뀌는 중이다. 20년 전에는 소수의 구호 기관(그중에서도 특히 국제적십자위원회와 국경없는의사회)만이 교전 지역에서 활동했다. 지금은 훨씬 많은 기관들이 있으며, 거기에 더불어 평화 유지, 민간인 보호와 인권 장려, 평화 중재 시도, 국제형사재판소 관여 등 여러 권한을 위임받아 수행하는 유엔 사절단이 있다. 인도주의 개입을 둘러싼 논쟁이 벌어지면서 분량은 작지만 중요한 문헌이 등장했다.[31] 평화와 정의가 충돌할 가능성은 특히 북우간다[32]와 다르푸르[33] 사례에서 관심을 모았다. 평화 중재와 군사 개입의 위협 사이에 드러나는 갈등도 주목을 받고 있다.[34] 유엔 안보리가 목표의 우선순위에 따른 전략 조율을 먼저 결정하지 않고 새로운 욕구들을 끊임없이 확대해서 자신과 다른 기관을 강화하려는 성향이 있다. 이런 메커니즘은 그 안에서의 충돌과 무기 자체가 '아군의 포격'의 원인이 되어 버리는 위험이 발생한다. 이런 심오한 도덕적 쟁점들을 둘러싼 논쟁은 새로운 세대의 매혹적인 민족지학과 철학 연구를 위한 자료를 제공할 것이 분명하다.

필란트로피 조직이나 후원 수혜자에게 고용된 수혜국의 전문가가 보는 관점에서 중요한 또 다른 차원은 개발과 규범에 길들여지는 것domestication의 문제다. 토마스 리세Thomas Risse와 캐스린 시킹크Kathryn Sikkink는 이 문제가 어떻게 발생하는지에 대한 설득력 있는 모델을 만들었다. 이 모델은 모든 국가 정부가 인권 단체와 관계를 맺을 때 회의적이고 충분한 선의를 갖고 있지 않다는 사실에서 출발한다.[35]

이 모델에 따르면 인권 규범 위반의 책임을 전면 부인하던 억압적 정부는 자신에 대한 비판 세력을 '매수'할 수 있다는 기대에서 전술적 양보를 하게 된다. 양보에 의해 억압적 정부는 개방적 절차를 '하지 않을 수 없게' 되는데 절차에 의해 강제된 비판 세력과의 도덕적 대화는 정부가 통제할 수 없는 결과로 이어진다. 그 결과 국민을 억압하는 정부는 내키지 않으면서도 공식적으로 인권 규범을 받아들인다. 실제로 이런 약속을 실행하려는 노력은 하지 않겠지만, 최소한 일부 규범을 지키는 것을 점차 '일상화'하는 '길들여지는' 과정을 거치는 것이다.

잉글런드가 이야기하는 말라위의 인권 사업가들과 아프리카 대륙 곳곳에 있는 에이치아이브이/에이즈 퇴치 활동가들에게서 살펴본 양상은 리세와 시킹크 모델의 한 변종이다. 외부 행위자로서 정부에 관여하는 국제 인권 단체들하고 다르게 이 사람들은 사회정치적 장에 직접 끼어들면서 중요한 국내 유권자 집단의 후원자가 된다. 이 집단의 성원들은 회전문을 통해 정부 공직을 드나들 수 있다. 정치적으로 출세하기 위해 필란트로피 후원 관계를 활용하는 행태는 편협한 정치적 이익을 얻기 위해 외부의 선의와 자선 자원을 조작하는 것으로 볼 수 있다. 또는 이런 형태의 후원은 엘리트 집단의 권력 경쟁을 관리하고 정치의 장을 자유주의와 시민적 규범에 길들이기 위한 효율적인 메커니즘으로 작용한다. 물론 인권과 시민사회의 옹호자로 행동하던 이들이 정치의 장으로 직접 옮겨가면 윤리적 기준이 느슨해질 것이다. 그렇지만 시민적 행동과 정치적 자유주의의 전반적인 기준은 이런 과정을 거치면서 높아질 가능성이 크다. 시민의 참여가 점점 커지는 정치는 가산주의가 외부의 인권 후원자들에게 바치는 조공이다.

## 사례 연구 — 수단의 인도주의 수하물 컨베이어 벨트

수단은 한때 오랫동안 복잡하게 얽혀서 이어진 내전과 기근의 중심지이자 인도주의 실험의 현장인 동시에 1920대부터 1980년대까지 선구적인 사회 과학 연구가 진행된 장소였다. 그 뒤 국제 사회에서 버림받은 나라가 되고 지역 연구가 쇠퇴하면서 수단에 관한 학문 연구가 줄어들었고, 이 나라에 관한 '전문가'로 인정되는 자격 조건이 크게 낮아진 결과 탁상공론만 일삼는 석학들이 훈계를 늘어놓거나 모험적 필란트로피 사업을 연습하는 장소로 전락했다.

수단의 정치는 독립 이래 어떤 정부도 확고하고 지속적으로 권력을 장악하지 못한 탓에 오랫동안 불안정했고,[36] 중심과 주변부의 극단적 불평등이라는 특징이 있었다. 1970년대 말 이래 엘리트 집단 내부의 불안정과 지방이 느끼는 좌절감 때문에 주변화된 지역에서 잇따라 위기 사태가 발생했다.

그중 몇 가지는 남수단과 다르푸르에서 장기 유혈 전쟁으로 비화됐다. 정부는 대리 민병대를 후원하는 방식으로 대규모 농촌 폭력 사태를 일으킬 능력이 충분하다는 점을 보여줬지만, 어떤 폭력 사태가 시작되면 중단시킬 능력은 턱없이 부족했다. 수단의 정치판은 계속 재편되는데 소요와 강제 이주와 유혈 사태는 변함없이 지속된다는 특징을 보인다. 수단은 소요 국가turbulent state다.[37] 또한 수단의 정치는 이따금 일어나는 혁명적 사건(좌파, 민족주의, 이슬람주의 정부가 잇달아 등장한다)과 더 높은 값을 부르는 쪽에 정치적 충성을 팔아 치우는 정치 경매장이 번갈아 나타나는 현상이 특징이다. 비교적 안정된 시기에는 하르툼 정부가 거의 유일한 충성 구매자고 지방 엘리트들은 달리 충성을 팔아 지원을 받을 곳이 없어진다. 결국 지방은 소외가 지속되는 상태, 즉 국가적 후원 체계 안에 불리한 조건으로 포함됐다. 에티오피아나 우간다, 리비아, 차드 같은 이웃 나라들과 미국을 필두로 한 국제 사회 등 다른 입찰자들이 경매장에 들어오자 지방 엘리트들은 다른 후원자를 찾아 나설 수 있게 됐고, 그 결과 충성의 대가가 높아지고 엘리트들 앞에 놓인 정치적 선택지의 범위가 넓어졌다.

수단에서 잇따라 벌어진 전쟁은 엄밀하게 말해 내전도 아니고 국제전도 아니다. 수단 정부는 이웃 나라들에서 활동하는 반군을 지원하기는 하지만, 이웃 나라들 또한 수단의 반란 세력에 후원자 노릇을 한다.[38] 이웃 나라들이 수단의 여러 반군 집단에 적극적으로 무기와 자금을 집중시키는 경우에도 그 나라들이 원칙적으로 기꺼이 그런 지원을 한다는 사실 자체는 지방 지도자들이 그런 근거에 따라 전략을 세운다는 점을 의미한다. 남부에 기반을 둔 반군인 수단인민해방군Sudan People's Liberation Army·SPLA 지도자들은 지금까지 이웃 나라의 지원을 번갈아 받고 있으며(때에 따라 에티오피아, 우간다, 에리트레아의 지원을 받았다), 어쩌다 외국의 유력한 후원자를 찾지 못하는 잠깐 동안에는 새로운 후원자를 구할 수 있다는, 근거가 충분한 기대를 품은 채 버텼다(결국 미국의 지원을 받았다).

이런 정치 작동 모델은 인도주의적 관여와 관련이 있다. 국제기구들이 정치적 경매장에 발을 들여놓으면 정치 동학이 바뀌기 때문이다. 인도주의자들은 자원과 일자리를 나눠주는 분배자 구실을 하면서 하위 엘리트들이 정치 전략을 추구할 수 있게 만드는 새로운 후원 네트워크와 새로운 기회를 만들어낸다. 1970년대 대규모 개발과 구호 사업이 시작된 때부터 수단의 정치인, 행정가, 학자 등은 국제기관을 이런 식으로 해석했다. 유엔 난민고등판무관실과 그곳의 지원을 받는 국제 비정부 기구들은 수단 정부 산하 난민위원회의 경쟁자로 인식됐다.[39] 1차 내전을 종식시킨 1972년의 평화 협정 이후 비정부 기구가 주도한 거대한 남수단 재건 시도는 결국 해외 기관들이 남수단 여러 지역에서 교육, 보건, 수도 같은 정부 서비스를 대부분 제공하는 결과로 이어졌다.[40]

또한 국제기관들은 점점 늘어나는 수단의 전문직 종사자와 학자들에게 일자리와 자문을 제공했다. 수십 년간 대학 졸업자들은 공무원과 전문직 경력을 얻고자 했지만, 정부가 긴축 조치를 시행하고 자격 있는 개인의 수가 빠르게 늘어나면서 이제 더는 대졸자들에게 충분한 기회가 없었다. 게다가 1980년대에 정부 영역이 점차 '이슬람화'되자 종교와 무관한 교육을 받고 자유주의적인 정치관을 지닌 사람들은 환영받지 못했다. 많은 이들이 해고되고, 새로 채용되는 인원은 거의 없었다. 따라서 국제기관 취업은 일종의 피난처가 됐다. 억압적 국가와 국가의 이슬람 사업에 동조하지 않는 개인들로서는 이렇게 보호받는 고립 지대에서 일정한 수입을 벌고, 생각이 비슷한 동료들과 마음에 드는 근무 환경에서 일하고, 정부의 자의적 행동에서 어느 정도 보호받고, 회의에 참석하느라 해외를 여행할 기회를 누리면서 개인적 연줄을 만들어서 더 공부를 하거나 국제기관 본부에서 상위 직책을 맡을 수 있었다.

한편 이 기관들은 일반 국민들에게 봉사하려 노력하기 때문에 정부의 부패와 폭력을 거부했다. 이런 필란트로피 단체들이 존재한다는 사실 자체가 사라질 위기에 놓인 일군의 가치를 계속 상기시키는 구실을 했다.

이런 식의 필란트로피적 만남을 비판하는 이들이 보기에 이런 모습은 책임성에서 후퇴하는 모습이다.[41] 비판자들이 생각하는 대안 모델은 수단 시민들이 자국 정부에 필수 서비스를 직접 요구하고 정부가 실패할 때 책임을 추궁하는 방식이다. 수단 역사에서 몇 번 실제로 이런 일이 벌어진 적이 있다. 고전적 사례로 꼽히는 1985년 4월에 일어난 평화적 민중 봉기는 자파르 니메이리Jaafar Nimeiri 대통령의 독재를 무너뜨리고 내각제 정부를 선출하는 새 시대를 열었지만 유감스럽게도 단명에 그쳤다. 시위를 촉발시킨 계기 중 하나는 가뭄을 피해 이동한 사람들이 수도 외곽에 도착했을 때 당국이 난민들의 어려움을 무시하고 도움 요청에 응답하지 않은 일이었다. 하르툼은 물론 쌍둥이 도시인 옴두르만의 시민들이 자발적으로 나서서 자선 구호를 조직하는 한편 당국의 무관심에 항의했다. 이런 행동은 대중적 시위로 이어져 결국 유혈 사태 끝에 정부를 무너뜨렸다.[42] 민주적 권리가 기근을 예방하는 조치로 기능한다는 아마르티아 센의 유명한 말처럼, 기근을 예방한다는 정치적 계약을 지키라는 이런 대중적 압력이 계속 지속됐으면 위기 사태를 막을 수 있었을 것이다.[43]

아프리카에서 기근 예방을 위한 '정치적 계약' 모델에 가해지는 가장 통렬한 비판은 이 모델이 아프리카 대륙에 있는 대부분의 나라에서 정치적 책임성의 성격에 관해 잘못된 기술을 한다는 것이다. 이 나라들에서 정치적 책임성은 자유로운 제도가 아니라 후원 구조를 통해 달성된다.[44] 도시 지역에서는 정부 공무원과 도시 주민들이 가까운 거리에 있는데다가 고용주와 필수 서비스 공급자인 정부를 상대로 계약 관계를 맺고 있기 때문에 국가를 향해 권리 주장을 할 수 있지만, 농촌 지역에서는 지배 집단 안에서 지위를 가진 엘리트 대표들의 중개를 거쳐서만 이런 주장을 할 수 있다. 섀퍼가 세네갈에서 한 연구[45]의 시작으로 보자면, 아프리카의 과제는 서구식이나 인도식 경쟁 정치 모델의 건설이 아니라 포용적 가산주의를 만들어내는 것이다. 이런 체제에서는 모든 사람이 공정한 수준에는 못 미칠지라도 국가 자원의 충분한 몫에 관한 권리 주장을 할 수 있다. 예전의 인도주의 비판에서 주요한 문제는 국제기관들이 전문 기술과 자선의 영역에서 기근 발생 지역을 찾아가고 기근 구호 사업을 벌이는 일을 도움으로써 기근을 탈정치화하고 억압적 정부가 예방과 대응이라는 정치적 책임을 피하게 한다는 것이었다. 최근의 수정된 비판에서는 국제기관의 기능이 국가 통제를 벗어난 곳에 유사한 후원 관계망을 세움으로써 국가를 약화시키고 정치적 갈등과 소요가 일어날 만한 조건을 만드는 데 기여한다. 국제기관이 수행하는 구실은 수단 국경을 가로질러 반란을 후원하는 일하고 비슷하다. 다만 이들이 시민적이고 비폭력적인 활동을 고양시킨다는 점이 다를 뿐이다.

이런 관여의 평화로운 성격에는 예외가 있다. 오랫동안 수단에서 일해서 이 나라의 정치 풍경에 익숙해진 해외 구호 활동가들은 때로 수단인 동료나 피후견인들하고 연대하는 입장의 논리적 연장선에서 민간과 군이 함께 쓸 수 있는 기술을 제공한다. 남부에서 오랜 전쟁이 진행되는 동안 많은 구호 활동가들이 남부의 대의가 기본적으로 정의롭다며 열성적으로 지지하게 됐고, 결국 수단인민해방군이 군사적 목적을 위해 지원 물품을 사용하는 상황을 묵인했다.[46] 수단인민해방군이 점령 지역을 유지하지 못하면 주민들이 정부의 지원을 받는 세력의 손아귀에 들어갈 것이라는 이유 때문이었다.

정부 세력은 인권을 짓밟은 끔찍한 기록을 갖고 있었다. 다르푸르의 경우에는 반군에 군사적 지원을 하자는 주장은 없었지만, 민간인을 보호하기 위해 국제 사회가 군사 개입을 해야 한다고 주장하는 목소리가 높았다. 하르툼 당국의 권한을 축소하고 체제 자체를 무너뜨리려는 조치였다. 다르푸르 반군은 이런 행동 방침을 옹호하는 활동가 그룹들에게 꾸준히 구애의 손길을 뻗었다. 자기들에게 정치적으로 유리한 결과가 나오기를 기대한 것이었다. 양쪽 모두 나토가 코소보에 인도주의적 개입을 해서 그 지역에서 세르비아의 정치적 실체와 군사적 존재를 제거한 사례를 염두에 두고 있었다.[47] 미국 정부가 하르툼 당국에게 종족 말살의 책임이 있다고 판단한 상황에서 국제 사회가 필란트로피적 후원과 보호를 해야 한다는 논리는 불가피하게 외국의 보호령으로 이어진다.

수단의 이슬람교도들은 일찍부터 이 논리를 알고 있었다. 물론 그토록 피하고 싶어하는 국제 사회의 반응(외국의 보호령)을 유도한 가장 큰 책임은 자기들의 과대망상과 억압적 대응이었지만 말이다.

1970년대부터 이슬람교도들은 자기들 나름의 이슬람 필란트로피 모델을 발전시키기 시작했다.[48] 비종교 집단과 기독교의 필란트로피 조직을 모델로 삼아 페르시아 만 산유국들에서 받은 돈으로 세운 이 기관들은 특별히 이슬람식 계율을 따랐다.[49] 이슬람 자선 단체는 사촌 격인 기독교나 유대교의 단체하고 동일한 전통의 일부지만, 몇 가지 중요한 변형이 있다. 이를테면 상업과 자선 사이에 엄격하게 강조되는 경계선이 없다. 이런 연속성 때문에 몇몇 이슬람 기관은 면세 지위를 이용해서 상업적 이익을 추구하려는 유혹에 취약했지만, 또한 독특한 형태의 소액 대출이 발전하기도 했다. 이런 소액 금융은 효과적인 빈곤 경감 수단이라는 사실이 입증됐다.

방글라데시에서 그라민 은행과 방글라데시농촌진흥위원회Bangladesh Rural Advancement Committee는 이슬람 방식의 무이자 소액 대출을 소규모 발전을 위한 주요 도구로 바꿨고, 수단에서도 여러 기관들이 더 작은 규모로 비슷한 계획을 실험하는 중이다. 게다가 이슬람의 법과 철학은 개인 윤리와 일반법의 구분을 무너뜨리는 경향이 있어서, 자선 기부(이슬람 십일조인 자카트zakat)

를 일반적인 의무로 만들고 이런 지원을 받는 것을 가난한 사람의 권리로 만든다. 이러한 통합 현상이 '신을 향한 폭넓은 초청da'awa al shamla'이라는 규율 하에 사회정치적 변혁을 이룬다는 이슬람 프로젝트의 전체주의와 결합되었다. 그 결과 이슬람교도들의 자발적 행동 전통은 폭력을 통해 국가 주도의 헤게모니 구축 노력에 통합되었다. 몇몇 이슬람 인도주의 기관은 1990년대 초반 동안 지하드의 보조 세력으로 전락했다.[50] 그러자 수단의 이슬람 공격 지역에서도 극심한 공격을 받은 일부 지역 사람들은 호전적인 기독교로 돌아서서 이슬람처럼 무력 투쟁에 연대를 보내달라고 외국의 동조 세력에 요구했다.

1990년대 중반에 이르러 이슬람 세력의 지하드는 실패했고, 수단에서 활동하는 이슬람 기관들은 국내적 기관이든 국제적 기관이든 간에 당연한 수순으로 구호 지원과 후원자 구축이라는 익숙한 형태로 전환했다. 이슬람 필란트로피 사업은 대부분 원대한 사회정치적 야심을 포기했을 (그리하여 세속적인 단체하고 비슷해졌을) 뿐 아니라 수단이라는 정치적 경매장의 현실에 적응했다.

그러는 동안 이슬람의 자선 원칙에서 가장 뿌리깊은 원칙이 선명하게 드러났는데 익명으로 선행을 베풀어야 한다는 것이다. 대부분의 이슬람 아랍 사회가 그렇듯이 수단에서도 자선 기부를 포함한 사회적 관계가 상호성을 기대하면서 주로 대면 접촉 방식으로 수행된다는 점을 상기하면, 이슬람 전통에서 진정한 필란트로피는 눈에 띄지 않게 기부를 해야 한다고 주장한다는 사실은 주목할 만하다.

예언자 무함마드는 오른손으로 하는 자선 행위를 왼손이 알아서는 안된다고 말했다. 이슬람주의자들의 혁명 기획이 파산하고 조직적인 어떤 대안도 부재한 상황에서 공적 영역은 냉소주의와 부패, 그리고 가장 높은 값을 부르는 쪽에 충성을 팔아 치우는 정치적 경매장의 벌거벗은 정치로 전락해버렸다. 이런 상황에서 윤리적 행동은 눈에 보이지 않았지만 그렇다고 존재하지 않는 것은 아니다. 사회적 규범의 보호 아래 개인과 가족 차원의 사회 구조를 유지하기 위한 연대를 위한 비밀스런 노력들이 숱하게 많이 있었다.

수단의 정치는 실질적인 장기 변화의 조짐은 거의 보이지 않지만 끊임없이 움직인다는 점에서 격동에 놓여 있다. 국제 사회가 관여해서 잇따라 벌이는 실험들도 마찬가지다. 이 실험들은 끊임없이 유동하지만 기본 성격은 여전히 똑같다. 시간이 흐르면서 이 실험들은 수단의 불안정한 가산주의 통치 체제에 흡수되고 있다. 현재 많은 원조 활동에, 거대한 규모의 국제적 평화 유지군까지 더해진 국제 사회의 존재가 철수하려면 상당한 원조 수혜자 집단을 포기해야 하지만, 철수한다고 해서 안정에 기여하는 것은 아니다. '만약 이렇게 한다면' 식으로 반사실적 추측을 하는 것은 도움이 되지 않는다. 국제 사회가 이렇게 엄청난 수준으로 관여를 하지 않으면 수단의 상황이 더 나아질까? 그렇지만 수단에 대한 필란트로피 관계는 외국인들의 윤리적 원칙이 아니라 수단 정치와 사회의 살아 움직이는 현실에 따라 정해진다고 결론을 내리는 편이 도움이 된다. 바로 이 현실이 외부 기관들을 포로로 잡고 인도주의적 의도를 뒤엎기 때문이다.

## 몇 가지 함의들

필란트로피 사업은 분쟁에 시달리는 가난한 사회의 문제에 영향력을 발휘하는 관여다. 윤리적 동기와 원칙은 폭넓은 자선, 인도주의, 그밖의 관련 활동들의 출발점이 된다. 그렇지만 이런 후원을 받는 사회들로서는 원조를 제공하는 기관과의 개인적 관계가 그 어떤 필란트로피의 동기와 원칙보다 더 직접적이고 중요하다.

그런데 시간이 흐르면서 우리는 인도주의 규범의 수용과 길들여지는 것을 볼 수 있다. 무엇보다도 인도주의 사업 자체가 후원 관계와 권력의 도구로서 해당 국가의 영향력 있는 국내 집단을 보호하고 장려하기 때문이다. 이 주장에서 중요한 것은 '어떤 일의 발생할 가능성이 생긴다'는 것이다. 이 과정은 해당 집단이 국가 정치에서 어떤 상황에 처해 있는지에 따라 좌우된다. 많은 아프리카 나라에서 정치 엘리트들이 정부 공직과 외국의 후원을 받는 시민단체를 오가는 일이 아주 정당하게 여겨진다. 두 자리는 서로 긴장 관계가 기대되는데도 말이다. 이런 경우에 우리는 꾸준하지 않더라도 점차 더 많은 인권 규범과 필란트로피 실천이 채택되리라고 기대할 수 있다. 예전에 시민적 덕목과 권리를 옹호한 이들이 과거에 한 약속에 부응하지 못하게 되면 불가피하게 실망하게 될 테지만, 이런 실망 자체가 인도주의 실천과 인권 규범에 관한 약속에 뒤따르는 기준이 상향 조정되고 있다는 증거가 된다.

반면 (수단처럼) 심각한 분쟁에 시달리는 나라들에서는 이런 시나리오가 더 많은 문제에 빠진다. 궁지에 몰린 정부 처지에서는 자유주의적이고 비종교적인 엘리트들에게 주어지는 인도주의 후원이 정부에 대한 정치적 위협으로 (정확하게) 간주되기 때문이다. 이때 필란트로피 관여에 따르는 위험은 사회 일반(정치적 양극화와 갈등을 굳힐 수 있다)은 물론 국제적 인도주의의 후원을 받고자 한 현 정부 반대파 엘리트 성원들(반발의 희생양이 될 수 있다)에게도 상당한 수준이다.[51] 그리고 비교적 시민적인 정치적 맥락에서 발생할 수 있는 상대적으로 조화로운 규범 발전의 과정을 위한 전망은 훨씬 더 불확실하다. 그 대신 우리는 규범들 사이의 해결하기 힘든 충돌을 목격할지 모른다. 다양한 견해의 수호자들이 채택하는 견해가 양극화되고 그 둘 사이에 신랄한 논쟁이 오갈 것이다. 두 방향에서 모두 선의는 번역 과정을 거치며 길을 잃고, 해소하기 힘든 차이를 문명화된 방식으로 관리하려는 시도도 실패할 것이다.

# 8장

# 글로벌 필란트로피 사업과 글로벌 거버넌스

## 글로벌 시민사회와 유엔의 관계에서 문제가 되는 도덕적 정당성

케네스 앤더슨

글로벌 필란트로피가 언급될 때 일부는 국경을 가로질러 이타주의의 의무를 수행하는 단체들을 가리킨다. 이 단체들은 이런저런 종류의 재화와 용역이 부족하거나 구하기 힘든 상태에 놓인 이런저런 부류의 사람들에게 제공하기 위해 국경을 가로질러 활동하는 국제 비정부 기구들이다. 그렇지만 이런 정의는 추상적이다. 국제 비정부 기구가 실제로 제공하는 재화와 용역의 범위는 식량과 주거 같은 기본적인 물질적 필요를 충족시키는 물리적 재화부터 인권이나 '좋은 거버넌스good governance'처럼 매우 추상적이지만 널리 받아들여지는 과제에 이르기까지 대단히 넓고 다양하다. 글로벌 필란트로피는 자금 지원 조직뿐 아니라 이런 지원을 제공하는 국제 비정부 기구까지 (하나의 용어로) 아우를 수 있다. 때로는 자선 재단 같은 민간 필란트로피만이 아니라 정부와 유엔 기관 같은 국제 공공 기구까지 포함한다.

이 글에서 나는 국제 비정부 기구로 구성된 '민간 글로벌 필란트로피'에 초점을 맞춘다. 여기서 이어지는 글로벌 윤리의 문제는 이런 것이다. 한편에 국제 비정부 기구가 있고 다른 한편에 유엔 같은 국제 공공 기구가 있다면 이들은 어떤 윤리적이고 정치적인 관계에 있는가? 이 글은 글로벌 거버넌스, 글로벌 거버넌스를 존중하기 위해 국제 비정부 기구에 필요한 윤리적 역할, 그리고 이를 증진시키는 기관에 대해 다룬다. 그런데 먼저 한 가지 질문에서 출발해야 한다. 애당초 우리는 왜 글로벌 거버넌스에 관심을 기울여야 하는가?

세계화에 관련된 쟁점 하나는 **경제적으로** 통합되는 세계가 **정치적으로** 통합된 지구, 즉 모든 정치적 권위를 초월하고, 다른 모든 주권을 양도받아, 글로벌 법률, 규제, 법 집행을 보유하는 정치적 통합 세계를 요구하는지, 만약 그렇다면 어떻게, 어느 정도나 필요로 하는지 하는 문제다.[1] 이것은 아주 오래된 논쟁이자 예로부터 이어진 꿈이다. 전쟁과 불화, 부정의와 세계 전체를 향한 물질적 욕망을 끝내는 최고 입법자와 단일한 보편법 아래 세계가 평화롭게 통일되는 꿈 말이다.[2] 글로벌 헌법을 원리로 하는 연방제 세계는 당연히 느슨하게 구성되지만, 그래도 글로벌 법률에 따라 분명한 위계가 정해지며 개별 국가들은 반드시 주권을 양도해야 한다.

많은 이들이 보기에 정치적으로 통합된 세계는 그 자체로 도덕적으로, 정치적으로 바람직하다. 이 세계는 흔히 말하는 역사적 진보다. 한편 다른 이들이 보기에, 정치적 통합이 정당한 이유는 글로벌 복지와 정의의 문제로서 단순히 경제적 통합의 필연적 결과기 때문이다. 많은 이들에 따르면, 각국 경제가 국가의 정치적 경계선을 가로질러 활동할 능력을 지닌 다국적 기업 같은 경제 행위자들에 둘러싸여 하나로 합쳐지고 있다는 사실 때문에 이른 바 **글로벌 거버넌스**를 구축하는 일이 어느 때보다 시급한 과제가 된다.

동시에 1990년 이래 세계는 세계 곳곳에서 많은 사람들을 끌어들이는 국제 비정부 기구와 국경을 가로지르는 사회운동의 전례 없는 성장을 목도하고 있다.[3] 특히 비정부 기구와 사회운동이 단순히 국가 차원이 아니라 전지구 차원에서 정치 활동을 벌이자 세계화된 세계에서 이 조직들이 어떤 위치에 있느냐 하는 문제도 제기되고 있다. 전지구적 정치 활동을 벌이려면 정치적 교류를 할 글로벌 행위자들이 필요하다. 이 국제 비정부 기구들은 지난 20년 동안 영향력, 활동 범위, 광범위한 존재, 힘 등이 크게 신장했으며, 이제 그 기구들이 누구를 위해 발언하는지에 대한 질문을 제기한다. 그 기구들은 어떤 사람들을 대변하는 위치에 있으며, 그것이 중요한 문제인가? 그 기구들은 자기 자신이 아는 다른 누군가를 대표하는가? 국가와 국제기구들은 이 기구들에 특별한 관심을 기울여야 하는가? 만약 그렇다면 왜, 그리고 어떻게 관심을 기울여야 하는가? 이는 정치적이고 법적인 쟁점이지만, 또한 윤리적 쟁점이기도 하다. 윤리적 쟁점은 국제 비정부 기구와 재정 지원자에 관련된 문제인데, 이들에 대한 도덕적 해석, 그리고 이들에게 씌워진 지적이고 이데올로기적인 프레임에 대한 문제이다.

다음에 이어지는 설명은 유엔 기관들을 통한 글로벌 거버넌스, 그리고 국제 비정부 기구와 그들의 글로벌한 역할이 서로 깊숙이 연결돼 있다는 것을 보여준다. 이들을 연결시키는 것은 **정당성**의 문제이다. 정당성은 소속된 성원들로부터 폭넓고 이견 없는 지지를 받으며 행동할 수 있는 정치 질서의 특징이라고 말할 수 있다. 정당성, 유엔, 국제 비정부 기구를 둘러싼 이 논쟁에서는 다음 질문들이 중요하다. 지구를 다스리는 입법자, 곧 세계를 위한 헌법인 글로벌 거버넌스가 바람직한 것인가. 즉 애초에 가능한 것인가, 그리고 우리가 논의하고 있는 글로벌 거버넌스에서 국제 비정부 기구, 좀더 일반적으로 국경을 가로지르는 사회운동이 어떤 특별한 윤리적 역할을 해야 하는가.

우리는 몇 가지 역사적 개념 단계를 거치면서 1990년대와 냉전 종식 이후 시기에 초점을 맞춘, 글로벌 거버넌스와 국제 비정부 기구에 관한 정리된 역사적 설명을 검토하고자 한다. 이 논의는 대체로 윤리적인 주장에 한정되기보다는 국제 비정부 기구의 역할에 대한 글로벌 담론의 전개를 사회학적이고 정치적으로 설명하는 내용이다. 물론 이런 정치적 논쟁의 설명에는 윤리적 주장도 내포돼 있다. 이 글의 결론은 윤리적으로 회의적인 내용이다. 한편으로 국제 공공 기관뿐 아니라 국제 비정부 기구에서 일하는 이들을 비롯한 글로벌 엘리트 집단이 생각하는 글로벌 거버넌스가 과연 바람직한 것인지에 관해 회의적이다. 그리고 다른 한편으로 글로벌 무대에서 글로벌 거버넌스를 장려하고 정당화하는 과정에서 국제 비정부 기구에 맡겨진 윤리적 구실에 관해 특히 회의적이다. 책임성, 대표성, 정치적 중재 등은 모두 정치적이거나 사법적인 만큼이나 윤리적인 개념이다. 나는 일반적인 글로벌 거버넌스 설명에서 정당성의 획득과 유지 기능을 하는 국제 비정부 기구들이 이 역할을 하기 위해 필요한 책임성, 대표성, 정치적 중재 세 가지 면에서 역량이 부족하다고 본다.

## 냉전 뒤 유엔과 비정부 기구, 글로벌 거버넌스를 향한 야심(1989~1996)

냉전이 끝나 많은 사람들은 당시에 등장하고 있던 경제 세계화에 부합하는 글로벌 정치 조정의 새로운 시기로 들어서고 있다고 믿게 됐다. 이때는 의기양양한 자유주의적 국제주의liberal internationalism의 시기, 즉 자유주의적 국제법을 통해 주권적 권한의 정치를 약한 연방제적 글로벌 법률 아래 호의적인 자유주의 글로벌 거버넌스를 창조할 수 있다는 믿음이 지배하는 시기였다.[4] 국제법 학자들은 진정한 주권 국가의 시대는 이제 끝났다고 선언했다. 이들은 이것이 최소한 법률적 의미로서는 현실이 될 것이라는 견해를 제시했다.[5]

사담 후세인의 이라크가 쿠웨이트를 침공, 점령, 약탈하자 세계 곳곳의 나라들이 유엔과 안보리를 통해 일치단결해 통일된 전선을 형성하면서 이런 희망과 꿈이 커져갔다. 러시아와 미국을 비롯한 주요 국가들이 하나로 뭉쳐서 이라크에 대항해 일치된 군사 행동을 취하는 듯했다. 미국이 압도적으로 군사적 주도권을 장악하기는 했지만, 여러 나라의 폭넓은 동맹과 유엔 안보리의 지지를 받았다. 잇따라 조지 부시(아버지 부시) 대통령은 유엔과 진정한 집단 안보를 통한 글로벌 거버넌스의 전조를 보여주는 것이 분명한 '새로운 세계 질서'를 언급하면서 많은 이들을 흥분시켰다.[6]

지금 와서 보면, 서로 다른 행위자들이 여러 가지 다른 이유에서 쿠웨이트에서 이라크를 상대로 한 집단적 군사 행동을 지지한 게 분명하다. 몇몇은 후세인이 한 나라 전체를 자기 영토로 차지할 욕심에 노골적으로 무력을 사용하는 모습을 진심으로 걱정해서 군사 행동을 지지했다. 다른 이들은 후세인이 이라크 안에서 쿠르드족을 비롯한 이들에게 (휴먼라이트워치가 내린 결론처럼) 종족 말살에 가까운 인권 침해를 자행한 탓에 가세했다. 그들이 우려한 것은 기본적으로 후세인 치하의 국내 정치 질서였다.[7] 그렇지만 다른 나라들, 특히 사우디아라비아 같은 중동 국가들은 이라크를 약화시키려는 지정학적 목표를 염두에 두고 이 충돌을 바라봤다. 그리고 또 다른 나라들은 사실상 전례가 없는 이 집단 안보 군사 행동이 유엔을 통한 장기적인 글로벌 거버넌스로 이어질 것이라는 이상주의적 믿음을 갖고 1차 걸프전을 지지했다.

집단 안보는 주권 국가들, 그리고 국제기구들에 관련된 문제였다. 그렇지만 몇 년 만에 집단 안보라는 이상주의적 희망은 산산이 부서졌다. 유고슬라비아 전쟁이 잇따라 발발하고 더 나중에는 르완다에서 종족 말살이 벌어진 탓이 컸다. 국제사회는 집단 안보를 유지할 능력이 없다는 사실이 드러났다. 그리고 유럽은 심지어 유럽 안에서도 안보를 유지할 능력이 없다는 점이 밝혀졌고, 유고슬라비아 전쟁은 미국의 클린턴 행정부가 결국 개입하기로 결정한 뒤에야 중단됐다.[8] 집단 안보 대신에 유엔 안보리는 사후의 정의 실현을 목적으로 유고슬라비아에 이어 르완다를 대상으로 전쟁 범죄 재판을 잇달아 열었다. 이 재판들은 국제적인 형사 사법 제도의 출발점이라고 널리 찬양받았지만, 비판론자들은 범죄 사실이 일어나기 전이나 일어나는 도중에 실제로 개입하지 않기 위한 **대안**으로 구상된 방편일 뿐이라고 지적했다.[9] 그렇지만 동시에 1990년대 초에 국제 비정부 기구들은 인권, 국제 재판소, 구 유고슬라비아를 대상으로 한 주권 국가들의 행동 촉구 등 이 모든 문제에 어느 때보다 더 적극적으로 활동하게 됐다. 이 기구들은 유엔에서도 더 적극적으로 활동했다.

1990년대에 국제 비정부 기구들의 자기 인식에 변화를 초래한 운동은 대인 지뢰 금지를 위한 국제 캠페인이었다.[10] 1980년대 말에, 인도주의 단체, 특히 국제적십자위원회는 세계 각지의 분쟁 지역에서 엄청난 지뢰가 사용이 늘어나면서 야기되는 피해에 대한 인식을 높이기 시작했다. 이 문제는 인권 단체, 환경론자, 인도주의 구호 기관, 개발 비정부 기구 등 놀랍도록 다양한 관점을 지닌 여러 국제 비정부 기구 등을 끌어모았고, 1990년대 초에 이 단체들은 하나로 뭉쳐서 느슨한 네트워크인 국제지뢰금지운동을 결성했다.[11] 이 단체들은 첨단 통신 기술, 전자우편, 리스트서브 등 당대의 새로운 인터넷 기술을 활용해 지뢰 사용, 생산, 저장, 운송을 금지하는 조약을 만들기 위한 국제 캠페인을 벌였다. 처음에는 주요국들이 거부하고 비웃음을 샀지만, 이 운동은 결국 미국을 비롯한 강대국을 압박해서 인정받는 데 성공했다.[12] 이 캠페인은 결국 캐나다를 비롯한 몇몇 주요국을 끌어들이는 데 성공했고, 마침내 지뢰를 금지하는 오타와 협약Ottawa Convention을 이끌어냈다.[13]

지뢰에 반대하는 비정부 기구 캠페인의 성공은 유엔의 눈길을 끌었고, 결국 코피 아난 사무총장과 선임 자문관들도 관심을 보였다. 마침 유엔을 회원국들의 도구, 또는 주권 국가들 사이의 교섭 창구가 아니라 독립적인 글로벌 거버넌스, 곧 유엔이 자기 이름으로, 그리고 개별 민족 국가의 정당성과 권위를 넘어서서 그 위에 있는 독자적인 정당성과 권위를 발휘하는 글로벌 거버넌스의 도구로 강화하기 위한 정치적 메커니즘을 찾던 중이었다.[14] 여기에서 지속적으로 제기되는 중요한 문제는 유엔이 민주적 행위자로서 정당성이 부족하다는 사실이었다.[15] 유엔은 회원국들에 연결돼 있지만, 유엔 자체는 민주적 정당성이라는 면에서 헌장 전문에 표명된 대로 세계의 '국민들'하고는 어떤 직접적인 연결도 없었다.[16] 이렇게 국민들과 유엔의 연결이 부재한 현실은 함축적으로 유엔의 정당성이 단순히 회원국들을 통해서만 인정된다는 것을 의미한다. 그리고 이런 함축을 연장하면, 유엔의 정당한 활동과 권한의 범위는 회원국들이 부여한 자격일 뿐이다. 그렇지만 유엔 사무총장실의 고위 지도부에 관한 한, 글로벌 거버넌스의 최고 목표는 회원국들에게 권한과 정당성을 의존하는 수준을 넘어서 적어도 몇몇 중요한 문제에서는 유엔의 이름으로, 그리고 세계의 '국민들'에게 호소함으로써 통치하는 것이었다.

그렇지만 유엔에는 직접 선거가 전혀 없다. 유엔은 회원국들의 협의체로 구성돼 있다. 유엔은 인민(국민)들이 선출하는 글로벌 의회가 아니라 국가들의 회의장이다. 진정한 글로벌 거버넌스의 권한을 추구하는 유엔 지도부가 맞닥뜨리는 이데올로기적 문제, 곧 정당성 문제는 회원국들을 통하지 않으면서도 공상적이거나 실현 불가능해 보이는 글로벌 의회 선거 같은 제도를 필요로 하지 않는 정당성의 원천을 찾는 일이었다.[17] 비정부 기구의 지뢰 반대 캠페인이 코피 아난의 유엔 지도부에 건넨 교훈이 바로 이것이었다. 국제 비정부 기구들은 글로벌 시민의 그룹으로 인정받고 있기 때문에 유엔이 유사 민주주의적 정당성에 기반하여 활동하는 목적에 대해서는 전세계 국민을 '대표'한다고 주장할 수 있다. 혹은 최소한 회원국을 통하지 않고 글로벌 국민들과 만날 수 있는 연결 통로라는 것이다.[18]

비정부 기구는 이런 역할을 기꺼이 떠맡았다. 유엔 기구를 통해 세계 국민들이 정당한 대표자로 대접받고, 거꾸로 세계 국민들이 유엔과 회원국에 관한 유엔의 거버넌스 주장에 정당성을 부여한다는 사실은, 세계 시민들이 국가들의 폐쇄된 교섭 회의에 참여하게 되었다는 자기들의 '자아상'을 확인하는 것 말고도 제도적으로 상당한 지위와 권력을 줬다. 국제 비정부 기구는 이제 권력의 문 바깥에, 각국이 협정을 체결하는 회의실 바깥에 자리한 단순한 비공식 행위자가 아니었다. 국제 비정부 기구는 실제로 세계 국민들의 대표자로서의 특별한 역할을 주장하면서 교섭 테이블에 자리를 얻는 일에 유엔 지도부의 지지를 받았다.[19] 국가들은 대부분 이런 주장을 반기지 않았지만, 캐나다 같은 몇몇 국가들은 자국의 다른 목표에 도움이 될 경우, 초강대국의 힘을 약화시키기 위해 이런 주장과 함께하는 경향이 있었다. 그리고 이는 중간급 국가들의 전통적인 지정학적 관습이다.[20] 그리고 비정부 기구가 조약 교섭에 참여한 선례는 이미 지뢰 반대 캠페인에서 널리 알려져 있었다. 물론 다른 조약 교섭과 달리 처음부터 비정부 기구들 자체에서 주동한 것이기는 했지만 말이다.

## 비정부 기구에 관한 사회 이론과 정치 이론의 황금시대 — 유엔을 통한 글로벌 거버넌스의 파트너로 '글로벌 시민사회'를 꿈꾸다(1996~2000)

유엔 기구는 비정부 기구를 세계 '국민들'의 정당성의 근원으로 간주함으로써 거버넌스에 관한 유엔 자체의 지적이고 이데올로기적인 권리 주장을 높이려 했다. 한편 비정부 기구들은 자기들을 단순히 국제 비정부 기구가 아니라 **글로벌 시민사회**global civil society라는 신비스러운 이름의 존재를 자처함으로써 (그리고 유엔과 나머지 세계에도 그렇게 간주해달라고 권유함으로써) 자기들의 지적이고 이데올로기적인 위상을 높이려 했다. 이런 특별한 용어를 사용한 이유는 무엇이고, 그 용어의 특별한 의미는 무엇이었을까? 국제 비정부 기구를 알기 쉽고 실제적이며 설명적인 용어인 비정부 기구로 부르는 대신 사회 이론과 정치 이론의 이데올로기적 의미가 훨씬 더 많이 담긴 용어, 지적으로 훨씬 거창하지만 또한 이데올로기적 함의가 더 많은 **글로벌 시민사회**라는 용어로 부르는 이유는 무엇일까?[21]

이런 용어 변화는 지뢰 금지 캠페인을 벌인 지식인들과 이론가들이, 비정부 기구 스스로의 주도적 역할로부터 더 큰 함의를 끌어내기 위해 들인 노력에서 시작되었다. 이들은 세계화와 글로벌 거버넌스 개념 자체뿐 아니라 향후 비정부 기구의 활동은 매우 다른 다양한 분야로 확산될 것이라는 함의를 끌어내고자 했다. 이 시기에 국제기구에 속한 지식인과 이론가들, 유엔 사무국, 이른바 '현대화론자들'(유엔의 조직적 변혁이 회원국을 '통하지 않고' 세계 인구와 유권자들을 직접 대변한다는 정당성의 원천을 찾는 데 달려 있다고 본 유엔 전략가들)이 비정부 기구 공동체에 구미에 맞는 제안을 한 사실도 어느 정도 영향을 줬다. 그때는 또한 국제지뢰금지운동과 그 운동의 조정자인 조디 윌리엄스가 캐나다 외무부 장관 로이드 액스워시 같은 국가 관료를 누르고 1997년 노벨 평화상을 받은 시기였다. 액스워시는 캐나다가 전세계에 보유한 외교 역량을 전부 지뢰 금지 캠페인에 투입했는데, 아마 이런 노력이 정부와 동등한 인정을 받을 자격이 있다고 생각했을 듯하다.[22]

그런데 이론 측면에서 볼 때, 비정부 기구는 비정부 기구일 뿐이다. 관심 있는 개인들로 구성된 단체에 불과하다. 비정부 기구가 가진 동기는 고귀하고, 이타적이고, 코즈모폴리턴적일 테지만, 정치적 역할이라는 면에서 볼 때는 그저 국제기구나 국가, 또는 권한 있는 다른 행위자들의 행동을 설득하려 노력하는 단체일 뿐이다. 이 행동은 때로는 비정부 기구의 전문성을 토대로 하고, 때로는 정치적 자본을 가진 국가 정부에 영향을 미칠 수 있는 능력과 열정을 토대로 한다. 다시 말해 시민 그룹이 목소리를 내고 영향을 미칠 수 있는 민주 국가에서 가장 강한 활동이 가능하다.[23]

그렇지만 전문성이 있고 열정이 있더라도 대개 그런 이유만으로 권한을 부여받지는 못한다.[24] 국제무대에서 비정부 기구가 도덕적 권위를 갖는 이유는 전통적으로 특정한 사업에서의 전문성과 효과성을 인정받았기 때문이다. 이를테면 구호 단체는 전시 인도주의 원조에서 인정받은 기록 덕에 관련 영역의 국제기구들 앞에서 자기 견해의 도덕적 권위뿐 아니라 일정한 실제적 권위도 누린다. 국제적십자위원회는 언제나 본보기였다. 신중하고 정확하지만 결코 현란하지 않고, 언제나 자기를 내세우지 않으며, 무엇보다도 자기 분야에서 **유능하기** 때문이다. 그렇지만 국제적십자위원회, 그리고 이 기구를 본보기로 삼아 글로벌 공공정책을 만들기 위해 노력하는 국제 비정부 기구들은 거버넌스에서 그런 식으로 자기들이 하는 역할을 주장하려 한 적이 없다.[25]

지뢰 금지 캠페인이 성공을 거두고 국제기구의 고위 지도부들에게서 관심을 받게 되자 국제 비정부 기구 이론가들은 이 운동이 단순히 자기들을 대변하는 단체들의 집합체 이상이라고 확신하게 됐다.[26] 국제 비정부 기구 운동에 속한 지식인들과 이론가들은 국제 비정부 기구를 공적 국제기구인 유엔의 파트너로서 글로벌 거버넌스를 위해 일하는 데 정치적이고 이데올로기적으로 적합한 존재로 재개념화하는 야심적인 정치 이론과 사회 이론을 발전시켰다. 이런 재개념화는 서구의 지적 전통에 속한 오래된 정치 이론과 사회 이론인 시민사회 이론에 의지하면서 스스로 글로벌 차원의 한 패러다임, 곧 '글로벌 시민사회'라고 주장했다.[27] 글로벌 시민사회에 관한 전통적인 설명은 대략 다음과 같다(전통적이지 않고 회의적인 비판 또한 마찬가지다).[28]

경제 세계화는 국경을 넘는 장거리에 대한 물류 수송비를 낮추고 통신비는 더 낮추는 혁신을 통해 진행됐다.[29] 이는 혁신에 부합하는 정치 세계화의 필요성을 의미한다. 경제 활동이 (재화, 용역, 자본, 노동의 이동이라는 가장 넓은 의미에서) 세계 전역을 점차 자유롭게 이동할 수 있을 때 발생하는 여러 가지 조정의 문제를 다뤄야 하기 때문이다.[30] 그렇지만 정치 세계화는 두 가지 주요한 형태, 곧 최소주의 형태나 최대주의 형태 중 하나를 띨 수 있다.

최소주의 형태는 세계화가 주권의 본질적 속성, 곧 정치적 상위자가 없는 정치적 공동체[31]를 포기하지 않은 채 주권 관할 당국 사이에 진행되는 조정을 통해 필요로 하는 규제를 받을 수 있다고 말한다.[32] 주권의 기본적 속성을 전혀 양보하지 않고서도 주권 국가들 사이의 협력과 조정, 심지어 환경이나 공중 보건 같은 폭넓은 문제들에 관한 중재와 규칙 제정을 가능하게 할 다양한 정치적 처리 방식들을 탄탄히 갖출 수 있다. 이것을 **튼튼한 다자주의**robust multilateralism라고 하자.

반대로 최대주의 형태는 세계화란 궁극적인 연방제를 필요로 한다고 말한다. 경제나 안보, 또는 다른 어떤 문제에서든 간에 개별 나라들이 단기적인 자기 이익을 위해 끊임없이 규칙을 어기는 상황을 만들기보다는, 집합적 이익을 위해 행동을 강제할 수 있는 거버넌스의 중심지를 위해 개별 민족국가의 주권을 포기하자는 것이다.[33] 최대주의자들은 다자간 논의, 협력과 조정의 공론장에서 진정한 글로벌 정부로 진화해야 하는 공론장으로 유엔을 지목한다. 지금은 **글로벌 정부**라는 용어보다 **글로벌 거버넌스**라는 용어가 선호된다. 1990년대를 거치며 민족국가들이 글로벌 정부에 그런 주권을 포기하는 데 관심을 보이지 않는 점이 분명해지면서, 정치적 세계화 이론가들도 유엔이 (어떤 식으로든) 실제로 '정부' 노릇을 하지 않으면서 '거버넌스'를 행사하게 되는 새로운 이론을 고안했기 때문이다.[34]

누군가 최대주의적 글로벌 거버넌스라는 견해를 신봉하게 된다면(나는 그렇지 않지만, 반론은 나중에 논의하자), 유엔의 글로벌 거버넌스 이론가들이 직면해야 하던 정당성 문제를 **똑같이** 만나야 한다. 그 이론가들에게 국제 비정부 기구 운동은 정당성, 전세계 국민들의 의지라는 **민주적** 정당성을 제공할 수 있었다. 이런 운동이 없다면 정당성이 필요하면서도 결여됐을 텐데 말이다. 이런 역할은 또한 국제 비정부 기구와 글로벌 사회운동의 다른 이론가들이 보기에 국내의 시민사회 개념과도 부합하는 것이었다.[35] 1980년대에 이르러 '시민사회'(서구 정치 이론과 사회 이론에서 아주 긴, 그리고 더 중요하게는 변화하는 계보를 가진 개념이다)[36]는, 새로운 사회운동의 지식인들과 폴란드의 연대노조운동 같은 반체제 운동의 저자들의 이론화 작업에 의해, '인디펜던트섹터independent sector'[37]를 의미하게 됐다. 인디펜던트 섹터란 시장도 아니고 국가도 아닌 사회 제도들, 곧 비정부 기구, 사회운동, 시민단체, 종교 단체다. 그중 몇몇은 정치적 성격을 띠지만 대부분은 그렇지 않은데, 개인들의 삶에 의미와 사회적 성격을 부여한다.[38]

국내의 자유민주주의 사회에서 시민사회 조직들은 자유롭게 의견을 주장하고, 조직하고, 주장하고, 토론하고, 회유한다. 그렇지만 결국 정치 권력은 시민사회 단체들이 **아니라** 투표소에서 비밀리에 표를 던지는 시민들에게 책임을 져야 한다. 민주주의 체제의 정당성은 궁극적으로 시민들의 자유롭고 제약 없는 투표에 의존한다. 시민사회 단체들은 정보의 자유로운 흐름, 사회 토론과 정책에서 중요하지만, 사회의 정당성을 보증하는 주체는 아니다. 민주주의 사회에서 시민사회는 민주주의, 특히 대의 민주주의를 튼튼하게 하고 지적으로 작동하는데 중요하지만, 정부와 국민 사이의 필수적인 정치적 '중개자'나 '대표자'로 간주되지 않는다. 정당성은 투표함을 거쳐 확보된다.[39] 민주주의에서 정당성은 한 사회의 정치를 설명하는 데 아무리 중요하다 할지라도 시민사회로 존재하는 시민들이나 활동가 그룹이 아니라 손을 들어 투표하는 국민들을 통해 주어진다.

전통적 설명에 따르면, 글로벌 시민사회란 어떤 안정된 국내 사회에 존재하는 시민사회의 글로벌한 상응물이다. 몇 년 동안 이런 비유가 나무랄 데 없어 보였다. 글로벌 시민사회는 통상적인 국내 사회에서 시민사회가 행동하는 것처럼 행동한다는 말이었다. 글로벌 시민사회는 선동하고, 옹호하고, 회유하고, 요구하고, 조직하고, 로비하고, 안정된 국내 사회에서 단체와 사회운동이 수행하는 모든 기능을 할 것이다. 그렇지만 유엔은 글로벌 민주주의 기관은 아니다. 유엔이라는 이 국제 체제, 즉 글로벌 거버넌스 체제는 분명히 민주적이지 **않기 때문에**, 이데올로기의 면에서 '글로벌 시민사회'로 이름이 바뀐 국제 비정부 기구들도 명백히 시민사회의 조직이 아니다. 적어도 국내의 자유 민주주의 사회에서 이 용어가 지니는 의미에서 보면 말이다.

유엔 체제의 거버넌스 이데올로그들과 국제 비정부 기구에 속한 그 동료들 등 이 체제에 속한 행위자들의 야심이 진짜로 글로벌한 중요성이 있는 문제들까지 확대되는 것이 아니라 반대로 국가, 사회, 레짐 '내부의' 거버넌스와 법률의 문제에 머무르는 한, 유엔이 민주주의의 면에서 부족하고, 그 결과 비정부 기구도 민주주의의 면에서 부족하다는 사실은 크게 중요하지 않았다. 국제 체제에 제기된 문제들이 유엔이 자기 이름으로 통치해야 한다는 권리 주장이 아니라 협소한 테크노크라시의 문제거나 국가들 사이의 단순한 다자간 교섭의 문제일 때, 국제 체제에서 특별히 **민주적** 정당성이 결여

돼 있다는 사실은 그렇게 중요하지 않았다.[40]

그렇지만 1990년대 중반에 이르러 이런 글로벌 체제의 야심이 이전 체제가 확보하고 있던 정당성을 넘어서고 있었다. 유엔이 회원국들의 실제적인 대표권 위임으로부터 정당성을 얻고 있는데, 이보다 갖고 있거나 갖고 있다고 주장할 수 있는 수준보다 훨씬 더 큰 정당성을 필요로 하는 거버넌스 임무를 떠맡으려 했다. 유엔은 일종의 선순환 전략으로, 더 많은 정당성을 얻기 위해서 거버넌스 활동을 강화하고, 이를 통해 정당성을 강화하는 방식을 계속 반복하는 식으로 목표를 이루고자 했다. 유엔은 **또한** 글로벌 의무라는 짐을 덜어내고자 하는 몇몇 유력 국가들(미국이 종종 포함됐다) 때문에 그런 임무를 부여받았다.[41]

평화 유지, 평화 강제peace enforcement, 대량 살상 무기 확산 방지, 개별 주권 국가까지 미치는, 계속 목록이 늘어나는 인권, 실패 국가failed state와 실패 중인 국가의 안보 문제 같은 사안들이 특히 각국의 내부까지 확대되면서 유엔 회원국들의 다자 체제가 제공하는 것보다 더 큰 정당성이 필요하다는 인식이 굳어졌다. 다자 체제 이상의 거버넌스를 뒷받침할 수 있는 정당성을 위해서는 이른바 '민주주의의 부족'이라는, 유럽연합에서도 문제시되고 많은 논쟁을 일으킨 현상을 극복할 필요가 있었다. 실제로 많은 글로벌 입헌주의자 global constitutionalist, 즉 유럽의 학문과 정책 중심에 있는, 글로벌 거버넌스를 추구하는 글로벌 연방주의자global federalist들에게 유럽연합은 세계가 나아갈 길을 제시해줬다. 유럽연합은 그 설계자들과 소속 공무원들의 마음속에서 어쨌든 민족국가 민주주의에 존재하는 함정이 없는 민주적 정당성을 달성한 상태였다. 그리고 충분한 관심을 쏟으면 세계 전체로 이 모델을 확대할 수 있었다.[42]

그렇지만 이 경우에 민주적 정당성, 곧 투표함 정당성에 근접하는 정당성이 필요했는데, 아직 지구 전체 차원에서는 상상하기 힘든 것이었다. 일부

몽상가들은 전세계 주민들이 직접 선출하는 '지구 의회planetary parliament'를 꿈꿨다(그리고 지금도 꿈꾼다).[43] 다른 이들은 대부분 (워낙에는 글로벌 연방 체제를 구성하는 글로벌 거버넌스라는 정치적 이상에 깊이 몰두했을 많은 이들조차) 그런 의미의 지구 민주주의planetary democracy는 무의미하고 달성 불가능한 목표라는 사실을 받아들인다.[44] 지구 민주주의의 여러 난점들 중에서 한 가지만 꼽자면, 운영 가능한 공간과 인구의 한계를 갖는 진짜 '민주주의' 체제와 아무 제한 없고 잠재적으로 무한하게 증대시킬 수 있는 공동 시장의 네트워크를 혼동한다는 점이다.[45] 후자는 크기가 커질수록 효율성이 높아지는 반면, 전자는 크기가 커지면 붕괴한다. 세계의 거대한 민주주의 사회들은 규모에 제한을 가하는 민주주의의 정치적 요구와 한층 더 큰 공동 시장의 경제적 축복을 절충(때로는 불편한 절충)한 결과물이다. 그렇다면 지구 전체적으로 보았을 때 투표함 정당성으로 감당하기에는 너무 큰 규모이면서 회원국들이 다자간 활동으로 유엔에 '상향' 전달할 수 있는 것보다는 더 큰 정당성이 요구되는 임무가 있다면 어떻게 정당성을 확보할 수 있을까?

물론 비정부 기구를 이용할 수 있다. 그렇지만 이 경우에 국내 시민사회와 비슷한 것은 자유주의적이고 민주주의적인 국내 사회의 **모습**이 아니라, 필연적으로 투표함이 **부재한** 상황에서 비정부 기구들이 행동하는 형태가 된다. 그러므로 비정부 기구는 민주적 제도들을 대신하는 일종의 이데올로기적 대리물로 간주된다. 이 문제가 왜 중요할까? 이런 조건에서는 국제 체제가, 곧 유엔과 관련 행정관, 통치자, 특정 이데올로기 지지자들이 이 '글로벌 시민사회'를 '세계 국민들'(이때 세계 국민들은 진정한 국내 민주주의하고 다르게 자기 의사를 표현하는 직접적 수단을 갖지 못한다)의 대표자이자 중재자로 간주하기 때문이다.[46]

개념상의 큰 어려움이 있는 것처럼 보이지만, 글로벌 시민사회를 안정된 국내 사회에 있는 시민사회의 건전한 상응물로 보는 이런 전통적 설명은, 특히 시민사회와 그 덕목이 폭넓게 이론화되고, 논의되고, 자유 민주주의 사회의 필수적인 기둥으로 찬미되는 시대에 엄청난 영향력을 획득했다. 코피 아난을 비롯한 주요 참모진 같은 유엔 고위 지도자들은 유엔에서 한 많은 연설에서 이런 설명을 부각시켰다. 어쨌든 코피 아난은 1999년에 '글로벌 의제'를 다뤄야 한다면 시민사회 파트너십은 선택의 대상이 아니라 '필수'라고 하면서 이 점을 분명하게 밝혔다. "나는 유엔이 비정부 기구들의 혁명을 …… 인정하게 될 것을 안다." 그러면서 아난은 덧붙였다. "비정부 기구들이 글로벌 시민사회에게 21세기 국제사회의 하나의 기둥으로서 정당한 자리를 갖게 할 것이다."**47**

마찬가지로 주요 국제 비정부 기구들의 많은 발언과 활동에서도 글로벌 시민사회와 유엔의 '파트너십' 개념이 부각됐다. 이 기구들은 지뢰 금지 캠페인의 부정할 수 없는 성과를 찬양하고, 그 경험에서 자기가 실제로 세계 국민들의 대표자이자 중재자라는 확신을 얻은 때문이었다. **그 기구들**, 곧 글로벌 시민사회가 대외 정책과 국제 관계를 '민주화하고' 세계 국민들을 세련된 유엔 회의실로 인도할 것이었다. 그리고 **글로벌 시민사회**는 민족 국가의 주권을 약화시키는 데 기여하게 될 것이다. 이는 글로벌 거버넌스의 현장으로서의 유엔 기구와, 세계 국민들을 대표하고 중재하는 글로벌 시민사회의 파트너십을 핵심으로 하는 진보적인 글로벌 거버넌스를 구축하기 위해서이다.


**글로벌 시민사회를 향한 비판과 반발 — 시애틀 이후(1999~2000)**

비판은 언제나 전통적인 설명에 내포돼 있는데 민주적 정당성이 문제가 된다. 좋은 의도와 견해를 지닌 비정부 기구들의 '코포라티즘※적corporatist'(존 볼턴의 유용한 용어를 빌리자면) 형태의 중재와 대표는, 설령 진정한 시도라 할지라도(현실에서 드러나는 대로 의문스러운 가정이다), 글로벌 거버넌스에 그 기구들이 주장하는 내용하고 같은 종류의 정당성을 안겨주기에 불충분하

※ 코포라티즘은 소수의 유기적 조직들의 협의에 의해 운영되는 정치 체제를 의미한다. 이는 개인들의 자유로운 경쟁을 보장하고 선거와 다수결을 통해 국가를 운영하는 자유주의 사상과 대비된다.

다. 다른 식으로 말하자면, 유엔과 국제 비정부 기구들은 일종의 '연인의 포옹'에 갇혀 있었다. 서로 눈을 맞춘 채 각자 자기의 이데올로기적 목표를 추구하면서 각자 상대에게서 자기 자신과 자기의 특별한 지위를 확인해주는 증거를 발견했다. 유엔은 글로벌 거버넌스의 중심지가 되고자 했고, 글로벌 시민사회로 변신한 국제 비정부 기구들은 유엔이 필요로 하는 정당성의 척도를 줄 수 있는 것처럼 보였다. 유엔을 통해 세계 국민들의 중재자이자 대표자로서 변화를 확인받은 국제 비정부 기구들은 그 결과 권력 테이블에 당당하게 자리를 얻었다. 게다가 비정부 기구들은 이 테이블에서 일정한 **실제**활동이나 임무를 수행할 때 **실질적인** 전문성과 능력이 전에 비해 덜 필요하게 되었다. 어쨌든 세계 국민들의 **대표자**는 전문적 기술이나 능력을 지닌 이유가 아니라 대표자라는 **이유로** 테이블에 자리를 얻는 것이기 때문이다. 유엔과 국제 비정부 기구들은 실제로 연인 같았다. 각자 상대를 만족시키고 확인하면서 상대에게만 눈을 맞춘 것이다. 나머지 세계는 아랑곳하지 않은 채 상대방의 가치를 서로서로 확인했기 때문이다.

이런 연애는 (9·11, 이라크 전쟁, 알카에다와 초국가적 지하드 테러리즘의 등장, 그밖에 많은 사건을 경험한) 오늘날, 오히려 고풍스런 사건이 일어날 때까지 거의 아무런 도전도 받지 않았다. 이 사건은 1999년 12월 시애틀에서 열린 세계무역기구wto 무역 협상을 완전히 중단시킨 반세계화 시위대의 폭동이다. 반세계화 시위대는 (글로벌 시민사회의 적극적이고 풍부한 원조

와 조정, 도덕적이고 물질적인 지원을 받는 와중에) 거리로 몰려나와 무역 회담을 두절시켰다. 글로벌 시민사회 운동을 일종의 우호적인 관심을 갖고 지켜보던 (글로벌 시민사회가 제시하는 용어대로, 곧 글로벌 사회, 다시 말해 글로벌 인민의 성숙의 표시로 보던) 글로벌 기업계는 글로벌 시민사회의 권리 주장을 특별한 것으로 만든 바로 그 측면들, 곧 대표성과 중재자 권한에 의문을 제기하기 시작했다. 그렇지만 폭도들과 지지자들이 일으킨 사태를 단지 글로벌 기업계만 경악하며 바라본 것은 아니었다. 아난을 비롯한 유엔 고위 지도부는 이 사태를 재난으로 바라봤다. 실제로 자유무역은 적절하게 관리되기만 하면 세계 빈민들의 이익에 큰 도움이 된다고 봤기 때문이다.

《이코노미스트》처럼 이제까지 (자유무역을 포함하기만 한다면) 글로벌 시민사회와 글로벌 거버넌스 구상을 열광적으로 지지하던 이들은 국제 비정부 기구들을 글로벌 시민사회로 지적으로 변형시킨 고상한 정치적 주장과 이데올로기적 주장에 심각한 의문을 제기하기 시작했다.[48] 회의론은 아주 쉬워서 점점 커졌다. 던져야 할 질문은 하나뿐이었다. 국제 비정부 기구, 소위 글로벌 시민사회가 실제로 누구를 대변하고 있는가?[49] 데이비드 리프는 대담하게 물었다. "그런데 비정부 기구들은 누가 선출한 건가?"[50] 개발도상국의 정부들은 (그중 민주주의 정부들은 자유무역에 필사적으로 매달렸다) 이 단체들이 국민을 대변한다고 주장하지만, 실은 각국 정부, 심지어 민주적으로 선출된 정부까지도, 정당성을 부정한다고 신랄하게 꼬집었다.[51] 언론인 세바스천 맬러비Sebastian Mallaby는 절대 다수의 사람들에게 전기를 공급할 용량을 갖춘 댐 사업을 저지할 정당성이 있다고 주장하는 우간다의 자칭 비정부 기구의 성원들에 관한 연구를 수행했다. 칭찬과 비난을 동시에 받은 연구였다. 우간다의 이 비정부 기구에 회비를 내는 회원은 모두 25명으로 밝혀졌다.[52]

오랜 지지자였던 서구의 엘리트 언론들에게서 공격을 받고 잇따라 익숙하지 않은 회의론에 직면하게 된 국제 비정부 기구들은, 적어도 언론인들을 대할 때는 각국 국민과 주민들을 대표한다는 과장된 주장에서 물러서기 시작했다. 이를테면 영국 그린피스 대표는 여러 인터뷰에서 자기 단체는 회원들을 제외하고 어느 누구도 대표할 정당성을 주장하지 않는다고 말했다.[53] 다른 많은 조직들도 같은 방침을 채택했다.[54] 그렇지만 언론의 장 바깥에서 글로벌 시민사회라는 높아진 지위에 근거해 조약과 협정에 관련된 교섭에 참여할 권한 등 특권을 요구할 때에는 대표자라는 태도를 바꾸지 않았다.

유엔 기구는 불확실성에 근거한 반응을 보였다. 한편으로 글로벌 시민사회의 정당성을 부여하는 역할은 여전했다. 다른 누가 그 역할을 맡을 수 있겠는가? 다른 한편 아난과 그 주위의 수석 고문들은 시애틀 참패 뒤 몇 주, 아니 몇 달 동안 글로벌 시민사회에 공공연하게 이의를 제기했다. 특히 이 단체들을 자기의 기반으로 선포한 적이 있는 아난은 2000년에 조금은 과감하게 비정부 기구 회의와 총회에서 직접 여러 차례 연설을 하면서 경제 세계화와 무역에 관련해서 그 단체들이 잘못된 생각을 지녔다고 단호하게 말했다. 아난이 한 말에 따르면, 그런 단체들 앞에 놓인 과제는 세계화를 막는 게 아니라 그 결실이 모든 사람의 손에 돌아가게 만드는 것이었다. 세계화를 제로섬 게임이 아니라 포지티브섬 게임으로 만들자는 호소였다. 아난은 2000년 글로벌 시민사회 단체들로 구성된 밀레니엄 포럼에서 자기 경력 중 손꼽히게 설득력 있는 연설을 하면서 '우리는 시대의 조류에 맞게 헤엄쳐야 한다'고 말했다. 참가 단체들은 아난 개인에게 반감이 없더라도, 세계화나 자유무역, 글로벌 시장의 발전 자체는 문제가 아니고 세계화가 가진 자와 못 가진 자들 사이의 제로섬 게임이 되지 않게 하면서 그런 흐름을 끌어안는 일이 중요하다는 아난의 주장에 대체로 반감을 품는 이들이었다.[55]

글로벌 시민사회는 자신의 권한을 과장하고 심지어 정치적으로 너무 나

대는 것처럼 보였다. 시애틀 세계무역기구 회담이 결렬되면서 지식인과 정책 전문가뿐 아니라 원래는 대체로 동정적이던 대기업과 경제계, 그리고 여러 나라 정부 집단과 함께 글로벌 시민사회 운동도 큰 타격을 입었다. 글로벌 시민사회 운동은 감당하기 힘들고 무정부적이고 제어할 수 없으며, 또한 경제적 세계화에 반대하는 거리 폭력과 악당의 언어를 기꺼이 용인하는 것처럼 보였다. 어떤 면에서 유엔 기구는 회원국들의 압력을 느껴 글로벌 시민사회에서 발을 뺐는데, 특히 가난한 나라들의 무역 기회를 가로막는 유럽연합과 미국의 농업 보조금 개혁이라는 무역 회담상의 양보를 바라는 개발도상국으로부터의 압력이 컸다.[56]

그렇지만 글로벌 시민사회는 대체로 유엔에게서 긍정적인 반응을 얻고 있었다. 특히 교양 있는 중상층 계급 부르주아 사절들, 그러니까 거리에 몰려나와 경찰에 돌을 던지고 맥도날드를 불태우는 폭력적인 무정부주의자들이 아니라 고상하고 정중하고 체통 있는 인사들이 환영을 받았다. 그 사람들은 인권 세계와 발전, 인도주의 공동체 중에서도 규모가 크고 진중하고 자금이 풍부한 단체에 속해 있었다. 점잖은 성격으로, 시애틀 거리에서 폭력을 휘두르는 선동가들을 굳이 비난하려 하지 않았다. 급진주의와 폭력에 관한 중상층 계급의 낭만주의가 약간 있었겠지만, 유엔 활동의 직접 예산을 (국제 기구 공무원에게는) 확대시켜줄 수 있는 자금을 가진 중요한 재단들에서 보증인이나 후원자로서 함께하는 중상층 인사들에게는 예외였다 (그런 낭만은 없었다).[57]

글로벌 시민사회는 아난의 말 속에서 여전히 유엔의 '파트너'였지만(민주적 정당성의 소유자로서 글로벌 시민사회가 가진 광채는 좀 빛이 바랬어도 그런 역할을 맡을 유일한 적임자다), 그런데도 확실히 예전에 비해 냉담한 반응을 얻었다. 유엔이 보기에 근원적인 정당성 문제가 여전히 바뀌지 않았고, 가능한 선택의 여지도 제약돼 있기 때문이었다. 유엔 기구와 지도부(기구의 고위 집행부 중에서 사무총장실의 '현대화론자들')는 글로벌 거버넌스로 나아가야 하는 유엔은 회원국들이 시기심 때문에 협소하게 부여한, 제한되고 제한하는 정당성을 우회할 길을 **찾아야 한다**고 여전히 확신했다. 유엔에 정당성을 부여하는 유권자 집단인 전세계 사람들에게 직접 손을 뻗어야 한다는 것이었다. 아난이 추진했으나 실패한 2005년 유엔 개혁 정상회담UN Reform Summit 관련 정책 준비 단계인 2000년대 초반에 사무총장실에서 '전통주의자'와 '현대화론자'들 사이에 토론과 논쟁 과정에서 이런 사실이 특히 분명해졌다. 유엔과 글로벌 시민사회는 여전히 연인 사이지만 더는 진정한 사랑에 기반한 관계가 아니었는데, 각자 상대에게 정당성과 지지를 보내고 있었다. 이 관계를 가능케한 지식은 그 전성기가 끝나가는 상태였고, 비판적 지식인들은 글로벌 정부 차원에서 세계 국민을 대표하고 중재하는 기구로서의 권한을 유엔에게 부여한다는 생각뿐 아니라 글로벌 시민사회라는 구상 자체의 역사와 개념을 공격하고 있었다.[58]

## 유엔, 회원국들로 다시 돌아서다(9·11과 이라크 전쟁)

그리고 2001년 9월 11일 사건이 터졌다. 글로벌 체제 안에서 글로벌 시민사회의 성격과 지위를 둘러싼 논쟁 전체가 한순간에 유치하고 어리석은 일처럼 보이게 됐다. 특정 형태의 비국가 행위자가 자기 존재를 알렸지만, 그러면서 내세운 주장과 요구, 기원과 이데올로기, 열성당원들과 광신주의는 글로벌 시민사회를 구성하는 비국가 행위자들하고 아무 관계가 없었다. 쌍둥이 빌딩이 무너지자 성가신 대응을 피하려는 경찰관에게 돌을 몇 개 던지거나 맥도날드에 불을 지르는 행동들은 서구 청소년들의 장난으로 금세 잊혔다. 진지하고 체통 있는 비정부 기구들조차 시애틀 참패 이후 자기들이 누려온 관심을 예전만큼 받지 못하게 된 사실을 깨달았다. 국제 비정부 기구들은 갑자기 정치 행위자 자격을 상실했다. 정당성을 전달하기 위한 지적 구성물이던 글로벌 시민사회는 어느 순간 무의미한 것이 됐다. 민족국가가 다시 돌아왔다. 유엔이 어떤 역할을 하려 한다면, 민족국가들, 그리고 무엇보다도 안보리에 관심을 기울여야 했다.[59]

비정부 기구들에게 있어 그들은 서구 연합군이 전쟁에 나설 때, 각 민족국가의 군대를 따라다니며 자기의 역할을 수행하거나 국내 사업만 집중할 수도 있었다. 또는 보도 자료나 논문, 보고서나 성명을 발표할 수 있었지만, 이제 더는 관심의 초점이 되지는 못했다. 마치 유엔에게 글로벌 시민사회는 사랑스럽지만 잠시 데리고 노는 정부 같았다. 그런데 현실이 끼어들자 애인은 서둘러 자기 부인에게 돌아갔고, 그렇게 유엔 지도부의 관심도 다시 안보리로 돌아섰다. 9·11 이후 '테러와의 전쟁'이 시작되면서 주요 비정부 기구, 특히 인권 분야 기구들이 어느 때보다도 더 대중의 관심을 끌기는 했지만, 전반적인 흐름을 바꾸지는 못했다. 2003년에 시작된 이라크 전쟁의 준비 단계에서는 특히 유엔 고위 지도부에게 민족국가의 우위와 안보리의 핵심적 중요성이 한층 더 부각됐다.[60] 전쟁과 평화의 문제가 세계 강대국들을 직접 관여하는 의제가 되자 비정부 기구와 글로벌 시민사회는 정말 보잘것없는 존재로 보였다. 글로벌 시민사회가 여러 나라에서 이라크 전쟁에 반대하는 대규모 항의 시위를 만들고자 노력했는데도 말이다.[61]

그렇지만 대테러 전쟁과 이라크 전쟁에 맞선 대응은 또한 모든 이가 항상 그렇다고 알고 있었지만 글로벌 시민사회라는 외견상 정치적으로 중립적인 언어를 통해 줄곧 얼버무려지던 어떤 사실을 여실히 보여줬다. 원칙적으로 시민사회의 기관들에는 아주 다양한 정치적 성향이 포함될 수 있고 민주주의 사회에서도 그렇지만, 국제 사회에서 시민사회라는 용어의 의미는 사실 정치적으로 '진보적인' 단체들의 몫이라는 사실 말이다. 여기서는 단순히 민주적인 주권적 거버넌스를 넘어서 글로벌 거버넌스를 지향하는 노선과 좌파 정치로 개략적으로 정의된다.[62] 글로벌 시민사회에 관한 방대한 학술 문헌은 대체로 글로벌 시민사회가 복음주의 개신교와 가톨릭교회의 낙태 합법화 반대prolife 운동이 아니라 좌파 성향의 휴먼라이트워치나 그린피스에 관련된다고 가정한다. 또한 글로벌 시민사회는 유엔 기구가 그런 기구들을 통해 목표를 추구한다고 가정한다. 글로벌 거버넌스 개념을 우선시하여, 단순히 일국적인 것보다 국제적인 것을 선호한다는 말이다.

그렇지만 일반적으로 받아들여지는 견해에 숨은 편협성, 곧 정치적으로 제약돼 있으면서도 외견상 중립적인 견해가 폭로된 계기는 이런 합의에 도전하는 일부 소수 반대파 국제 비정부 기구들, 이를테면 미국총기협회National Rifle Association와 협회의 글로벌 지부가 아니었다.[63] 오히려 이 편협성은 국제 체제에서의 시민사회 개념에 지적으로나 정치적으로 아무 빚도 지지 않은 이슬람 세계에서, 적어도 한동안은 당황스러울 정도로 폭넓은 호소력을 발휘한 초국적 비국가 행위자들의 등장 때문에 알려지게 되었다. 다르게 말하면 유엔과 글로벌 시민사회가 '국제법'으로서 글로벌 거버넌스를 추구한 냉전 후 10년이 넘어가면서, 글로벌 시민사회와 유엔이 알지 못하는 사이에 초국가적 법률의 한 형태가 점차 생겨난다는 사실이 밝혀졌다. 동등한 수준의 이 초국가적 법률은 비중과 영향력이 훨씬 컸다. 나중에 드러난 이 법의 정체는 본래적 의미의 국제법이 아니라 샤리아였다.[64] 실제로 샤리아법이야말로 국경을 초월한 글로벌 법률에서 **진정한** 성장세에 있다고 주장할 수 있었다.

그렇다면 어쨌든 단순히 일국적인 것보다 국경을 초월한 것, 민족국가의 단순히 편협한 주권보다 국제적이고 글로벌한 것을 더 선호하는 민주적인 자유주의 진보주의자들은 진지하게 생각해 봐야 한다. 글로벌 법률이 실제로 성장할 수는 있지만, 이 법률이 반드시 **자유주의적인** 것은 아니기 때문이다. 글로벌 시민사회의 진보 세력이 이 점을 염려하는 것으로 보이지 않는 이유는 이들이 유엔 자체가 그랬듯 자유주의적이고 비종교적이며 중립적인 원칙(개인적 믿음과 공공 광장에서 하는 공적 행동을 분리하는 원칙)에 근거한 국제 질서의 꿈을 포기했기 때문이며, 그리고 이들이 종교 공동체와 종족 공동체 사이의 갈등을 관리하기 위한 이상으로서 개인의 권리와 자유에 뿌리를 둔 중립적 자유주의가 아니라 종교적이고 종족적인 종교 공동체주의communalism와 다문화주의를 포용했기 때문이기도 하다.[65] 그간 민주적인 민족국가의 정당성은 얄팍한 코스모폴리터니즘을 위해 체계적으로 격하되어 왔다. 이는 글로벌 시민사회와 학계, 언론과 국제기구에 의해 조장되었으며 글로벌 차원의 거버넌스라는 추상적 덕목을 위해서였다. 그러나 이는 **사실** 자유 민주주의보다 하위국가적subnational이고 초국가적supranational인 종교적 또는 종족적 집단들에 동시에 권한을 주는 결과를 낳기도 했다.[66]

그렇지만 국경을 초월한, '다문화적으로 관리되는' 동포적 충성들cousin loyalties로 구성된 세계가 단지 '글로벌' 거버넌스를 지지하기 때문에 종교적, 윤리적으로 중립적인 국가에서 민주적 참여 행위와 개인 인권에 근거를 둔 자유주의적 세계보다 더 나은 세계가 된다고 볼 이유가 없다. 그런데도 글로벌 시민사회와 유엔 기구는 9·11과 이라크 전쟁 이후에 이런 명제를 새로운 글로벌 윤리로 지지한 듯하다. 이 명제를 만약 믿지 못하겠다면, 제네바의 '개혁된' 유엔 인권이사회 회의에 참석해서 의제 중 얼마나 많은 부분이 표현의 자유라는 자유주의의 개념을 종교 공동체주의의 완벽한 다문화주의적 이상으로 대체하는 데 체계적으로 할애되는지를 보면 된다. 그중에서도 어떤 종교든, 또는 적어도 이슬람은 반대 발언의 공격을 받아서는 절대 안 된다는 명제가 최우위를 차지한다.[67]

## 앞으로의 전망

글로벌 거버넌스, 곧 유엔을 중심으로 연방을 형성한 세계, 글로벌 헌법 질서, 상품, 자본, 그리고 점차 노동과 서비스까지 아우르는 경제적 세계화에 상응하는 정치 기획이라는 의미의 글로벌 거버넌스는 교착 상태에 빠져 있다. 그렇지만 이것은 독특한 방식의 교착 상태다. 유엔은 그런 정치적 목표를 향해 의미 있는 진전을 하지도 못하고, 그렇다고 좀더 온건하거나 달성 가능하거나 솔직히 말해 유용한 어떤 것을 위해 그런 원대한 정치적 목표를 포기하지도 못하는 막다른 골목에 직면해서 옴짝달싹 하지 못한다. 유엔의 정당성은 글로벌 거버넌스의 중심이라는 영광스러운 미래 전망에 독특하게 연결돼 있으며, 언뜻 보기에 기능적으로 더 중요한 일로 나아가지 못한다. 그렇게 하면 유엔이 가진 제한된 정당성**까지** 위태로워지기 때문이다. 유엔은 모든 것을 잃고 추방된 여왕의 신세하고 비슷하다. 왕위를 둘러싼 권리 주장이 있어서 다른 모든 것을 정당화하지만, 왕위 요구자 행세를 하는 행동 말고는 다른 어떤 일도 하지 못한다.

　실제로 유엔이 아주 잘할 수 있는 유용하고 기능적이고 노련한 테크노크라시형 일들이 있지만, 유엔은 이런 업무들을 수행하는 데 어려움을 느낀다. 어떤 면에서 그런 일들은 유엔의 품위를 떨어뜨리는 일이기 때문이다. 그런 일들을 하면, 유엔이 적어도 글로벌 거버넌스라는 숭고하고 영광스러운 의미에서 결코 '만인의 의회'가 되지 못하리라는 점을 인정하는 셈이 될 것이다. 그리고 또한 스스로의 미래에 몰두하기 때문에 다른 행위자들은 자기들이 정말로 관심을 기울이는 문제를 유엔에 맡기는 것에 회의적이다. 어떤 버려진 실패 국가의 지옥구덩이에서 평화 유지를 수행하는 일은 맡길 수 있지만, 국제인터넷주소관리기구Internet Corporation for Assigned Names and Numbers·ICANN를 대신해 인터넷을 규제하는 일은 맡기지 못한다. 유엔이 명백하게 일상적인 문

제까지도 정치화하는 뿌리 깊은 경향이 있다는 사실을 알기 때문이다.[68]

당연한 얘기지만, 글로벌 시민사회 운동도 막다른 골목에 갇혀 있다. 글로벌 시민사회 운동은 유엔이 지닌 글로벌 거버넌스의 이상이 요구하는 정당성을 부여할 수도 없고, 또 세계 국민들을 위한 '대표자'와 '중재자' 구실을 하지도 못한다. 적어도 민족국가에 견줄 만한 수준은 되지 못한다. 비교적 영리한 이들은 글로벌 시민사회를 지적으로 자임하는 일을 공개적으로 그만두고, 다시 단순한 비정부 기구로 돌아가는 모습을 취하는 양면적이고 불편한 전략으로 옮겨갔다. 그런 원대한 대표성 주장에서 물러나서, 옳든 그르든 또는 맞든 틀리든 간에 자기들은 전문성과 능력이 있기 때문에 관심을 받아야 마땅하다는 주장으로 돌아간 셈이다. 그렇지만 동시에 국제 비정부 기구들은 글로벌 시민사회와 국제기구, 뜻이 통하는 국가들 사이의 '파트너십' 분위기(정확히 말하면 지뢰 금지 캠페인의 성공에서 생겨난 정식화다)를 조성하는 데 성공한 사실을 근거로 '테이블에 한 자리'를 달라고 요구한다. 이제는 신뢰받지 못한다고 생각되는 과거의 코포라티즘적 대표성과 중재 권리가 국제기구들의 한정된 구역 안에서는 계속 작동한다. 안보리 협의 차원이 아니라, 이익 집단들에게 유용한 낮은 수준의 무수한 쟁점들에서 그러하다. 이들은 유엔의 제도적 이익과 제휴하는 방법을 찾아냈는데, 때로는 그것을 '대표성'으로 부르고, 그럴 수 없는 경우에는 '전문성'이라 부른다.

글로벌 시민사회를 둘러싼 이데올로기적 주장은 아마 앞으로도 학계와 비정부 기구 관련 문헌에서 계속 울려 퍼질 듯하다. 1990년대에 글로벌 시민사회를 위해 고안된 모델은 몇 가지 표면적인 수정을 거친 채 여전히 작동한다. 비정부 기구들은 새로운 감성에 적응하기 위해 이제 '파트너'가 아니라 '규범 창조자norm entrepreneur'나 '초국가적 지지 네트워크transnational advocacy network'로 호명된다. 이런 새로운 용어는 같은 대상을 이해하기 어렵게 만드는 경향이 있다. 이런 용어를 사용하면서 대표, 중재, 코포라티즘 등의 문제를 중화하려 하지만, 움직이는 행위자는 **여전히** 이데올로기적으로 이해된 글로벌 시민사회기 때문이다. 학계의 문헌은 앞으로도 몇 년 동안 글로벌 시민사회가 이념의 국제 시장에서 새로운 규범들을 어떻게 끌어들이는지를, 그리고 어떻게 그 과정을 통해 '국제 공동체'를 민주화하고 개방하는지를 보면서 흥분할 것이다. 학계의 활동가 겸 학자들은 이런 가상의 '개방성'이 사실 본질적으로 글로벌 시민사회와 국제 단체들 사이의 **폐쇄적인** 정당성 집단이라는 사실을 이해하는 데 어려움을 겪는다. 이것을 '사업가 정신 entrepreneurship'이라고 부르는 관점은 유엔의 중요한 쟁점과 글로벌 거버넌스의 이상이 무엇인지를 분명히 밝혀주지만 동시에 수십 년간 지속되어온 정당성의 위기를 이해하기 어렵게 만든다.

어쨌든 이 글을 쓰는 지금도 세계는 다극성multipolarity을 향해 나아가는 듯하다. 이런 다극성은 국제 비정부 기구나 국제 공공 기구, 글로벌 거버넌스에 관련해 실제적이고 윤리적인 성격의 전혀 다른 쟁점들을 제기한다. 초강대국이 군사적으로는 여전히 초강대국일지라도 중국이나 러시아, 또는 이란이나 베네수엘라, 사우디아라비아 같은 '천연 자원을 보유한 권위주의 국가들'에게는 그 국가들의 영향력과 지리적 영역 안에서는 자국의 의지를 강요할 수 있는 무제한적인 자원과 권한이 없다는 사실이 분명해지면 어떤 일이 벌어질까? 이런 상태가 계속 가속화될지는 분명하지 않다. 유가가 변동하고, 미국이 글로벌 안보 보장이나 심지어 북대서양조약기구에도 안보 보장을 제공하는 데 관심을 잃고, 중국이 성장 과정에서 정당성을 획득하는데 실패해서 심각한 내부 소요가 일어나는 등 여러 가지 우연한 변수가 있기 때문이다. 그렇지만 이런 추세가 계속된다면 많은 이들이 이런 변화를 더 '평등'하고, 더 '정의'롭고, 더 좋은 세계의 도래라고 찬양할 것이다. 만약 이런 세계가 정말로 실현된다면, 적어도 글로벌 거버넌스의 팬을 자처하는 많은 이들은 또한 후회하게 될 가능성이 크다. 왜 그럴까?

진정으로 다극적인 세계는, 데이비드 리프가 지적한 대로 협력적 세계가 아니라 경쟁적 세계다.**69** 그런 식의 세계에서 국가들은 과거 미국의 헤게모니 아래 있던 때보다도 더 중요하며, 협력의 여지는 더 적다. 경쟁은 조지아나 타이완 해협 같은 심각한 갈등 사안들에 국한되지 않고, 언뜻 보기에 관계없는 문제들, 곧 안보리와 러시아, 중국의 권위주의자들이 일부 세계의 사업 계획에 반대하기 시작할지 여부 같은 문제까지 번진다. 예를 들어 국가 파산과 같은 경우에 그 건과 이해관계가 전혀 없으면서도 나머지 국가들이 후원하는 계획에 압력을 가하기 위해 반기를 든다. 본디 관계가 없는 문제들에 가치를 들이대는 식이다. 결국 유엔에 참석한 나라들은 지대 추구를 바탕으로 반성한다.※ 글로벌 거버넌스는 이 세계에서 실제적인 자리가 없다. 적어도 '고교회high church'적 의미에서 유엔 헌장을 헌법으로 삼아 유엔 아래 연방을 형성한 세계로 이해되는 글로벌 거버넌스는 끼어들 자리가 없다. 거버넌스 대신 유엔은 좀더 현실주의적인 관점에서 언제나 그랬던 존재가 된다. **기껏해야** 국가들의 잡담 장소가 되고 만다.

※ 가치를 새로 창출하지 않고 타인에게 규제를, 본인에게 특권을 주어 자신의 부를 늘이는 행위.

아마 어떤 이는 이런 세계에서 비정부 기구가 오히려 영향력이 더 커지게 된다고 주장할 수 있다. 그렇지만 솔직히 말해 정반대 주장이 한층 더 설득력 있어 보인다. 지구 대부분의 지역에서 기본적 안보가 확보될 때, 글로벌 시민사회와 글로벌 거버넌스는 최대치의 이데올로기적 호소력과 실제적인 정치적 영향력을 성취한다. 그리고 기본적인 안전 보장은 강대국들 간의 갈등과 (강대국 간 갈등이 없더라도) 집단 안보 체제에 고유한 무임승차 문제를 안고 있는 유엔이 제공하는 것이 아니라, 자신만의 폭넓은 안보 이익을 추구하면서 이상과 이해를 결합하는 비교적 온화한 패권국이 제공한다. 이 보장이 산업화된 세계의 안보 이익의 대부분을 실현해준다.

안보 자체가 쟁점이 될 때, 글로벌 거버넌스라는 대의, 그리고 글로벌 시민사회하고 맺은 파트너십은 매력이 한층 떨어져 보인다. 대규모 군대가 필요한 때에 도덕적 권유는 매력적이지만 불필요한 측면이다. 비정부 기구들은 정언 명령이라는 이름으로 칸트에게 기도를 해보려 할지 모른다. 미국이 패권국 지위를 유지하는 비용과 관련된 이해나 역량을 잃지 않게 해달라거나 지위 유지가 근본적으로 손해보지 않는 계산이라는 데 동의하게 해달라는 기도 말이다. 초강대국 미국이 떠받치는 글로벌 질서는 비정부 기구들이 바다의 물고기처럼 헤엄치는 세계다.[70]

경쟁적인 다극 세계가 더 제한적이고 테크노크라시적인 기획으로 이해되는 글로벌 거버넌스를 선호하는지 싫어하는지는 분명하지 않다. 그런 세계에서는 정치적 대표성과 중재, 정당성과 같은 원대한 정치적 기획을 내다 버리는 것이 어떤 면에서든 해가 될 수 없다. 정치인들보다 테크노크라트들을 한데 모으고, 특정한 문제를 해결하는 데 필요한 정당성만을 추구하고, 당면한 어떤 특정하고 협소한 임무에는 이런 정당성만 필요하다고 가정하는 것이 최선의 접근법처럼 보인다. 특히 경쟁적인 다극 세계에서는 말이다. 협소한 테크노크라시적 접근법에는 추천할 만한 점이 많다. **이는** (물론) 절대로 자기 분수를 지키고, 비정치적인 기능을 위한 테크노크라트들의 정당성이 이데올로기와 정치적으로 더 원대한 구조 안에 탑재될 수 있다고 믿는다면 말이다.

더 원대한 구조는 **존재**하지 않는다. 확고한 다자주의 안에서 민주적 주권국가들 사이에 진행되는 조정이 정치적 세계화의 형태로 추구할 수 있고 추구해야 하는 최선의 길이다. 이런 조정은 웅대한 '만인의 의회'가 실현돼야만 만족할 수 있는 사람들의 원대한 생각을 만족시키지는 못한다. 이것은 '록스타 유엔UN-of-Rock-Stars'이 아니라 '잘 보이지 않는 유엔UN-of-Less-Visibility'을 장려한다. 또한 확실하게 국가 중심적이고 주권적이다. 이 조정은 비정부 기구들에 글로벌 천계에 있는 특별한 자리를 제공하지 않으며, 확실히 특별한 정당화 권한을 전혀 부여하지 않는다. 비정부 기구를 있는 그대로, 그러니까 사적 필란트로피스트들로 대우할 뿐이다. 나쁜 일만은 아니다. 좋은 일이고, 이 세계에서 필요한 구실이다. 그렇지만 비정부 기구의 윤리적 지위에는 대표나 중재가 포함되지 않는다. 이런 것은 유엔 안팎에서 이해돼야 한다. 연애는 포기해야 한다. 결국 양쪽에 모두 해를 끼치기 때문이다. 확고한 다자주의에 관해서는 거버넌스의 한 모델로서 적어도 특정한 사람들과 특정한 장소들의 특정한 문제에서 효과를 발휘할 가능성이 있다. 충분한 수가 모이면 지구를 구성한다. 다시 말해 글로벌 거버넌스의 윤리는 결국 설령 국제 비정부 기구가 존재한다 할지라도 글로벌 시민사회가 자동으로 존재하지는 않는다는 사실까지 인정해야 한다.

# 9장

# 필란트로피의
# 정치 이론을 향해

롭 라이시

사람들은 수천 년 동안 타인에게 자기 돈과 소유물, 시간을 기부했다.[1] 현대의 필란트로피 실천에서 새로운 것은 돈을 기부하는 데 조세 유인을 활용할수 있다는 점이다. 미국에서 자선 기부 공제는 역사가 100년이 채 되지 않았는데, 1913년 연방 소득세 체제가 도입된 직후인 1917년에 미국 의회가 만들었다. 대부분의 선진국과 많은 개발도상 민주주의 국가에는 비슷하게 조세 체계에 포함된 유인이 존재한다.[2]

필란트로피 조직과 비영리 기구는 법률에 따라 특별한 조세 감면이 적용되며, 개인과 기업이 자격 요건을 갖춘 비정부 기구에 돈과 소유물을 기부하는 경우에도 세금이 감면된다. 이런 면에서 필란트로피는 국가가 발명한 것은 아니지만 국가에 의해 가공된 것으로 봐야 한다. 우리는 필란트로피와필란트로피를 장려하는 조세 장려책을 조직화한 여러 법률이 없었으면 필란트로피가 지금 같은 형태를 띠지 않았을 것이라고 확신할 수 있다.

필란트로피가 제도적 장려책에 의해 구조화되는 현대의 관행은 역사적예외로 볼 수 있다. 예전에는 국가가 사람들이 돈과 소유물을 기부할 자유를 보호했지만, 그런 기부를 하도록 장려책을 제공하지는 않았다. 따라서두 가지 질문이 생겨난다. 그런 장려책이 왜 있어야 하고, 자유민주주의에서그런 장려책의 정당한 근거는 무엇인가? 실제로 필란트로피의 역사에서, 국가가 돈을 기부할 사람들의 자유를 얼마나 **제약**해야 하느냐는 질문이 제기된 사례가 꽤나 많다. 사적 부를 통해 공적 영향력을 획득하는 방식은 이를테면 지배 계급의 권위를 위협하기 때문에 국가에 해로울 수 있었다. 마키아벨리는 《로마사 논고》에서 고대 로마에 관해 이런 이야기를 들려준다.

로마 시 전체가 기근에 시달렸다. 공공 창고로는 부족한 식량을 공급하기에 충분하지 않았는데, 당시 대단한 부자인 스푸리우스 멜리우스Spurius Melius라는 시민이 개인적으로 곡물을 모아 자기 돈을 들여 평민들에게 식량을 내놓겠다는 제안을 했다. 이런 후한 선물 때문에 상당히 많은 사람들이 모여들고 멜리우스가 대중적으로 인기를 끌자 원로원은 그런 자선 때문에 분란이 생길까봐 염려했다. 이 분란이 더 큰 세력으로 성장하기 전에 끝내고자 임시 독재 집정관을 임명해서 멜리우스를 처형해버렸다.[3]

사람들이 돈을 기부할 자유를 제약하는 문제는 오늘날에도 여전히 남아 있다. 상속세나 선거 자금 기부를 둘러싼 논쟁만 살펴봐도 국가가 사람들이 돈을 기부할 자유를 제한해야 하는 타당한 이유, 곧 정의에 근거한 이유를 찾을 수 있다. 또한 미국 헌법을 통해 세금 공제를 받을 수 **없는** 자선 기부와 기부 자체를 금지하는 상황을 찾을 수 있다. 미국 헌법의 세출 예산 조항('모든 국고금은 법률로 정한 세출 예산에 의해서만 지출할 수 있다'[4]), 일명 '지갑의 힘Power of Purse' 조항은 연방 기관에 대한 사적 기부를 금지하는 내용으로 해석할 수 있다. 이 조항은 행정부가 의회의 승인을 받지 않고 제안이나 실행을 할 수 있는 일의 한도를 정하기 위해 만들어졌지만, 또한 의회의 승인을 통하지 않는 연방 기관의 **어떤** 자금 조달도 제한하는 것으로 해석할 수 있다. 케이트 스티스Kate Stith는 이렇게 주장한다. "이런 예산 요건의 결과로 정부의 모든 '생산'은 입법 권한에 따라야 한다. 기부를 받아 추가 생산의 자금을 조달하기 때문에 국고에 아무 비용이 들지 않는 것처럼 보이는 경우에도 마찬가지다."[5] 현재 미국은 이런 관행이 통용되는 것으로 알고 있다. 만약 어떤 미국 시민이 연방 기관에 기부를 하려고 하는데, (스미소니언 협회나 의회도서관 경우처럼) 의회로부터 기부금 수령을 허락받지 못했다면 미국 재무부에 수표를 보내는 수밖에 없다.

미국과 다른 나라에서 자선 목적으로 돈을 기부하는 사람들의 자유를 제한해야 하는 이유가 존재해왔다. 이런 사실을 언급하는 이유는 미국의 현재 관행이 일반적인 것이 아니라는 점과, 현재의 관행이 실제로 얼마나 이례적인 것인지를 보여주기 위한 것이다.

자유민주주의 사회에서 민간의 자선을 어떤 규칙으로 관리해야 할까? 첫째, 일정한 유형의 사적 소유 체제가 존재한다고 가정하자. 둘째, 일정한 유형의 소득세가 존재한다고 가정하자. 개인들은 사유재산, 특히 일정한 소득이나 부가 있고, 지금까지 그 재산에 정당하게 세금이 매겨졌다. 세금을 내고 나서, 사람들에게 자선 목적으로 기부하고 싶은 돈이나 소유물이 있다. 이제 어떻게 해야 할까?

내가 볼 때 자유민주주의 국가가 자선 기부에 관해 기본적으로 갖는 입장은 엄격한 불개입이어야 한다. 개인들은 자기 돈이나 소유물을 마음 내키는 대로 누구에게, 얼마든 기부할 자유를 가져야 한다. 상속세나 선거 자금 기부 제한처럼 자유를 제약하려면 정당한 근거가 필요하다. 국가는 특정 제약이 필요하거나 용인되는 이유, 그리고 정의에 부합된다는 것을 보여줄 의무를 갖는다. 유사한 형태로, 나는 사람들이 자기 돈을 기부하는 자유 행사에 대한 장려책도 정당한 근거가 필요하다고 제안한다. 국가는 그런 장려책이 왜 바람직하고 정의에 부합하는지를 보여줘야 하는 부담을 갖게 된다.

그렇다면 다시 처음 질문으로 돌아간다. 미국과 그밖의 나라에서 시민들에게 자선 기부를 하도록 조세 장려책을 제공하는 현재의 관행을 정당화하는 근거는 무엇인가? 조세 장려책은 일종의 보조금, 곧 연방 세입의 손실이다. 미국과 여러 나라들이 사람들이 기부를 할 자유에 보조금을 주고 있으며, 이는 수천 년 동안 국가가 지원하지 않았던 활동을 위해 조세 수입을 포기한다고 말해도 과장이 아니다. 미국은 가장 후한 보조금 구조를 갖고 있다. 2008년에 자선 기부가 3000억 달러를 넘어서 미국 재무부는 조세 수입으로 500억 달러 넘게 손실을 입었다. 미국은 왜 이런 일을 하는 걸까?

이 글에서는 자선 기부에 관련된 조세 장려책의 존재를 정당화할 수 있는 근거 세 가지를 정리하고 평가하려 한다.[6] 특히 현재 미국을 비롯한 여러 나라에서 활용하고 있는 장려 방식인 자선 기부 공제, 곧 시민의 과세 소득에서 자선 기부를 공제하는 방식에 관심을 집중할 것이다.[7] 첫째 정당화는 과세 대상 소득의 적절한 기준을 설명하기 위해 공제가 필요하다는 것이다. 다시 말해 공제는 보조금이 전혀 아니라는 주장이다. 둘째 정당화는 공제가 공공재와 공공 서비스(공제가 없다면 국가의 공급만으로는 부족한)의 생산을 효율적으로 자극한다는 것이다. 셋째 정당화는 공공재 생산에서 권한을 어느 정도 탈집중화하고 그 과정에서 번성하는 민주주의에서 다원주의적 시민사회를 지지하려는 바람직한 노력과 이 장려책을 연결시킨다. 여기서 내가 참조하는 내용은 주로 미국의 필란트로피 실천과 규제 틀이지만, 이 분석은 거의 모든 자유민주주의 국가에 일반적으로 유효하다고 생각한다.

## 조세 기반 설명

첫째 정당화는 공제가 보조금이라는 주장을 완전히 거부한다. 오히려 공제는 기부자를 공정하거나 적절하게 대우하는 방법이다. 공제 가능성은 조세 체제에서 **본질적인** 것이다. 윌리엄 앤드루스William Andrews가 처음으로 제기한 기본 주장은 자선 기부에 대한 공제는 개인의 과세 대상 소득을 적절하게 규정하기 위해 필요하다는 것이다.[8] 헤이그-사이먼스Haig-Simons의 일반적 정의에 따라서 과세 대상 소득을 개인 소비와 부의 축적으로 해석하면, 자선 기부는 개인의 조세 기준에 포함시키지 않아야 한다. 자선 증여는 개인적이고 배타적인 소비에서 공적이고 비배타적인 소비로 자원의 방향을 돌리는 행위기 때문에 자선을 개인 소비와 동일시할 수 없다. 앤드루스는 결론짓는다. "개인적 소비나 축적이 아닌 다른 어떤 곳에 쓴 돈은 항상 공제를 허용해야 한다."[9] 조세학자 보리스 비트커Boris Bittker도 비슷한 주장을 펴면서 자선 기부를 소비로 간주해서는 안 된다는 결론을 내린다. 자발적인 기부를 하는 기부자는 (수입이 같으면서 기부를 하지 않는 다른 이들에 견줘) 형편이 나빠지며, 개인적 이익을 위해 쓰려고 했던 자원을 포기하기 때문이다.[10]

보조금 정당화하고 다르게 조세 기반 정당화는 기부자에 대한 공정한 대우에 초점을 맞춘다. 이 정당화는 기부가 어떤 재화를 생산했는가 여부나 이 재화를 산출하는 과정의 효율성을 따지지 않는다. 조세 기반 근거에 대해서는 네 가지 명백한 비판이 존재한다.

첫째, 상식적 차원에서 만약 어떤 사람이 자원의 정당한 소유권을 갖고 있으며 이 자원을 어떻게 처분할지에 관해 정당하게 결정할 수 있다면, 그 자원을 가지고 무엇을 하기로 결정하든 간에, 그러니까 사치품을 사는 데 쓰든 자선 사업에 기부하든 간에, 정의상 소비의 동어반복이다. 어떤 사람들은 돈 쓰기를 좋아하고, 다른 사람들은 기부하기를 좋아한다. 둘 다 각각의 사람에게 분명한 만족을 가져다준다.

둘째, 많은, 또는 심지어 모든 기부자는 자선 기부를 하면서 분명한 이익을 얻는다. 경제학자 제임스 안드레오니James Andreoni는 이타적인 행동에서 심리적 이익인 '따뜻한 만족'을 얻는 동기의 모형을 만들어 측정하려 시도한 적이 있다.[11] 기부자는 주는 행동에서 기쁨을 경험하고, 그 대가로 '따뜻한 만족'을 얻으면서 이타주의의 이익을 소비한다. 자선 기부를 통한 구매의 기쁨이 똑같은 일을 할 다른 사람들의 능력을 감소시키지 않는다는 점에서 '따뜻한 만족'은 비배제적일 수 있다. 그렇지만 '따뜻한 만족'은 명백하게 사적인 것이다. 이타주의는 또한 희소한 자원으로 해석될 수도 있다. 다른 경제학자들은 얼마나 많은 자선 기부, 특히 대학, 병원, 문화 기관 같은 엘리트 기관들에 하는 기부가 신분을 과시하려는 동기로 이뤄지는지를 보여준 적이 있다.[12] 이 경우에 기부의 동기는 이타적인 아니라 이기적인 것, 곧 지위를 유지하거나 사회적 위계를 높이려는 것이다. 이타적인 것이든 이기적인 것이든 기부자에게는 보답이 돌아오기 때문에, 기부자가 공적이고 비배제적이거나 반드시 형편이 나빠지게 만드는 행동을 한다고 말하기는 힘들다. 그렇다고 해서 기부자가 자선 기부를 할 때 자기를 위해 뭔가를 구매하는 것이라고 생각하는 구제불능의 냉소주의자가 될 필요는 없다.

셋째, 앤드루스의 이론은 미국과 여러 나라의 현행법에서 인정할 수 있는 수혜자들에 관해 잘못된 함의를 갖는다. 만약 앤드루스가 보기에 개인적 소비나 축적이 아닌 어떤 것이든 기부자의 조세 기반에서 공제할 수 있어야 한다면, 억만장자 사업가가 영리 기업인 월마트의 노조 파괴 시도를 장려하기 위해 기부하는 100만 달러도 공제 대상이 돼야 한다. (이 사업가가 월마트의 주식을 전혀 보유하고 있지 않다고 가정하자.) 마찬가지로 기부자가 아무 연계가 없는 외국이나 외국 자선 사업에, 이를테면 빈곤을 경감하려는 동기에서 내는 기부도 공제 대상이 돼야 한다. 그렇지만 미국의 조세법은 다른 대부분의 나라들이 갖춘 조세 체제처럼 이 두 종류의 기부를 배제한다. 미국에서 공제 자격을 얻으려면 국세청에 등록된 이른바 501(c)(3)※ 비영리기구 자격이 있는 단체에 자선 기부를 해야 한다.

마지막으로 이론적 개념화에서 경험적 사실로 돌아와, 현실 세계의 필란트로피를 잠깐만 생각해봐도 기부자들이 얼마나 자주 자선 기부금으로 배제성 재화excludable goods※※※를 구입하는지 알 수 있다. 기부자들은 이런 상품의 주요 소비자에 속한다. 종교 단체에 내는 기부가 분명한 사례가 된다. 교회는 공공재가 아니라 클럽재club goods※※※를 제공한다. 달리 말하면, 교회는 공익public benefit 단체라기보다는 상호이익mutual benefit 단체에 가깝다.[13] 예술 단체에 자선 기부를 하고 기부자가 그 대가로 특석과 특별 출

※ 미국 조세법 501조 (c)항에서 정한 비과세 비영리 조직을 501(c) 조직이라고 한다. 29가지 하위 분류가 있으며, 501(c)(3) 분류가 가장 많다.

※※ 자본주의 경제에서는 어떤 재화를 구입할 돈이 있느냐 없느냐에 따라 상품이 배제성을 갖는다.

※※※ 배제성은 있지만 경합성은 없는 재화. 재화는 경합성과 배제성에 따라 크게 사유재, 클럽재, 공공재, 공유 재산 네 가지로 구분된다.

입, 비공개 관람 등을 제공받는 경우도 마찬가지다. 자기 자녀가 다니는 공립 학교에 자선 기부를 하면 자녀에게 더 나은 교육 기회나 성과를 제공할 수도 있다. 공립 학교의 질과 부동산 가치가 상관관계가 있다는 사실 때문에 자기 주택의 가치가 올라가는 것은 말할 것도 없고 말이다.[14]

더 근본적인 또 다른 비판을 덧붙일 수 있다. 여기서 논하는 사회적 정의와 경제적 정의가 무엇인지에 관한 폭넓은 규범적 고려 없이는 조세 기반 선택을 평가할 수 없다는 토머스 네이걸Thomas Nagel과 리엄 머피Liam Murphy의 설명을 논하고자 한다.[15] 두 사람이 보기에 과세 대상 소득을 정의定意하는 것은 엄격히 말해 도구적 영역의 일이다. 조세 체계는 더 큰 사회적 목적을 추구하기 위한 하나의 장치에 불과하다. "조세 정의justice in taxation는 세전 기준선에 따라 측정된 조세 부담을 공정하게 분배하는 문제가 아니기 때문에 납세자들의 어떤 세전 특징이 세금 분담을 결정하는지는 그것 자체로 중요하지 않다."[16] 따라서 네이걸과 머피가 보기에 조세 체계나 조세 기반에 어떤 본질적인 공정성이란 존재하지 않으며, 과세는 사회적 정의와 경제적 정의라는 폭넓은 이론의 목표를 실현하기 위한 도구일 뿐이다.

두 사람의 논의는 사유재산이 법률 체계의 합의라는 주장을 토대로 한다. 재산권은 제도나 정치 이전에 존재하는 권리가 아니라 폭넓은 정의론의 일부로서의 법률군에 따른 결과다. 따라서 세전 소득을 당연한 개인의 돈으로 간주하지 않으며, 세전 소득 기준선 개념이 없다면 공정한 조세 기반 선택에 본질이 되는 어떤 것도 없어진다.[17] 그렇다면 자선 기부를 과세 소득에서 공제해야 한다는 주장은 이치에 맞지 않다. 이런 공제는 논리적으로 적절한 조세 기반을 확인하는 영역에 속하는 사안이기 때문이다.

나는 네이걸과 머피의 명제를 받아들이지만, 옹호하지는 않을 생각이다. 다만 이 명제는 사회적 정의와 경제적 정의에 관한 논의를 적절한 지적 영토에 자리매김시켰다는 점을 지적하려 한다. 어느 누구도 단지 개인의 조세 기반에 관한 특정 설명을 바탕으로 자선 기부에 대해 세금 우대 조치를 받을 자격은 없다. 자선에 대한 세금 유인이 정당화되려면 사회 정의에 관한 폭넓은 설명에서 정당한 근거를 찾아야 하며, 조세 체계는 이런 사회 정의를 위한 하나의 도구일 뿐이다.

## 보조금 설명

자선 기부 세금 공제에 관한 좀더 전형적인 옹호론이자 암묵적일지라도 폭넓은 사회적 정의 이론과 경제적 정의 이론을 고려하는 옹호론은 국가가 사람들이 자선을 행하도록 보조금을 제공함으로써 중요한 사회적 가치를 달성한다는 것이다. 국가가 자선에 대해 장려책을 제공하는 이유는 아무런 장려책을 제공하지 않고 국가 스스로 만들어낼 수 있는 가치보다 이런 장려책이 더 큰 사회적 가치가 산출되도록 자극한다고 생각하기 때문이다.

그러므로 보조금은 일종의 조세 지출, 곧 직접 지출 프로그램과 동등한 재정 지출로 간주된다.[18] 국가가 시민들에게 자선 기부금을 과세 가능 소득에서 공제하도록 허용하면 그만큼의 세입이 줄어들며, 결국 모든 납세자가 (적어도) 두 가지 중요한 면에서 영향을 받는다. 첫째, 납세자들은 직접적인 정부 지출을 통해 받는 이익의 일정 부분을 잃는다. 만약 모든 시민이 연방 예산의 총수입에서 소액이나마 일정 부분을 받는다면, 공제 때문에 조세 수입이 수십억 달러 줄어들 때 모든 시민도 소액의 이익이 줄어들게 된다. 둘째, 시민들은 민주적 책무성을 요구할 수 없게 된다. 기존의 (자선) 기금의 돈은 정부의 직접 지출처럼 책무성을 요구받거나 사용 내역을 추적할 수 없기 때문이다. 시민들은 국가의 지출 프로그램이 불만족스러우면 대표자를 투표로 몰아낼 수 있다. 게이츠 재단도 국내 지출 프로그램과 글로벌 지출 프로그램이 있고 일부는 조세 보조금의 지원을 받지만, 총재와 이사진을 투표로 몰아낼 수 없다. 따라서 보조금 설명의 성패는 보조금이 가져오는 이익 대비 세입 손실의 비용에 좌우된다. 네이걸-머피 명제에 일관되게 보조금은 폭넓은 사회적 목적을 실현하기 위한 장치일 뿐이다. 만약 이런 목적이 실현된다면 보조금은 옹호될 수 있다.

미국 대법원은 몇 차례 판결에서 보조금 설명에 의지했으며, 그 결과 이 설명은 비중이 높아졌다. 1983년 '리건 대 대표있는 과세 연합<sup>Regan v. Taxation with Representation</sup>' 사건 판결에서 대법원은 이렇게 언급했다. "세금 감면과 세금 공제 둘 다 조세 체계를 통해 관리되는 보조금의 한 형태다."[19] 더 나아가 공제는 미국 정부가 교부하는 연간 연방 조세 지출 예산에 포함됐다.

보조금 설명은 사람들의 관심을 기부자에 대한 공정한 대우에서 기부 수혜자나 증여가 만들어낸 선행으로 돌린다는 것이다. 그렇다 하더라도 미국에서 보조금을 제공하기 위해 사용되는 특별한 수단인 과세 소득 공제는 기부자에 대한 공정한 대우를 강조하는 강력한 비판에 취약하다. 첫째, 공제는 항목별로 세금을 신고하는 납세자들에게만 가능한데, 이 집단은 모든 세금 신고의 30퍼센트 정도를 차지한다. 나머지 70퍼센트의 납세자들은 (절대적 액수로 보거나 소득 대비 비율로 보거나) 상당한 자선 기부를 하더라도 조세 혜택에서 배제된다. 표준 공제를 받기 때문이다. 따라서 보조금은 제멋대로 적용된다. 보조금을 받을 가능성이 기부의 가치와 관련 없는 특성에 좌우되기 때문이다. 만약 보조금이 모종의 사회적 선을 산출하기 때문에 정당화된다면, 똑같은 단체에 똑같은 기부를 하고 표면상 똑같은 사회적 선을 산출하는 두 기부자가 왜 세법에 따라 다른 대접을 받아야 하는가?

둘째, 누진세제에서 공제는 소득세율 구간을 어떻게 정하는지에 연동된다. 부자일수록 실제로 자선 기부의 비용이 줄어든다. 공제는 소득세율 구간에서 단계가 높아질수록 보조금과 장려책이 점점 커지는 식으로 작동한

다. 최고 세율 구간에 속하는 이들(2008년 현재 미국에서 35퍼센트)이 가장 많이 공제를 받고, 최저 세율 구간에 속하는 이들(10퍼센트)은 가장 적게 받는다. 학자들은 이런 현상에 '거꾸로 효과upside-down effect'라는 이름을 붙였는데, 그 결과로 자선 공제의 경우에 '소득 수준이 올라갈수록 선행의 기회비용이 줄어든다.'[20] 그렇지만 이런 염려들은 네이걸-머피 명제에 대한 비판이 되지 않는다. 보조금 설명 자체에 대한 비판이 아니기 때문이다. 이런 염려들은 현재 미국과 여러 다른 나라에서 보조금, 곧 세금 공제의 방식에 대한 비판이다. 보조금 방식을 개혁하면 문제점을 뿌리 뽑거나 완화할 수 있다. 이를테면 공제를 분류 등급에 관계없이 모든 납세자에게 확대할 수 있다. 또는 세금 공제를 없애는 대신 부분적이거나 전체적인 소득세 감면을 하거나, 영국 사례처럼 이른바 '기부 세금 면제gift aid'의 형태로 유인을 제공할 수도 있다. 영국 방식에서는 개인이 적격 단체에 자선 기부를 하면 정부가 일정 비율을 그 단체에 추가 지원한다.

그렇다면 보조금 설명 전체를 어떻게 평가할 수 있을까? 현재의 보조금 제공 방식이 아니라 보조금 설명 자체를 평가하기 위해 보조금이 산출하는 사회적 재화와 산출 과정의 효율성을 살펴보는 방법이 있다. 만약 자선 수혜자들을 통해 산출되는 재화가 사회적 가치가 있다면, 우리는 이 보조금이 이른바 '국고 효율적treasury efficient'인지 물어볼 수 있다. 보조금은 연방 세입에 발생시키는 비용보다 더 많은 액수를 기부금으로 나오게 하는가? 만약 그렇다면 보조금은 국고 효율적이다. 그렇다면 경제학자들은 보조금의 최적 비율에 관해, 또는 국고에 최소의 비용을 발생시키면서 가장 많은 기부를 자극하는 방법에 관해 논의할 것이다. 미국의 세금 공제에 관한 경험적 분석을 보면, 처음에 생각한 것보다는 훨씬 덜하지만 공제가 실제로 국고 효율적이라는 사실을 알 수 있다.[21] 국고 효율성을 보면 보조금(어쨌든 실행되는 어떤 일을 만들어내기 위한 연방 세입의 손실)은 그 돈이 없어도 실행되는 자선 기부에 대한 단순한 보상이 아니라는 사실이 확인되지만, 그 성공은 자선 수혜자들을 통해 산출되는 재화가 폭넓은 사회적 가치를 갖는다는 처음의 가정에 크게 의존한다.

국고 효율성 문제에만 한정시키지 않고 자선 기부가 만들어내는 사회적 재화를 조사해보면, 적어도 미국의 상황에서 세 가지 문제가 드러난다.

첫째, 미국 법률은 갖가지 공공 자선 사업이 세금 공제가 가능한 자선 기부를 받도록 허용한다.[22] 자선 사업을 통해 산출되는 사회적 재화의 일부 또는 대부분은 어떤 시민들에게는 아무런 가치가 없을 것이다. 교회는 기부자(이를테면 신도)가 내는 기부금에 대해 세금 공제를 제공할 자격이 있기 때문에 비신자들은 세금 보조금을 통해 교회에 간접적으로 기부를 하는 셈이다. 반대로 가톨릭교도들은 가족계획연맹Planned Parenthood과 이 단체의 낙태권 지지에 간접적으로 기부를 한다. 이런 사례는 아주 많다. 기본적인 문제는 보조금을 누군가 이익을 보지만 아무도 손해는 보지 않는 파레토 개선Pareto improvement[※]의 사례로 보고 정당성을 부여할 수 없다는 점이다.[23] 보조금은 기껏해야 캘도어-힉스 개선 Kaldor-Hicks improvement, 곧 자선을 통해 산출된 특정한 사회적 재화를 소비하는 이들이 얻는 이익이 그 사회적 재화에 전혀 관심이 없는 이들이 입는 손실을 상쇄하는 상황이다. 그렇지만 보조금 설명을 정당화하는 기준으로 캘도어-힉스 개선에 의존하면 둘째 문제들이 제기된다. 명백한 이유로 공제의 수혜는 상위 소득자들에게 크게 유리하다. 부유한 개인들은 절대적으로 더 많은 액수를 기부하고(그렇지만 소득의 비율로 따지면 아니다), 기부에 대해 더 많은 보조금을 받으며(거꾸로 효과), 그 결과로 전체 공제에서 압도적으로 큰 몫을 청구한다. (20만 달러 이상을 버는 이들이 자선 기부에 대한 전체 공제의 30퍼센트를 받고, 7만 5000달러 이상을 버는

※ 기존의 자원 배분 상태에서 다른 사람에게 손해가 가지 않게 하면서 최소한 한 사람 이상에게 이득을 가져다주는 것을 말한다. 파레토 최적은 이런 개선이 불가능한 상태를 가리킨다.

이들이 전체 공제의 65퍼센트 이상을 청구한다.)[24] 그 결과로 보조금은 부유층에 유리하게 기울어진다. 부유층이 선호하는 수혜자들이 보조금의 단물을 챙기는 셈이다.

이런 부유층 편향plutocratic bias이 문제가 되는 이유는 중간 계급과 저소득층의 이익과 선호 대신 부유층의 이익과 선호를 체계적으로 과잉 배려하는 것을 사회 정책의 토대로 삼는 것은 이상하고, 정의롭지 못한 것으로 보이기 때문이다. 그렇지만 자선 기부의 산물이 경제적 의미의 순수한 공공재, 곧 비배제적이고 비경합적인 재화라면, 이 문제는 약화된다. 만약 부유한 사람들이 누구나 자유롭게 향유할 수 있으며 한 사람이 소비한다고 해서 다른 사람들이 소비할 수 있는 양이 줄어들지 않는 재화를 창조하는 데 기부를 한다면, 부유층 편향은 그런 상황에서도 모든 시민의 이익을 향상시킨다. 그렇지만 공공 자선의 절대 다수는 순수한 공공재를 산출하지 않는다. 이를테면 병원과 대학은 미국 전체 비영리 기구 수입의 절반 이상을 차지하지만, 병원과 대학은 비용을 지불할 수 없는 사람들을 쉽게 배제할 수 있다.

자선 기부자들, 특히 부유층이 선호하는 수혜자가 빈곤층을 위한 사회복지나 서비스에 관여하는 자선 사업이라면, 부유층 편향에 대한 염려가 누그러들 수 있다. 그렇다면 최소한 자선 기부는 어느 정도 재분배 효과가 있을 것이다. 그런데 적어도 미국에서는 사정이 다르다. 이것이 보조금 설명의 셋째 문제점이다(**표 1, 표 2, 표 3**을 보라).

미국에서 개인이 내는 전체 기부금의 절반 이상이 종교에 기부되는데, 이 돈 중에서 종교 단체에 관련된 종교 기반 자선 단체로 가는 액수는 전무하다. 종교 단체에서 파생된 이 단체들은 공익/사회 이익 단체로 분류되는데, 이 분류에 속한 단체는 전체 자선 기부의 6퍼센트 이하를 받는다.[25] 만약 부유층이 선호하는 수익자들에게 정확히 초점을 맞춘다면, 문화 단체, 병원, 대학 등이 통상적인 수혜자가 될 것이다. 이런 증여는 때로는 재분배라는 사회적 이익을 만들지만(빈곤층 대상 장학금), 그렇지 않은 경우도 있다. 낙관적으로 생각할 때 자선 부문의 재분배 효과를 경제적으로 잘 분석해보면, '재분배 효과에 관한 종합적 결론을 내리기 힘들'고, '어떤 하위 부문에서도 빈곤층보다 부유층에게 이익이 극적으로 기울어진다는 증거는 찾을 수 없'지만, 또한 '빈곤층을 주요 고객으로 삼고 봉사하는 비영리 기관은 비교적 적다'는 증거가 있다는 결론으로 이어진다.[26]

마지막으로 한 가지만 더 지적하자. 부유층이 내놓는 증여가 빈곤층으로 유입된다는 의미에서 자선 기부가 재분배적이라고 가정해보자. 이 점을 인정하더라도 아직 비영리 기구와 재단이 모든 점을 고려할 때 실제로 재분배 기능을 한다는 결론을 내려서는 안 된다. 필란트로피에 대한 세금 감면, 그리고 비영리 기구와 재단에 유입되는 돈에 과세를 해서 공공 수입으로 만들었을 경우의 시나리오를 고려해야 하기 때문이다. 여기에 질문은 '필란트로피가 재분배의 기능을 하는가?'가 아니라 '필란트로피에 사용되는 돈이 정부 지출보다 더 빠르게 저소득층에 전달되는가?'다. 일반 대중의 필란트로피 투자에 대한 성과가 가치를 인정받으려면, 국가가 필란트로피 자산에 과세를 하는 경우보다 더 효과가 좋아야 한다.

이런 질문에 답하는 일은 쉽지 않다. 우리는 만약 국가가 필란트로피스트들의 기부에 대해 세금 감면을 하지 않았을 때 늘어난 세입을 어떻게 지출할지에 관해 추측해 보아야 한다.[27] 여기서 나는 추측은 하지 않을 생각이다. 대신에 미국에서 필란트로피 부문의 재분배 성과를 근거로 필란트로피에 조세 특례 대우를 해주자고 주장하려는 사람이 있다면 적어도 그런 재분배가 실제로 일어나는지를 의심할 세 가지 이유에 직면해야 한다는 점을 지적하고 싶다. 첫째 난점은 인형 극단이나 무료 급식소 등 잡다한 비영리 단체가 전부 501(c)(3) 지위 자격이 있다는 것이다. 둘째 난점은 개인이 내는 자선 기부금의 수익자로 종교 단체가 압도적이라는 사실이다. 셋째 난점은 필

## 표 1. 2008년 미국 기부금 현황

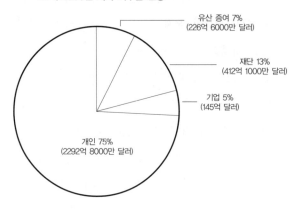

유산 증여 7%
(226억 6000만 달러)

재단 13%
(412억 1000만 달러)

기업 5%
(145억 달러)

개인 75%
(2292억 8000만 달러)

• 기부 원천 합계 3076억 5000만 달러

## 표 2. 기부자 배분

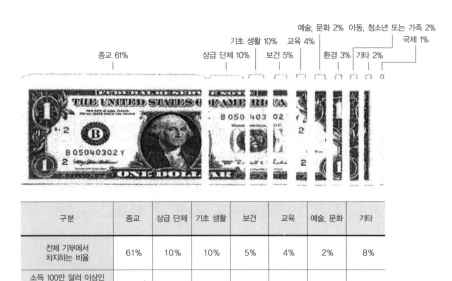

종교 61%

상급 단체 10%

기초 생활 10%

보건 5%

교육 4%

예술, 문화 2%

아동, 청소년 또는 가족 2%

환경 3%

기타 2%

국제 1%

| 구분 | 종교 | 상급 단체 | 기초 생활 | 보건 | 교육 | 예술, 문화 | 기타 |
|---|---|---|---|---|---|---|---|
| 전체 기부에서 차지하는 비율 | 61% | 10% | 10% | 5% | 4% | 2% | 8% |
| 소득 100만 달러 이상인 사람들이 낸 기부가 차지하는 비율 | 17% | 4% | 4% | 25% | 25% | 15% | 10% |

출처: Center on Philanthropy, "Patterns of Household Charitable Giving," report prepared for Google Inc. (Center on Philanthropy, Indiana University, Indianapolis, Ind., 2007), www.philanthropy.iupui.edu/research/giving%20focused%20on%meeting%20needs%20of%20the%20poor%20july%202007.pdf, based on Center on Philanthropy's Panel Survey/Panel Survey of Income Dynamics 2005 data.

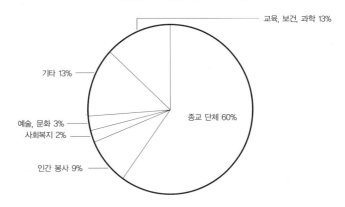

**표 3. 개인들은 자선금을 어떻게 분배하는가**

교육, 보건, 과학 13%

기타 13%

예술, 문화 3%
사회복지 2%

인간 봉사 9%

종교 단체 60%

출처: Rob Reich, "A Failure of Philanthropy: American Charity Shortchanges the Poor, and Public Policy Is Partly to Blame," *Stanford Social Review*(Winter 2005), 24~33쪽.

란트로피 옹호자는 필란트로피가 재분배 효과가 있을 뿐 아니라 정부보다 필란트로피 활동의 재분배 효과가 더 크다는 사실을 보여줘야 한다는 점이다. 요컨대 필란트로피가 실제로 재분배 효과가 있다거나 자선을 목적으로 한다는 점을 의심할 만한 타당한 이유가 존재한다.

이런 문제들은 다시 미국과 여러 나라에서 보조금, 곧 세금 공제를 제공하는 방식을 겨냥한다. 보조금의 부유층 편향과 재분배 효과의 부족은 보조금 제공 방식을 변경하는(이를테면 세금 감면 상한제capped tax credit) 동시에 세금 공제 기부를 받을 수 있는 단체의 종류를 제한하는(이를테면 교회와 엘리트 문화 단체는 제외하는) 식으로 바꿀 수 있다. 해법이 무엇이든 간에 보조금은 여전히 **효율적**이어야 한다는 기대가 존재한다. 보조금이 정당화되려면 사회적 편익을 산출하는 것보다 국고에 드는 비용이 더 작아야 한다.

여기서 여러 가지 해법을 다루지는 않을 것이다. 대신 다른 대안적 설명을 살펴보자. 이는 보조금 설명에서 보조금이 사회적 재화 산출을 위한 세금의 효율적인 활용 수단이 되어야 한다는 부담을 걷어낸다.

## 다원주의 설명

다원주의 설명은 여러 가지 유형이 있으며, 통일된 이론이라고 부르기 어렵다. 이들은 자선 기부금에 대한 조세 장려책이 기부금을 받는 비영리 단체들이 만드는 사회적 재화나 결과물 평가에 기반하여 정당화되어서는 안 된다는 생각에서 출발한다. 대신에 조세 장려책은 다양하고 탈집중적이며 다원주의적인 결사체 부문associational sector(이 부문은 자유민주주의가 융성하는 온상으로 간주된다)이 형성되는 과정에서 시민의 목소리를 자극하는 기능을 한다는 점에서 정당성을 갖는다. 비영리 기구들이 결사체적 삶associational life의 제도적 얼굴이라면, 다양한 종류의 비영리 기구에 자선 기부를 장려함으로써 자유민주주의에 이익이 되도록 시민들의 목소리를 증폭시킬 수 있다. 자선 단체가 만들어내는 재화가 아니라 다양한 단체의 설립과 유지에 있다. 공익이나 사회적 이익은 시민사회 자체이지 시민사회를 구성하는 단체 멤버들이 만들어내는 공익이나 사회적 이익의 목록은 아니다.

이것은 여전히 보조금 이론이지만, 보조금이 국고 효율적이어야 한다는 필수적 요구는 없다는 점을 주목하라. 비영리 기구를 통해 만들어지는 사회적 이익이 산출되는 과정에서 국고에 순손실이 있고, 국가가 이 재화를 더 효율적으로 제공할 수 있다고 하더라도 다원주의 설명에 따르면 보조금은 가치가 있다. 물론 재화의 효율적 생산을 반대하는 것은 아니다. 다원주의 설명은 효율성을 요구하지 않는다. 국가는 시민들의 목소리와 다원주의적 결사체 부문의 지속을 장려하기 위해 정당하게 세입을 포기할 수 있다.

다원주의 설명을 자세히 서술하기 전에 몇 가지 염려를 검토해보자. 첫째, 결사체적 삶의 제도적 보장은 대체로 확고한 자유의 보장을 의미한다. 활발한 시민사회를 만들기 위한 실천에 보조금 지원 제도가 정말 필요할까? 어쨌든 알렉시스 드 토크빌이 미국을 여행할 때는 자선 기부금 세금 공제 같은 제도는 없었다. 둘째, 다원주의 설명을 옹호하는 사람은 지난 세기 내내 결사체적 삶이 보여준 심란한 역사적 기록에 대답을 해야 한다. 미국에서 비영리 기구의 부상과 자선 기부 공제의 활용이 시민 참여나 결사체적 삶의 **쇠퇴**와 동시에 일어났다고 말해도 전혀 지나친 말이 아니다. 적어도 로버트 퍼트넘Robert Putnam에 영감을 받은 문헌들을 믿을 수 있다면 말이다. 전문가가 운영하는 비영리 기구의 존재는 시민사회의 석화화에 기여했을 뿐이다.[28]

만약 미국 납세자들이 지난 한 세대 동안 자선 기부를 지원하느라 수천억 달러를 세금 지출로 썼다면, 우리는 보조금 없으면 일어나지 않았을 법한 시민사회의 발전이 이 돈 때문에 자극받았는지 여부를 확인해야 한다. 나는 여기서 그런 모험을 하지는 않겠다. 아마 시민 참여와 결사체적 삶의 쇠퇴는 보조금이 없는 경우와 비교하면 그 정도가 덜할 것이다. 실제 사실이 무엇이든 간에 보조금 때문에 시민사회가 향상되거나 적어도 쇠퇴가 약화됐다는 경험적 주장은 (내가 아는 한) 아직 나오지 않았다.

그렇다면 자선이나 필란트로피에 보조금을 제공하는 방식을 지지하는 다원주의 설명에 대한 찬성론은 무엇일까? 이 설명에는 두 가지 주요한 생각이 담겨 있다. 사회적 재화를 산출하는 과정을 탈집중화하는 것, 그리고 결사체적 삶의 다원주의를 장려하고 전체 지형에서 국가 중심 통념을 약화시키는 것이다. 이런 사고는 루이스 파월 대법관이 내놓은 미국 대법원의 견해에서 포착된다. 파월은 비영리 부문의 목적이 비영리가 없다면 정부가 직접 지출을 통해 제공해야 하는 서비스나 사회적 재화를 전달하거나 보완하는 데 있다는 통념에 이의를 제기한다. 파월은 비과세 단체의 주요 기능은 정부를 대신해서 정부가 승인한 정책을 실행하는 것이라는 견해를 거부한다.

내가 생각하기에 501(c)(3) 조항에 관한 이런 견해는 비과세가 다양하고 실제로 종종 날카롭게 충돌하는 여러 활동과 견해를 장려하는 일에서 얼마나 중요한 구실을 하는지를 무시한다. 윌리엄 브레넌 대법관이 말한 대로, 민간 비영리 단체가 비과세 혜택을 받는 이유는 '각 단체가 활발한 다원주의적인 사회에 필수적인 결사, 견해, 사업의 다양성에 기여'하기 때문이다. 비영리 단체 비과세 조항은 어떤 '공동체의 공통적 양심'을 강화하려는 노력을 대변하기는커녕 공동체 생활의 중요한 영역들에 대해 정부 중심의 통념이 미치는 영향을 제한하는 데 필수적인 수단이다.[29]

다양성이 존재하는 사회에서는 세금을 직접 지출해 어떤 사회적 재화를 공급해야 하는지에 관해 다양한 선호가 존재하기 마련이다. 물론 이 돈을 어떻게 할당할지를 결정하기 위한 민주적인 방식은 다양한 선호를 다루는 기본 수단이다. 중위 유권자의 선호는 여기서 완전히 결정적이지는 않더라도 커다란 구실을 떠맡는다. 잠재적으로 중요한 또 다른 수단은 어떤 종류의 사회적 재화를 생산할지를 결정하는 권한을 탈집중화하고, 또한 보조금을 제공하는 방식으로 사회적 재화 생산에 시민들의 목소리를 더 많이 허용하는 것이다. 이런 견해에서 보면 자선 기부에 대한 세금 유인은 모든 시민이 사회적 재화에 대한 자기 선호를 현금 형태로 표현하도록 자극하려는 노력이다. 그리고 그 결과로 생겨나는 자금의 흐름은 일부는 (기부자에게서 나오는) 사적인 돈이고 일부는 (조세 보조금에서 나오는) 공적인 돈이다.

그 결과로 정식의 민주적인 정치 과정을 거쳐 특정한 사회적 재화의 공급에 관련된 다수의 합의를 모을 수는 없더라도, 어떤 시민 집단은 여전히 소수의 독특한 목표를 추구할 수단에 대해 세금 지원을 받는다. 결사의 권리에 따라 모든 시민은 공익이나 사회적 재화의 생산에 관해 전체에 동의하지 않거나 반대하는 전망을 추구할 자유를 보장받는다. 조세 유인을 통해 이런 자유에 보조금을 주는 근거는 모든 시민의 목소리를 향상시키거나 증폭시키고, 시민사회에 대한 시민의 기여를 장려하며, 중위 투표자의 제약을 극복하려는 소수의 노력을 도와야 한다는 것이다. 필란트로피는 일부는 사적인 돈이고 일부는 공적인 돈인 자금을 가지고 개인이 선호하는 시민사회의 특정 기획에 표를 던지는 수단이 된다.[30]

여기서 자선 기부금의 재분배적 성격에 관한 관심이 시야에서 멀어진다는 점을 주목하자. 필란트로피에 대한 조세 유인의 정당화가 다원주의의 노선을 따라 진행된다면, 필란트로피는 적어도 우선적으로 가난하거나 불우한 사람들을 돕는 문제가 아니다.[31] 대신에 다원주의적이고 번성하는 시민사회를 보호하고 장려하는 문제가 된다. 만약 시민들이 가난한 사람들이나 불우한 사람들에게 사회복지를 제공하는 비영리 기구에 자금을 지원하기를 바란다면 당연히 그렇게 할 수 있지만, 이를테면 박물관이나 오페라 같은 문화 기관에 대한 선호보다 이런 선호에 특권이 주어지지는 않을 것이다.

나는 이런 다원주의 설명이 실제로 사람들이 자선이나 필란트로피라는 목적을 위해 돈을 기부할 자유에 보조금을 줄 이유를 제공한다고 생각한다. 그렇지만 현재 대부분의 나라에 마련된 조세 지원 기부 설계의 밑바탕에 이런 설명이 있다고 말할 수는 없다. 내가 보기에 자선 기부를 하는 개인에게 세금 공제를 제공하는 정책은 다원주의 설명에게 공을 돌리기보다, 오히려 이런 설명을 훼손하고 웃음거리로 삼는다.

앞에서 설명한 대로 누진 소득세가 시행되는 경우에 자선 기부에 대한 세금 공제는 공공 정책에서 부유층의 목소리를 확고하게 굳혀준다. 만약 자선 기부에 대한 조세 유인이 과세 가능한 소득에 대한 공제로 설계된다면, 많은 사람들은 (공제할 항목이 없기 때문에) 목소리를 완전히 빼앗기고 부유한 시민들은 다른 이들보다 훨씬 더 많은 보조금을 받게 된다. 그 결과로 시민사회의 지형에 심각한 부유층 편향이 나타난다. 부유층이 선호하는 비영리 기구가 체계적으로 더 많아지고 빈곤층이 선호하는 비영리 기구는 더 적어진다. 조세 정책에 따라 승인받고 장려되는 금권주의적인 시민의 목소리가 시민사회를 지배하게 된다.

어떤 방식이 다원주의 설명을 더 잘 따르는 걸까? 많은 선택지가 있지만 쉽게 설명하기 위해 두 가지 가능한 설계를 생각해보자. 첫째, 상한선이 있고, 균일하며, 환급되지 않는 세금 감면을 자선 기부에 제공하는 방식이다. 일정한 수준의 감면 상한선(이를테면 1000달러)을 두고 모든 기부자에게 동등한 세금 감면(이를테면 기부금의 25퍼센트)을 제공하는 이 방식은 공제의 '거꾸로 구조'를 피하고, 모든 기부자에게 동등한 감면을 제공하며, 물론 기부자에게 감면 상한선에 도달한 뒤에도 계속 기부를 할 자유를 주지만, 국가 보조금은 더는 지급하지 않는다. 둘째, 최근 중유럽과 동유럽 몇몇 나라에서 생겨난 이른바 '비율 필란트로피percentage philanthropy'를 생각해보자. 이를테면 1996년에 헝가리에서 통과된 법률은 시민들에게 소득세의 1퍼센트를 자격 있는 비정부 기구에 할당하도록 허용한다. 이런 방식은 앞의 사례 같은 세금 감면이 아니다. 헝가리 시민이 세금을 덜 내지는 않기 때문이다. 시민들은 본디 소득세의 형태로 국가 세입으로 들어가는 돈을 자기가 선택한 시민단체에 전달한다. 그렇지만 이런 방식에서는 '자선'이나 '필란트로피'라는 이름을 붙일 만한 내용이 전혀 없다는 점을 지적해야 한다. 개인의 돈이 아니라 세금의 수취인을 바꿀 뿐이기 때문이다. '비율 필란트로피'는 개인이 세후에 가지게 된 돈을 기부하고 요구하지 않는다.


## 결론

사람들은 수천 년 동안 필란트로피에 종사했지만, 돈을 기부하는 일은 최근에야 세금 보조를 받는 활동이 됐다. 필란트로피는 현재 대체로 조세 체제를 중심으로 한 공공 정책의 구조 안에 포함돼 있다. 이 공공 정책은 필란트로

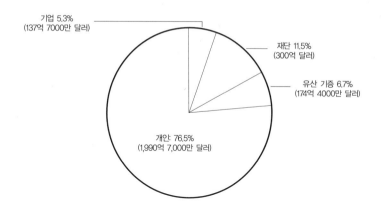

**표 4. 2005년 기부금 현황**

기업 5.3%
(137억 7000만 달러)

재단 11.5%
(300억 달러)

유산 기증 6.7%
(174억 4000만 달러)

개인: 76.5%
(1,990억 7,000만 달러)

• 기부 원천 합계 2602억 8000만 달러.
출처: Melissa S. Brown, *Giving USA 2006: The Annual Report on Philanthropy for the Year 2005*(Glenview, III.: Giving USA Foundation, 2006).

피의 실천을 구조화하며, 국가 개입이 없는 경우하고 다른 모습으로 필란트로피의 형태를 바꾼다. 거의 모든 자유민주주의 사회에는 자선 기부에 대한 조세 장려책이 있지만, 이런 관행의 정당한 근거가 제대로 이해되거나 이론적으로 설명되지는 않는다. 이 글에서 나는 필란트로피에 조세 유인을 제공하는 세 가지 별개의 정당화, 곧 조세 기반 설명, 보조금 설명, 다원주의 설명을 검토했다. 조세 기반 설명에서는 추천할 만한 내용을 전혀 찾지 못했지만 보조금 설명과 다원주의 설명은 필란트로피에 보조금을 지원해야 하는 잠재적으로 타당한 이유를 제시해준다. 그렇지만 이 두 정당화도 기부에 대해 세금으로 보조금을 지원하는 방식의 실제 설계(자격 있는 폭넓은 수혜 단체에게 자격을 주는 것과 기부에 대한 세금 공제가 선호된다)를 지지해주지는 않는다. 필란트로피의 정치 이론은 국가가 기부금에 유인을 제공하는 정책에 관련해 한 가지 또는 여러 가지 옹호론을 제시할 수 있지만, 국가가 필란트로피를 지원하는 현재의 방식을, 특히 미국에서는, 옹호하기는 힘들다.

# 10장

# 돌려주기

## 필란트로피 실천의 규범, 윤리, 법[1]

퍼트리샤 일링워스

기부를 늘리는 방법은 여러 가지가 있다. 도덕적으로 타협한 전략이기는 하지만 널리 사용되는 한 가지 방법은 이른바 '빈곤 포르노그래피'라는 적절한 명칭으로까지 불리게 된 사진을 통해 사람들의 감정에 호소하는 것이다. 기부에 대해 세금 공제를 제공하는 것도 기부를 유도하는 또 다른 방법이다. 풍부한 사회 자본social capital은 빈곤 포르노그래피처럼 도덕적 타협을 필요로 하지 않으면서도 기부 증가와 관련되어 있다. 법률, 정책, 개인 윤리 등은 사회 자본을 건설(하거나 파괴)할 많은 기회를 제공한다. 이 글에서는 사회 자본을 키우는 데에 규범이 어떤 구실을 하는지 논의할 것이다. 또한 이 법률의 맥락에서 사회 자본에 관한 평가가 어떻게 우리가 가진 사회 자본을 늘리고 기부를 증대할 수 있는지를 보여주기 위해 자선 관련 세법의 두 조항을 검토하려 한다. 구체적으로 이 글의 주장은 두 가지다. 첫째, 소득세 공제를 항목별로 하는 사람들에게만 기부금 세제 혜택을 제공하면 사회 자본과 기부가 훼손될 수 있다. 둘째, 글로벌 기부에 불리하게 되어 있는 법률은 글로벌 사회 자본을 양성에 역효과를 미칠 수 있다.

현재 미국의 내국세법Internal Revenue Code은 납세자가 기부금 세제 혜택을 받으려면 기부 수혜자가 미국 안에서 발생하거나 조직되어야 한다고 규정하는 '물가 정책water's edge policy'을 통해 글로벌 기부를 억제한다.[2] 나는 법률은 규범과 가치를 반영할 뿐 아니라 규범과 가치의 형체를 규정하기도 한다. 따라서 이런 정책은 우리의 도덕 세계를 협소하고 국지적이며 국내적인 것에서 글로벌하고 코즈모폴리턴적인 것으로 확대하려는 노력을 훼손시킬 수 있다.[3] 또한 이런 정책은 기부뿐 아니라 국제 관계와 코즈모폴리턴 윤리에 대해서도 중요한 요소인 글로벌 사회 자본의 잠재력을 훼손한다. 지난 몇 년 동안 주로 게이츠 재단 덕에 글로벌 기부가 상당히 늘어나기는 했지만, 글로벌 세계에서 '물가 정책'으로 표현되는 내용은 도덕적으로 볼 때 시대착오적이다.

## 사회 자본

사회 자본이라는 개념은 오랜 역사를 갖는다. 그렇지만 사회 자본이 무엇인지를 정의하기는 매우 어렵다. 사회 자본이 경제학, 정치학, 공공정책학, 사회학 등 여러 학문을 포괄하고 있기 때문이다. 응용하기 쉽게 먼저 정의를 단순화하자. 대체로 사회 자본은 사회적 관계의 생산적 특징과 관계가 있다.[4] 로버트 퍼트넘에 따르면, 사회 자본은 공공재이자 사적재private good이며, 네트워크와 규범, 활동, 협력 활동을 촉진하는 신뢰를 비롯한 가치로 구성된다.[5] 퍼트넘은 미국에서 사회 자본의 축적이 상당히 쇠퇴했다고 말했다.[6] 중요한 것은, 사회 자본이 존재하면 그런 자본의 형성에 직접 기여하지 않은 이들도 혜택을 누릴 수 있다는 것이다.[7] 이런 점에서 사회 자본은 분할 가능한 재화가 아니다. 사회 자본에 관련된 사회적 이익을 몇 가지 꼽자면 빈곤 경감, 범죄 예방, 시민 건강 향상, 기업 경영의 생산성과 정직성 증대 등이 있다.

신뢰는 사회적 자본의 형성에 매우 중요한 태도다. 신뢰는 이기적이고 사리를 추구하는 행위자를 협력자로 변형시킬 수 있는 잠재력을 지녔다. 신뢰는 일반화된 호혜성generalized reciprocity을 가능하게 한다. 한편 일반화된 호혜성은 개인 관계를 자기가 건네는 선물에 즉각적인 보답을 요구하는 '눈에는 눈, 이에는 이tit-for-tat'의 관계로부터 벗어나도록 한다. 따라서 일반화된 호혜성은 타인들에게 즉각적인 보답을 요구하지 않거나, 아예 보답을 요구하지 않지만 선물을 받은 타인도 다른 누군가에게 베풀 것이라고 확신하면서 기꺼이 베푸는 태도다. 신뢰가 없으면 일반화된 호혜성은 불가능할 것이며, 일반화된 호혜성이 없으면 사회 자본이 거의 또는 전혀 존재하지 않을 것이다.[8] 사회 자본의 이런 특징은 필란트로피에 대단히 중요한데, 이 점에 관해서는 나중에 다시 살펴볼 예정이다.

자유가 그렇듯 사회 자본도 가능자enabler 개념이며, 사회 자본이 가능하게 하는 것 때문에 소중하다. 자유는 개인에게 각자가 가진 선의 개념을 충족시킬 기회를 준다. 사회 자본, 그리고 여기에 동반되는 사회적 신뢰는 타인과 하는 협력에 수반하는 결실을 향유하기 위해 타인과 협력해서 일할 수단을 개인에게 제공한다. 그렇지만 또한 자유가 그렇듯 사회 자본도 나쁘게 사용될 수 있다. 이를테면 사람들은 상당한 액수의 돈을 혐오 단체hate group에 기부할 수 있으며, 케이케이케이 같은 몇몇 혐오 단체는 막대한 양의 사회 자본을 마음대로 사용한다. 이것은 사회 자본의 어두운 면이다. 사회 자본의 또 다른 잠재적인 어두운 면은 사회 자본이 촘촘하게 짜여진 공동체에서 쉽게 발전하고, 때로는 배타적인 성향을 갖고 있다는 것이다. 다양한 집단에 대한 관용을 이끌어내는 규범과 네트워크는 특히 중요하다. 다양한 공동체 사이에 다리를 이어주는 사회 자본은 더 희소한 자원이며, 아마 글로벌 사회 자본에도 유익할 것이기 때문이다. 이 문제들에 관한 경험적 연구는 이제 막 첫발을 내딛는 중이다.

분명히 밝혀지지 않은 몇몇 이유 때문에 사회적 상호 작용은 신뢰와 일반화된 호혜성을 촉진한다. '신뢰 게임'에 관련된 최근 연구들을 보면, 펩타이드 옥시토신peptide oxytocin(**유대 펩타이드**bonding peptide나 **신뢰 호르몬**trust hormone이라고 부르기도 한다)하고 연관된 신뢰에 관한 흥미로운 신경생물학적 연구를 소개하고 있다.[9] 이 연구에서 대상자는 1시간 30분에 대해 10달러를 받는다. 대상자에게 정체를 알지 못하는 다른 대상자에게 이 돈의 일부나 전부를 나눠줄 수 있는 기회가 주어진다. 상대는 이 돈의 일부를 돌려줄 수도 있고 돌려주지 않을 수도 있다. 돈이 전달되면 세 배로 늘어나서 두 번째 대상자가 가진 돈 10달러에 더해진다. 기꺼이 다른 사람에게 돈을 전달할 의사는 신뢰를 나타내며, 돈을 받은 사람이 기꺼이 돌려줄 의사는 신뢰를 받을 자격이 있다는 것을 보여주는 신호다. 신뢰를 받은 대상자는 돈을 돌려줬고, 또한 옥시토신 분비량이 늘어난다는 사실이 밝혀졌다.[10] 실제로 옥시토신 분비량이 가장 많은 대상자는 대부분의 돈을 돌려줬고, 처음 돈을 주는 대상자는 합성 옥시토신을 투여할 때 더 많은 돈을 기꺼이 나눠줬다. 연구자는 나눔을 포함하는 사회적 상호 작용이 신뢰를 나타내고, 두 번째 대상자에게서 긍정적인 감정을 불러일으키며, 신뢰할 수 있는 행동을 자극한다고 생각했다. 이 연구가 사회 자본에 대해 어떤 함의를 갖는지를 생각해보자.

이 연구에서는 낯선 두 사람 사이의 비대면 상호 작용이 벌어진다. 한 사람이 다른 사람에게 돈을 주면서 상대가 돈으로 보답을 할 것이라고 믿는다.[11] 나눔의 행동은 신뢰할 만한 행동과 보답을 둘 다 창조했다. 보답은 첫번째 대상자의 신뢰를 강화하며, 왔다갔다하는 교환은 신뢰와 협력의 본보기가 된다. 이런 점을 볼 때 나눔은 그것 자체가 신뢰와 사회 자본을 창조하는 방식이라는 사실을 알 수 있다. 따라서 흥미롭게도 글로벌 사회 자본의 관점에서 볼 때, 사회 자본에 필수적인 신뢰는 대면적 상호 작용을 통해 축적될 필요가 없으며 서로 신뢰를 나타내는 다른 종류의 상호 작용을 통해 확보될 수 있다.[12] 그렇지만 여기에서 조금 신중할 필요가 있다. 연구 대상자가 낯선 이들에게 기꺼이 돈을 보내고 그런 사람을 신뢰한다고 할지라도 이 낯선 이가 누구인지에 관해서 추측을 할 수 있기 때문이다. 이를테면 대상자가 낯선 이들을 '나하고 똑같은 연구 대상자' 집단에 놓고 차이를 최소화하면서 더 신뢰하게 된다. 그렇지만 이 연구는 필란트로피와 글로벌 사회자본 둘 다에 대해 흥미로운 함의를 갖는다.

## 경계 없는 사회 자본

사회 자본이 기부를 증대하는 잠재력이 있다고 할 때, 글로벌 사회 자본은 글로벌 기부를 증대하는 유력한 장치가 될 수 있다. 그러나 유감스럽게도, 여러 연구에 따르면 다양성은 사회 자본에 문제가 된다.[13] 아마 대학처럼 다양성을 지닌 공동체 안에서 사회 자본과 관련되어 표면화된 문제들은 글로벌 공동체가 만들어지는 과정에서도 생겨날 수 있다. 사회 자본과 다양성에 관한 연구는 이제 막 초기 단계에 있지만, 로버트 퍼트넘은 다양한 종족으로 구성된 공동체 안에서 사람들이 '몸을 웅크린다hunkering'는 예비 연구 결과를 내놓은 적이 있다.[14]

> 다양성은 '인종 간 관계 악화'나 종족적으로 정의되는 집단적 적대를 야기하지 **않는다**. …… 오히려 다양한 공동체에 속한 주민들은 집단적 삶에서 발을 빼고, 피부색에 상관없이 이웃을 신뢰하지 않고, 심지어 가까운 친구들하고도 거리를 두고, 공동체와 공동체 지도자들에 대해 최악의 경우를 예상하고, 자발적으로 나서지 않고, 자선을 거의 하지 않고, 공동체 사업에 자주 참여하지 않고, 유권자 등록률이 낮고, 사회 개혁을 위한 선동에 나서는 비율은 높지만 실제로 변화를 일으킬 수 있다고 믿는 비율은 낮고, 텔레비전 앞에 따분하게 앉아 있는 경향이 있다. …… 다양성은 적어도 단기적으로 볼 때 우리 전체를 거북이로 변신시키는 것처럼 보인다.[15]

이렇듯 몸을 웅크리려는 경향을 띠기는 하지만, 국제 단체의 확산을 볼 때, 글로벌 사회 자본이 부족하기는 해도 어느 정도 존재한다는 사실을 알 수 있다. 사회 자본에 관한 퍼트넘의 연구를 보면, 다양성 있는 공동체(퍼트넘은 연구에서 글로벌 다양성을 가정하지 않는다)의 사회 자본은 다양성을 끌어안도록 사회적 정체성을 개조할 것을 요구한다.[16] 이런 개조를 위해 사람들은 자기의 정체성을 더 큰, 글로벌 공동체 안에 자리매김할 필요가 있을 것이다. 새로운 사회적 정체성은 코즈모폴리터니즘 규범이나 보편적 인권을 향유하는 집단 내에서의 멤버십에 초점을 맞출 수 있다. 우리의 사회적 정체성의 기초를 형성하는 규범을 재구성하는 과제는 이미 '글로벌 시민'에 관한 이해를 깊이 고찰해온 토머스 포기와 같은 공공 철학자의 몫이 될 수 있다.[17] 포기는 코즈모폴리터니즘에 근거한 세계에서 시민권에 관해 이렇게 말한다.

> 사람은 어느 한 정치 단위가 지배하지 않는 가운데, 다양한 크기의 여러 정치 단위의 시민이며, 이 단위들을 통해 스스로 통치해야 한다. …… 그리고 정치적 신의와 충성은 동네, 시, 군, 주, 국가, 지역, 세계 전체 등에 폭넓게 분산돼야 한다. 사람들은 이 각각의 단위에 관해 정치적으로 속속들이 알아야 하며, 그중 어느 하나만을 자기의 정치적 정체성의 지침으로 삼아 집중해서는 안 된다.[18]

포기가 말하는 글로벌 시민이 정치적 충성과 신의를 더 폭넓게 분산시키고 각각의 장소를 편안하게 느끼려면 다양하고 분산된 사회 자본이 필요할 것이다. 일반화된 호혜성은 이 각각의 사회적 단위에서 역할을 하게 될 것이다. 다양성과 차이에 직면하여 몸을 웅크리고 싶은 본능적 성향에 맞서려면, 글로벌 시민이 되도록 도움을 받아야 한다. 사회 자본이 도움이 되고, 일반화된 호혜성이 중요해질 것이다. 기부는 일반화된 호혜성을 시작하는 첫 스텝이며, 글로벌한 관점에서 기부를 촉진하는 규범과 법률에 대해 포기의 글로벌 시민이 초국가적 삶의 과제를 해결하는 데 도움이 될 것이다.


**사회 자본과 필란트로피**

사회 자본의 축적에 따라 타자에 대한 사람들의 일반적 관심이 높아지면 자선적 기부도 늘어난다고 생각된다. 퍼트넘이 보기에, 필란트로피는 사회 자본의 결과물이다. "사회적 네트워크는 선행을 하기 위해 서로를 끌어들이는 통로를 제공하며, 또한 타인의 복지에 관심을 불러일으키는 호혜성의 규범을 발전시킨다."[19] 유감스럽게도 퍼트넘의 연구는 또한 1961년 이래 미국의 필란트로피 활동이 꾸준히 감소한데 이어 같은 무렵 사회 자본도 줄어들기 시작한 점을 보여준다.[20]

사회 자본의 증가가 기부 증가의 전조라는 사실을 발견한 사람은 퍼트넘 혼자가 아니다. 엘리너 브라운Eleanor Brown과 제임스 페리스James Ferris는 네트워크에 근거한 사회 자본(사회적 네트워크에서 나오는 사회 자본)과 규범에 근거한 사회 자본(친사회적 규범에서 파생되는 사회 자본)이 모두 기부에 중요하다는 점을 발견했다.[21] 규범에 근거한 사회 자본을 많이 가진 사람은 비종교 기부(일반 기부)에 더 많은 기부를 하고 자원 활동도 더 자주 하는 반면, 네트워크에 근거한 사회 자본을 더 많이 가진 사람은 종교적이며 세속에 근거한 대의에 더 많이 기부를 한다고 밝혀졌다.[22] 네트워크에 근거한 사회 자본을 보면, 사회적 네트워크의 층에 속해 있는 사람은 기부를 요청받을 가능성이 더 높을 뿐 아니라 기부를 할 가능성도 더 높다.

그러나 필란트로피 자체로 사회 자본을 만드는 뜻밖의 결과가 생길지라도 놀랄 일은 아닐 것이다. 퍼트넘에 따르면 일반화된 호혜성은 사회 자본의 초석이며, 기부는 일반화된 호혜성의 핵심을 차지한다. 기부는 신뢰(보답이 있으리라는 신뢰)를 반영할 뿐 아니라 수혜자가 기부를 받고 자기의 신뢰를 확인할 때, 그 신뢰가 더 강화되기도 한다. 퍼트넘은 "도움을 받은 사람은 남을 도울 공산이 크며, 따라서 단순한 친절 행위는 파급 효과를 낳는다. 즉 기부, 자원봉사, 참여는 서로 강화되며 습관화된다."[23] 이 관점은 친절한 행위를 받은 사람은 남을 더 잘 돕고, 따라서 기부 행위와 간접적으로 사회 자본을 강화한다라는 연구 결과를 뒷받침한다. 일반화된 호혜성의 몇몇 사례처럼 필란트로피가 보답을 기대하지 않는 증여라는 점에서, 필란트로피와 일반화된 호혜성은 서로 비슷하다. 만약 필란트로피가 일반화된 증여의 한 형태고, 일반화된 증여가 사회적 신뢰와 사회 자본을 위해 중요하다면, 필란트로피 자체가 사회 자본을 만들어낸다고 볼 수 있다. 이것은 "신뢰 신호가 옥시토신의 증가로 이어지는 보답을 이끌어낸다"는 옥시토신 연구와 파급 효과를 설명한다. 또한 이런 점 때문에 사회 자본은 매우 중요하다. 사회 자본은 기부 증가 같은 많은 재화와 관련될 뿐 아니라 자기 생성적 성격을 갖고 있어서 비교적 값싼 방식으로 이런 재화를 성취할 수 있기 때문이다. 만약 이런 분석이 옳다면, 우리는 더 많은 필란트로피를 유도함으로써 사회 자본의 축적을 늘리게 될 것이다.

## 사회 자본에 길 터주기

정책, 윤리, 법률 등에서 사회 자본을 고려하게 된다면, 인과 관계와 책임 소지에 관한 몇몇 가정들은 도전을 받을 수 있다. 이를테면 불법행위 배상법tort law에서 인과 관계는 주로 '~가 없었더라면'이라는 측면에서 분석된다. 어떤 특정한 행동이 '없었더라면' 특정한 상해나 피해가 일어나지 않았을 것이라는 식이다.[24] 이런 인과 구조는 집단이 아니라 개인적 사건과 행동에 더 잘 적용된다. 실제로 이 인과 구조는 발견자finder에게 최종 결과에서 인과적 역할을 했을 수 있는 모든 사건이나 행동들에서 하나를 구분해낼 것을 요구한다. 반면 사회 자본 개념은 우리가 한 사람이나 행동의 책임으로 생각하는 많은 일들이 정확히 말하면 사회적 관계, 곧 집단에 기인한다고 말한다. 건강 같은 개인적인 문제의 경우도 인종, 사회 계급, 성별, 사회적 지위 등 사회적 요인들이 결정론적이지는 않지만 강력한 영향을 미칠 수 있다는 것이다. 예를 들어 리사 버크먼Lisa Berkman은 사회적 관계의 존재가 건강 결과를 상당히 개선한다는 점을 발견한 반면,[25] 리처드 지 윌킨슨Richard G. Wilkenson은 사회적 관계에서 불평등의 존재가 더 나쁜 건강 결과로 이어진다는 점을 발견했다.[26] 질병에 관해 생물학적 모델에 집착하는 이들이 볼 때 이런 집단적인 인과적 설명은 놀라운 발견이며, 질병을 설명하고, 예방하고, 치료하기 위한 다른 접근법을 요구한다.[27]

경제 영역에서, 허버트 사이먼은 〈모든 사람을 위한 기본소득A Basic Income for All〉이라는 글에서 비슷한 주장을 펼쳤다. 여기서 사이먼은 한 사회 내부와 여러 사회 사이에서 나타나는 소득 격차의 중요한 근원은 사회 자본의 존재와 접근성이라고 주장한다. 사이먼은 사회 자본이란 '지식과 친족 관계와 특권을 가진 사회적 관계에 참여하는 것'이라고 생각한다.[28] 피터 싱어도 이 책의 다른 글에서 이 점을 지적한다. 따라서 사회 자본을 우리의 개념 목록에 포함시키면 '나'를 주어로 하기보다는 종종 '우리'를 주어로 하는 쪽이 더 정확할 것이다.

인과 구조를 달리 생각해보는 것은 우리가 지지하는 기부 규범에 몇 가지 함의를 갖는다. 어떤 사람은 자기가 가진 부의 일부를 기부할 의무를 부정한다. 자기가 가진 개인적 부와 재화에 대해 독점적인 인과적 책임을 주장하기 때문이다. 이 사람들은 자기가 (오로지 자기 자신의 힘으로) 만들어냈기 **때문에** 그 부를 소유한다고 생각한다. 사회 자본은 그런 패러다임에 이의를 제기한다. 사회 자본은 금융 자금을 비롯한 많은 성과는 개인의 재능이나 행동, 노력의 결과가 아니라 협력적이고 집단적인 행동과 노력의 결과일 수 있다는 점을 시사한다. 공정성의 관점에서 보면, 사회 자본이 창출한 성과는 그 공동체의 '소유'가 될 것이다. 사이먼은 이 점을 훌륭하게 지적했고, 이후에 싱어는 그 주장을 상기시켰다. 흥미롭게도 기부자가 자기가 한 기부를 설명하고 모금가가 기부를 권유할 때 흔히 쓰는 표현인 '공동체에 돌려준다'는 말은 사회 자본이 개인의 재산 축적에서 수행하는 역할에 관한 평가와 그 사실이 필란트로피에 대해 갖는 규범적 함의를 나타낸다.

## 사회 자본 축적을 창출하고 증대하기 ― 규범과 네트워크

간단히 말해서 사회 자본은 규범과 네트워크로 구성되기 때문에 이 자본을 구축하려는 노력은 이상적으로 보면 양자에 모두 초점을 맞출 것이다. 현실적 관점에서 보면 사회 자본의 축적을 증대하는 일은 어렵지 않다. 실제로 많은 나라들은 사회 자본에 관심을 갖게 하는 정책을 공들여 만든다(예를 들면 오스트레일리아, 아일랜드, 캐나다가 있다). 사회 자본에 관심을 갖도록 하는 방법에는 첫째, 네트워크와 관계에 대한 사람들의 접근성을 향상시키거나, 둘째, 사회 자본에 친화적인 규범을 만들어서 확산시키는 것이다. 첫째 방법에 대해 지방 정부는 사람들이 뒤섞여서 상호 작용하는 공간인 공공장소를 만들 수 있다. 둘째 방법에 대해 법률을 활용해 다양한 공동체에 속한 사람들이 서로 상호 작용할 수 있는 기회를 향상시키기 위해 연결하는 사회 자본을 마련할 수도 있다.[29] 미국에서 '브라운 대 교육위원회Brown v. Board of Education' 사례는 흑인과 백인 학생들을 통합하고 각각의 네트워크를 서로 확장하는 결과를 낳았다.[30] 그리고 '굿리치 대 공중보건부Goodrich v. Department of Public Health' 사례는 매사추세츠 주에서 동성 결혼을 합법화함으로써 동성 커플들에게 같은 결과를 안겨줬다.[31] 여기서 법률은 신뢰를 기반한 새로운 유대를 만들고 전부터 존재했던 유대를 강화함으로써 사회 자본을 양성한다. 최소한, 법률은 개인적 특징에 근거한 차별 대우를 비합법화하며, 그리하여 이전에 더 폭넓고 다양한 공동체에서 배제되었던 이들에게 길을 터준다.

규범도 사회 자본의 중요한 원천이다. 대부분의 종교에는 자선 기부 규범을 포함하며, 실제로 종교 기관에 하는 기부는 자선 기부의 중요한 부분이다. 몇몇 규범은 '돌려주기'의 규범처럼 기부를 장려하지만 그런 경우는 흔치 않으며, 그런 기부에 찬성하지 않는 규범도 많이 있다. 많은 사람들에게 자선은 집에서 시작되고 가족이 가장 먼저 고려된다. 반면에 다른 이들은 자녀들에게 '낯선 사람하고 말하지 마라'고 훈계한다.

어떻게 친사회적 규범을 만들지를 생각할 때, 규범 세계의 풍경을 떠올려 보는 것이 도움이 될 것이다. 프랜시스 후쿠야마는 사회 자본을 양성할 수 있는 규범의 구조를 잘 보여주었다. 후쿠야마에 따르면, 두 가지 주요한 유형의 규범이 있다. 하나는 법률처럼 위계에 근거한 규범이고, 다른 하나는 자발적 비공식적인 메커니즘에 근거한 규범이다. 일정한 날짜에 세금을 내고 선거일에 투표를 하는 등 규칙에 근거한 규범은 전자의 사례다. 웨이트리스에게 팁을 주고, 이웃이 아프면 음식을 가져다주고, 핼러윈에 아이들에게 사탕을 주는 일 등은 후자의 사례다. 위계적 규범과 자발적 규범은 공통점이 있다. "이 규범은 공동체를 하나로 묶어주고, 사람들이 자기 삶에 관해 내릴 수 있는 선택의 종류를 제한하며 공동체의 기준에 따라 엄격히 집행된다."[32] 두 규범 모두 사회적 상호 작용에 관한 것으로 거래 비용을 줄여준다. 후쿠야마가 볼 때, 규범이 사회 자본을 창출하는 과정에서 표면에 드러나는지 여부에 영향을 미치는 중요한 요소로 종교, 공적 법률, 관습법, 전통, 생물학, 시장 등을 꼽을 수 있다.[33] 후쿠야마가 그린 규범 세계의 풍경에서, 몇몇 규범은 사회 자본과 필란트로피를 위해 만들어질 수 있다. 인류를 재정의하는 새로운 기술을 통해 법이 바뀔 수 있고, 전통을 고칠 수 있으며 생물학적 특성을 개량할 수 있다.

우리는 일반화된 호혜성을 위한 규범을 장려할 수 있다. 사회 자본이 풍부한 공동체는 사람들이 (보답에 대한 요구 없이도) 다른 사람에게 편안하게 주는 집단이다. 지금 당장 이 수혜자에게 받지 못할지라도 언젠가 다른 식으로, 다른 누군가에게 보답을 받을 것이라고 확신할 수 있기 때문이다. 사람들은 누가 누구에게 빚을 졌는지를 따지지 않는다. 공동체 성원들이 서로 돌볼 것이라고 믿기 때문이다. 호혜성이 일반화되며, 어떤 경우에는 전적으로 가정에 그칠 수 있다. 남에게 베푸는 사람들은 종종 실제로 보답을 구하거나 기대하지 않은 채 '그 사람도 나한테 똑같이 할 **거야**', '여건이 되면 할 **거야**'라는 생각으로 위안을 삼는다. 그리고 때로는 곧바로 보답을 하는 것을 아주 부적절한 행동으로 여긴다. '선물'을 소비자 거래로 뒤바꾸는 노골적인 시도로 간주되기 때문이다. 일반화된 호혜성이라는 춤은 타이밍이 무엇보다 중요하다.

일반화된 호혜성은 또한 '먼저 베풀기paying forward'로 간주되어 왔다. 자기에게 은혜를 베푼 이에게 선물이나 친절을 '갚는paying back' 대신에 수혜자가 먼저 준다는 말이다. 일반화된 호혜성은 '눈에는 눈, 이에는 이'가 아니며 애초의 후원자와 수혜자 사이에서 오가는 것도 아니기 때문에 필란트로피 기부를 이해하는 이상적인 방법이 될 수 있다. 필란트로피 기부란 지구촌 난민에게 기부하는 것처럼 보답할 능력이 없는 사람에게 기부하는 것을 말한다. 어떤 사람이 멀리 떨어진 빈민을 돕고, 그 사람이 병에 걸렸을 땐 그의 이웃들이 닭고기 수프를 가져다주는 것으로 보답을 할 수 있다. 호혜성이 일반화되거나, 퍼트넘이 말한 것처럼 호혜성이 추측될 때, 누군가가 보답을 할 것이라는 신뢰가 높은 수준으로 유지돼야 한다. 왜냐하면 후원자는 수혜자가 되지 않는 경우 자신은 보답에 관해 알지 못할 것이기 때문이다. 후원자가 이와 상관없이 먼저 베풀 것이라는 생각을 따른다. 다른 사람 이름으로 재단이나 비정부 기구에 기부를 하는 이런 관행은 일반화된 호혜성 원리를 반영하는 것이다. 한 가지 예를 생각해보자. 만약 내가 어머니가 나를 위해 해준 모든 일에 감사하는 뜻에서 어머니 이름으로 옥스팜에 기부를 하면, 먼저 베풀기를 실천하는 셈이 된다. '보상에 의한 교환quid pro quo exchange'을 강조하는 규범의 영향을 줄이고, 그 규범을 일반화된 베풂의 규범으로 대체하기 위해 할 수 있는 일이라면 어떤 것이든 사회 자본을 양성할 것이다.

신뢰는 일반화된 기부를 촉진하기 때문에, 신뢰를 장려하는 규범 또한 일반화된 기부에 도움이 된다. 진실 말하기, 약속 지키기, 개인적 진실성, 공정성, 이타주의 등은 신뢰를 촉진하는 가치와 원리들이다. 사람들이 진실을 말한다고 믿을 수 있다면, 그 사람들하고 상호 작용하는 이들은 그 사람들의 신뢰성을 확신할 수 있다. 약속을 지키는 일도 마찬가지다. 개인적 속성의 일관됨으로 이해되는 개인적 진실성을 통해, 사람들이 자기와 상호 작용하는 상대방의 장래 행동을 예상할 수 있기 때문에 신뢰가 생긴다. 서로 주고받는다는 친사회적 규범은 신뢰가 소통될 수 있는 환경을 구축하는 데 도움이 된다. 혈액과 골수를 주고, 노인에게 자리를 양보하고, 길에서 주운 지갑을 경찰에 갖다주고, 길에서 어깨가 부딪히면 '죄송합니다' 같은 정중한 말을 하고, 시간이 급한 사람을 위해 줄 선 자기 자리를 양보하는 일 등은 모두 타인을 배려하는 규범의 사례다. 반면 길에 쓰레기를 버리고, 반려견의 뒤처리를 하지 않고, 다른 사람이 주차하려는 자리를 가로채고, 내 고향인 매사추세츠 주 케임브리지에서 벌어지는 일처럼 공영 주차장에 누군가 눈을 치운 자리에 의자를 가져다놓고 자기 자리라고 하는 일 등은 정반대, 곧 타인의 이익보다 무조건 자기 이익만을 생각하는 행동의 사례다. '자선은 집에서 시작된다'처럼 자선에 초점을 맞추는 규범은 결속하는 사회 자본(촘촘하게 짜인 공동체들 사이의 사회 자본)을 구축하지만, 상이한 집단들 사이에 다리를 놓는 사회 자본을 촉진시키는 데는 거의 도움이 되지 않는다. 포기가 생각하는 글로벌 시민에는 전자가 아니라 후자가 도움이 될 것이다. 사회 자본에 유리한 규범은 지방, 국가, 연방 정부, 고용주, 교육 기관, 그리고 물론 개인들을 통해 창조되고 유지될 수 있다.

후쿠야마가 말하는 대로 법률은 규범의 중요한 원천이 될 수 있다. 리처드 필디스Richard Pildes는 법률이 사회 자본에 영향을 미칠 수 있는 몇 가지 방법을 밝혀냈다. 사회적 상호 작용을, 나아가 신뢰를 허용하는 사회적 맥락을 파괴함으로써, 법률은 호혜성을 가능하게 하는 사회적 조건을 파괴할 수 있다. 사람들은 사회 자본을 창출하기 위해 상호 작용을 할 필요가 있다. 도시의 토지사용제한법은 사회적 상호 작용을 촉진하기도 하고 저해하기도 한다.[34] 법에 의해 인구 밀도가 낮아진 구역은 사람들의 상호 작용 빈도가 낮아지기 때문에 사회 자본 확보가 어려워진다. 법률은 호혜성 규범을 반영할 수도 있다. 필디스에 따르면 '수용 조항Takings Clause'※ 같은 몇몇 법률은 정부가 수용을 할 때 보상을 제공하는 식으로 호혜성을 반영한다. 나중에 자선 관련 조세법 또한 호혜성 원

※ 미국 헌법 수정 조항 제5조 '누구든지 적법한 절차에 의하지 아니하고는 생명, 자유, 또는 재산을 박탈당하지 아니한다'를 가리킨다.

리의 좋은 예가 된다는 점을 보여줄 것이다. 이런 법률은 정부가 효율성보다 호혜성을 지지한다는 것을 보여준다.[35] 필디스는 또한 법집행이 규범을 시행하는 사회적 메커니즘을 무효화함으로써 사회 자본을 파괴할 수 있다고 말한다.[36] '존John', 매춘부를 사러 다니는 남자들의 이름을 공개하게 하는 법률은 좋은 예다. 성 구매자의 이름을 공개하는 조치는 파트너에게 이름이 공개되지 않았으면 계속 유지됐을 결혼을 끝내는 행동을 하도록 만들 수 있다. 이렇게 법률은 인간관계를 지배하고 유지하는 사회적 메커니즘을 파괴할 수 있다.

　법은 표현적 내용이 있다. 법은 사회적 의미를 전달하고 사회 규범을 형성한다. 법은 규범을 반영하기도 하고 형성하기도 한다. 표현적 법 이론expressive theory of law에 따르면, 법은 계약, 권고, 금지 등을 통해 직접 행동을 통제하거나 촉진하는 역할 말고도 표현적 기능에 기여한다. 다음 사례를 보자. 구조법에 대한 의무는 비록 미국 내 대부분 지역에서 눈에 띄게 부족하기는 하지만, 일반화된 호혜성 원리를 반영한다. 왜냐하면 곤경에 빠진 낯선 사람을

돕도록 장려하기 때문이다. 이 법률은 곤경에 빠진 낯선 사람을 돕는 일이 중요하다고 알림으로써 거시적 차원에서 사회 자본을 양성할 수 있는 친사회적 규범을 장려한다. 구조의무법이 미시적 차원에서도 사회 자본에 기여하는지 여부는 애초에 개인들이 낯선 사람을 돕는 일을 꺼리는 이유가 무엇인지에 달려 있다. 이 점에 관해서는 여러 가지 추측이 있다. 그렇지만 사회 심리학자들 사이에서는 사람은 보통 자신 외의 다른 사람도 있을 때는 도움을 주지 않는다는 점에 동의한다. 왜냐하면 도움을 주는 일이 자기의 특별한 책임이라고 생각하지 않기 때문이다. 이런 설명이 옳다면, 사람들이 기꺼이 구조의무법의 요구에 따르리라고 생각할 만한 이유가 충분하다. 이 법이 성공을 거둔다면 미시적 차원에서 사회 자본이 장려될 것이다. 이 법은 사람들이 도움을 받도록 보장할 뿐 아니라 낯선 사람을 도와야 한다는 중요한 사회적 규범을 확산시키기도 할 것이다. 구조의무법은 이런 친사회적 규범을 재확인함으로써 시민들이 서로 돕도록 장려하며, 그리하여 신뢰와 사회 자본을 구축한다.

법률은 자유와 시장의 원리를 고려할 때와 같은 방법으로 사회 자본을 고려할 수 있다. 리처드 데이너드Richard Daynard는 법원이 판결에서 활용하는 많은 규범을 보여주었다.

사법적 결정을 내리는 규범은 항소 재판관들이 …… 실제로 의견을 설명하고 판결을 정당화하는 과정에서 제시하는 논증의 유형을 정의하는 규칙이다. …… 법원이 공중 보건에 대립되는 결론에 도달하기 위해 활용하는 일부 규범은 (a) 법적 요구로서 소비자 주권을 향상시키는 시장의 가치(법률과 경제학 분석), …… (b) 개인의 권리 …… 그릇된 형태의 권리는 청구권이 아닌 모든 것을 압도한다, (c) 엄격한 구성주의, (d) 사법 행정, (e) 상식 등이다.[37]

평등과 자유의 원리 같이 법이 해석 규범에 호소하는 것처럼,[38] 법률은 어떤 결정이 우리가 가진 사회 자본과 사람들이 협력적 목표를 달성하는 능력에 미치는 영향을 고려할 수 있다. 이 장 나머지 부분에서는 사회 자본, 나아가 기부를 구축하기 위해 법률을 활용할 수 있는 방법에 관해 기초적인 설명만을 할 것이다. 여기서 나는 자선 관련 조세법 일부에 초점을 맞추지만, 사회 자본을 창출(하고 파괴)할 수 있는 잠재력을 갖춘 법률은 많다. 그럼에도, 자선 법률은 기부에 관한 법이기 때문에, 필란트로피와 직접적으로 관련된 생생한 내용으로 가득차 있다. 내 분석은 대체로 예시적이고, 결론은 예비적이다.

## 기부금 세제와 사회 자본

헌법 수정 조항 제16조가 비준되고 4년 뒤인 1917년, 의회는 공적 자선과 민간 재단(종교, 자선, 과학, 아동과 동물 학대 예방)에 내는 기부금에 대한 기부금 세제를 창시했다. 법률의 개시일 이래로 기부금 세제는 범위와 액수가 계속 확대됐다.[39] 현재 미국에서 항목별로 소득세 공제 신고를 하는 납세자들은 기부금 세제를 받을 수 있지만 항목별 신고를 하지 않는 납세자는 그런 공제를 받지 못한다.[40] 인디펜던트섹터Independent Sector에 따르면, 항목별 신고를 하지 않는 납세자에는 연소득 5만 달러 이하고, 주택을 소유하지 않고, 주택 담보 대출을 갚지 않은 저소득 또는 중산층 미국인, 학생, 교사, 버스 운전사 등이 포함된다. 이런 사람들에게 기부금 세제를 적용하면 기부 행동에 영향을 미칠 수 있다.[41] 1985년에 잠깐 동안 항목별 신고를 하지 않는 사람들이 자선 기부금의 50퍼센트를 공제받을 수 있을 때, 이 사람들은 95억 달러를 자선 단체에 기부했다. 반면 1986년에 자선 기부금의 100퍼센트를 공제받을 수 있게 되자 40퍼센트 이상인 134억 달러를 기부했다.

공제를 하는 이유는 여러 가지가 있으며, 공제를 둘러싼 논쟁도 숱하게 많다. 공제가 시행될 때 의회는 다음의 타당한 이유를 제공했고 이는 그뒤로 표준화된 설명이 됐다. "자선이나 기타 목적에 쓴 돈이나 자산에 대한 과세를 면제받는 조치는, 이런 자선 기부가 없었으면 정부가 다른 공적 자금을 지출해서 충족해야 하는 재정적 부담을 덜고, 전반적인 복지가 장려됨으로써 이익이 생긴다는 사실에 따라 세입 손실을 보상받는다는 이론에 근거를 둔다."[42] '수용 조항'에 관한 필디스의 분석처럼, 이 설명은 호혜성 고려에 호소한다. 간단히 말해 공익을 위해 자선 기부를 하는 사람들이 정부가 져야 할 특별한 책임을 덜어주면 정부는 세금 공제로 보답을 한다는 논리다. 여기서 법률은 호혜성 규범을 지지하는 것으로 보인다.

오늘날 항목별로 세금 신고를 하지 않는 사람들은 자선 기부금 공제를 받지 못한다. 대신에 이 사람들이 낸 자선 기부금은 표준 공제에 포함된다. 항목별 신고를 하지 않는 사람들에게 공제를 해주지 않는 주된 이유는 행정 비용, 곧 소액 기부를 모니터하는 데 많은 비용이 들기 때문이다. 항목별 세금 신고를 하지 않는 사람들 중 일부는 표준 공제에서 가정하는 액수보다 많이 기부를 할 수 있는 반면, 다른 이들은 전혀 기부를 하지 않고서 정당하지 않은 이익을 보기도 한다. 항목별 신고자 대상 기부금 세제의 핵심인 호혜성의 가치는 항목별 신고를 하지 않는 이들에게는 적용되지 않는 듯하다. 표현적 법 이론의 관점에서 보면, 항목별 신고를 하지 않는 이들에게 전달되는 메시지는 기부금이 너무 적기 때문에 당신이 하는 기부가 '중요하지 않다'. 공제의 주요한 법적 근거는 호혜성이기 때문에, 항목별로 신고하지 않는 이들에게 공제를 확대하지 않는 정책은 사회적 불신을 가져올 수 있다. 적어도 납세자들이 표준 공제에서 가정하는 기준보다 많은 액수를 기부할 때는 말이다. 따라서 법은 어떤 행동을 하는 방식뿐 아니라 어떤 행동을 하지 않는 방식으로 사회 자본을 파괴할 수도 있다. 1985년부터 1986년까지 항목별 신고를 하지 않는 사람들이 공제 액수가 늘어나면서 1년에 40퍼센트씩 자선 기부금을 늘린 사실을 보면, 사람들은 기부금 세제가 각자의 기부 계획에 무엇을 의미하는지를 잘 알고 있다는 점을 알려준다.

기부자가 받는 기부금 세제 혜택의 가치는 기부자의 한계 세율을 반영하기 때문에 어떤 사람의 소득이 많을수록 같은 기부에 대한 절대적인 세금 이득tax advantage은 더 커진다. 따라서 최상위 과세 등급에 속한 이들이 더 많은 세금 이득을 얻게 된다. '눈에는 눈, 이에는 이' 원칙에 따라 호혜성을 적용한다면, 어떤 기부의 가치는 모든 사람에게 동일해야 한다. 그 가치는 기부 자체에 따라 고정될 것이기 때문이다. 그렇지만 호혜성이 일반화되면, 어떤 사람들이 받는 호혜성의 가치가 더 크거나 작은지는 중요하지 않다. 게다가 우리가 기부를 늘리기를 원하고, 늘어난 기부가 사회적 필요를 충족시키는 동시에 사회 자본을 증대시킨다면, 가장 많이 기부를 할 수 있는 사람들에게 공제의 가치를 높여주는 방식도 중요하게 고려할 수 있다. 만약 우리가 부유층에 관련해 공제의 상대적 가치를 줄이기를 원한다면, 그런 일 또한 일반화된 호혜성 원리에 어긋나지는 않는다.

만약 사회 자본이 우리 해석 법률에 속한다면, 항목별 신고를 하지 않는 사람들을 배제하는 방식이 일반화된 호혜성에 어떤 영향을 미치는지를 살펴보아야 한다. 사회 자본과 함께 호혜성의 관점에서 보면 사람들이 절대 액수에서 얼마나 많은 돈을 기부하는지는 중요하지 않을 수 있다. 우리의 관심이 일반화된 호혜성을 촉진하는 데 있다면, 사람들의 참여, 즉 일반화된 기부에 참여하고, 남에게 베풀고, 사회적 신뢰를 창출함으로써 협동 활동을 할 수 있게 하는 일이 중요하다. 항목별 신고를 하지 않는 사람들을 공제에서 배제하면 일반화된 호혜성과 사회 자본이 손상될 수 있다. 첫째, 항목별 신고를 하지 않는 사람이 기부 공제를 받지 못하면 정부가 이익만

얻고 보답을 하지 않아, 사회적 불신이 조장될 수 있다. 둘째, 자선 세금 공제로 인해 사람들은 자기가 남에게 얼마나 많이, 또는 얼마나 적게 베푸는지에 대한 생각을 지속하게 된다. 자기가 하는 친절한 행동(기부 행위는 중요하다)을 셈하면 행복감이 높아지고, 행복한 사람은 이런 계산을 하면서 더 친절해진다는 일부 사례도 있다.[43] 항목별 신고를 하지 않는 사람은 자기가 한 친절을 계산하거나 기부를 스스로 모니터할 수 있는 기회를 갖지 못한다. 셋째, 만약 사회 자본을 진지하게 받아들인다면, 모든 납세자에게 공제를 확대하는 방식은 정부가 일반화된 기부, 더 나아가 사회 자본을 승인한다는 것을 의미한다. 넷째, 항목별 신고를 하지 않는 사람에게는 공제를 해주지 않고 항목별 신고를 하는 사람에게만 공제를 확대하는 경우에는 불공정한 측면이 있다. 항목별 신고를 하지 않는 사람은 원칙적으로 자기가 원하면 항목별 신고를 해도 되지만, 많은 이들에게 항목별 신고는 서류 처리가 복잡하고 비용이 들기 때문에 그림의 떡이나 마찬가지다. 때로는 어떤 권리를 행사하는 데 드는 비용과 행정과 법률상의 장애물이 너무 부담스러운 나머지 권리에 접근하는 일이 사실상 불가능하기도 하다.

사회 자본의 인과관계에 관한 이 분석이 옳다면, 항목별 신고를 하지 않는 사람들은 자기가 낸 특정한 자선 기부금을 제대로 인정받지 못할 뿐 아니라 항목별 신고자를 지원하는 사회 자본에 자기들이 기여한 점에 관해서도 인정을 받지 못하는 셈이 된다. 이런 가정을 해보자. 항목별 신고를 하지 않은 어떤 사람이 항목별 신고자가 비영리 기구의 이사회에 참석하는 동안 그 사람의 개를 산책시킨다면, 항목별 신고를 하지 않은 사람은 필란트로피 사업에 기여하지 않은 걸까? 이런 식의 지원은 널리 퍼져 있으며, 특히 가난한 사람들보다 사회 자본이 많은 부유층에서 많이 보인다. 공정성을 고려하는 것은(즉 사회 자본이 우연한 역할을 하는 것에 대해 인정하는 것과 관련된) 현재 항목별 신고를 하지 않는 사람도 점을 시사한다. 법은 사회 자본을 증진시키고 그리하여 필란트로피를 증가시킬 수 있는 기회를 확보하는 데 실패한다.

기부금 세제의 중요성이나 그 근거는 분명하지 않다. 인디펜던트센터는 항목별 소득세 신고가 자선 기부에 미치는 영향을 **항목별 신고자 효과** itemizer effect'라고 부른다. '항목별 신고자 효과'란 얼마나 많은 가구가 자선 기부금을 내는지에 영향을 미치며, 이 효과는 소득, 주택 소유 여부, 기타 여러 특성과 관계없이 유효하다.[44] 대부분의 사람들은 주택 담보 대출 이자를 공제하기 위해 항목별 소득세 신고를 하기 때문에 항목별 신고자가 기부를 더 많이 한다고 생각한다. 주택 소유자인 사람들이 지역 사회에 더 많이 관여하고, 기부는 이런 관여를 반영한다고 보기 때문이다. 즉, 항목별 신고자가 사회 자본이 더 풍부할 수 있다.

그러나 '항목별 신고자 효과'를 설명할 수 있는 다른 요인이 있다. 구조의 무법이 도움의 책임이 분산될 때(방관자 효과) 무관심한 방관자에게 상황에 개입해서 곤경에 빠진 낯선 이를 도와주라고 말하듯이, 항목별 소득세 신고는 무관심한 기부자에게 기부를 하라고 말할 수 있다. 항목별 신고를 할 때 더 많은 사람들이 기부하고자 하며, 기부를 요구하는 사회적 네트워크에 속할 때 사람들은 더 자주 기부한다. 이런 논리에 의하면, 항목별 소득세 신고는 사회 자본이 풍부한 공동체에서 규범과 네트워크가 하는 역할과 동일하게 기부 책임을 통보하는 기능을 한다. 이런 '자극'은 누가 무엇을 해야 하는지에 대한 혼란이나 모호함을 해소할 수 있다. 항목별 신고자들에게 기부금 세제를 제공할 때, 국가는 그 사람들에게 각자의 책임을 알려주고, 친사회적 행동을 장려하며, 책임 실행에 보상을 주고, 사회적 신뢰와 사회 자본을 창출한다. 이런 가설에서 보면, 항목별 신고자 효과는 개별 납세자들에게 자선 책임을 할당함으로써 기부자의 무관심을 해결하는 결과를 낳는다.

항목별 소득세 신고가 기부의 '자극제' 역할을 한다면, 항목별 신고를 하지 않는 사람들까지 공제 범위를 확대할 타당한 이유가 된다. 그렇게 하면 이들의 기부를 늘릴 수 있기 때문이다. 항목별 신고자 효과에 관한 이런 설명이 정확하지 않거나 전체 이야기의 작은 부분에 불과하더라도 항목별 신고는 기부를 증가시키며, 항목별 신고를 하지 않는 사람들을 배제하면 사회 자본이 손상될 수 있다. 저소득층이 항목별 신고를 할 기회가 없어서 기부를 덜 하고, 기부가 사회 자본을 양성한다면, 항목별 신고를 하지 않는 사람들은 또한 사회 자본의 증대에 따르는 개인적 이익도 잃게 된다. 이는 불행한 일이다. 사회경제적 하위 집단 출신 사람들은 이미 부유층보다 사회 자본이 적고, 또한 이렇게 부족한 사회 자본을 경제적으로 보충할 만한 위치에 있지 않기 때문이다(이를테면 보안 시스템을 설치할 여력이 없어서 이웃의 감시에 의존하는 것). 그렇지만 기부금 세제의 혜택을 확보하기 위해 표준 공제를 완전히 포기하면서 그 행정적 혜택까지 잃을 필요는 없으며, 추가 기부금 세제를 반영하는 방식으로 표준 공제를 조정할 수 있다.

대체로 기부금 세제는 사회가 사회 자본과 자선 기부금을 둘 다 늘릴 수 있는 좋은 방법으로 보인다. 공제에 관한 의회의 타당한 이유를 위한 주된 동력에 뒤이어 공제는 공정성과 호혜성의 원리를 근거로 한다. 이렇게 공제는 사회적 신뢰와 사회 자본을 강화한다. 공제는 타인에 대한 베풂의 중요성을 인정하며, 국가와 공동체가 베풂을 지지한다는 것을 나타낸다.

사회 자본이 협력과 협동에 유익하다는 점은 명확하다. 글로벌 빈곤을 해결하기 위해 글로벌 협력이 필요하다는 점도 분명하다. 그렇지만 현재 미국의 내국세법은 '물가 정책'을 통해 글로벌 사회 자본과 글로벌 기부를 둘 다 훼손할 수 있다. 이 정책에 따라 개인이나 기업이 자선 기부에 대해 공제받으려면 수혜자가 '미국의 주나 워싱턴디시, 또는 미국의 속령에서 설립되거나 조직'돼야만 한다.[45] 증여세나 부동산세 공제는 이런 제한이 없다. 게다가 해외 자선 사업은 면세 지위를 신청할 자격이 있다. 그런데 다른 나라에 있는 단체들이 통과하기에는 법률이 까다롭고 비용이 많이 들기 때문에 신청하는 일이 드물다.[46] 결국 세계 곳곳에는 노인을 위한 지역사회센터, 유럽의 미술관부터 환경 피해를 보상받으려 노력하는 아마존 외딴 곳의 부족에 이르기까지 미국인이 돈을 기부하기를 바라고 이런 기부가 필요한 자선 단체와 비영리 단체가 숱하게 많지만, 받지 못하고 있다. 옥스팜 같은 중개 단체를 이용해서 전부가 아니라 일부 제한을 피할 순 있다. 어쨌든 표현적 법이론의 관점에서 보면, '물가 정책'은 글로벌 의무에 관해 유감스러운 메시지를 전달할지도 모른다. 1938년 하원 보고서에 담긴 한 구절을 보면, 이런 메시지가 명확히 드러난다.

자선과 기타 목적에 사용한 돈이나 자산에 대한 세금 면제는 다음 같은 원칙, 즉 정부는 자선 기부가 없었으면 공공 자금을 할당해 충족해야 했을 재정 부담에서 벗어난다는 사실에 따라, 그리고 국민 일반의 복지를 장려한 결과로 생기는 이익에 따라 세입 손실을 보상받는다는 원칙에 근거한다. 미합중국은 해외 기관에 준 증여에서 어떤 이익도 얻지 않으며, 제안된 제한은 위의 원칙에 부합한다.[47]

의회에 따르면, '물가 정책'이 채택된 이유는 외국에 기반을 둔 자선 단체가 특별한 감독을 정당화하기 때문이 아니라 개별 납세자들이 이런 단체에 기부금을 낼 때 미국 정부의 부담을 덜어주지 않기 때문이다. 앞에 인용한 구절의 마지막 문장은 공공 이익의 필요성을 언급한다. 더 구체적으로 말하면, 공공 이익의 요건은 이렇다. "미합중국 정부가 세금을 면제해주거나 공제를 허용할 때, 모든 납세자가 영향을 받는다. 기부자에게 면세나 공제를 해준다는 사실 자체가 모든 납세자가 간접적이고 대리적인 '기부자'라고 말할 수 있다는 의미다. 자선 면세가 정당화되는 이유는 면세를 받는 주체가 공공 이익을 제공하기 때문이다."[48] 반면 글로벌 기부는 공공 이익으로 간주되지 않는다. 글로벌 기부는 다른 나라 사람들에게 이익을 주며, 또한 그 결과로 세입을 상실하는 **자국민들**(대리 기부자들)에게 불공정하기 때문이다. 이 구절에 담긴 도덕적 가정을 분석하기는 쉽지 않지만, 우리는 자국민들에게 일차적 의무를 진다는 가정이 은연중에 들어 있다. 타인에 관한 우리의 의무가 국가적 소속이나 누가 이익을 받는지에 근거하지 않는다고 생각한다면, 이 조항은 도덕적으로 당혹스럽게 느껴진다.

미국 내국세법은 또한 기부금 세제를 받을 자격이 있는 기관은 공공 정책에 부합해야 한다고 규정한다.[49] 이 요건은 '밥존스 대학교 대 미합중국 Bob Jones University v. The United States' 사건에서 명쾌하게 설명됐다. 판결에서 연방 대법원은 자선 단체가 충족해야 하는 공공 정책 요건이 있으며 국세청은 인종 차별 정책을 이유로 밥존스 대학교의 자선 단체 지위를 철회할 수 있다고 말했다. 연방대법원에 의하면 "역사적으로 보면, 어떤 기관이 …… 면세를 보장받으려면 공공 이익에 부합해야 한다는 점을 분명히 한 논리가 지지받는다. 그 기관이 추구하는 목적이 공동체의 공통된 양심에 크게 충돌하여 공공의 이익을 훼손해서는 안 된다."라고 했다.[50] 또한 "신탁법에서는 오래 전부터 자선 신탁의 취지가 법에 어긋나거나 현행 공공 정책에 위배되면 자격을 인정하지 않았다."고 밝혔다.[51]

이 구절들에서 몇 가지 교훈을 끌어낼 수 있다. 입법의 역사에 따르면, 호혜성과 공공 정책에 관한 고려가 공제를 정당화하는 구실을 한다. 이런 이론적 설명은 '물가 정책'의 근거로 작용하기도 한다. 표준적 설명에 따르면, '물가 정책'은 정부 의무를 줄여준다는 이론적 이유에 근거하기 때문에 미국 정부나 시민은 다른 나라 사람들을 도울 의무가 없다는 규범을 표현할 위험이 있다. 이 정책은 글로벌 연결에대한 시대에 뒤떨어진 생각에 바탕을 두고 있다. 오늘날 미국과 미국 시민들은 많은 글로벌 연결을 공유하는 반면, 의회가 '물가 정책'을 정당화하던 1917년에는 그런 연결이 거의 없었다. 많은 미국인들은 이미 자선은 집에서 시작된다(그리고 집에서 끝난다)고 믿기 때문에 이 정책이 표현하는 내용은 이미 우리에게 굳게 자리잡은 규범을 강화할 뿐이다. 미국이 '물가 정책'을 폐지하고 해외에 근거를 둔 자선 단체를 국내 자선 단체하고 똑같이 대우한다면, 해외 단체도 국내 단체처럼 공공정책 요건에 종속되게 된다. 그렇게 되면 이 요건은 미국의 이익에 대립할 수도 있는, 외국에서 만들어진 자선 단체에게 상당한 양의 보호를 제공하게 될 것이다.

'물가 정책'이 미치는 현실적인 영향의 일부가 중개 단체를 거치며 완화되더라도, 이 정책에는 여전히 도덕적으로 문제가 되는 표현적 내용이 담겨 있다. 이 정책은 '자선은 집에서 시작된다'는 규범을 확고히하고 코즈모폴리턴적 규범을 훼손할 위험이 있다. 적어도 표준적 설명이 더해진 '물가 정책'은 멀리 떨어진 사람들에 대한 우리의 의무가 자국인들에 대한 의무하고 같지 않다고 암시한다. 자국인들에 대해서는 이익을 얻지만 멀리 떨어진 사람들에 대해서는 이익을 못 얻기 때문이다. 1917년에는 이런 주장이 사실이었더라도 지금 같은 글로벌한 상황에서는 맞지 않으며, 또한 포기의 글로벌 시민 같은 횡단 거주자transpatriate들에게도 적합하지 않다. 만약 어떤 단체의 자선 지위가 코즈모폴리턴 윤리에 따라 특징지어진다면, 여기에 관련된 공동체 개념은 멀리 떨어진 사람들을 돕는 일이 어떻게 하나의 글로벌 공동체의 일부인 우리 전체에게 이익이 되는지를 알 수 있을 만큼 충분히 포괄적일 것이다. 개념적으로 보면, 사회적 자본은 어떤 인위적 경계도 포함하지 않는다는 점에서 주목할 만하다. 사회적 자본을 창출할 수 있는 규범, 가치, 네트워크는 국가 경계선에 의해서가 아니라 오직 사람들 자신에 따라, 그리고 그 사람들이 행하고 만들 수 있는 결과에 따라 제한될 뿐이다.

그러나 '물가 정책'이 도덕적으로 당혹스러운 표현적 내용만으로 구성되지는 않았다. 미국 납세자들은 중개 단체를 거쳐 국제적 성격만 띠는 사업에 자선 기부금을 내놓고 그런 기부에 대해 공제를 받을 수 있지만, 미국인들이 기부를 하고 싶어하는 모든 단체가 한 중개 단체 산하에 있거나 독자적인 면세 지위를 갖는 것은 아니다. 사회적 이익과 공공 정책이라는 실질적 요건을 충족시키는 많은 단체도 마찬가지다. 실제로 '물가 정책'은 미국인들이 자선 기부금을 내놓을 수 있는 외국 자선 단체를 제한하고, 이런 식으로 글로벌 기부를 방해하며, 그 결과 미국인들이 미국 내에서 조직된 자선 단체에 기부할 가능성을 높인다. 이 정책은 몇몇 사람들에게는 더 큰 곤경이 될 것이다. 이를테면 모국에 정서적이고 문화적인 의무가 있고 자식으로서 부담도 가진 외국 출신 미국 거주자들은 특히 부담을 지게 된다. 그 사람들이 기부하고 싶은 특별한 단체가 있을 수 있다. 그런데 '물가 정책'은 포기가 말하는 글로벌 시민이 기부를 수단으로 다양한 공동체를 대상 삼아 충성과 유대를 구축할 수 있는 자선의 선택권을 제한한다. 이 정책은 또한 미국인들이 다른 공동체들하고 유대와 결속을 구축하고, 이런 기반을 통해 신뢰와 글로벌 사회적 자본의 축적을 늘릴 수 있는 통로를 제한한다. 자기가 선택한 해외 자선 단체에 기부를 하면 공제를 받지 못할 때 몇몇 미국인은 아예 기부를 포기하거나 미국 안의 자선 단체를 찾을 것이다. 국내 단체에 기부를 하면 공제를 받기 때문에 더 많은 돈을 줄 수 있다고 생각하기 때문이다.

'물가 정책'을 폐지하고 글로벌 기빙과 국내 기부에 동등한 관계를 설정하면, 미국의 돈 중 일부가 해외에 근거한 자선 단체로 들어갈 것이다.[52] 또한 원하는 곳에 자선 기금을 보낼 기부자의 자유가 더 커지고, 공제 가능한 자선 선택지가 많아져서 전체 기부도 늘어날 것이다. 국제 기부의 상당액이 종교 단체를 거쳐 실행되는데, 아마 이런 기부는 계속될 것이다. 또 다른 많은 돈이 환경 문제, 발전, 인도주의 구호, 인권 등으로 돌아간다.[53]

더 중요한 점은 '물가 정책'을 폐지하면, 포기가 말하는 글로벌 시민처럼 많은 정치 단위를 상대로 유대 관계와 충성 관계를 맺고 그런 유대 관계를 맺은 공동체에 기부를 하려 하는 새로운 기부자 집단이 생겨날 수 있다는 점이다. 동시에 자선 기부가 더 많아지고 금액도 늘어날 것이다. 포기가 말하는 글로벌 시민은 이런 정치 단위들에 속한 단체에 직접 기부를 하고 싶어할 공산이 크며, 자선이 실행되는 현장하고 이미 유대가 있기 때문에 그런 기부에 더 능숙할 것이다. 글로벌 사회적 자본의 구축이라는 관점에서 보면, 우리는 이런 글로벌 유대의 구축과 강화에서 이익을 얻을 수 있다. 중개 단체의 신뢰성에 상관없이, 중개 단체를 거쳐 일정한 거리를 두고 실행되는 거래는 국가 경계선을 초월하는 다층적인 인적 관계 네트워크만큼이나 많은 글로벌 사회적 자본을 만들어내지 못할 가능성이 높다. 사회적 자본은 무엇보다도 조직이 아니라 개인을 요소로 만들어진다(물론 조직이 사람들 사이의 상호 작용을 촉진할 수는 있지만). 어쨌든 어디에 소재를 두는지에 무관하게 면세 자격을 얻으려면 자선 단체는 사회적 피해가 아니라 사회적 이익을 줘야 하며, 탈레반이 아니라 미국의 공공 정책에 부합해야 한다!

'물가 정책'은 레이프 위나가 논의한 대로 필란트로피가 피해를 유발할 위험성을 줄이고, 동시에 미국의 기부를 특히 가시적으로 만듦으로써 글로벌 사회적 자본을 양성할 잠재력이 있기 때문에 바람직하다고 주장할 수도 있다.[54] '물가 정책'에 순응하는 자선 단체가 순응하지 않는 단체보다 필란트로피가 유발하는 피해를 완화할 대비가 더 잘돼 있는지는 분명하지 않다. 몇몇 해외 자선 단체는 미국에서 만들어진 단체보다 임무를 더 잘 수행한다. 이를테면 환경이나 보건에 관련해서는 그럴 것이다. 지금까지 필란트로피에 관련된 많은 피해는 '물가 정책'이 지켜보는 와중에 벌어졌다. 따라서 '물가 정책'은 그것 자체로, 저절로 필란트로피 때문에 야기되는 피해를 막는 만병통치약이 아니며, 중개 단체는 그 자체가 그런 피해의 원천으로 작용될 수 있는 위험에서 자유롭지 않다.

어떤 이는 '물가 정책'의 근거가 문제시되더라도 실제 함의는 전반적으로 좋다는 견해를 취할지 모른다. 이 정책은 해외에 자리한 자선 단체를 감독할 기회를 정부에 제공하기 때문이다. 그런데 유감스럽게도 정부가 이 단체들을 세심하게 감독하는지는 분명하지 않다. 워나는 "빈곤층의 장기적 전망에 영향을 미치는 기관에 관심을 기울이고, 이 기관이 잘 운영되는 방식을 개선하기 위해 노력하는 일은 극심한 빈곤을 경감하는 것을 실제 목표로 삼는 이들에게 최우선 과제가 될 것이다. 인도주의자에게 이 기관들의 기본 구조는 주요한 관심 대상이 돼야 한다."[55]고 말한다. 게다가 병원처럼 면세 지위를 누리면서도 그런 자격에 부합하지 않는 국내 단체도 많다. 영리를 지향하고 공동체의 이익을 위한 일을 거의 하지 않기 때문이다.[56] 또한 미국 땅에 자리하고 면세 지위를 누리는데, 테러 활동 혐의 때문에 이 지위가 유예된 자선 단체도 많다. 2009년 3월 현재 일부 공개된 명단에는 오리건 주 애슐랜드에 있는 알하라마인 이슬람재단Al Haramain Islamic Foundation, 뉴욕 주 시더허스트에 있는 랍비 메이어 카하네 기념기금Meir Kahane Memorial Fund, 미주리 주 컬럼비아에 있는 이슬람아메리칸 구호기구Islamic American Relief Agency 등이 그렇다.[57] '물가 정책'처럼 단체가 처음 생긴 장소에 관심을 집중하게 되면 단체 소재지에 상관없이 문제를 해결할 수 있는 방식을 확인하지 못할 것이다.

확실히 미국인은 자선 면세 자격이 있는 중개 단체를 거쳐 국제적 자선 사업에 돈을 기부할 수 있기 때문에, 중개 단체를 활용하면 형편이 나빠질 리 없고, 아마 더 좋아질 듯하다. 미국인이 미국에 자리한 자선 단체를 거쳐 멀리 떨어진 나라에 돈을 기부할 수 있는 것은 분명한 사실이다. 그렇지만 중개 단체를 거치면 추가 비용이 든다. 많은 사람들은 이 돈을 차라리 전 세계의 가난한 사람들을 먹이는 데 쓰는 쪽을 선호할 것이다.[58] 그리고 미국 납세자가 기부를 원하는 모든 국제적 자선 사업에 대응하는 단체가 모두 미국에 있는 것도 아니다. 미국인이 돈을 기부할 수 있는 국제적 선택지의 수를 축소하는 조치는 가치가 있고 공공 이익과 공공 정책 요건을 충족하는 글로벌 기빙 단체에 주는 기부를 축소한다는 점에서 지나치게 포괄적이다. 그렇지만 또한 그런 조치는 또한 필란트로피가 유발하는 피해 문제에 대한 그릇된 대응이기도 하다. 이런 피해는 (대부분) 이 자선 사업이 미국과 다른 나라 중 어느 쪽에서 조직되는지에 별 관계가 없기 때문이다. 자선 단체가 조직되는 장소에 무관하게 이 단체들을 감독하는 적절한 메커니즘이 필요하다.

만약 미국이 '물가 정책'을 폐지한다면, 일반화된 기부의 정신에 따라 다른 나라들도 선례를 따를 수 있다. 미국이 빈곤 구제를 위해 돈을 받는 일은 없겠지만(그래서도 안 된다), 이를테면 의학 연구나 예술을 위한 기부를 받을 수는 있다. 따라서 '물가 정책'을 폐지하면 미국에 남아 있을 수 있던 자금이 일부 나라 밖으로 가겠지만, 미국 또한 현재 확고한 '물가 정책'을 유지하고 있는 다른 나라들에서 자선 기부금이 유입될 것이다.

2009년 1월 27일, 중요한 사건인 '하인 페르셰 대 뤼덴샤이트 세무서Hein Persche v. Finanzamt Ludenscheid' 판결[59]에서 유럽연합 최고 재판소인 대법원Court of Justice은 독일의 '물가 정책'이 (그리고 다른 회원국들의 '물가 정책'도) 유럽연합 집행위원회 조약European Commission Treaty 56조에 위배된다고 밝혔다.[60] 자본의 자유로운 이동을 핵심으로 한 조항이다. 유럽연합 대법원은 무엇보다도 만약 독일(그리고 다른 회원국)이 다른 회원국들에 주는 기부(자본)에 대해 조세 공제를 확대하지 않는다면, 이 회원국들에 대한 기부(자본의 자유로운 이동)를 방해하는 셈이라고 추론했다. 이 사례에서 독일 시민이자 납세자인 하인 페르셰는 포르투갈의 양로원에 장난감과 침구류를 기부했다. 자기가 소유한 주택에 가까운 곳이었다. 독일에 내야 할 세금을 공제해달라는 페르셰의 요구를 세무서는 거부했다. 기부 수혜자가 독일에 설립된 단체가 아니라는 이유 때문이었다(독일의 '물가 정책'). 대법원은 이렇게 말했다.

한 회원국에서 자선 단체 지위를 인정받은 조직은 다른 회원국에서 그런 취지로 부과하는 요건을 충족시키며, 그 조직이 추구하는 목적이 일반 공공의 동일한 이익을 장려하는 것일 때 이 조직은 다른 회원국에서도 자선 지위를 인정받을 가능성이 높다는 사실은 변함이 없다. 이것은 그 회원국의 법원을 포함한 국가 당국이 결정할 문제인데, 단지 해당 조직이 자국에서 설립되지 않았다는 이유로 동등한 대우를 받을 권리를 부정할 수는 없다.[61]

이 사례에서 찾아내야 할 논점이 몇 가지 있다. 첫째, 이제 유럽연합 국가들은 자국 납세자가 다른 회원국에 낸 자선 기부금에 대해 단지 그 자선 단체가 다른 회원국에 설립돼 있다는 이유만으로 공제를 차단하지 못한다. 다시 말해 다른 유럽연합 국가들처럼 독일의 납세자는 다른 회원국의 많은 자선 단체에 직접 기부를 하고 공제를 받을 수 있다. 둘째, 이 판결은 국가를 가로지르는 기부를 촉진하기 때문에 코즈모폴리턴 윤리에 내재한 가치를 촉진한다. 셋째, 대법원은 또한 원거리 자선에 대해 '재정 감독의 효과성을 보장'할 회원국의 요구가 '물가 정책'을 유지할 충분한 근거는 되지 못한다고 봤다.[62] 따라서 이 판결의 코즈모폴리턴적 취지는 감독이나 효율의 필요성에 따라 무효화되지 않는다. 대법원은 기부자가 세무 당국에 공제 조건이 충족된다는 증거를 제공할 필요가 있다는 점은 인정했다. 그렇다면 아마 외국의 자선 단체는 기부를 받기 전에 그런 서류를 제공할지를 결정할 것이다. 넷째, 대법원은 각국 정부와 세무 당국이 사용할 수 있는 법적 기제가 자선 단체가 저지를지도 모를 비행을 막는 충분한 보호책이라고 믿거나, 최소한 '자본의 자유로운 이동'에 내재된 가치가 '물가 정책'을 폐지함으로써 제기되는 어떤 위협보다도 더 중요하다고 믿는 것으로 보인다. 다섯째, 대법원 판결은 글로벌 기빙에 더욱 개방적인 정책이 실현 가능하다는 흥미로운 모델을 제공한다. 좀더 추측하자면, 글로벌 사회 정의를 촉진할 수 있는 기제로서 법률에 관해 생각하려 할 때 이 판결은 그런 목표를 향한 중요한 진일보로 작용할 수 있다.[63] 미국과 유럽연합은 분명 차이점이 많지만 유사성도 많다. 유럽연합의 선례를 따라 미국도 '물가 정책'을 폐기하고 자선 면세 지위를 활용하는 방식을 확대할 수 있다. 아마 경제협력개발기구의 몇몇 나라를 시작으로 천천히 한 나라씩 확대할 수 있을 것이다.

아인 페르셰는 포기가 말하는 글로벌 시민의 몇 가지 특성을 공유한다. 한 나라의 시민이자 다른 나라의 주택 소유자는 한 나라에서 다른 나라로 부를 이전함으로써 두 나라 사이의 정치적 장벽을 일부 허문다. 아인 페르셰는 단순히 다른 나라로 휴가를 가는 데 만족하지 않는다. 포르투갈에 집이 있고 그 지역에 유대 관계를 맺고 있는 듯하다. 기부가 사람들 사이에 협동적 연계와 관계를 창조하고 굳게 하는 데 도움이 되는 한(옥시토신 연구를 상기하라), 글로벌 기빙(특히 그런 관계에서 생겨나는 글로벌 기빙)를 방해하는 법률은 글로벌 시민이 신뢰와 사회적 자본을 구축하고 코즈모폴리턴적 선 개념을 실행할 능력을 부당하게 가로막는다.

'물가 정책'의 근거를 다시 생각해보자. 입법의 역사에 따르면, 사람들이 자선 기부에 대해 세금 공제를 받는 이유는 그런 기부가 없었으면 정부가 떠안았을 책임을 덜어주고 사회적 이익을 준 것 때문이었다. 미국에서 '생겨나거나 조직되지 않은' 자선 단체에 사람들이 기부를 할 때 '물가 정책'이 난입해서 기부금 공제를 받지 못한다. 이런 상황에서 많은 이들은 그냥 기부를 하지 않는 쪽을 선택하고, '전문적 기부자'들은 이런 가능성을 아예 무시하면서 공제할 수 있는 곳에만 자선 기부금을 몰아주기 마련이다. 다른 이들은 미국 안에서 생겨나거나 조직된 중개 단체를 찾아내서 그런 식으로 기부를 한다. 오프라 윈프리 같은 나머지 사람들은 독자적인 중개 단체를 만들 수도 있다. 물론 미국 납세자들이 관심을 갖는 모든 자선 사업에 대해 중개하는 단체가 있는 것은 아니다. 그리고 많은 기부자들은 단순히 어떤 자선 목적이 아니라 특정한 자선 단체에 기부를 하고 싶어한다. 만약 중개 단체들의 관심과 기부자의 관심이 일치하지 않는다면, 이 기부자는 자기 관심에 들어맞는 국내에 자리한 단체를 찾을 것이다. 그렇지만 설사 어떤 중개 단체가 '물가 정책'의 영향을 완화할 수 있더라도 이 정책의 밑바탕에 깔린 근거는 계속 남아 있고, 법원들은 그런 근거에 호소할 것이며, 장래에 법률과 규범을 만드는 데 기여할 것이다. 법률에서는 결과가 중요하지만, 법률의 근거 또한 중요하다. 나는 '물가 정책'의 경우에 근거와 결과 둘 다 문제가 된다고 주장한다.

사회적 자본은 일대일 상호 작용과 개인적 관여를 비롯한 사회적 상호 작용을 통해 획득된다. 글로벌 사회적 자본을 만들어내려면, 다양한 집단 안에서 사회적 자본과 관련된 전형적으로 몇몇 독특한 장애물을 극복해야 할 것이다. 이상적인 세계에서 글로벌 사회적 자본을 양성하기 위한 방편으로 글로벌 기빙을 활용하려 한다면, 퍼트넘의 통찰과 포기가 말하는 글로벌 시민을 따라서 사람들에게 다른 나라 사람들하고 익숙해지도록, 더 넓은 세계의 일원으로서 자기를 보기 위해 확장된 정체성을 양성하도록 장려할 것이다. 다른 사람들과 자신의 유사성이 커지게 되면 기부도 커지게 마련이다. 기부금 세제를 제공하면 이 과정이 촉진될 것이다. 다른 한편 중개 단체를 찾으려는 요구는 미국에서 설립되거나 조직되지 않은 자선 단체는 신뢰할 수 없기 때문에 중개자가 필요하다는 신호일 수 있다. 더 많은 미국인이 해외에서 여행하고, 공부하고, 일하고, 결혼할수록 사람들은 멀리 떨어진 나라에 직접 기부하고, 나아가 그 돈이 가는 곳을 통제하고 싶어할 것이다. 세계에 관해 더 많이 알고, 세계의 빈곤 중 일부를 **자기가 속한** 글로벌 공동체의 빈곤으로 경험하게 되면, 세계적으로 기부를 하고 싶다는 마음이 더 커지고, 더불어 사회적 신뢰와 글로벌 사회적 자본도 커질 공산이 크다. 이 사람들이 다른 공동체에 직접 기부를 할 기회를 막으면 또한 공동체의 삶에 전면적으로 관여할 기회도 축소된다. 유감스럽게도 중개 단체를 활용하면 국제적 기부가 일정한 거리를 둔 거래로 바뀌며, 이럴 때 우리는 '기부자가 주의할 점Donor Beware'에 관한 규범을 전달할 위험에 놓인다.

몇 가지 훌륭한 반론도 있다. 다양한 법률이 사회적 자본과 납세자의 믿음에 미치는 영향에 관한 많은 경험적 주장을 한 적이 있다. 사회적 자본에 관한 많은 연구와 사회적 자본과 필란트로피에 관한 몇몇 연구가 있지만, 법률이 사회적 자본에 미치는 영향에 관한 일부 주장을 뒷받침하는 경험적 연구는 전무하다. 이 점에 관한 한 사회적 자본뿐 아니라 다른 여러 가지도 마찬가지다. 법률이 프라이버시, 평등, 자유, 시장 등에 미치는 영향에 관한 많은 주장에는 이를 뒷받침하는 통계 자료가 부족하다. 그런데도 법원은 판결에서 이런 경험적 주장들을 검토한다. 이런 연구를 할 수 있고, 해야 한다고 믿는다. 그렇지만 특히 자유에 대한 고려 때문에 법률이 사회적 자본과 필란트로피에 잠재적으로 미치는 영향을 무시하면 안 된다. 항목별 신고를 하지 않는 사람들의 경우 납세자의 자유 이익은 공제 대상을 확대해서 충족될 수 있고, 이중 혜택에 대한 염려는 표준 공제를 하향 조정해서 개선할 수 있다. 글로벌 기빙의 기회를 더욱 확대하면 미국 납세자들, 특히 포기가 말하는 글로벌 시민처럼 코즈모폴리턴적 선 개념을 가진 이들의 자유 이익에 도움이 된다. 포기가 말하는 글로벌 시민은 지금은 '물가 정책'이 부과하는 제한을 자기의 자유에 대한 제한으로 경험하지 않겠지만, 이는 글로벌 비전에 들어맞는 더욱 확장된 자유 개념으로 대체돼야 할 과거의 유물일 것이다.

어떤 사람은 각국이 여러 가지 방식으로 자국민을 선호하며, 미국도 자국민을 선호하기 때문에 기부의 경우에 그런 규칙의 예외를 인정하기 곤란하다고 이의를 제기할지 모른다. 기부가 된다면, 교육이나 보건은 왜 안 되는가? 우리가 이런 다른 영역에서 우리의 의무를 확대해서는 안 된다는 원칙에 실제로 동의하지 않으면서도 기부를 구별할 수 있다. 기부의 경우에 정부는 누구에게 돈을 기부할지와 관련해 시민들에게 상당한 자율성을 확대하고 있다. 이런 식으로 정부는 사회적 관여와 공적 시민 정신, 사회적 자본을 촉진한다. 어떤 종류의 단체가 자선을 받을 자격을 갖췄는지에 관련해 일부 제한이 있다는 점은 인정한다. 이를테면 종교 단체는 괜찮지만 시가바<sup>cigar bar</sup>는 안 된다. 그렇기는 해도 기부금 세제는 공동체 관여를 장려하며, 공동체를 바라보는 사람들의 시각이 넓어지는 가운데 자기 결정적 관여를 막는 것은 앞뒤가 맞지 않는다.

지금까지 제안한 내용은 이중적이다. 첫째, 사회적 자본에 대한 고려가 자선 관련 세법을 결정하는 데서 무엇보다도 하나의 규범으로 포함돼야 한다고 제안했다. 법원은 실제 판결을 보장하지 않기로 결정할 수 있지만, 그렇다고 해도 이 점을 고려 사항으로 포함하지 않는 문제는 다르다. 둘째, 이장에서 논의한 법률에 고려해야 할 표현적 내용이 있다고 이야기했다. 유감스러운 일이지만, 어떤 법률의 표현적 내용을 결정하는 요소는 추측의 문제라는 사실을 피할 도리는 없다. 그렇기는 해도 법률에는 분명 표현적 내용이 있으며, 객관적으로 확인할 방법이 없다고 해서 그 내용을 무시한다면, 사람들이 적어도 부분적으로는 그 표현적 내용에 근거해서 행동하거나 행동을 삼가는 세계 속에서 우리는 취약할 수 있다. 내가 보기에 '물가 정책'의 표현적 내용은 글로벌 연계가 중요하고 글로벌한 긴장이 높은 오늘날의 세계에서 유해하다. 그렇지만 다른 고려 사항과 해석 규범도 염두에 둬야 한다. 항목별 신고를 하지 않는 사람들에게 공제를 확대하고 '물가 정책'을 수정할지 여부를 결정하는 과정에서는 이런 다른 고려 사항이 여기서 논의한 사항들보다 더 중요할 수도 있다. 이 장은 그런 더 폭넓은 대화에 기여하는 하나의 제안으로 내놓은 것이다.

피터 싱어는 《물에 빠진 아이 구하기》에서 한 장 전체를 '기부 문화는 어뗳게 만들어지는가'라는 질문에 할애한다. 싱어가 필란트로피에서 문화의 중요성을 인정한 점은 박수를 받아 마땅하다. 그렇지만 문화를 창조하는 일은 각자 기부에 전념하는 활동을 하는 많은 개인들보다 더 많은 것이 필요한 엄청난 과제다. 문화를 창조하려면 타인의 복지가 주된 관심사가 되는 응집력 있는 공동체가 필요하다. 그런 공동체를 위해서 우리에게는 사회적 신뢰와 사회적 자본이 필요하며, 그것도 글로벌한 차원에서 필요하다. 글로벌 기빙 **문화**를 창조하려면 먼저 글로벌 문화가 있어야 한다. 이런 글로벌 문화 안에는 사회적 응집성이 존재하고, 포기가 말하는 글로벌 시민 같은 사람들이 코즈모폴리턴적 시각을 갖고 서로 신뢰하고 돌보면서 타인에게 베풀려는 마음이 생긴다. 낯선 사람에 대한 신뢰의 신호가 신뢰를 창출한다는 사실을 밝힌 옥시토신 연구에 관한 앞의 논의를 생각해보라. 소액 대출은 글로벌 빈곤의 경감은 물론 글로벌 사회적 자본의 창조를 위해서도 성공적인 방식일 수 있다. 가난한 나라 사람들에게 소규모 사업체(연대 그룹)를 할 돈을 빌려줄 때, 부자 나라 사람들은 이 그룹에 대한 신뢰를 나타내고, 대부자와 차용자, 부자 나라와 가난한 나라 사이의 신뢰를 창출한다. 하나의 관계가 생겨난다. 소액 대출은 대부자와 차용자 양쪽의 관점에서 볼 때 커다란 성공작이다.[64] 성공작인 이유 중 하나는 이 과정에서 생겨나는 신뢰나 사회적 자본에 관련될 듯하다. 기부자와 해외 단체로 직접 가는 돈의 수령자 사이에 중개 단체가 개입하도록 요구하는 것은 해외에 자리한 자선 단체를 특별히 모니터해야 한다는 메시지를 전달할 수 있다. 사실을 말하자면, 모든 자선 단체는 세심하게 모니터를 할 필요가 있고, 더 나은 모니터 방식을 개발할 필요가 있다.[65] 부모들이 지금도 아이들에게 낯선 사람하고는 이야기하지 말라고 타이르고 자선은 집에서 시작된다고 말하는 세상에서, 그런 의심은 글로벌 기빙 문화보다는 웅크리는 태도로 이어질 수 있다. 마지막으로 광대한 대양을 가로질러 돈을 보내는 미국인 기부자의 관점이 아니라 포기가 말하는 글로벌 시민, 곧 여러 곳에서 많은 사람들을 상대로 신뢰와 사회적 관계를 창조하는 선한 개념을 지닌 개인들의 관점에서, 법률이 글로벌 사회적 자본에 미치는 영향에 관해 생각하는 것은 유용하다. 마찬가지로 글로벌 기빙을 자극하는 데 활용할 수 있는 방식을 고려할 때, 그런 목적으로 활용하기 쉬운 정책 옵션들을 비교하는 일은 중요하다. 오늘날 사람들에게 글로벌 기빙을 장려하는 마케팅 전략으로서 가장 많이 활용되는 방식으로 빈곤 포르노그래피가 두드러진다. 그런데 글로벌 빈민을 바짝 마른 아이가 파리떼에 시달리는 이미지로 정형화하고 미국인의 기부를 받는 특정한 아이들에 관해 기만적인 광고를 하는 방식이, 투명하고 비교적 직접적인 세금 공제를 통해 글로벌 사회적 자본까지 구축하는 방식보다 더 좋은 것이라고 생각하기는 힘들다.

# 11장

# 설립자 겸 기금 출연자

## 비영리 기구의 필란트로피적 설립과 관련된 윤리적 고려 사항들[1]

제임스 슐먼

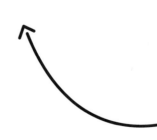

*존경받는 민간 재단이 완전히 새로운 학문 기관을 설립하기 위해 수억 달러를 지출하기로 결정하는 것은 매일 있는 일이 아닙니다. 분명 이 재단들은 오랜 성공 기록을 가지고 있는 많은 훌륭한 학교에 이 돈을 내놓을 수도 있었습니다. 그런데 그 대신 새롭게 시작해서 새로운 기관을 설립하는 쪽을 선택했습니다.*

*— 리처드 K. 밀러, 프랭클린 더블유 올린 공과대학 총장*

이 글에서는 기금 출연자나 재단이 기존의 비영리 기구를 통해 필란트로피 지원을 제공하는 대신 새로운 기구를 설립하기로 결정할 때 제기될 수 있는 질문들을 탐구해보려 한다. 이 글에서 검토하는 올린 공과대학의 설립이나 그밖의 사례들은 관대함의 새로운 실행 방식으로 알려져 있다. 새로운 기구의 설립으로 긍정적 변화를 만들고자 하는 야심적인 힘의 행사인 것이다. 이 글에서는 이런 식의 기부가 갖는 현실적 측면을 탐구하겠지만, 핵심적 의사 결정들은 본질적으로 응용윤리학의 문제다. 필란트로피는 아주 적은 법적, 사회적 책무성 메커니즘에 종속되기 때문이다. 새로운 기구를 설립하고 양성하는 데 상당한 투자가 필요하고, 새로운 기구로 인해 파급력과 의존성이 야기될 수 있다는 점을 감안할 때, 그런 프로젝트에 착수하기 전뿐 아니라 진행하는 도중에도 심사숙고가 필요하다.


## 필란트로피의 효과성

새로운 비영리 기관을 출범시키려면 불가피하게 '관여 수준이 높은 필란트로피high-engagement philanthropy'로 분류되는 필란트로피 방식을 사용한다.[2] 지난 10년 동안 필란트로피의 실천을 둘러싸고 벌어진 많은 논쟁이 특정한 '관여 수준이 높은' 접근법, 즉 '벤처 필란트로피'에 집중됐다. 벤처 캐피탈 투자와 매우 유사하게 이들은 대체로 더 적은 지원금을 주고, 기금 지원 사업에 적극적으로 관심을 보이며, (컨설턴트나 경영관리 코치executive coach 채용 같은) 재정 이외에 추가적인 도움을 제공하고, (기업 세계와 유사한 방식으로) 분명한 목표와 측정 기준을 바탕으로 지원금 수령 기관의 발전을 정의하고 측정한다. 이런 벤처 필란트로피의 실행 방식에서 벤처 캐피탈의 유사성과 관련하여 윤리적 함의가 있을 수 있을까?

영리 분야에서 초기 단계 벤처 자본 투자자들은 10개 기업에 자금을 투자할 수 있다. 몇 개에 대해서는 파산을 예상하고, 다수에 대해서는 투자액 전부를 잃으며, 한두 개 기업에서 엄청난 수익을 벌어들인다. 그렇지만 이런 대담한 전략에 따르는 위험은 윤리적인 성격과 관련이 없다. 그 위험은 게임의 규칙을 아는 투자자들을 대신해 감수하는 투자 위험이다. 어떤 투자나 심지어 전체 기금의 실패는, 투자된 자본의 손실을 의미한다. 필란트로피 활동에서, 손실과 이익은 투자하는 사람이 아닌 다른 사람들에게 돌아간다.

필란트로피스트들이 '벤처 필란트로피스트'든 '전통주의자'든 간에 비영리 사업에 '투자'하고, 이 '투자'를 모니터하고, 처음의 투자를 끝까지 이어갈지를 결정하고, 지금까지 한 투자에서 교훈을 얻는 방식이라는 점에서 유사점이 분명히 있다. 벤처 캐피탈 방식은 새로운 비영리 기구를 지원하거나 설립하는 것이 적절한지를 검토하는 렌즈 역할을 하기 때문에 나는 이 글 전체에 걸쳐 이런 사고방식을 언급한다. 물론 두 부문 사이에는 매우 타당한 차이점도 있다는 사실을 주목하는 점도 중요하다. 필란트로피 투자의 '성공' 측정은 다루는 문제의 복잡성과 결과를 측정하는 데 필요한 적절한 시간 배정에 크게 좌우된다.

벤처 필란트로피는 어느 정도는, 어떤 책임도 지지 않고 운영될 수 있다는 필란트로피 사업의 독특한 위험성에 대한 실망감에서 생겨났다. 조엘 플라이시먼은 터무니없는 부실 경영이나 윤리적 타락을 단속하는 구조가 재단

내에 있기는 하지만, 이런 중요한 기관들이 '자기 보호식 고립 속에서 활기를 잃지' 않도록 막는 힘은 거의 없다고 지적한다. 그렇지만 이런 위험은 방종에 관련된 것만은 아니다. 정치학자 롭 라이시는 자산을 현명하게 관리하지 못하는 필란트로피 실천에 관해 이렇게 말한다. "만약 세금 감면이 없었으면 (낭비된 자산은) 세입이라는 면에서 공공 자산이 됐을 것이다. 필란트로피 자산을 낭비하는 행위는 부분적으로 공공에 속하는 자산을 낭비하는 일이다."[3]

물론 대부분의 배분 기관은 자기 책임을 진지하게 받아들이고, 이런 책무에 부담을 느끼며, '기부금을 제대로 쓰는 일은 생각만큼 쉽지 않다'고 정확하게 상기시킨다.[4] 그렇지만 주의 깊은 내부 정책 이외에 필란트로피에 대한 책무성이 어떻게 등장할 것인지를 지켜보는 것은 도전적인 과제다. 벤처 필란트로피는 필란트로피 지원에 덧붙이는 조건들을 강조함으로써 효과성과 책임성을 보장하려 한다.

이런 필란트로피가 효과적인 방법으로 찬양을 받고 있는 가운데 또 다른 방식으로 접근하는 이들이 있다. 제니 마리아노Jenni Mariano와 수전 버두치Susan Verducci는 재단 리더들을 연구하면서 배분 기관들과 수령인들이 매우 자주 겸손의 중요성을 인정하는지를 언급한다. 두 사람이 인터뷰한 재단 리더는 필란트로피에서 모두를 존중하는 최선의 방법에 대한 일정한 관점을 갖고 있었다.

재단 안에는 모든 지혜와 지식이 재단 안에 있으며 필란트로피의 실천은 단순히 밖으로 나가서 재단이 이미 도달한 해답을 지지할 사람들을 찾는 문제라고 생각하는 자연스런 경향이 있다. ······ 최악의 실천은 사람들이 필란트로피처럼 보이는 행동을 돈을 조직적으로 사용해서 자신의 의제를 진전시키는 수단으로 활용하는 것이다.[5]

필란트로피에서 책무성의 부재가 드러나는 여러 양상 중 하나가 오만이라면, (벤처 필란트로피에서 신봉하는 대로) 기부자나 재단이 더 적극적으로 관여하는 것은 그릇된 해답일까? 겸손한 필란트로피 요건에 따르면, 최선의 필란트로피는 가장 효과적인 조직을 찾고, 그 조직의 활동을 지원하며, 되도록 최소한의 간섭과 지시를 하는 방식이다. 이런 접근법은 기부자나 재단이 제한된 운영 지식과 과도한 (그리고 아마 부당한) 영향력을 가지고 먼 곳에서 할 수 있는 간섭을 최소화한다.

벤처 필란트로피의 특정 관행(기획/목표 설정, 양호한 관리, 분명한 목표 등)은 어느 조직이든 제대로 기능하는 데 도움이 될 것이다. 그렇지만 고관여 기부자의 영향력은 다음의 요소들에 따라 조직의 효과성을 높이거나 떨어뜨릴 수 있다. 이런 요소들로는 사업체를 설립할 때 창립자의 의도가 무엇인지에 관한 초기의 공식화, 조직이 실험과 변화를 어떻게 다룰 것인지에 관한 상호 기대, 조직과 설립자가 예상하는 지속적인 지원 수준, 재정 자원의 원천이라는 사실에서 오는 비대칭적 권력 관계를 성찰할 수 있는 기부자의 능력 등이 있다. 기부자의 필란트로피 관여 효과는 조직과 조직이 추구하는 대의에 모두 영향을 미친다.

## 기금 출연자 겸 설립자에게 특수한 위험들

필란트로피스트들이 부를 가진자로서 지원금을 요청하는 측의 아첨으로 인해 사회적 필요에 대응하는 최선책을 판단할 능력이 감소될 위험에 놓인다면, 기금 출연자 겸 설립자funder-founder는 이 위험에 가장 집중적으로 노출된다. 사업가가 제출하는 제안을 검토하는 벤처 자본가나 벤처 필란트로피스트하고 다르게, 기금 출연자 겸 설립자는 구상의 타당성에 관한 추가적인 차원의 검토를 생략하고 있기 때문이다. 다시 말해 기금 출연자 겸 설립자는 어떤 사업 계획에 대해 제안자의 맥락이나 다른 유사 제안의 맥락 속에서 평가하지 않는다. 기금 출연자 겸 설립자 **자신이** 사업 제안자인 셈이다. 많은 사람들은 (일상생활에서) 스스로 말하는 이야기들을 믿는 경향이 있다. 그렇지만 이런 이야기들에 생명을 불어넣기 위해 (필란트로피스트들처럼) 세금 특전을 받는 돈을 수백만 달러나 지출하는 위험을 무릅쓰는 사람은 아주 드물다.

　부유한 개인들과 재단들이 제대로 성찰하지 않고 행동할 위험이 높기는 하지만, 그렇다 하더라도 거대한 부를 갖고 한 부문을 주도면밀하게 관찰하는 사람들이 새로운 사고를 하지 않는다고 선언하는 것도 또한 위험한 일이다. 필란트로피 사업은 (최고의 벤처 자본 펀드처럼) 좋은 구상을 가진 재능 있는 사람들에게 노출되며, 이런 유리한 위치 때문에 '현장에 너무 천착하지 않음'으로써 얻는 관점을 갖는 것이 당연하다. 이 글에서는 기금 출연자 겸 설립자의 많은 사례를 검토하고 기관이 형성되는 경로를 추적하면서 적극적인 필란트로피의 창조성이 공익에 효과적으로 기여할 수 있는지, 기여한다면 어떻게 할 수 있는지를 물려 한다. 결국 이런 창조적이고 야심적인 필란트로피 행동의 성패는 기관들이 돈키호테 같은 출발에서 벗어나 자기들이 기여하는 공동체의 일부로서 자기 과제를 실행하는 방향으로 얼마나 잘 나아가는지에 있다.


## 사례

### 내셔 조각센터

2003년 10월, 내셔 조각센터Nasher Sculpture Center가 댈러스 시내에 문을 열었다.[6] 렌조 피아노Renzo Piano가 설계한 건물과 피터 워커Peter Walker가 만든 정원이 함께 호평을 받았다.[7] 세계에서 으뜸가는 개인 소유 현대 조각 컬렉션이라고 평가받아온 이 컬렉션은 워싱턴 내셔널갤러리, 샌프란시스코 미술관, 구겐하임 미술관, 댈러스 미술관 등으로부터 수십 년 동안 구애를 받아왔다. "카터 브라운Carter Brown(워싱턴 내셔널갤러리 관장)이 아주 흥미를 보였지요." 레이 내셔Ray Nasher는 1997년 한 인터뷰에서 이렇게 말했다. "우리는 아주 많은 대화를 나눴어요. …… 톰 크렌스Tom Krens(구겐하임 미술관 관장)도 큰 관심을 보였습니다. 우리는 그런 제안도 다 고려해야 했어요."[8] 그러나 결국 내셔는 자기가 직접 미술관을 짓는 쪽을 선택했다.

이 선택은 1990년대를 거치면서 발전해서, 1560만 달러의 시 기금을 제공받기로 한 조각 정원 계획이 내셔 자신이 전액을 내는 (7000만 달러 이상의 비용이 든) 미술관, 정원, 교육센터가 되었다. 지금까지 많은 대형 미술관이 한 명의 기부자가 낸 돈으로 지어졌다(프릭 컬렉션Frick Collection, 필립스 컬렉션 Phillips Collection, 킴벨 미술관, 이사벨라 스튜어트 가드너 미술관 등). 대규모 미술 컬렉션의 축적은 열정과 취향, 상당한 재정 자원에서 생겨난다. 그렇지만 이런 특성이 통제권을 양도하는 경향과 연결되는 일은 흔치 않다. 지난 세기에서 눈에 띄는 예외는 자기 소유의 컬렉션을 기증해서 내셔널갤러리를 설립한 앤드루 멜런Andrew Mellon이나 중세 거장들의 회화 3100점을 비롯한 소장 작품을 새로 생긴 내셔널갤러리를 포함해 엘패소에서 스태턴아일랜드에 이르기까지 70여 개 미술관에 분산 기증하기로 한 새뮤얼 에이치 크레스 Samuel H. Kress 등이다. 그렇지만 크레스의 전략이 일반적인 것은 아니며, 거대한 개인 컬렉션을 낭만화하는 일은 오늘날 대부분의 미술관 관장들이 벌이는 중심적인 활동이다. 결국 소수의 컬렉터들은 새로운 기관을 독자적으로 설립하는 쪽을 선택할 것이다.

레이 내셔는 자기가 세운 박물관이 문을 연 지 4년 뒤에 급작스럽게 세상을 떠났다. 내셔의 재산을 최종적으로 어떻게 처리할지는 아직 결정되지 않았지만, 내셔 조각센터는 1억 달러로 추정되는 금액을 받을 것이다. 센터는 (댈러스 미술관과 마이어슨 심포니센터Meyerson Symphony Center와 함께) 댈러스에서 극찬하는 예술 지구의 핵심을 형성하며 '우리가 도시로서 내세울 만한 상품의 강점이자 공동체로서 탄탄한 자산'인 셈이다.[9]

### 지역사업지원법인

포드 재단은 500만 달러의 지원금에 6개 기업(애트나Aetna, 아르코Arco, 콘티넨털일리노이 은행, 인터내셔널하베스터International Harvester, 리바이스트로스, 프루덴셜)이 낸 지원금을 합쳐서 1979년에 지역사업지원법인Local Initiatives Support Corporation · LISC을 설립했다. 초대 사무총장인 마이크 스비리도프Mike Sviridoff는 포드의 국내 부회장 시절 지역사업지원법인 구상을 내놓는 과정을 주도한 인물이었다. 지역사업지원법인이 추구하는 목표는 잠재적 차용자의 신용 가치에 관한 믿을 만한 정보를 제공해서 영리 금융 기관이 지역사회개발법인community development corporation · CDC※을 비롯한 도시와 농촌의 저소득층 지역 사회 그룹에 마음 편히 대출을 해줄 수 있게 하는 것이었다. 이런 식으로 민간 부문 기금 출연자는 최고의 지역사회개발법인에서 일하는 지역 전문가

※ 지역 사회 개발을 지원하는 활동을 하는 미국의 비영리 기구. 1960년대 중반 뉴욕 베드퍼드스테이버슨트에서 흑인 지역 사회 운동으로 처음 등장한 뒤, 도시와 지구에 따라 여러 가지 형태로 발전했다.

하고 협력해 더 매력적인 투자를 할 수 있었다.

지역사업지원법인은 극적인 성공을 거뒀다. 처음 5년 안에 100개의 지역사회개발법인을 상대로 협력한다는 목표를 세웠는데, 쉽게 그 목표를 넘어섰다. 지역사업지원법인은 아주 긴밀하게 활동했다. 스비리도프는 1984년 인터뷰에서 이렇게 말했다. "'1980년대의 기질'은 전국적 계획보다는 지역적 계획, 거대한 설계보다는 '정밀하게 설정한 목표', 논쟁보다는 협력을 요구

한다."[10] 지역사업지원법인이 설립된 지 5년 뒤인 1985년, 스비리도프가 은퇴하고 폴 그로건이 그 뒤를 이었다(그로건은 13년 동안 회장으로 일했다). 현재 지역사업지원법인은 미국 곳곳에 30여 개 사무소를 두고 매년 약 10억 달러를 저렴한 주거, 소매 상가, 어린이집 등에 투자한다.

사업을 직접 하려는 충동은 (레이 내셔처럼) 개인 차원에서 생겨서 특정 현대 미술 분야라는 희귀한 영역에 초점을 맞출 수도 있고, 반대로 지역사업지원법인을 설립한 포드 재단처럼 손꼽히는 규모의 필란트로피 기관이 가장 복잡하고 어려운 사회적 문제(도시 개발)를 떠맡기도 한다. 어쨌든 기관 설립 방식은 의심의 여지없이 야심적이다. 비영리 기관의 분야에 익숙한 사람이라면 어떤 비영리 기관이든 유지하기가 어렵다는 사실을 인정할 것이다. 이 두 사례 모두 성공담으로 봐도 무방하지만, 성공 사례라 할지라도 내막은 복잡하며, 중요한 결정을 내려야 할 때가 많다는 점을 설명하려 한다. 게다가 비슷한 다른 많은 프로젝트는 실패한다(몇몇 사례는 나중에 이야기할 생각이다). 야심적이고 창조적인 전망을 품고 행동하는 기금 출연자는 어떤 요소를 고려해야 할까?

## 계획

### 분석

대부분의 기부자는 기부하기 전에 어느 정도의 계획을 한다. 흔히 기금을 받을 후보자의 이야기를 듣는 일도 계획을 위한 분석의 한 부분이다. 다른 분석은 현장에서 일하는 사람들을 만나 나누는 대화에서 나온다. 많은 기부자(내셔처럼 관련된 개인이든 스비리도프처럼 관련된 프로그램 관리자든 간에)가 먼저 자기가 봉사하는 지역 사회에서 시간을 보내면서 그곳의 관행과 관습, 채워야 할 요구 등을 파악했다. 배분 기관은 그전의 업적을 토대로 프로젝트를 실행할 단체의 역량을 분석한다. 초기의 분석 양식이 무엇이든 간에 기금 출연자 겸 설립자가 처음으로 물어야 할 명백한 질문은 이런 것이다. 새로운 벤처 사업이 왜 필요하며, 왜 기부자가 그런 사업을 실행해야 하는가?

### 새로운 조직이 필요한가?

비영리 세계에는 이미 많은 구성원들이 활동하고 있다. 기금 출연자는 어떻게 해서 기존의 조직 역량으로는 요구를 제대로 다루지 못한다고 생각하게 되는 걸까? 초기 단계의 벤처 자본가는 잠재적인 새로운 투자에 관해 먼저 이런 질문을 던진다. 자기 구상이 해결해줄 수 있는 문제는 무엇인가? 내셔의 사례를 보면 자기가 초점을 맞춘 특정한 매개(조각)가 제대로 평가를 받지 못한다고 생각하게 된 듯하다(대중에게서든 다른 미술관들에게서든). 내셔는 2003년에 한 인터뷰에서 이렇게 말했다. "내가 바라는 것은 조각센터가 정말로 조각을 전면에 내세우는 겁니다." 다른 곳에서 내셔는 이렇게 말했다. "사람들은 벽에 그림을 걸어놓고 입체감의 환상을 느끼지요. 그렇지만 나는 조각품은 정말 360도 다른 작품이라고 느낍니다."[11] 지역사업지원법인의 사례에서 스비리도프는 자기가 직접 겪은 경험과 포드 재단이 그동안 한 시도를 분석해 지역사회개발법인 영역을 파악하고 다뤄야 할 구체적인 문제가 실제로 존재한다는 사실을 알아냈다.

문제는 …… 정치적 압력에서 벗어나 자유롭게 실질적인 물리적 개선에 착수할 현실적인 능력을 보여주는 지역 사회와 동네의 단체를 선정하는 방법을 고안하는 것이다. …… 정부가 제공하기 힘든 지원을 이 그룹들에 제공하자. 유연한 기술 지원과 투자, 그리고 정부 자원에 충분히 의존하고 새로운 민간 부문 자원을 끌어들이는 데 필요한 핵심적 지원을 제공해야 한다. 또한 생활 환경이 악화되는 폭넓은 지역 사회에서 활동하는 지역 그룹들이 정부와 민간 부문에게서 장기 지원을 받을 가치가 있다는 점을 보여주기 위해 충분히 많은 곳에서 이런 일을 제대로 해야 한다.[12]

둘째 질문은 왜 기존의 비영리 기구가 문제를 떠맡도록 지지하지 않는지를 묻는 것이다. 그러면 기금 출연자가 아무 준비 없이 밑바닥에서 기관을 설립하는 골치 아픈 일을 떠맡지 않아도 되는데 말이다.

새로운 기관을 설립하는 데 필요한 초기 투자가 너무 높고 (돈이든 시간이든) 사회적 투자에서 나오는 수익이 지역 사회에 영향을 미칠 때, 새로운 기관이 과연 올바른 수단인지 묻는 일은 중요하다. 비영리 기구의 노련한 중역인 밥 지아니노-라신Bob Giannino-Racine은 비슷한 문제들을 다루는 조직들이 무분별하게 늘어나는 점에 대해 염려하였다.

보통 6개월 주기로 현재 대학에 다니거나 최근에 졸업한 젊은이 10~15명을 만나면, 대부분은 지금 또는 언젠가 하고 싶은 일이 자기만의 비영리 기구를 만드는 것이라 말한다. 다들 차세대 사회적 기업가, 차세대 미셸 넌Michelle Nunn(핸즈온 네트워크Hands On Network 공동 설립자)이나 차세대 웬디 콥Wendy Kopp(티치포아메리카Teach for America 설립자)이 되고 싶어한다. 대부분은 '생각 중인' 쟁점에 관련해 활동하는 기존 그룹이 있지만, 그런 그룹에 관해 알려 하지 않는다. 그리고 이런 사실은 비영리 부문에 커다란 영향을 미친다. 카리스마적이고 고무적인 젊은 사회적 기업가가 어떤 아이디어를 내놓으면, 거의 맹목적으로 충성하는 이들이 생겨나게 마련인데, 이 과정에서 어떤 식의 수요 평가나 책임성 검토도 실행되지 않는 경우가 있기 때문이다.[13]

기금 출연자 겸 설립자가 이런 충동에 따라 행동한다면, 충분히 우려할 만한 상황이다.

이런 염려가 있고 충분한 분석의 필요하다고 해서 다른 비영리 사업의 결점을 지켜본 결단력 있는 개인들이 새로운 프로젝트를 시작할 가능성이 없거나, 수요를 인식한 기금 출연자 겸 설립자가 그 문제를 해결하기 위해 프로젝트를 출범할 여지가 없는 것은 아니다. 클레이턴 크리스텐슨Clayton Christenson은 지금 활동하는 단체가 미처 충족시키지 못하는 새로운 수요가 생겨나는 현상은 불가피하다고 말한다.

사회적 수요를 다루는 데 사용할 수 있는 돈에서 너무 많은 돈이 현상태를 유지하는 데 활용된다. 현재의 해법과 전달 방식, 수혜자들과 결합된 단체에 그 돈이 주어지기 때문이다. 많은 단체가 좁은 범위의 사람들에게 상대적으로 특수하고, 때로는 복잡한 것들을 제공한다. 그 단체들은 이 사람들을 위해 훌륭하고 중요한 일을 하겠지만, …… 필요한 것은 근본적으로 새로운 방식으로 사회 문제를 해결하려는 단체들에 지원을 확대하는 일이다.[14]

프랭클린 올린 재단은 몇 년 동안 공학 교육 방식이 어떻게 잘못됐는지를 듣고 나서 이런 수요를 발견했다. 재단이 내놓은 극적이고 실험적인 해법은 재단의 기부금 전체를 새로운 공과대학을 세우는 데 쏟아붓는 것이었다. 이 대학은 교과 과정(전공이 없다), 교수진(정년 보장이 없다), 등록금(적어도 2021년까지 모든 학생에게 전액 장학금을 지급한다)에 대해 근본적으로 다른 방식을 추구한다. 지역사업지원법인의 최초 계획 문서에서는 새로운 조직을 통해 실행돼야 할 변화는 위험과 회의론의 시기를 이겨내려는 의지가 필요하며, 이 의지는 신뢰 구축에서 기반된다고 지적했다. "지역사회 그룹들을 확인하고 이런 식으로 협력하는 일은 복잡하고, 때로는 어수선하며, 예측 불가능한 과정이다. 분명 몇 차례 실망하는 일이 있을 테고, 심지어 실패도 겪을 수 있다. 특히 초기 단계에서는 민간 필란트로피 사업으로 접근하는 방식이 이런 위험을 가정하고 부담을 완화하는 최선의 길이다."[15]

제대로 충족되지 않은 수요, 뿌리 깊은 문제를 공략하려면 새로운 해법이 필요하다는 믿음(지역사업지원법인), 저평가된 기부 제안(내셔는 현대 조각의 경우에 이렇게 느꼈다)을 전환하려는 시도 등 어떤 문제에 대한 대응이든 간에, 가장 적절한 해법을 찾는 연구는 이런 기회를 인정하는 변화와 함께 시작된다. 그렇다면 기금 출연자 겸 설립자는 자기가 인식한 수요에 대응하려 할 때 어떤 질문을 던져야 할까?

### 구상을 실행하기 위해 기성 조직의 도움을 받기보다는 새 조직을 만들자

모든 필란트로피 영역에서 기부자는 제약 없는 지원을 제공함으로써 잘하고 있는 단체에 가해지는 '간섭'에 저항하는 쪽을 선택할 수 있다. 또는 더 일반적인 경우에 기부자는 특정 프로젝트의 기금을 지정할 수 있다. 대부분의 배분은 후자의 경로를 따르는데, 이때 기부자와 수혜자는 기부자가 생각하는 전망과 지원받는 단체의 방향 사이에서 일치점을 찾으려 노력한다. 기부자가 사업 구상을 검토하고 파트너 후보들의 지형을 살펴본 뒤 기존의 필란트로피 협의 방식에서 벗어나 직접 사업 운영을 하겠다고 한다면, 이 결정은 어떻게 정당화될 수 있을까? 기금 출연자가 비영리기구를 설립했지만 기구가 살아남지 못한 대표 사례는 '프로젝트180Project 180'이다. 앤드루 더블유 멜런 재단Andrew W. Mellon Foundation이 1996년에 설립한 이 기구는 원래 '중요한 사회적 영향력을 위한 잠재력뿐 아니라 시장 기회도 보여주는 프로젝트, 프로그램, 기관 등을 위한 전략 기업이자 발전 연구소'였다.[16] 새로운 비영리 기구는 레이철 뉴턴 벨로Rachel Newton Bellow가 이끌었는데, 벨로는 이 조직을 맡기 위해 멜런의 예술·문화 프로그램 관리자 자리에서 물러났다.

프로젝트180이 탄생한 계기는 예술적으로는 큰 성공을 거두면서도 경제적으로 생존하기 위해 분투하는 수십 개 문화 단체에 일회성 단기 지원금을 주는 방식으로 '벌어지는 상처를 일회용 밴드'가 되는 방법에 벨로가 점차 실망하게 된 때문이었다. 1990년대 중반에 벨로는 지원금 제공을 배분하는 여느 프로그램 관리자와 달리 기관들에 깊숙이 관여하는 데 초점을 맞췄다. 1995년에 문제가 많으면서도 전도유망한 사업인 디아 미술재단$^{Dia Art}$ $^{Foundation}$의 손을 잡고 열심히 일했다.[17] 벨로는 재단 책임자인 마이클 고번과 함께 일하면서 결국 디아에 100만 달러의 지원금을 제공했다. 디아 이사회가 이 지원금의 5분의 1에 해당하는 액수를 기부한다는 조건이 붙어 있었기 때문에 고번은 이 조건을 이행할 수 있는 새로운 이사회를 구축하는 데 필요한 영향력을 얻게 됐다. 이런 능동적 배분 전략 덕에 고번은 규모가 작고 문제를 가진 기관을 국제적으로 인정받고 널리 존경받는 기관으로 변신시킬 수 있었다. 벨로와 멜런 재단이 한 분석에 따르면, 기존 조직 중에는 이런 식의 적극적인 필란트로피 사업을 하는 곳이 없었다. 그렇지만 지역 사회는 새로운 조직(프로젝트180)이 충족시키려 한 수요를 뒷받침할 준비가 돼 있지 않았고, 이 프로젝트는 3년 뒤 문을 닫았다.

프로젝트180의 경우, 멜런 재단 직원은 자기들이 효과적인 상담자 역할을 하면서 동시에 배분하는 일을 할 수 없다는 점을 알게 되었다. 재단 직원들이 적극적인 배분 기관으로서 이룬 성공적인 일은 재단이 감당하기 힘들 정도로 너무 적극적인 역할이었지만, 결국 필란트로피의 영향력이 부재한 개입 역할은 효과적이지 않다는 교훈을 얻었다. 프로젝트180의 실패는 새로운 '중개' 조직이 달성할 수 있는 성과 수준에 관한 분석이 잘못된 결과였다. 프로젝트180이 도우려 한 단체들은 실제로 전략적 컨설팅을 필요로 했지만, 그 비용을 감당할 능력은 없었다(필란트로피 지원이 없기 때문이었다). 지역사업지원법인이 결성된 이유는 포드가 지역 사회가 필요로 한다고 본 운영자 구실을 스스로 할 수는 없지만 자기가 채울 수 있는 간극을 정확하게 확인했기 때문이다. 오랜 시간 동안 한 영역에서 활동하는 기금 출연자는 현장이 무슨 목표를 추구하는지를 알 뿐 아니라, 이제까지 자기가 한 '주먹구구식' 지원을 평가한 결과로 어떤 종류의 실험적 접근법을 써서 간극을 채울 수 있는지도 안다.

### 설립되는 단체 유형의 중요성

모든 기관의 유형이 동일하지는 않다. 매우 이례적인 프로젝트(캘리포니아 주립대학교가 머시드에 캠퍼스를 신설하거나 뉴욕 대학교가 아부다비의 에미리트하고 협력하는 사례처럼)를 제외하면, 물리적 기반 시설의 규모에서 보나 이런 기관이 의존하는 문화와 동문과 역사를 새롭게 창조하는 어려움의 면에서 올린만큼 야심차게 새로운 고등 교육 기관을 설립하려는 시도는 거의 없다.

레이 내셔가 밝힌 바와 같이, 뚜렷한 초점을 가진데다 초기 자본이 상당히 많으면 여러 유형의 독자적 기관을 설립할 수 있다. 최근에 이런 방식을 보여준 유명한 사례는 스토워스 의학연구소Stowers Institute for Medical Research(1994년에 짐 스토워스Jim Stowers와 버지니아 스토워스Virginia Stowers 부부가 5000만 달러를 초기 기부금으로 내놓아 설립한 뒤 부부가 추가로 투자를 했다)와 애틀랜타의 조지아 수족관(홈디포의 공동 창립자인 버나드 마커스Bernard Marcus가 2억 5000만 달러를 기부해서 출범했다) 등이 있다. 충분한 자금으로 설립되고 나면 기관은 자리를 잡아야 한다. 대개 수족관은 관광객이 모이는 장소가 되기를 원한다(그리고 조지아 수족관 경우처럼, 다른 시설하고 함께 이용할 수 있는 패키지 티켓을 제공한다). 그렇지만 기관은 또한 전통적인 기관'처럼' 변신하는 시도로 자리를 잡으려 하기도 한다. 따라서 예를 들면 스토워스 연구소는 웹사이트에서 "훌륭한 과학자들이 …… 스토워스 연구소에서 연구를 하기 위해 하버드나 하워드 휴스 의학연구소Howard Hughes Medical Institute 같은 기관에 있는 자리를 포기합니다."[18]라고 한다. 이런 식의 새로운 기관은 기부자의 전망에 따라 가동되기 마련이지만, 출범한 뒤에는 독립 기관의 윤곽을 띨 수 있다.

기관 스펙트럼의 반대쪽에는 변화에 있어 인프라가 적은 기관이 있다. 벤처 필란트로피를 실천하는 그룹의 에너지와 초점은 대부분 기존 사회 서비스에서 불충분한 부분과 'K-12 프로그램'※을 다룰 수 있는 자원봉사자들의 힘을 갖춘 조직들에 맞춰져 있다. 대규모 자본 지출

※ 유치원부터 고등학교까지 교육 과정을 온라인으로 연결해서 교육 지원을 하는 프로그램.

(박물관, 수족관, 의학연구소)에 필요한 자산이 수억 달러에 이른다면, 교사, 교장, 사회 서비스 기관 등에서 사회 변화의 새로운 주체를 구축하는 데 필요한 자산은 대개 '땀의 자산sweat equity', 곧 열정적인 사람들의 헌신적 노동이다. 스펙트럼의 이 반대쪽에서는 새로운 기관들이 종종 등장한다(그리고 사라진다). 살아남는 기관들은 전국적 규모로 성장할 수 있지만, 이 단체들은 대부분 비교적 크지 않은 수준에서 운영된다.

기부자나 재단이 출범시킬 수 있는 셋째 종류의 조직은 전통적인 기관의 묵직한 발자국이나 새로운 사회적 기업가가 이끄는 기관의 가벼운 자본 발자국 중에서 어느 쪽도 추구하지 않는다. 이런 기관은 운영 조직을 통해 기부자의 의도를 실행하는 중개 기관 역할을 하는 것을 목표로 삼는다. 그렇게 하면 새로운 조직체는 멀리 떨어진 기금 출연자의 관점보다는 실제로 혜택을 받는 사람들 사이에서 생활할 수 있다. 지역사업지원법인이 출범하면서 내놓은 의견서에는 "지난 경험으로 볼 때 연방 정부는 재활성화 작업을 가장 잘하는, 민감하고 창의적이며 집요한 지역 단체들을 선별하고 유연하게 협력하는 일을 어려워한다. 정부는 자원을 균등하게 분배하라는 정치적 압력을 수용해야 하기 때문에 선별 능력이 제한된다."[19]고 나온다. 지은이

들은 정부가 지역에 필요한 '현장에 가까운' 역할을 할 능력이 부족하다고 말했지만, 포드 같은 배분 기관의 역할에 관해서도 똑같은 말을 할 수 있었을 것이다. 포드의 운영 역량과 잠재적 지원금 수혜자를 상대로 한 소통은 지역사회지원법인 같은 중개 단체의 선별 역량과는 매우 달랐을 것이다. 스비리도프는 이후에 이렇게 말했다. "이런 전도유망한 발명품(지역사회개발법인)을 확대하고 강화하는 방법을 찾는 데 이미 관심이 있던 포드는 민간이 지원하는 독자적이고 숙련성이 뛰어난 '중개 단체' 개념을 시험해보기로 결정했다."[20]

중개 단체는 변화를 달성하려 애쓰는 복잡한 지역 사회의 일상적인 요구에서 멀리 떨어진 기금 출연자보다 한층 더 밀접하게 관여함으로써 기금 출연자가 추구하는 사명을 촉진하는 폭넓은 기능을 수행하려 한다. 새 건물을 짓는 데 필요한 자본에 견줄 때 규모 면에서 다를 테지만, 이런 활동에 기금을 제공하는 결정은 중요할 수 있다. 기부자의 계획이 중개 단체가 실행을 맡은 다른 활동과 나란히 일정한 재정 지원을 제공하는 것일 수 있기 때문이다. 지역사업지원법인은 1980년대와 1990년대에 포드에서 9000만 달러가 넘는 기금을 받았지만, 사실 이 기금의 많은 부분은 지역사업지원법인 활동에 투입되지 않고 이 법인이 선정한 지역사회개발법인에 다시 지원됐다. 다른 한편 프로젝트180은 이런 '재지원 가능한' 임팩트 펀딩impact funding이 없으면 자기들은 금세 또 하나의 컨설턴트로 전락한다는 사실을 깨달았다. 성공한 중개 벤처는 기금 출연자로는 뿌리와 복잡한 비영리 기구 생태계에서 자체 활동을 운영하는 현실 사이 어딘가에서 살아간다.

기금 출연자 겸 설립자와 새로운 조직체 사이의 가족적 연계가 만드는 활력은 아마 '기존' 풍경의 일부로 금세 흡수될 기관(미술관, 연구소, 수족관 등)을 설립하는 경우보다는 이런 중개 구조에서 더 중요할 것이다. 레이 내셔가 샌프란시스코 미술관 수석 큐레이터인 스티븐 내시를 영입해서 조각센터 관장을 맡긴 일은 이 기관의 자리를 기존 풍경에 감쪽같이 끼워 넣는 결정적 조치였다. 조각 전문가이자 저명한 미술관장인 내시는 새로운 기관이 필요로 하는 바로 그런 종류의 실질적 전문성을 제공했다. 이런 새로운 기관이 추구하는 목표는 마치 늘 그 자리에 있었다는 듯 풍경에 녹아 들어가는 것이다. 기부의 풍경에서 구조적인 틈새를 메우기보다는 승인을 받으려는 몸짓이다. 그렇지만 지역사업지원법인과 프로젝트180의 경우에 기금 출연자가 지도력을 발휘했다. 스비리도프는 포드 부회장 자리를 그만뒀고, 벨로는 프로젝트180을 시작하기 위해 미술계에서 몇 안 되는 안락한 일자리를 포기했다. 기꺼이 위험을 공유하는 모습, 곧 투자자들의 주식만이 아니라 자기가 가진 주식까지 투자하는 경영자들에 관해 이야기하는 것처럼 '직접 요리를 해서 먹는' 모습은 헌신적인 노력을 나타낸다. 이런 헌신성은 또한 기금 출연자 겸 설립자가 추구하는 목표가 관리팀에 전달될 뿐 아니라 기금이라는 탯줄을 가로질러 전해지도록 보장해준다.

구상을 분석하고, 특정한 유형의 새로운 기관이 필요하다는 결정을 내린 뒤, 부자인 자신의 구상에는 사람들이 아첨할 가능성이 높다는 것을 아는 기금 출연자는 전반적인 계획 구상을 어떻게 심사할 수 있을까? 자기 생각의 한계를 넘어서는 한 가지 방법은 이 구상을 솔직할 수 있는 자유를 지닌 다른 이들의 구상에 대조해보는 것이다.

### 신디케이트<sup>※</sup> 연합과 통제

벤처 캐피탈/벤처 필란트로피 비유가 가장 적절해 보이는 이유 중 하나는 위험을 공유하는 것과 관련이 있다. 이 비유를 투자 '수익' 문제까지 밀어붙이는 경우, 신생 비영리 기구에 고유한 위험은 영리 기업의 세계에서 초기 단계의 조직체가 실패할 위험에 비유할 수 있다. 잘

※ 공채, 사채, 주식 등의 인수에서 위험을 분산할 목적으로 금융업자가 조직하는 단체.

못된 초기 명제나 경쟁 구도에 관한 그릇된 분석, 관리팀에 보내는 잘못된 신뢰, 자원 할당의 오류 등 어디에 근거하든 간에, 초기 단계 실패의 결과는 두 영역 모두에서 낭비다.

하버드 대학교 경영대학원의 조시 러너Josh Lerner 교수는 벤처 자본의 신디케이트 연합이 거래하는 방식, 다시 말해 다른 벤처 자본 기업들을 거래에 공동 투자자로 끌어들이면서 자기의 금융 보유분을 희석시킬 뿐 아니라 투자 위험을 피하는 방식에 관해 글을 썼다. "신디케이트 연합은 …… 벤처 기업들이 투자 기회에 관한 추가적 견해를 취합하도록 해줌으로써, 위험을 한층 더 줄여서 상당한 주의를 기울이는 과정을 개선한다."[21] 비영리 영역에서 보면, 기금 출연자가 다른 이들의 참여를 권유하는 경우에 사업의 타당성에 관해 훨씬 더 좋은 견해를 얻게 되지 않을까?

레이철 뉴턴 벨로는 프로젝트180을 회고하며 이렇게 말한다. "프로젝트180 구상을 다른 재단이나 투자자에게 '홍보'하지 않음으로써 나는 내 핵심 가정들을 둘러싼 이의 제기에 대답하고, 전략을 명확히 다듬고, 현실적인 수입 모델을 만들고, 인사 계획 등을 충분히 검토해야 하는 의무를 회피했다."[22] 지역사업지원법인의 출범을 신디케이트 연합으로 만들려 한 포드의 시도는 바로 이런 식의 테스트로 이어졌다. 게다가 이 사업을 신디케이트 연합으로 구성했기 때문에 문제가 많은 지역에서의 활동에 대한 기업들의 걱정도 어느 정도 누그러뜨릴 수 있었다. 뭔가 잘못되더라도 후원자들은 적어도 다른 이들과 함께 일정한 과정을 거쳤다는 사실을 알고 있었다.

반면 레이 내셔는 자기 사업을 계속 혼자서 통제하는 쪽을 택했다. 1990년대를 지나며 이 사업은 점점 더 내셔만의 사업이 됐다. 내셔는 시 당국을 파트너로 삼아 함께 일하면 시 당국이 내리는 결정에 계속 노출돼야 한다는 점을 알았다. 시 예산 담당관은 내셔에게 경고했다. "다음 회계 연도에 우리한테 예산 문제가 생기면 운영비부터 삭감을 검토할 겁니다."[23] 내셔는 점점 신중해졌다(댈러스 시를 상대로 부지 문제를 비롯해 야외 정원으로 계획하던 장소에 관련된 지원 문제를 협상하고 있었다). 위원회가 짓는 건물하고는 아무 관계도 맺고 싶어하지 않았다. "(댈러스 미술관이) 그 사업을 맡았으면 아마 10년은 걸렸을 것이다."[24]

내셔는 통제권을 원했다. 그리고 결국 얻어냈다. 건물과 컬렉션에 관한 세간의 평가는 자기가 하려 한 일과 그렇게 하기로 결정한 방식에는 독특한 무언가가 있다는 내셔의 견해를 뒷받침하지만, 조각센터는 초창기에 외부 필란트로피를 많이 끌어들이지 못했다. 공식 기록을 보면, 2005년과 2006년에 조각센터가 연평균 11만 1000달러의 기부를 받은 반면 댈러스 미술관은 평균 174만 6000달러를 받았다.[25] 내셔가 영입한 초대 관장인 스티븐 내시는 이렇게 말한다. "'일단 지으면 사람들이 올 것이다'는 생각도 문제이지만, '일단 지으면 사람들이 필란트로피 자원을 해줄 것이다'라는 생각은 훨씬 더 위험하다."[26] 이미 짓고 난 뒤에 공동 소유를 권유하는 것은 분명 더 힘들다.

신디케이트 연합을 구성하면 필란트로피 구상에 관한 '시장 테스트'를 할 수 있다. 물론 프로젝트에 대한 기부자의 통제권이 희석되는 '비용'이 따르지만 말이다. 만약 이 프로젝트가 진척된다면, 다른 이들도 '그 아기'에 관심을 갖고 그 프로젝트의 성공에 '투자'를 하는 쪽이 기금 조성을 다변화하지 않는 경우와 비교해 신규 조직이 더 안전하게 자리를 잡는 데 도움이 된다.


## 설립 뒤 새로운 조직과 그 혜택을 받는 이들에게 영향을 미치는 결정들

### 설립자의 자본 운영 계획

새로운 기관, 특히 독립적인 기관을 지으려면 자본이 필요하다. 수족관이나 미술관, 연구소, 대학 등을 출범시키려면 불가피하게 당장 상당한 선행 자본 지출이 필요하기 때문에 기관 설립 게임에 참여하려면 분담금을 내야 한다. 이런 건설비 지출은 일회성으로 끝나지 않는다. 유지에 필요한 비용도 상당하며 (다행히) 이런 사실은 잘 인지되고 있다. 지붕은 시간이 지나면 누수가 생기게 마련이다. 아마 렌조 피아노가 세련되게 설계한 내셔 조각센터의 지붕도 마찬가지일 듯하다. 처음부터 끝까지 어떤 기관이든 자본 지출이 필요하며, 이런 지출은 초기 계획에 포함되어야 한다.

그렇지만 기관 설립을 책임지고 착수하기에 앞서 이해해야 하는 다른 자본 범주도 필요하다. 그중 하나는 지역사업지원법인 같은 일부 중개 단체가 (앞에서 언급한 대로) 활동의 일부로 기금을 재지원할 것이라는 점이다. 지역에 관한 지식을 가지고 최초 배분 기관을 대신해서 일하는 셈이다. 수입을 벌면서 사업적 성공까지 보여주는 비영리 기관을 괴롭히는 특이한 어려움이 있다. 기업형 비영리 기구는 수익을 창출하는 영리 분야의 자매 기업하고 다르게 이런 성공을 다음 단계로 전환하거나 미래의 성장에 투자할 기회가 거의 없다는 사실을 금세 깨닫는다. 하버드 대학교 하우저 비영리기구센터Hauser Center for Nonprofit Organizations의 비영리 거버넌스·책임성 프로젝트 책임자인 윌리엄 라이언William Ryan이 말하는 대로, 성공적인 신규 비영리 사업체는 정상적인 성장 과정에서 불리한 입장에 놓인다.

자급자족을 목표로 하는 사회적 기업은 자본 관련 문제가 끝없이 이어진다. 시장에서 서비스 제공에 성공한 비영리 기구는 제한 없는 수입이라는 막대한 이익을 얻을 수 있다. …… 그렇지만 역량을 발전시키면서 자급자족이 가능한 선까지 도달하려면 사회적 기업도 여느 기업들처럼 마찬가지로 보통 선행 투자와 운영 자본이 필요하다.[27]

성장하는 비영리 기구는 (벤처 자본의 지원을 받는 기업이 단계별로 성과에 근거해서 자본 투자를 모색한 뒤 그 대가로 기업 주식을 제공하는 방식하고 다르게) 자본 시장에 의지하지 않기 때문에 스스로 투자할 방법이 없다. 설립자가 자본 시장에서의 지원을 예상하는 한, 추가 투자를 위한 자본 요구는 기관 설립의 연장 선상에서 볼 수 있다. 프로젝트180의 사례처럼 프로젝트가 시장의 지지를 받지 못한다면, 시장의 목소리를 존중하고 실험을 폐쇄해야 한다. 그래야만 약속을 이행하지 못하는 벤처 자본을 구제하는 데 새로운 필란트로피 기금이 사용되는 일이 없게 된다.[28]

그렇지만 지역사업지원법인 같은 경우에 원래의 프로그램이 성공을 거두면서 새로운 기회가 생겼을 뿐 아니라(처음 계획에서 요구한 정도보다 훨씬 더 많은 지역사회개발법인을 상대로 협력하는 데 성공했다), 새로운 조직에서 운영상의 과제도 나타났다. 그로건이 1958년에 지역사업지원법인을 맡은 때 법인은 재정이 튼튼하지 못했다. 1986년, 포드가 '활동 범위를 확대'하고 기금 지원 파트너들 사이에서 '지역사회 개발 노력을 한층 더 자극'하기 위해 지역사업지원법인에 550만 달러의 지원금을 줬다.[29] 이 새로운 기금으로 지원하려 한 전략 중 하나인 지역사업관리자산법인Local Initiative Managed Assets Corporation은 지역사업지원법인의 대출금을 매입해서 새로운 프로젝트를 위한 자본을 마련하려는 계획이 있었다. 그 뒤 1988년에 운영비 지원 400만 달러와 프로그램 관련 투자금(시중보다 금리가 낮은 대출) 200만 달러로 구성된 추가 지원금을 제공했다. 200만 달러는 '저소득층 주거 예산을 지원하는 주식 투자 펀드의 단기 융자' 용도였다.[30] 상당한 성공을 입증한 지역사업지원법인은 영향력을 극대화할 수 있는 새로운 기회를 확인했다. 이렇게 초창기에 성취를 거둘 때마다 신생 조직은 성공의 가장자리에서 비틀거리는 한편, 실패의 가장자리에서 기우뚱한다. 새로운 확장 기회를 뒷받침할 재정 수단이 없기 때문이다. 이미 자리를 잡은 비영리 기구처럼 새로운 벤처 기구의 지도자들도 기금을 모으느라 기력을 소진하기 십상이다.

집중을 방해하는 모금의 딜레마는 모든 비영리 기구에 익숙한 것이며, 여러 면에서 신생 비영리 기구가 기존의 비영리 기구들처럼 딜레마에 부딪히면서 자리를 굳힌다는 신호일 수 있다. 그렇지만 이런 신생 비영리 기구는 기존 조직체처럼 폭넓은 추종자를 거느리기는 어렵고, 기성 질서에 비집고 들어가는 과정이 분열적이기 때문에 빽빽한 필란트로피 생태계에 진입하지 못할 수 있다. 모든 신생 조직은 사정이 비슷하지만, 기금 출연자 겸 설립자는 '상명하달식'으로 만들어졌기 때문에, 이후 동료들 추가적인 협력 관계를 구축해야 한다. 댈러스의 미술 후원자들이 왜 레이 내셔가 좋아하는 프로젝트를 지원할까? 록펠러 재단이 왜 포드 재단이 충분한 기금으로 성공을 거두는 과정을 지원하겠는가?

자본의 초기 성장 자본 단계에는 위험이 커지기 때문에 새로운 곳으로부터 지원을 받기 위한 계획을 꼭 세워야 한다. 시작 단계에서 위험은 필란트로피 기금의 분배(그리고 이 기금의 사회적 지원)에 관련된 기회비용에 집중됐다.[31] 자본의 성장 자본 단계에서는 의존성이 생태계의 다른 존재들에게도 영향을 미치게 된다. 신생 기관이 휘청이게 되면 그 비영리의 서비스 이용자나 지역 사회는 '협력' 요청을 받게 된다. 지역 사회는 설립자를 위해 사업을 인수해야 하고, 제공되는 서비스에 의존하는 이들은 다른 계획이 없이 남겨지게 될 것이다. 애리조나 주 투손에서 홈리스를 돕는 프리마베라 재단 Primavera Foundation의 설립자인 낸시 비셀은 1980년대에 지역 사회에 기반을 둔 주거 행태 건강 프로그램 전반에 걸쳐 연방과 주가 모든 기금 지원을 삭감한 결정이 어떤 영향을 미쳤는지 설명한다. 프리마베라는 버려진 모텔을 홈리스 주거지로 개조하는 주거 프로그램을 성공시키면서 홈리스들이 황폐한 지역의 도시 재생에 생산적으로 기여할 수 있다는 점을 보여줬지만, 예산 지원은 전액 삭감됐다. 비셀은 그때를 회고한다. "그 사람들은 다시 거리로 돌아갔고, 지금도 시내에 가면 몇 사람이 눈에 띕니다. 그 특정한 프로그램을 폐쇄할 때 가장 큰 영향을 받는 이들은 대상자들이었어요. 우리 사업에는 유급 직원이 한 명뿐이기 때문이었죠. 그렇지만 도시의 관점에서 보면 이 지역 사회 전체가 가시적으로 약해졌다고 말하고 싶습니다."[32] 비영리 기구에게 있는 성공의 역설과 사업의 부담을 쉽게 발견할 수 있다. 단체가 성공을 거둘수록 영향력을 미치는 범위가 넓어지고, 그 단체의 지속적인 성공에 이해관계를 갖게 되는 사람들이 늘어난다.

### 설립자와 조직체의 연속성 — 새로운 조직체의 관리 책임

좋은 사업 계획(과 적절히 계획된 후속 사업)은 돈을 다른 곳에 더 잘 쓸 수도 있는 위험을 줄여준다. (벨로와 스비리도프의 경우처럼) 자체 사업 중 일부를 위임하는 방법을 제외하고 설립자가 새로운 비영리 기구를 이끄는 주된 방식은 이사진을 두는 것이다. 새로운 조직체의 이사회를 만드는 과정에서 설립자가 해야 하는 적절한 역할은 무엇일까?

이 점에 관해 합의된 견해는 거의 없다. 우리가 조사한 결과에 따르면 다양한 추세를 찾을 수 있다. 내셔는 조각센터 이사회를 가까운 곳에 두면서 직접 회의를 이끌고 친구와 가족으로 이사회 구성원을 채웠다(센터를 지원하려고 설립한 재단 이사회도 마찬가지였다). 다른 한편 지역사업지원법인의 이사회에는 포드 출신이 아무도 없었다. 포드 재단의 회장을 지낸 수전 베러스퍼드는 말했다. "프랭크 토머스Frank Thomas(포드 재단 전임 회장)는 재단이 자기가 세운 조직체의 이사회에 참여하지 않는 것을 확고한 방침으로 정했습니다. 아마 베드퍼드스터이버슨트 지역사회개발Bedford-Stuyvesant Community Development 기금을 맡은 때 컨설턴트, 고문, 기금 출연자들을 대표하는 이사하고 함께 무슨 일을 해야 할지 전혀 몰라 헤매던 기억과 관련이 있겠지요. 그 사람들이 솔직하게 속내를 털어놓을 수 있는 파트너인지, 아니면 좋은 뉴스만 공유해야 하는 외부인인지도 몰랐을 테니까요."**33**

기금 출연자 겸 설립자가 이사회를 분명히 정의하고 거기 속해서 일하면 상당한 투자를 좀더 긴밀하게 모니터하고 이사회 활동을 밀접히 파악할 수 있다. 서드나 재단Surdna Foundation의 회장을 지낸 에드워드 스클루트Edward Skloot 는 서드나 프로그램 담당자들이 이해 충돌의 가능성을 알고 있지만 지원금 수혜자 이사회에서 일할 수 있다고 말한다. "재단에서 활동하는 것은 은밀한 일이다. …… 내부에 들어가지 않고서 수혜자의 재정 상태와 개인적 상황을 알기란 사실상 불가능하다. 담당자가 이사회에 참석하면 가까운 곳에서 어려운 점들을 볼 수 있을 뿐 아니라 직접 도움을 주거나 커다란 문제가 발생하지 않도록 막을 기회도 생긴다."**34**

기금 출연자가 조직을 설립할 때 양쪽 당사자는 모두 이런 '긴밀한' 관여에서 이익을 얻을 수 있는 한편, 이사회 대표권이 생기면 주요한 투자자는 벤처 자본가처럼 자기가 한 투자를 신중하게 보살피는 기회도 얻게 된다. 이사회는 (집행부하고 나란히) 조직의 사명을 해석하는 매개체가 될 것이다. 물론 해석은 정의하는 행위다. 조직이 일단 출범하면, 이르든 늦든 또는 점진적으로든 갑작스럽게든, 스스로 방향을 잡아 나가게 된다. 기금 출연자 겸 설립자는 그런 정의에 직접 참여하거나 방관하는 역할 중에서 어느 쪽이든 취할 수 있지만, 어쨌든 정의를 해야 하며 그 결과, 원래의 의무가 불가피하게 수정되거나 재해석될 것이라는 점을 인식해야 한다.

갓 생겨난 프로젝트의 관리는 어떤 형태로든 가능하다. 이사회 자리를 맡으면 계속 긴밀한 접촉을 할 수 있으며, 투자 일정이 장기간이며 양쪽 모두이 점을 이해한다는 전제 하에 (이사회에 참석하지 않고) 장기적인 지원을 할 수 있다. 후자의 경우에 해당 기관은 간섭 없이 전략적 결정을 내릴 수 있는 최선의 위치인 축적된 신뢰 상태에서 출발할 수 있다. 그리고 수전 베러스퍼드가 주장한 대로, 설립 때 맺은 관계로 인해 위험에 빠지지 않는다.

만약 기부자가 지역 사회에 사는 노인들이 모두 겨울이 오기 전에 독감 예방 주사를 맞기를 원한다면, 특정한 목표를 정하는 단기적인 기부자 전략이 타당하다. 주변화된 공동체의 권리를 보장하기 위해 재원이 탄탄한 최신 조직을 설립하는 것이 과제라면, 아마 기부자가 10~20년 동안 기관 건설에 관여하는 일이 필요할 듯하다. 우리는 지역사업지원법인이나 프리마베라, 엠디아르시MDRC※ 등을 20년짜리 투자로 봤고, 이렇게 이해한 노력을 중심으로 우리의 예산을 계획했다.[35]

관리 책임과 기금 출연자의 관여를 위한 계획이 중요한 이유는 원래 계획이 무엇이든 간에 바뀌기 때문이다. 계획이 진화하는 것은 자연스러운 일이며 예상치 못한 변화 또한 자연스러운 일이다.

### 불연속성의 발생

테라 미국미술재단Terra Foundation for American Art 회장 엘리자베스 글래스먼은 '저승에 찾아가서 손을 내밀 수는 없다'고 결론을 내린 적이 있다.[36] 2002년, 대니얼 테라Daniel Terra가 자기가 모은 미국 미술 컬렉션을 위해 1980년에 설립한 테라 미술관 관장으로 채용된 뒤 얼마 지나지 않아 글래스먼은 테라의 부인과 이사회, 그리고 결국 일리노이 주 검찰총장하고 함께 재단이 어떤 방향을 취해야 할지를 결정해야 했다. 테라는 미술관을 만든 뒤 1987년에 시내로 이전하고, 프랑스의 지베르니에 또 다른 미술관을 열고, 여러 전시회를 후원하고, 시카고의 문화 사업에 관심을 표명했다. 1996년에 세상을 떠난 테라가 남긴 유산이 최종 정리될 때, 미술관을 계속 미술관으로 남겨둬야 할지, 시카고에 계속 헌신하는 것이 재단의 사명에서 필수적인지, 국제 프로그램을 진행할지 여부 등이 여전히 불분명했다. 검찰총장이 개입하게 된 이유는 테라의 부인과 다른 이사 두 명이 미술관을 시카고에서 워싱턴으로 이전하려 한다는 이유로 다른 이사진에게 고소를 당했기 때문이었다. 현재 컬렉션의 상당수가 장기 대여 상태고, 재단은 미국 미술의 발전에 전념하는 배분 기관으로 자리를 잡는 중이다. 그렇지만 재단 설립자가 세상을 떠나면서 미래가 불투명해지고 복잡한 방향 수정이 진행됐다.

새로운 비영리 기구는 심지어 기금 출연자 겸 설립자의 자손이 물려받는다 해도 처음부터 불연속성에 대처하기 위한 최선의 계획을 세울 필요가 있다. 모든 당사자가 다 같이 솔직히 이 계획에 동의할수록 미래의 불연속성 때문에 이 노력이 주저앉거나 잠재적인 단점에 관한 변명으로 이런 불연속성이 활용될 위험이 줄어든다. 스티븐 내시는 말했다. "물론 흐르는 시간 속에서 처음의 사명을 묶어놓을 방법은 전혀 없다. 우리는 세상을 떠나기 전에 레이에게서 설립자의 취지 선언을 받았다. 레이가 직접 문서에 적어놓은 실제적인 목표들이다. 그 문서가 향후 50년 동안 열쇠가 될까? 단언하기 어렵지만, 레이가 갑작스럽게 떠난 상황에서 우리가 이미 가지고 있던 것하고는 다른 종류의 길잡이가 될 것은 확실하다."[37]

### 출구 ― 지역 사회의 수용

내셔가 남긴 재산은 분명 기부 기금으로 1억 달러 이상을 제공할 것이다. 기금은 모든 비영리 기구가 직면할 수 있는 도전에 맞서는 데 필요한 가장 강력한 보루다. 조각센터는 센터 입장료 수입이 2004년 99만 3000달러에서 2006년 49만 5000달러로 줄었다고 보고한다. 그렇지만 다른 과제들이 속속 등장하는 지금에서 생각하면, 댈러스 교외에 있는 내셔의 저택이 아니라 댈러스 시내에 미술관을 짓기로 한 결정은 내셔가 내린 가장 통찰력 있는 결정인 듯하다.[38] 내셔는 미술관의 운명을 댈러스의 도시 구조와 문화지구에 엮어 넣음으로써 반스 재단Barnes Foundation이 50년의 역사 동안 분투하게 만든, 공적이고 사적인 자원에 큰 부담을 안긴 고립주의를 피했다. 새로운 기관의 모든 세부 사항을 통제하려는 욕심과 대담한 야심은 거기에 동반한 기금 지원에 더불어 조각센터의 건물에 훌륭한 기여를 했다. 그렇지만 조각센터가 댈러스의 도시 구조에 섞여 들어가게 만들려 한 내셔의 생각은 설립자에게 출구가 되는 지역 사회 소유community ownership로의 전환을 가능케 한다.

이런 프로젝트의 궤적은 대담한 야심에서 시작된다. 프로젝트가 변화를 일으킬 능력이 있다는 데 돈을 걸 만큼 충분히 안다고 자신하는 기금 출연자의 야심 말이다. 잘 계획된 벤처 사업은 그 사업의 명제가 올바른지를 알아보기 위해 현실, 곧 지역 사회의 요구에 비추어 자기를 시험하는 것으로 시작한다. 발전은 시장 피드백을 통해 관찰할 수 있는데, 시장 피드백이야말로 사업이 제공하는 것이 예상대로 환영받고 있는지를 보여주는 분명한 지표이기 때문이다. 성공을 가늠하는 다른 몇 가지 기준은 시간적 한계, 그리고 미션 관련 목표 달성이 측정하기 어렵기 때문에 어쩔 수 없이 확인과 측정이 힘들 것이다. 새로운 기관이 신뢰를 구축하고 이 기관에 관한 정서적 애착이 형성되려면 충분한 시간이 필요하다(이를테면 올린 대학교는 2021년까지 등록금을 받지 않겠다고 약속했다). 이런 과정은 대개 비영리 기구의 세계에서는 곧바로 실현되지 않는다. 그리고 새로운 기관이 새로움이 줄어들고 지역 사회를 자기편으로 만듦에 따라 더 많은 사람이 이 사업 관련 위험성을 공유하게 된다.

위험이 널리 공유됨에 따라 위험성의 허용 한계를 낮추기 시작할 필요가 생긴다. 오늘날 올린의 학생들과 교수들은 위험성을 감수하는 선구자들이다. 실험에 따르는 위험성은 작지 않으며, 선구적인 사업의 성격상 알려지지 않은 많은 위험성을 해결할 수 없다. 지금은 내셔 조각센터의 원래 관객 예상이 얼마나 지나치게 공세적이었는지를 알기 쉽지만, (블록버스터 회화 전시회에 반대되는 의미로) 조각 전시에 대한 대중의 선호가 어느 정도인지 확실하게 알기는 불가능했다.

벤처 기금을 받은 조직체의 전환점이 기업 공개, 곧 주식 공모나 전략적 매각이라면, 기금 출연자 겸 설립자의 사업이 지역 사회의 구조 안으로 받아들여질 때 어느 정도 비슷하면서도 본질적으로 다른 전환이 일어난다. 이 사건은 주가의 급등이나 투자자와 경영진이 보유 주식의 일부를 현금화할 수 있는 기회가 아니라 지역 사회에서 파트너로 수용되는 성공적인 전환으로 특징지어진다. 디아 재단 출신으로 현재 로스앤젤레스 카운티 미술관 관장인 마이클 고번은 말했다. "살아 있는 사람들은 컬렉터로서 위대하다. 눈 깜짝할 새에 결정을 내리고, 자기 취향을 좇으며, 단일한 위원회가 없이도 아주 중요한 뭔가를 세울 수 있다. 그렇지만 사람들이 기관에 관해 참지 못하는 것은 자기가 세상을 떠난 뒤 무엇이 자기의 컬렉션을 유지하느냐 하는 문제다. 사람들이 좋아하든 좋아하지 않든 간에, 기관의 특성(지역 사회를 상대로 합의에 도달하고 관계를 구축하는 등)이 컬렉터들이 세상을 떠난 뒤 컬렉션을 관리하는 주체가 될 것이다."[39]

영리나 비영리를 막론하고 모든 지역 사회에서 신뢰를 구축하고 사람들에게 수용되는 것이 성공에 이르는 길이다. 영리 기구의 성공은 '구입buying'으로 측정되는 반면, 비영리 기구의 성공은 종종 '수용buy-in'으로 인식할 수 있다. 분명 지출과 (적절한 경우에) 수입 발생(그 출처가 사업으로 벌어들인 소득이든 필란트로피 지원이든 간에)의 성공적인 관리는 매우 중요한 성공의 기준을 나타낸다. 그렇지만 새로운 기관은 재정적으로 살아남는 수준 이상을 해야 한다(올린 대학교의 계획 문서에서 인정하듯 말이다).

지역 사회의 자산이자 좋은 이웃, 지역 학교들의 파트너가 된다는 목표를 달성하려면, 지역 사회 안에서 장기적인 관계에 투자를 할 필요가 있다. …… 올린 대학교는 항상 적극적인 활동을 하고, 모든 활동에서 인근 동네와 지역 사회에 세심하게 관심을 기울임으로써 보스턴 광역 지역만이 아니라 지역 사회에서도 시민들의 존경을 받으려 한다.[40]

겸손한 태도는 '위'에서 아래로 지역 사회에 끼워 넣어진 조직체가 지역 사회의 필요에 따라 아래에서 생겨난 단체들을 '따라잡았음'을 보여준다. 이런 겸손한 자리는 원호 모양을 띤 필란트로피의 궤적을 따라 발전이 일어난다는 점, 곧 관점과 권력의 횃대에서 단순히 적응하고 봉사한다는 야심으로 발전하는 모습을 보여준다. 지원금 조성자로서 문제를 해결하는 데서 지역 사회의 풍경 안에서 출발해 문제 해결을 시도하는 데로 이동한 과정을 설명하면서 레이철 벨로는 이 궤적에서 일어나는 전환을 분명히 보여준다.

권력을 포기하는 것이 그 거래에서 정직을 얻는 유일한 길이다. 당신은 그 거래에서 무슨 일이 벌어지는지 알지 못하며, 거래가 끝난 뒤 무슨 일이 벌어지는지 알지 못한다. 당신이 얻는 것은 각종 보고서와 아첨뿐이다. 정직을 얻는 유일한 길은 관계의 권력 불평등을 바로잡는 것이다. …… 당신이 알고 있고 재단을 통해 그런 궤적으로 기여해야 하는 것은 아주 작은 부분이며, 그것으로 충분하다.[41]

### 출구 — 적응하고 전진하기

새로운 비영리 기구는 신뢰를 받고 안정될 때 비영리 기구의 세계에서 자리를 확고히 굳힌다. 안정성을 얻으려면 이 기관이 설립될 때의 에너지가 약해진 뒤에도 살아남을 수 있다는 점을 여러 차례 보여줄 필요가 있다. 이런 사실로 볼 때, 그 단체는 또한 처음의 지도자에서 벗어나 이행할 수 있어야 하며, 이 과정에서 독립적이고 안정된 기관이 된다. 마이클 스비리도프는 지역사업지원법인을 1985년에 폴 그로건에게 양도했는데, 이 기관은 커다란 변형을 겪었다. 그로건은 그 과정을 자세히 이야기했다.

그 과정은 '설립자를 따른 사람'의 고전적 스토리였다. 우리는 다른 곳에서 돈을 모을 필요가 있었고, 결국 기술 지원을 강조한 초창기에 비교해 금융 지원과 투자 모델을 강조하게 됐다. 그리고 확실히 이런 변화 때문에 포드와 긴장된 순간도 겪었다. 그렇지만 우리는 이런 변화가 필요하다고 생각했고, 그 뒤 몇 년 동안 틈날 때마다 밝힌 대로 기관을 변화시킴으로써 우리는 그 사람들이 원하는 일을 실행할 수 있는 방편이 됐다. 때때로 거기 사람들은 말했다. "아, 지역사업지원법인은 덩치가 너무 커져서 이제 우리를 필요로 하지 않아요." 나는 그 사람들이 원하는 일은 다른 어떤 메커니즘보다 우리가 더 잘할 수 있다고 받아쳤다. 중요한 것은 조직의 규모나 구조, 또는 기원이 아니라, 추구하는 사명이었다.[42]

지역사업지원법인이 설립된 뒤 발전한 과정을 보면, 구축된 자산은 사회적 영향력이 되고 그 조직에 속한 개인들이 아니라 지역 사회에 축적된다는 사실을 알게 된다. 적절한 시기에 이런 변화나 분투를 헤치고 나아가는 것은 이제 새로운 조직이 든든한 존재가 된 현실을 보여주는 신호다.

어떤 조직과 최초의 기금 출연자는 현재 의존하는 지역 사회 전체가 공유하고 있는 위험을 완화하기 위해 이 출연자가 손을 뗄 수 있는 계획을 어떻게 세울 수 있을까? 이런 어려운 과제에 맞은 최선의 답을 내놓으려면 처음부터 소임과 기대, 이행 등을 이해해야 하며, 변화를 거치는 동안 계속 수용하고 계획하려는 의지를 가져야 한다. 베러스퍼드가 일하는 동안 포드 재단이 만든 조직체 중 한 곳이 성공적인 벤처 사업을 실패가 아니라 성공한 덕에 포드의 기금 지원에서 벗어나는 때가 찾아왔다. 사무총장은 분리에 반대하면서 그렇게 하면 전부 무너지게 된다고 주장했다. "나는 사무총장에게 이 분리가 효과가 있을지도 모른다고 말했다. 우리에게는 시간이 있었고,

함께 계획을 세울 수 있었다. 사무총장은 기본 재산을 구축할 필요가 있었고, 우리가 도와줄 계획이었다. 새로운 이사회 성원도 몇 명 필요할 테고, 그 문제도 함께 노력할 생각이었다. 결국 모든 게 순조롭게 진행됐다."**43**

## 결론

새로운 조직체 설립이 지니는 윤리적 함의는 이 사업이 어떻게 실행되는지를 통해서만 드러난다.

첫째, 지역 사회의 필요에 거스르는 구상을 자세히 조사하는 일은 필란트로피의 낭비를 피하기 위해 필수적이다. 처음부터 다른 기금 출연자들을 끌어들이는 것은 구상을 자세히 조사하기 위한 몇 안 되는 메커니즘의 하나다. 통제권은 설립자 겸 기금 출연자와 새로운 조직체에 많은 권한을 주지만, 통제권을 공유하면 다른 이들의 조언과 지혜, 소유권을 끌어들인다.

둘째, 새로운 기관이 변화를 실행하는 최선의 해법이 되는 시기는 분명히 존재한다. 위험성이 있기는 하지만, 복잡한 사회적 문제를 떠맡기 위한 일정한 실험이 필요하다.

셋째, 한 영역에 대한 실제적인 지식과 구상을 철저하게 조사하려는 의지를 지닌 기금 출연자 겸 설립자는 기존 기관을 지휘해서 시도를 하는 것보다 리스크를 감당하는 편이 더 나을 수 있다.

넷째, 기관 설립은 어렵고 장기적인 계획이다. 건물을 짓고, 정체성을 창조하고, 시장의 한 부분을 끌어들이는 과정은 전체 과정의 시작일 뿐이지 끝이 아니다.

다섯째, 기금 출연자가 새로운 조직에 의존해서 자기가 양성하려는 기능을 실행한다면, 이 새로운 조직은 설립자가 추구하는 목표를 달성하는 과정을 함께하는 파트너로 간주해야 한다.

여섯째, 분명한 장기 계획의 수립은 기관 건설의 초기 과정에서 언제나 일어날 수 있는 예상치 못한 단절에 대비하는 제방을 쌓는 길이다. 단절은 여전히 일어날 테지만, 분명한 계획을 공유하면 미래의 해석자들이 참조할 안내서를 제공할 수 있다.

일곱째, 위험성을 부담하는 집단의 반경이 넓어진다는 사실을 인정해야 한다. 초창기에는 기금 출연자 겸 설립자의 구실이 단지 자본 위험성을 떠안는 것이다. 조직체가 한 지역 사회에서 삶의 소중한 일부가 되면, 이 위험성을 공유하는 범위가 더 넓어진다.

여덟째, 지역 사회의 구조에 섞여 들어가는 일은 '위'에서 시작해 생겨난 조직의 커다란 시험대다. 신뢰와 존중은 선언이 아니라 봉사를 통해 얻어지기 때문에 하향식 기원을 지역 사회 풍경에서 받아들여진 자리로 바꿀 수 있는 조직은 가장 중요한 시장인 신뢰의 시장의 시험을 통과한 것이다. 이런 과제를 과소평가해서는 안 되며, 신뢰와 파트너십을 얻을 필요가 있는 행위자들의 수가 늘어나고 다뤄야 하는 문제가 복잡해지면서 이 과제 또한 커진다.

아홉째, 기부자와 새로운 조직이 최초에 맺은 관계가 어떻게, 그리고 언제까지 그 목적에 도움이 되는지를 결정하는 일은 결코 쉽지 않다. 대부분의 비영리 기구는 겨우 운영상의 균형을 유지하기 때문이다. 그렇지만 지금까지 탐구한 문제들과 위험성을 고려하는 방식으로 함께 출구를 계획할 수 있고, 또한 계획해야 한다.

우리 사회는 이제 막 필란트로피를 가지고 무엇을 할 수 있고 무엇을 기대해야 하는지를 이해하기 시작하는 중이다. 유감스럽게도 나르시즘적이고 낭비적이며 심지어 피해를 주는, 분별없고 부주의한 필란트로피 행위가 있을 것이다. 그렇지만 지금까지 대담한 시도도 있었고, 있어야 한다. 본질상 필연적으로 위험성을 피하기 마련인 일반적인 사람들과 기관, 지역 사회를 위해 기회를 포착할 여력 있는 사람들이 앞장을 섰다. 이런 시도를 충분히 생각하고 양성하는 일이야말로 좋은 아이디어가 결국 애초에 시작을 하지 말았어야 하는 나쁜 아이디어하고 똑같이 낭비적인 필란트로피 범주로 전락하는 것을 막는 유일한 길이다.

# 12장

# 기업 필란트로피의
# 실현되지 않은 약속

토머스 더블유 던피

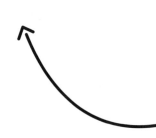

오늘날 이른바 자선 사업에 쓰이는 돈 1000달러 중에서 아마 950달러는 분별없이 쓰이고 있을 것이다.[1]

— 앤드루 카네기

기업 필란트로피는 상당한 사회적 동기가 있는 영리 조직이 실행하는 돈이나 상품, 서비스의 이전을 포함한다. 미국에서 기업 필란트로피의 수준은 수십 년 동안 평균적으로 순이익의 1퍼센트를 약간 넘은 것으로 보인다. 기업 필란트로피는 대체로 미국 전체 자선의 5퍼센트 정도를 차지한다. 법인세 신고의 4분의 1 정도가 자선 기부금 공제를 반영한다.[2]

액수가 작지도 않고 사회적 이익을 향상시키는 잠재력이 크기는 하지만, 기업 필란트로피의 실천은 여전히 참혹할 정도로 불투명하며 논쟁에 싸여 있다. 우파 비판론자들은 기업은 자선을 분배하는 적절한 주체가 아니라고 비난한다. 이런 일은 배당금과 자본 소득을 마음 내키는 대로 자유롭게 분산시킬 수 있는 개별 주주들의 몫으로 남겨둬야 한다는 것이다. 좌파 비판론자들은 기업의 동기를 의심하면서 경영 전략과 금융 공학의 목표가 사회적 이익을 향상시키려는 모든 열망을 지배한다고 생각한다. 이런 점 때문에 어떤 이들은 **전략적 필란트로피**strategic philanthropy라는 용어가 모순 어법의 고전적 사례는 아닌지 의문을 제기한다.[3] 총량 데이터는 정확하지 않다.

많은 기업들이 독립적인 조직에 데이터를 보고하지 않거나 기부금을 선별적으로만 공개하기 때문에《포천》 선정 500대 기업 중 상위 150개 기업의 3분의 1 이상이《필란트로피 연감Chronicle of Philanthropy》에 자사가 한 기부에 관한 정보를 공개하지 않은 한편,[4] 평판이 좋은《비즈니스위크》가 연례 필란트로피 보고를 시작했을 때 스탠다드앤드푸어스 500 기업의 60퍼센트가 이 간행물에 데이터를 제공하지 않았다. 심지어 가장 최근 보고에서도 응답 비율이 50퍼센트를 한참 밑돈다. 주요 기업 아무 곳이나 웹사이트를 방문해서 보면 특정 기업의 필란트로피 활동에 관한 전반적인 정보를 얻기가 얼마나 어려운지 금세 분명해진다.

무엇이 기업 필란트로피에 속하는지를 정확히 정의하기 힘들다는 점 때문에 비교를 어렵게 만드는 계량의 문제가 생겨난다. 이를테면 제약 회사들의 약품 기부 같은 현물 배분은 필란트로피로 간주해야 할까? 만약 그렇다면 이 배분의 가치는 얼마로 잡아야 할까? 원가로 잡아야 할까, 아니면 인상된 표시 가격으로 잡아야 할까? 직원 자원봉사 프로그램을 처리하는 데서도 비슷한 문제가 제기된다. 직원들의 시간을 어떻게 평가해야 할까? 회사가 직원에게 하루 근무를 인정해주는 것은 차이가 있을까? 이런 유형의 가치 평가 질문들에 관한 답은 기업의 기부 수준에 관한 보고 또는 기업이나 산업 전체적으로 기부 활동을 비교하려는 연구에 커다란 영향을 미칠 수 있다.

일부 기업은 기업에서 배분한 자금을 직접 사용해서 별도의 재단을 설립한다. 이렇게 하면 기업체는 기부 시간을 정하고 기부금의 조세 효율을 통제할 수 있는 반면(기업은 수익이 좋은 해에 더 많은 기부를 할 수 있다), 재단은 전문 직원을 채용해서 기부자의 요구에 맞는 방식으로 자원을 배분할 수 있다. 월마트는 가장 규모가 큰 기업 재단을 보유하고 있다. 기업 재단들은 2005년에 약 40억 달러를 기부했는데, 이 금액은 전체 재단 기부의 약 11퍼센트에 해당했다.

기업 필란트로피에 관한 공개적인 보고는 포함하는 활동의 유형에 따라 다르다. 일부 기업은 현금 기부만 보고하는 것으로 보이는 반면, 다른 극단에는 폭넓은 사회 활동과 사업을 보고하는 기업들이 있다. 어떤 기업은 자기들이 하는 일을 공개적으로 보고하지 않는 듯하다. 또한 몇몇 기업은 이기적인 방식으로 정보를 소개하면서 실제 기부한 내용을 과대평가한다. 가장 믿을 만한 정보 원천은 정부에 연례 보고를 해야 하는, 미국에서 설립된 기업 재단에 관련된 내용이다.[5] 그렇지만 이런 데이터조차 제한적이다. 전반적인 결과를 보면, 데이터의 질과 양이 무척 다양하기 때문에 기업들의 상대적인 기부 수준을 확실하게 비교하기는 사실상 불가능하다.

　기업 필란트로피는 극심한 불투명성으로 특징지어지며, 그 정당성과 효율성에 관한 염려가 제기된다. 이런 염려에 대해 이 장에서는, 첫째, 기업 필란트로피의 실질적 정의를 제시하고, 둘째, 정당성 문제를 해결하며, 셋째, 모든 기업이 필란트로피에 참여할 의무가 있다는 주장을 평가하고, 넷째, 효율성이라는 가장 중요한 문제를 부각시키며, 다섯째, 기업 필란트로피의 질을 향상시켜야 하는 결정권자들에게 방향을 제시하려 한다.


## 기업 필란트로피의 실질적 정의

기업 필란트로피는 특별한 범주나 형태의 필란트로피다. 물론 결정적인 특징은 보통 영리를 추구하는 조직으로 이해되는 영리 기업이 필란트로피 행위를 수행한다는 점이다. 이 행위 자체는 기부 수혜자에게 가치를 창출하기 위한 순이전net transfer을 수반한다. 통상적인 시장의 거래하고 다르게 필란트로피 행위는 사회적 이익을 제공하려는 욕망을 필요로 한다. 많은 논쟁이 벌어지는 문제는 기부자의 동기에서 이타적 이익 요소와 사회적 이익 요소를 부각시켜야 하는지에 관한 것이다.

　기업 기부 프로그램에는 여러 동기가 깔려 있다. 단일한 프로젝트에도 언뜻 서로 모순돼 보이는 다양한 동기가 포함될 수 있다. 어떤 기업이 필란트로피에 참여하는 이유를 꼽아보자. 회사의 전반적인 평판을 개선, 고객에게 자기 회사의 제품이나 서비스 구매 유도하기, 시기별 수입 균등화, 세금 절감, 산업 내 경쟁 지위 향상, 직원 동기 부여, 중요한 사회적 네트워크에 접근, 사전 규제 차단, 나쁜 행위에 대한 대중의 부정적 반응 차단, 특정한 사회적 목적 달성 등을 들 수 있다. 기업필란트로피장려위원회<sup>Committee Encouraging</sup> <sup>Corporate Philanthropy</sup>는 100개가 약간 넘는 대기업을 대상으로 한 조사 결과를 연례 보고서로 제공한다. 2006년 보고서에서 위원회는 기부 동기에 관한 조사 결과를 설명했다. 기부 동기의 54퍼센트는 순수한 자선, 35퍼센트는 전략적 이유, 11퍼센트는 상업적 이유였다.[6] 최근 맥킨지가 최고 경영자와 고위 중역을 대상으로 실시한 글로벌서베이<sup>McKinsey Global Survey</sup>에 따르면, 거의 90퍼센트가 자기 회사가 필란트로피 프로그램을 통해 영업상의 이익을 추구한다고 답했다.[7]

필란트로피는 사업 전략의 구성 요소가 될 수 있다. 공익 연계 마케팅<sup>social</sup> <sup>cause marketing</sup>은 회사가 추구하는 가치와 고객이 추구하는 가치를 연결시키는 것이다. 여기에는 고객들이 회사의 상품과 서비스를 써보고 공통의 가치를 추구한다고 인식하면서 충성스러운 고객이 될 것이라는 가정이 도사리고 있다. 학계의 상징적인 컨설턴트인 마이클 포터<sup>Michael Porter</sup>는 현재 기업들이 경쟁력을 발전시킬 수 있는 수단으로 **전략적 필란트로피**를 옹호한다. "맥락에 초점을 맞춘 필란트로피를 가치 창조를 극대화하는 방식으로 체계적으로 추구하면, 기업은 자원 투자의 정당성이 충분한 새로운 일군의 경쟁 수단을 얻을 수 있다. 동시에 이런 필란트로피는 더 좋은 세상을 만들기 위한 한층 더 유력한 방법을 열어줄 수 있다."[8] 여러 증거를 보면 기업들이 실제로 필란트로피에 더욱 전략적으로 접근하고 있는 점이 드러난다.[9]

필란트로피는 금융 공학의 구성 요소가 될 수 있다. 시기와 구조를 적절하게 맞추면, 필란트로피는 세금을 최소화하거나 소득 관리에 도움을 주기도 한다. 시기별로 수입을 균등화하기 위해 어떤 연도에는 세금 공제액을 늘리거나 줄일 수 있다. 기업이 평상시보다 더 많은 세금을 부과받으면 공제액을 늘릴 수 있다.

대리인<sup>agency</sup> 문제도 필란트로피와 연결될 수 있다. 예술 기관이나 교육 기관의 이사회에 이름을 올리고 싶다는 최고 경영자나 고위 관리자의 욕심을 채우기 위해 기업 기부가 계획되기도 한다. 이런 이사회에 참여하면 명망과 사회적 연줄이 생긴다. 바트커스와 모리스, 세이퍼트는 로스 존슨Ross Johnson 이 아르제이아르RJR 내비스코를 사유화하려 할 때 이사회의 몇몇 핵심 성원들 이름으로 듀크 대학교에 큰 액수의 회사 기부금을 내줘서 영향력을 미치려 했다는 주장을 설명한다.[10]

어떤 회사가 적십자에 익명의 거액 기부를 하려 한다고 가정하자. 이 기부에 관련된 공고는 전혀 없으며, 회사가 직원들에게도 이 사실을 알리지 않는다고 가정하자. 대신에 고위 임원 한 명만 기부에 관해 알고 있다. 회사는 아무 이득도 얻지 못하는 듯 보이지만, 동시에 커다란 사회적 이익이 생긴다. 이 기부는 순수한 사회적 필란트로피의 사례처럼 보인다. 아마 어떤 회사가 순수하게 이타적인 동기를 추구하는 이런 사례는 아주 드물 듯싶다.

다른 극단에는 신상품(이를테면 새로운 샴푸)을 소개하는 최선의 방법으로 소비자가 이 상품을 살 때마다 적십자에 소액 기부를 한다고 약속하는 회사가 있을 것이다. 재난이 일어나 심각한 혈액 부족 사태가 벌어지는 시기에 이런 행동이 나타난다. 일반 대중은 하나의 기관으로서 적십자를 지지하는 여론이 상당히 높다. 마케팅 부서에서 고안한 샴푸 기부 프로그램은 이 부서의 예산으로 진행되며, 이 프로젝트의 성공과 지속은 오로지 신제품의 판매를 근거로 결정될 것이다. 이 경우에 '필란트로피'는 사회적 동기를 도구로 활용할 순전히 사업상의 전략이 된다.

기업 필란트로피의 사례는 대부분 이 두 가지 극단 사이에 자리한다. 사회적 목적과 사업 전략이 서로 자유롭게 뒤섞인다. 동기가 뒤섞인 경우에 어떤 행동을 필란트로피로 간주해야 하는지를 결정할 수 있는 판단 규칙이 있을까? 어떤 이는 사회적 동기와 사업적 동기의 상대적 중요성을 계량해 보려는 마음이 생길지 모른다. 또 어떤 이는 충분한 필란트로피 지향이 존재하거나 부족함을 보여주는 몇 가지 경험적 판단법을 개발하려 할 수도 있다. 이를테면 필란트로피 프로그램의 예산을 정하고 수용하는 주체가 어디인지를 보면 많은 사실이 드러난다. 사회 공헌 부서나 기업 재단이 개발하고 운영하는 프로그램은 진정한 필란트로피적 성격이라고 확인할 수 있다. 반면 마케팅 단위에서 운영하는 '필란트로피' 프로그램은 의심해볼 만하다. 또 다른 접근법은 홍보 지출 규모와 필란트로피 기부 규모의 비율을 살펴보는 것이다. 광고에 상당한 액수를 지출하는 반면 상대적으로 적은 금액의 기부 행위를 홍보하는 기업은 적절한 동기가 부족하다고 간주된다.[11] 동기를 특징짓는 분명한 공식이나 경험적 판단법을 제시하려는 유혹은 직관적인 매력은 있을지 몰라도 실현 가능성이 없기 때문에 거부해야 한다. 기업 본질상, 이들의 동기는 외부인에게 본래 불투명하다.[12] 동기를 확인하는 데 사용되는 요소들은 조작이 가능하다. 기업이 공익 연계 마케팅 전략을 구사하는 경우에 자기들이 내세우는 허구적인 사회적 동기를 외부인이 진짜로 인식하게 만들기를 원한다. 외부인이 '진정한' 동기를 판단할 수 있는 쉬운 길은 존재하지 않는다.[13] 이 문제는 한 조직의 동기를 판단하려 할 때 생기는 고유한 난점 때문에 더욱 복잡해진다. 필란트로피 프로그램에 관여하는 조직에 속한 사람들은 각자 다른 개인적 동기가 있을 수 있다. 어떤 조직의 동기를 판단하는 최선의 방법은 그 조직의 공식 발표에 의지하는 것이다.

현실적인 해법은 기업이 주장하는 사회적 동기에 반대할 설득력 있는 증거가 없다면 액면 그대로 받아들이는 것이다. 사회적 동기의 존재는 또한 필란트로피 프로그램의 질과 성격에서 유추할 수 있다. 거의 모든 기업 필란트로피에는 복합적 동기를 구성하는 일정한 요소들이 들어 있다고 가정할 수 있지만, 지배적인 배후의 동기를 확인하려는 불가능한 시도를 할 필요는 없을 것이다. 그 대신 공언되거나 유추된 사회적 동기가 공익의 순증가를 가져올 수 있다는 의미에서 유의미한지 여부를 판단하려 노력할 수 있을 뿐이다.

이런 접근법으로 기업 필란트로피에 관해 다음 같은 실질적 정의를 내릴 수 있다. 기업 필란트로피는 영리 조직이 상당한 공익을 베풀기 위해 돈이나 재화, 서비스를 순이전하는 행위다. 상당한 공익을 베풀려는 독립적인 동기를 확인할 수 있는 한, 복합적 동기는 이런 정의에서 예상 가능하며 정의에도 부합한다.


## 허구적 쟁점 — 기업 필란트로피의 정당성에 대한 의문

기업 필란트로피는 미국 문화에 깊이 뿌리를 내려 널리 실천되고 찬양 받는다. 적어도 전체 기업의 4분의 1이 기업 필란트로피를 실천하는데, 기업 규모가 커질수록 참여율도 높아진다. 기업은 필란트로피에 관여해서는 안 된다는 프리드먼식 주장은 현실 세계에 거의 영향을 미치지 못했다.[14] 《포천》 선정 500대 기업이 프리드먼의 생각을 받아들여 모든 기부와 사회 사업을 즉시 중단한다고 발표하면, 얼마나 많은 염려와 비판의 목소리가 합창을 들려줄지 쉽게 상상이 간다. 항의의 목소리를 높이는 합창 앙상블에는 대학 교수, 미술관 관장과 발레단 단장, 복지 서비스 단체 지도자, 주요 비정부 기구 대표, 정치인, 병원장과 임상연구소 소장, 전문직과 사업가 협회 지도자, 그리고 몇몇 투자자 기반 그룹들까지 포함될 것이다.

프리드먼의 견해는 왜 커다란 영향력을 미치지 못했을까? 필란트로피가 사업에 아주 유리하기 때문에 주주들이 필란트로피를 지지한다는 사실이 한 가지 설명이 될 수 있다. 주주들은 필란트로피가 장기적 수익성을 향상시킨다는 점을 이해하기 때문이다. 컨설턴트들이 전략적 필란트로피 개념을 선전하면서 이런 원윈 개념이 훨씬 더 대중적인 사고가 된다. 원윈 개념을 지지하는 일반적인 주장과 논증이 제출되기는 했지만,[15] 필란트로피와 이윤의 관계를 입증하는 확실한 증거를 찾기는 쉽지 않다. 세이퍼트와 모리스, 바트커스는 말한다. "기부가 기업의 재무 성과에 긍정적인 영향을 미친다는 연구 증거는 거의 없다."[16] 또한 이런 지적도 한다. "기업 규모와 상대적인 기업 필란트로피의 경로계수path coefficient는 우리가 시험한 어떤 모델에서도 유의미하지 않았다."[17] 기업 필란트로피의 모델을 만들고 경제 데이터베이스를 이용해서 피스먼과 힐, 네어는 이윤과 필란트로피가 광고 집약도와 경쟁 수준이 높은 산업에서만 비례 관계를 보인다고 결론 내린다.[18]

재정적 순익 기여를 근거로 정당화된 기업 필란트로피 프로그램은 기업들이 통상적인 사업 투자를 평가할 때 따르는 엄격한 기준을 충족시키기 어려울 것이다. 기업은 사업 투자를 할 때 대체로 평판이나 사기의 향상에 관한 모호한 선언이나 예상에 의존하지 않는다. 그 대신 순익이나 성공적인 경쟁 전략에 어느 정도 기여할지에 관해 입수할 수 있는 최선의 직접적인 증거를 고집한다. 기업은 사업 목표가 실현될 수 있다는 근거를 보여주는 확실한 데이터를 요구한다. 대부분의 기업 필란트로피에서는 여기에 비교할 만한 접근법이 가능해 보이지 않는다. 필란트로피 프로그램이 미치는 영향에 관한 유의미하고 '확실한' 숫자를 확인할 수 없다. 최종적인 수치를 정확하게 말할 수 없다. 성과가 무정형적이기 때문이다. 따라서 기업 필란트로피 옹호론자들은 사업상의 이득이 있다고 주장할 수는 있지만, 사업적 투자에서 예상되는 방식하고 정확히 똑같은 방식으로 실제 이득을 보여주지 못한다.

사업상의 효용이 기껏해야 근소한 수준이라면, 왜 이런 관행이 유지되는 걸까? 경영학의 제도론과 기업 윤리의 사회 계약 접근법에 따른 한 가지 답은 적어도 일부 시장이나 나라는 기업 규범에 영향을 받는다는 것이다. 필란트로피 규범은 관리자 개인이나 조직 경영에 영향을 주는 동료 압박을 종종 반영한다. 비즈니스라운드테이블Business Roundtable 같은 경제인 단체는 필란트로피 실천을 지지한다. 최고 경영자들은 기업 필란트로피를 인정하고 찬미하는 교육 단체나 예술 단체에 관련된 이사회 같은 곳에서 교류를 한다. 주요 지역 기업들 사이에서 아낌없는 기부를 지원하는 5퍼센트 클럽으로 유명한 미니애폴리스와 세인트폴 트윈시티를 연구한 걸래스키위츠는 사교계 명사들이 기업 행동에 결정적으로 중요한 영향을 미친다고 결론지었다.[19] 필란트로피 행동은 경쟁자들의 반응을 야기한다. 다국적 기업 머크가 사상충증이라는 감염병 창궐에 대항하기 위해 치료약을 개발하고 배포해서 많은 칭찬을 받자 다른 주요 제약 회사들도 비슷한 프로그램을 잇따라 개발했다.

  필란트로피를 지지하는 사업 규범은 분명 핵심 이해관계자들과 일반 사회의 지지를 받는다. 조세법은 자선 기부에 대해 세금을 공제해준다. 세금 감면을 지원하는 정책은 그 결과로 조세 수입이 줄어들기 때문에 필란트로피 실천에 대한 직접적 보조금이라고 볼 수 있다. 미국에서는 연방 상무부 장관, 뉴욕 주지사, 뉴욕 시장이 공동으로 '전국 기업 필란트로피의 날National Corporate Philanthropy Day'을 처음 선포했다. 많은 나라와 문화에서 발견되는 폭넓은 사회 규범은 공익을 지울 기업의 자발적 행동을 지지한다. 이런 행동은 행동 자체로 정당하다고 여겨질 뿐 아니라 전체적인 기부금은 기업이 자기들을 정당화하는 하나의 방편으로 간주된다. 브리티시페트롤리엄의 고위 중역 존 만조니John Manzoni는 이렇게 말한다. "거래의 일부로 기업들이 지금처럼 몸집을 키우게 만든 사회 계약에 따르면, 기업들은 세계가 직면하는 과제를 다른 누군가의 문제로 치부해버리지 말고 이 과제에 관여해야 한다."[20]

  많은 이들이 기업 필란트로피가 기업의 운영 면허에 필수 요소라고 주장하고, 《포천》 선정 500대 기업의 80퍼센트 이상이 자사 웹사이트에서 사회적 노력을 분명하게 표방하는 오늘날,[21] 이제 프리드먼식 비판에 공식적인 사망 선고를 내릴 때가 됐다. 그렇지만 기업 필란트로피의 정당성이 의문의 여지가 없는 듯 보이더라도 이것이 공익에 기여하는 효과성에 관해서는 몇 가지 심각한 쟁점이 여전히 남아 있다.

## 필란트로피에 참여해야 하는 기업의 의무

기업 필란트로피가 사업과 사회의 강력한 지지 규범에 근거를 두는 영리 기업의 정당한 활동이라는 결론에 따라, 어떤 기업이 스스로 선택하는 경우 사회 사업이나 필란트로피에 관여하는 행동을 허용할 수 있다는 사실이 확인된다. 그렇지만 대부분의 미국 대기업처럼, 어떤 기업이 공익에 직접 기여하기 위한 행동을 하지 않기로 결정한다고 가정해보자. 이 기업은 오직 사업 활동에만 초점을 맞추면서 자선 기부를 전혀 안 하고 모든 사회 사업을 피한다. 이 기업이 부적절하게 행동한다거나, 적절한 윤리적 의무를 위반하거나, 의무적 사회 규범을 거스르는 행동을 한다고 주장할 수 있을까?

몇 가지 단서를 인정할 필요가 있다. 첫째, 사회적 책임에 참여할 기업의 의무를 둘러싸고 학술 문헌과 공식 석상에서 오랜 논쟁이 벌어진다. **사회적 책임**이라는 용어의 정의가 이 논쟁의 핵심을 차지한다. 일부는 법을 준수해서 행동할 의무를 포함시킨다. 다른 이들은 안전하지 않은 노동 조건으로 직원들을 위험에 빠뜨리거나 위험한 제품을 제조, 유통해서 소비자에게 해를 끼치는 행위 같은 위험 회피를 포함시킨다. 이 논쟁을 거치면서 선행이냐 위험 회피냐 하는 전혀 다른 두 차원이 융합되는 문제가 생겨났다. 둘 다 중요하기는 하지만, 어떤 상황에서는 이 둘이 아주 다른 유형의 고려에 호소한다. 이런 분석과 그 결과로 나오는 주장을 단순하게 정리하기 위해 이 장에서는 공익을 향상하기 위해 기업들이 자발적으로 벌이는 행동에만 초점을 맞추려 한다. 그러므로 여기서는 이 장에서 제시한 기업 필란트로피의 정의에 부합하는 공익에 대한 기여에 관련된 주장들만을 검토할 것이다.

또한 현금에 기반을 둔 협소한 의미의 기업 필란트로피 정의와 더 폭넓은 의미에서 진행되는 기업의 잠재적인 사회 사업도 구분할 필요가 있다. 현금 기부나 현물 기부(이를테면 물건 기부)라는 고전적 필란트로피에 참여할 의무가 있다는 주장은, 실제로 기업이 다른 능력을 활용해서 공익에 훨씬 더 큰 기여를 할 수 있다고 하더라도 이런 실천에 관여해야 한다고 말하는 셈이다. 이 장에서는 기업이 공익 증진을 위해 폭넓은 전략 포트폴리오를 사용하는 능력에 집중할 것이다.

둘째, 기업은 법적 제약을 받기 때문에 일정한 유형의 활동에 관여하는 능력이 제한될 수 있다. 자본 요건에 구속되는 금융 기관은 임의적인 자선 기부금에 기금을 전용할 수 없다. 셋째, 어떤 임무나 의무든 긴급한 재정적 요구에 좌우돼야 한다. 회사가 재정 손실을 입어서 채권자에 대한 계약 의무를 이행하지 못하는 사태 등이 벌어질 수 있기 때문이다. 어떤 기업이 재무적인 이유로 들면서 상당한 규모의 정리해고를 발표하는 시기에 꽤 많은 자선 기부를 계속한다면 비판을 받기 마련이다. 유에스 항공US Airways은 허리케인 카트리나가 미국 남부를 휩쓸어서 이재민이 발생하고 도시가 파괴된 직후에 자사 항공기를 피해자들이 이용할 수 있도록 내줬다. 그때 유에스 항공은 파산 보호 신청에서 가까스로 벗어나 완전한 재정적 붕괴를 피하기 위해 분투하는 중이었다. 유에스 항공의 직원과 고객, 일반 승객을 비롯한 다양한 이해관계자들은 이런 상황에서 필란트로피 활동을 벌이는 회사의 결정에 의문을 제기할 수 있다.

필란트로피에 관여해야 하는 어떤 강제적 의무든 간에 재무 역량에 좌우돼야 할 것이다. 이를테면 일정한 수준의 수익 비율을 필란트로피의 한계선으로 제한할 수 있다. 필란트로피 활동은 또한 법적 제약에 부합해야 한다. 물론 어떤 이는 강제적인 규범적 의무를 인정하도록 공공 정책을 조정해야 한다고 주장할 수 있다. 기업의 강제적인 의무에 관련된 찬반 주장은 쉽게 요약할 수 있다.

필란트로피에 관여해야 하는 일정한 형태의 조건이 붙은 의무는 상호성, 정당성, 시민권, 효율성, 추론 등의 상호 연결된 개념에 근거한 주장으로 뒷받침된다. 상호성 주장은 직설적이다. 사회는 기업이 번성할 수 있는 환경과 배경이 되는 제도를 제공한다. 재산권이나 계약 이행 등에 보호를 받는 대가로 기업은 사회에 보답할 의무가 있다. 이 의무는 모든 기업에 확대된다. 모든 기업이 사회의 혜택을 누리기 때문이다. 기부를 하지 않는 무임승차자는 기부하는 이들에 편승하는 존재며, 따라서 이중의 잘못을 저지르는 셈이다.

정당성 주장은 기업이 자기들이 활동하는 사회의 정당한 구성원으로 인정을 받는 일이 중요하다는 인식에 근거한다. 개별 기업이나 심지어 산업 전체가 사회의 정당한 구성원으로서 누리는 지위를 잃는 경우 변경된 규칙을 적용받아서 기업이 사업 목표를 달성하기가 훨씬 더 어려워질 수 있다. 보복을 최소화하려는 한 가지 방법은 필란트로피를 통해 정당성을 유지하고 극대화하는 것이다. 알트리아Altria(필립모리스Phillip Morris)는 수십 년 동안 예술계의 주요 기부자로 이름을 떨쳤다. 2008년 3월 골드만삭스가 개발도상국 여성들에게 기업 훈련을 제공하는 1억 달러짜리 프로그램을 발표했을 때,《파이낸셜 타임스》는 골드만삭스가 경기 하강기에 막대한 수익을 올리는 시기에 이 발표가 나왔다고 지적했다. 기사에는 이런 구절이 있었다. "이런 방식의 필란트로피 사업은 은행의 이미지를 부드럽게 만들어준다."[22]

시민권 주장은 기업이 모든 시민들하고 비슷하게 일반적인 의무를 갖는 특정한 사회의 시민이라는 주장에 근거한다. 이 주장은 글로벌한 차원까지 확대돼서 기업은 글로벌 사회의 시민으로서 모든 사람들에 대한 특수한 의무를 갖는다고 설명된다. 어떤 경우에 이 주장은 상호성이나 정당성이라는 주제에 근거한다. 다른 경우에 시민의 특수한 의무(이를테면 이해관계자하고 관계를 맺고 지원하는 의무)가 확인되고 기업이라는 조직체에 삽입된다. 의무의 목록에는 일반적인 자선의 의무가 포함될 수 있다.

효율성 주장은 사업체가 공익에 기여하는 데서 비교 우위를 창출할 능력이 있는 상황이 존재한다는 가정에 근거한다. 사업체는 노하우, 자본, 직원,

희소한 재화 등의 자원을 통제한다. 어떤 경우에 사업체는 이 자원 덕에 공공 기관이나 비정부 기구 등 가능한 모든 공급자 사이에서 공익에 궁극적으로 최선의 기여를 할 수 있다. 이를테면 외식업 전문 기업은 다른 잠재적 공급자에 비해 홈리스들에게 질 좋은 음식을 낮은 비용으로 많이 제공할 수 있다. 사업체는 대체로 사회복지에 기여하는 데 상당한 비교 우위를 가졌다고 볼 수 있기 때문에 모든 사업체가 자기가 가진 독특한 역량을 활용해 필란트로피에 관여할 의무가 있다는 결론이 나온다는 주장이 가능하다.

마지막으로 각 개인이 일반적인 자선 의무가 있다는 점을 인정한다면, 이런 맥락에서 개인의 집합체로 여겨지는 기업체에 관해서도 그런 의무를 추론하는 일이 가능하다. 개인들이 조직 안에서 상호 작용할 때 각 개인은 의무를 지는 존재로서 누리는 정체성을 잃지 않는다. 따라서 만약 각 개인이 자선의 의무가 있다고 본다면, 이런 의무는 개인들이 일하기로 선택하는 집합체에도 연장할 수 있다.

한편 기업에는 폭넓게 정의된 필란트로피에 관여할 강제적 의무가 있다는 사실을 인정하는 데 반대하는 핵심 주장들은 재산권, 공공 부문과 사적 부문의 분리, 능력 문제, 경제적 효율성 등에 근거한다. 재산권 주장에는 몇 가지 차원이 있다. 가장 기본적인 차원은 재화나 서비스를 전달하는 수단을 소유한 사람은 법적 제약 안에서 재화나 서비스의 처분을 결정할 권리가 있다는 사고다. 소유자는 자기가 원하는 대로 자기 재산을 할당할 방법을 선택할 권리가 있다. 그 사람에게 일정한 형태의 의무가 있다는 다른 이들의 믿음은 잘못된 것이다. 기업이 조직되는 방식은 재산권 주장을 강화하는 듯하다. 개념적으로 기업은 주주의 소유고, 따라서 주주가 자산 처분에 관한 당연한 의사 결정자로 여겨진다. 밀턴 프리드먼은 이런 현실을 인정하는 최선의 방법은 주주들이 주식을 팔 수 있도록 기업의 시장 가치를 향상시키거나 배당을 공표하는 것이라고 주장해서 유명해졌다.[23] 주주는 자산을 현금

화해서 원하는 대로 처분할 수 있다. 자선 단체에 기부금을 내는 것도 여러 선택지 중 하나다. 미국에서는 조세법을 통해 시세 가치가 오른 주식을 자선 기부에 사용하도록 장려한다.

대리인 문제는 기업 거버넌스에서 중요하다. 경영자는 기업 자산의 일상적인 처분을 통제하며, 주주를 희생시키면서 자기에게 유리하도록 행동할 수 있다. 경영자가 기업 자산을 이용해서 사회 사업을 시작하거나 자선 기부를 함으로써 개인적 이익을 얻을 때, 이 문제는 기업 필란트로피에 관련된다. 이런 일이 어떻게 진행되는지는 다음에 좀더 자세히 논의하려 한다. 대리 이론은 소유자/본인이 자기 자신의 처분을 통제할 권리를 강조한다. 소유자의 바람에 부합하지 않는 방식으로 필란트로피에 관여하도록 대리인에게 부과되는 강제적 의무는 대리 이론의 기본 원리에 위배된다. 기업 필란트로피 비판자들은 경영자가 주주를 희생시키면서 스스로 이익을 얻기 위해 종종 활용하는 책략으로 이 현상을 바라본다.

프리드먼을 비롯한 이들은 공공 부문과 사적 부문의 역할을 분명하게 구분해야 한다고 주장했다.[24] 사회적 필요에 부응하고 사회복지를 향상시키는 일은 공공 부문의 책임이다. 정치 체제는 공공 부문에서 자산을 어떻게 분배할지를 결정한다. 프리드먼은 '기업이 하는 일은 영리 추구business of business is business'라는 유명한 주장을 한다. 경영자는 사회복지에 관한 결정을 내림으로써 공공 부문이 할 일을 선점해서는 안 된다. 사회적 결정을 내릴 때 경영자는 정치 체제의 작동에 간섭하고 자기의 지위 의무를 위반하는 것이다.

지위 의무 주장에 밀접하게 관련되는 주장은 경영자란 사회 문제를 다룰 능력이 부족하다는 것이다. 경영자가 선발되는 이유는 바람직한 재화와 서비스를 구매자에게 제공함으로써 이윤을 창출하는 능력이 있기 때문이다. 사회적 요구를 규정하거나 공익을 향상시키기 위한 프로그램을 설계하는 능력이 있어서 선발되는 것이 아니다. 어떤 이는 지금처럼 기업의 프로그램이 뒤죽박죽인 상황과 이 프로그램을 잘못된 방식으로 실행하는 모습에서 능력 부족이 입증된다고 주장할 수 있다. 더 나아가 어떤 기업이 폭넓고 다양한 사회 사업, 이를테면 지역 학교를 위한 특별 프로그램 개발, 지역 오페라 지원, 저가 주택 건설 등에 관여할 때, 연관된 경영자들이 이 모든 다양한 활동에 관련해 특별한 능력이 있다고 주장하기는 힘들다.

경제적 주장은 사회적 활동에 투자하는 경영자들이 자본의 효율적 배분을 왜곡한다고 말한다. 희소한 투자 금액을 차선의 용도에 투입하기 때문이다. 아마 경영자들은 현재 필란트로피에 사용하는 돈을 어떻게 투자할지에 관해 사업적 결정을 내렸을 것이다. 경영자들은 자선 기부를 해야 하는 강제적 의무에 부응해야 하기 때문에 자본 시장의 효율적 운영에 간섭하게 된다.

이 오랜 논쟁에서 다른 주장도 많이 제기됐다. 이 논쟁이 해결 불가능해 보이는 한 가지 이유는 아마 제기된 여러 유형의 주장이 비교 불가능하기 때문일 것이다. 일부는 효율적인 성과에 관한 결과적 분석에 근거하는 반면, 다른 주장들은 규범적 의무나 지위상 의무, 또는 그런 의무들을 지지하는 사회적 규범이나 공공 정책의 존재에 근거한다. 이런 상황에서는 오래전부터 존재한 규범과 공공 정책에 비중을 둬야 한다. 미국에서는 기업 필란트로피가 허용되고 심지어 찬양을 받지만 강제적 의무로 여겨지지는 않으며, 기업 필란트로피 실천을 회피하는 (공교롭게도 다수인) 기업들을 천시하려는 시도가 (어쩌면 있을지 몰라도) 거의 없었다.

기업 필란트로피를 강제적 의무로 지지하는 소송이나 사회운동이 없었더라도 기업에 대해 시장이 보이는 반응에서 증거를 찾을 수 있을까? 달리 말해 이 문제에 관한 일반적인 논의 틀을 뒤집으면, 시장이 기업 필란트로피 관여를 일부러 거부하는 기업에 벌을 준다는 증거가 있을까? 만약 이런 기업이 시간이 흐르면서 필란트로피를 실천하는 동료 기업에 견줘 자본 시장에서 성과가 떨어진다면, 우리는 기업이란 일정한 형태의 필란트로피에 관여해야 한다는 집단적 믿음을 투자자들이 갖고 있다는 주장을 펼 수 있다. 투자자들은 필란트로피를 실천하는 기업이 수익성이 더 좋을 공산이 크다고 믿기 때문에 이런 기업을 선호할 수 있다. 또는 투자자들은 자기가 한 투자를 일종의 소비함수로 간주하며, 기업이 필란트로피를 실천할 강제적 의무가 있다고 믿기 때문에 개인적 선호를 반영하는 기업에 투자하는 쪽을 선택할 수 있다. 어떤 동기든 간에 자본 시장에서 상대적 평가에 영향을 미치는 행동을 낳을 수 있다. 이런 효과가 시장에서 식별 가능하려면, 이런 동기를 품고 행동하는 투자자들이 상당히 우세한 집단이어야 한다. 실제로 지금까지 수행된 연구들은 필란트로피와 재무 성과 사이에 어떤 일반적인 긍정적 상관관계를 보여주는 데 실패했다. 몇몇 근소한 예외가 있을 뿐이다. 다른 한편 필란트로피 관여는 재무 성과에 손상을 주지 않는 듯하다. 따라서 모든 상황을 감안할 때, 시장은 이 문제에 관해 중립적인 것처럼 보인다.[25]

특히 필란트로피 의무가 오랜 관행이나 공공 정책에 충돌하는 경우에 강제적 의무를 주장하는 이들은 행동과 태도에서 상당한 변화를 요구하는 어떤 의무를 왜 인정해야 하는지를 확인하는 증거를 내놓아야 한다. 찬성론의 많은 주장은 호소력에 더해 일정한 장점이 있지만, 그런 사정은 반대론의 주장도 마찬가지다. 이 시점에서 우리는 기업에 필란트로피를 강제적 의무로 부과하는 설득력 있는 논거를 확인할 수 없다.


## 기본 쟁점 — 기업 필란트로피의 효율성

예상하고 다르게 거의 논의되지 않는 심각한 문제는 현행 기업 필란트로피 체제의 이해관계자들이 충분히 만족하고 있느냐 하는 점이다. 앞부분에 인용한 앤드루 카네기의 말에서 드러나듯이, 필란트로피의 효과성은 오래전부터 제기된 염려다. 빈틈없는 많은 투자자들은 그때그때 개인적인 자선 기부를 한다. 공익이 전체적으로 증가하는 것으로 충분하다고 생각하기 때문이다. 그런데 이런 태도는 변화하고 있는 듯 보인다. 사적 필란트로피에서는 기부를 통해 더 많은 가치를 얻는 데 관심이 커지고 있다. 성공한 기업가들은 사업 성공과, 주요 필란트로피스트로 자리매김하게 해준 재능을 활용해 사회적 지향을 추구하는 투자도 성공을 보장받으려 한다. 기업 필란트로피에는 이런 점하고 비슷한 쟁점들이 많다.

개인 필란트로피와 기업 필란트로피에 똑같이 존재하는 주요 쟁점은 기부가 어느 정도나 빈곤층에게 혜택을 주는지다. 맥킨지 글로벌서베이는 기업이 문화/예술과 보건/사회 서비스에 똑같이 기금을 제공하기 쉽다고 보고했다.[26] 전체 필란트로피의 상당액이 처음에 예술과 교육 분야의 엘리트 기관에 돌아가는 반면, 10분의 1 정도만 인간의 기본적 요구를 직접 다룬다.[27] 라이시 같은 비판론자들은 이런 기부가 특혜나 다름없는 조세 대우를 받는다는 사실을 강조하면서 조세법의 효과는 '부자와 빈자 사이의 불평등 확대'라고 주장한다.[28] 어떤 이는 등록금 면제나 의학 연구, 심지어 취약 계층 청소년을 위한 특별 미술 전시회 같은 프로그램을 진행하는 엘리트 기관에 기금을 제공하는 행동은 인간의 기본적 요구를 간접 지원하는 셈이라고 주장할지 모른다. 그렇더라도 기업 필란트로피가 가장 곤궁한 사람들을 도울 수 있는 잠재력을 전부 실현하는 것은 아니라는 진정한 염려가 존재한다.

몇몇 기업은 선별된 프로젝트 목록에 초점을 맞추는 반면, 다른 기업은 다수의 수혜자들을 상대로 상대적으로 작은 수준의 활동을 한다. 전자의 기업에는 기부의 주된 초점을 교육에 둔다고 말하는 인텔이나 11세 이하 빈곤 아동의 발달을 지원하는 단일 사업에 자선 기부를 집중하겠다고 밝힌 프록터앤드갬블 등이 있다. 이렇게 초점이 분명한 접근법에 견줘 총액으로 볼 때 평균을 훌쩍 넘는 기업 필란트로피를 진행하는 커머스뱅크Commerce Bank

는 웹사이트에서 2006년에 각기 다른 4900건의 기부로 900만 달러를 지출했다고 보고한다(기부 한 건당 평균 1837달러다). 커머스뱅크 웹사이트는 지역 사회의 이해관계자들이 쓴 지원금 신청 자료를 제공한다. 다른 필란트로피 사업으로는 라디오디즈니Radio Disney와 제휴를 통해 플로리다 지점들에서 진행하는 10세 아동을 위한 독서의 날 행사, 고등학생을 대상으로 한 '아메리칸드림' 장학금, 지역 사회 영웅에게 주는 '히어로 상Hero Awards' 등이 있다. 많은 소규모 지역 사회 프로젝트는 제대로 진행되기만 하면 여러 지역 단체를 끌어들이고 기업의 투자에도 영향을 미친다. 다른 한편 이런 프로젝트는 평가하기가 쉽지 않으며, 실질적인 파급 효과가 거의 없이 자원을 무분별하게 분산하는 사업으로 변질되기도 한다.

많은 기업들은 매칭 프로그램을 활용해 직원들의 기부와 회사의 기부를 결합하거나 직원들의 기부를 늘린다. 이 프로그램의 본질은 기부 수혜자를 직원들이 선정하는 데 있다. 이런 프로그램은 단체의 가치나 핵심적인 능력에 연결되지 않는 순수한 현금 필란트로피다. 이 전략의 결과는 소액의 돈을 받는 다수 기부 수혜자의 양산이다. 직원 매칭 프로그램은 대개 이 프로그램을 통해 직원의 사기를 높인다는 가정에 따라 채택되고 운영된다.

합병, 민영화, 그밖의 여러 형태의 기업 재편은 기업 필란트로피의 신뢰성에 타격을 준다. 소유자가 바뀌면 기부 수혜자하고도 관계가 단절되는 결과가 생길 수 있다. 텍사코는 쉐브론하고 합병한 뒤 오랫동안 후원하던 메트로폴리탄 오페라하고 관계를 끊었고, 모빌은 엑손하고 합병한 뒤 피비에스PBS의 〈명작극장Masterpiece Theater〉에 하던 후원을 중단했다. 합병이 필란트로피에 전반적으로 어떤 영향을 미치는지는 분명하지 않다. 최근 금융 산업을 다룬 한 연구에 따르면, 주요 은행들은 합병 이후에 기부가 늘어났다. 그렇지만 기부 수혜자에 변화가 있었다. 기업들은 지역 단체들에 주는 기부를 줄이는 대신에 전국적인 수혜자들에 집중하는 경향을 보이기 때문이었다.[29]

역사적으로 보면, 최고 경영자를 비롯한 고위 중역들이 개인적으로 선호하는 자선 사업 기업에 돈을 기부하게 만든다는 염려가 제기됐다. 2007년 맥킨지 글로벌서베이에서는 최고 경영자와 이사진의 개인적 관심이 기업의 필란트로피 프로그램이 집중하는 초점을 결정하는 데서 단연 커다란 비중을 갖는다는 사실이 드러났다. 개인적인 필란트로피 선호가 기업 필란트로피에 영향을 미치거나 통제할 때 권리 남용의 가능성이 있다.

옥시덴털 석유가 아먼드 해머 미술관·문화센터Armand Hammer Museum of Art and Cultural Center를 설립하는 데 9000만 달러를 기부한 악명 높은 사례를 생각해보자. 해머는 옥시덴털의 최고 경영자였고, 그 이름을 딴 미술관은 개인적으로 소장한 미술 컬렉션을 전시하기 위해 설립됐다. …… 미노Nell Minow는 겉으로는 사회적 취지를 표방하지만 사실은 해로운 동기가 앞서는 사례에 관해 고찰한다. 최고 경영자가 올림픽 행사에서 좋은 대접을 받을 기회를 얻으려고 올림픽에 돈을 기부하는 기업이나, 최고 경영자의 아들이 속한 리틀리그 야구단을 지원하는 은행이 그런 경우다.[30]

최고 경영자나 이사회의 선호가 기업 필란트로피를 지배하면, 기업 평판 높이기 등 사업적 목표도 손상되기 쉽다. 최고 경영진의 부당한 영향력에 관련된 문제들이 실제로 인지되고 있다는 몇 가지 증거가 있다. 필란트로피 기능이 점점 전문화되면서 최고 경영진에서 자기들의 개인적 관심에 일치하는 프로젝트를 밀어붙이려는 '간섭'이 상대적으로 줄었다고 판단된다.[31]

많은 필란트로피 시도는 기업의 핵심 능력에 연결되지 않는 듯하다. 글락소스미스클라인, 머크, 알트리아, 바이엘 등은 예술에 대규모 기부를 하는 대표적 기업이다. 글로벌 제약 회사나 담배 회사가 왜 이 분야에 특별한 통찰력이 있는지는 분명하지 않다. 확실히 이 기업들의 고위 경영진은 예술에 개인적인 관심이 있고, 예술 경영에 관련한 세련된 이해력을 지녔을 것이다. 그렇지만 이 경우는 어떤 기업이 자기들의 핵심 능력을 직접 활용해 공익을 달성하는 사례하고는 다르다. 치료제 발견, 제조, 유통에 관련된 글로벌 제약 회사의 핵심 능력에서 유래하는 전문성은 예술 분야에 하는 일회성 기부보다 공익을 향상시키는 데 훨씬 더 잠재력이 클 것이다. 많은 회사는 특정한 요구에 부응하는 데 비교 우위를 제공하는 핵심 능력을 가진 듯하다. 휴대전화 회사는 자연재해가 발생한 때 통신을 제공할 수 있다. 택배 회사는 분쟁 지역에 생활필수품과 의약품을 전달할 수 있다. 외식 기업은 굶주린 사람들이나 홈리스들에게 영양가 있는 음식을 제공할 수 있다. 관련 기업들의 핵심 능력을 적은 목록은 끝이 없어 보인다. 금융 산업 펀드는 사회적 벤처 자본을 설계하고 제공하는 과정에 소액 대출이나 지원을 제공할 수 있다. 그런데 주요 프로그램과 기업의 핵심 능력 사이에 연계가 끊어지는 일이 다반사인 듯하다. 웬디스는 입양을 지원한다. 골드만삭스는 대규모 환경 사업을 진행한다. 언뜻 보면 핵심 능력 사이의 연계가 분명하지 않다.[32]

이런 쟁점들과 과제들이 합쳐지면 어떤 이는 특히 현금의 가치에, 심지어 기업 필란트로피라는 영역 전체에 의문을 제기한다. 노벨상을 받은 무함마드 유누스Muhammad Yunus가 그런 사람이다. "유감스럽게도 …… 기부되는 현금에서 극빈층에게 직접 전달되는 것은 거의 없다. 그 앞에 줄을 서 있는 '전문가'들이 너무 많아서 전달된 기금을 자기 주머니로 요령 있게 챙기기 때문이다."[33] 더 근본적인 문제를 보면, 200여 개 주요 기업의 글로벌 협회인 세계지속가능발전기업위원회World Business Council for Sustainable Development는 사회적 동기에서 실행되는 기부의 가치에 직접적으로 이의를 제기한다. 2006년 보고서에서 위원회는 이렇게 말한다. "이런 (사회적) 문제를 다루기 위한 행동이 실질적이고 지속 가능하려면, 수익성도 있어야 한다. 그러므로 우리가 사회에 기여하는 주된 성과는 필란트로피 프로그램이 아니라 우리의 핵심 사업을 통해 나와야 한다."[34]

　기업 필란트로피의 효율성은 여전히 실망스러울 정도로 불투명하다. 기업들마다 분명한 목표를 설정하는 데서 큰 차이를 보이며, 필란트로피 사업의 성공을 평가하기 위한 구체적인 수치나 기준을 제공하는 경우는 드물다. 대부분의 온라인 보고는 몇 가지 활동만 골라서 설명을 제공한다. 게다가 정확히 알려지지 않은 전체 액수는 사회적 요구에 부응하기 위한 지배적 수단이 되기에는 그렇게 크지 않다. 다른 한편 기업 필란트로피에는 상당한 액수가 포함된다. 기업 필란트로피의 절대량은 장기적으로 계속 증가하고 있다. 성공적인 기업의 특별한 능력, 몇몇 거대 기업의 규모, 일정한 사회적 재화를 제공하는 비교 우위의 존재 등에 결합되면, 부가가치가 커질 잠재력이 있다. 이제 기업 필란트로피의 효율성을 개선하기 위한 전략들을 논의해보자.


**기업 필란트로피의 개선**

일부 기업이 필란트로피를 가벼운 '추가' 활동으로 여기면서 사회적 투자의 잠재력을 제대로 실현하지 못한다는 염려에 대해서는 간단한 해법이 있다. 기업은 필란트로피 투자를 선정, 운영, 평가하는 과정에서 사업 투자하고 비슷한 방식으로 적절하게 다뤄야 한다.

　프로젝트 선정이 가장 중요하다. 경영자들은 기업의 특별한 능력을 어떻게 활용해서 공익을 향상시킬 수 있는지를 분석해야 한다. 2007년 맥킨지 글로벌서베이는 전체 기업의 5분의 1만이 프로그램을 선정하고 집중하는 데 주요한 요소로 '사회적 파급 효과가 가장 큰 잠재력'을 활용한다는 점을 밝혔다. 이런 사실이 문제가 되는 이유는 기업이 종종 다른 잠재 공익 제공자들에 비해 비교 우위를 갖는 자원이 있기 때문이다. 무선 기술 역량을 보유한 기업은 이런 기본적 기반 시설이 부족한 개발도상국이나 재난 피해 국가에서 휴대전화 서비스나 비상 통신망을 제공할 수 있다. 교육 수준이 높은 노동력을 보유한 기업은 전문 영역의 교육 프로그램을 고안하고 제공할 수 있다. 광고 대행사는 금연, 건전한 음주, 안전 운전 정보 캠페인 등을 지원할 수 있다. 이 목록은 사실상 무한하다. 기업이 가진 경험과 지식, 사업상의 강점을 필란트로피 프로그램에 결합하는 방식을 전략의 토대로 삼아야 한다.

경영진은 기업이 보유한 관련 능력을 확인하고 나면 자기들이 제공할 수 있는 특정한 공익을 확인하는 어려운 과제에 직면한다. 개인과 기업 기부자 모두 다른 이들처럼 주어진 시점에서 일정한 유형의 프로젝트를 선호하는 경향이 있어서 유행이 생기는 것 같다.[35] 머크의 사상충증 퇴치 프로젝트를 경쟁사들이 모방한 경우처럼 어떤 추세는 산업 차원에서 생겨난다. 다른 경우는 일반적인 추세를 보여준다. 이를테면 세계무역센터 테러 공격을 계기로 기업들이 비극적 사태나 자연재해에 대응해 아주 가시적으로 기부를 하는 추세가 생겨났다. 최근 사례로는 동남아시아 쓰나미, 카슈미르 지진, 미국의 허리케인 카트리나 등에 기업들이 발 빠르게 대응한 일을 들 수 있다. 각각의 경우에 수십억 달러가 전달됐는데, 때로는 지원 과정의 전반적인 효율성에 의문이 제기됐다.[36] 일부 품목은 공급 과잉으로 남아돈 반면 세계 다른 지역의 비슷하게 곤궁한 사람들은 여전히 물자 부족에 시달렸다.

무엇보다 염려스러운 점은 인간적 요구, 특히 극빈층의 요구를 직접 충족시키는 필란트로피의 비율이 상대적으로 낮다는 사실이다. 경영진은 프로젝트를 선정하는 과정에서 이런 차원을 어떻게 다룰 수 있을까? 첫째, 사회적 프로젝트 후보 중에서 기업의 핵심 능력에 연결된 프로젝트를 확인할 필요가 있다. 기업이 공익에 기여하는 데서 비교 우위를 갖는 분야를 결정하라. 결정을 하고 나면 다음 과제는 프로젝트가 대상으로 삼는 수혜자를 선정하는 일이다. 경영진이 이 시점에서 극빈층 수혜자 후보를 확인하기를 기대하는 것은 비현실적이며 심지어 부당하기까지 하다. 우선 극빈층을 확인하는 일은 사실상 불가능에 가깝고, 여기에 필요한 시간과 비용 때문에 실제로 기부하는 액수가 줄어들 수 있다. 게다가 기업이 세계 전체가 아니라 이해관계자들 사이에서 곤궁한 이들을 검토하도록 선정 과정을 제한해야 한다는 주장이 나올 수 있다는 점에서 이런 기대는 부당하다.

아마 선정 업무에 접근하는 현실적인 방법은 2단계 과정을 따르는 방식일 듯하다. 우선 경영자들은 기업이 이미 보유한 자원과 네트워크를 통해 효율적으로 도와줄 수 있는 후보 프로젝트와 수혜자 집단을 확인한다. 둘째, 경영진은 수혜자 후보의 상태를 비교 검토한다. 이 일은 결코 쉽지 않았다. 이를테면 골드만삭스는 상당한 자원을 지원하고 싶은 두 가지 프로젝트가 있다고 하자. 하나는 브라질의 삼림을 사들여 삼림 파괴를 막고 원주민과 야생 생물을 보호하는 환경 단체에 기부하는 것이다. 다른 하나는 브라질에서 자본과 유인을 제공해 극빈층 사람들이 자급자족하게 만들 수 있는 소액 대출 프로그램을 개시하는 기획이다.

골드만삭스가 어떤 결정을 내리든 간에 일부 활동가들과 비정부 기구는 이 선택에 만족하지 못하기 마련이다. 기업 자선은 언제나 상충 관계와 선택을 수반한다. 이해관계자들이 최선의 배분이 실행됐다고 만장일치로 찬성할 때만 기업 자선을 정당한 행위로 인정하는 규범적 기준을 강요한다면 자멸적이고 부당한 일일 것이다. 중요한 문제는 필란트로피 기업이 수혜자에게 예상되는 이익을 정당하게 검토하면서 제공되는 사회적 재화의 질과 양을 진지하게 평가하는 데 관여해야 한다는 점이다. 골드만삭스는 아마 어느 쪽을 선택하든 외부의 관계자들에게 쉽게 정당화할 수 있을 것이다. 사업적 결정에서 사용하는 방식하고 똑같은 유형의 진지한 분석을 적용하면, 기업이 하는 필란트로피의 사회적 파급 효과를 크게 향상시킬 수 있다.

유명한 환경론자인 행크 폴슨Hank Paulson이 골드만삭스 회장일 때 회사는 환경을 주요 관심사로 주창했다. 2008년, 폴슨의 후임인 로이드 블랭크페인Lloyd Blankfein은 개발도상국 여성들에게 사업 기본 실무 교육을 제공하기 위한 1억 달러짜리 '1만 여성10,000 Women' 캠페인을 발표했다. 골드만삭스는 대학과 비정부 기구하고 협력해서 회계, 마케팅, 그밖의 경영 과목에서 교육을 제공하는 수료 과정을 마련할 계획이다.[37] 블랭크페인은 세계 곳곳에서 여성 기업인을 확대한다는 사회적 목표를 달성하기 위해 자원과 동원력을 활용하겠다고 말했다. '1만 여성' 프로젝트는 골드만삭스가 보유한 능력을 거대한 사회적 요구에 연결한다. 이 프로젝트는 궁극적으로 기업가 활동의 부활을 통해 많은 극빈층에게 혜택을 주기 때문에 경제 활동을 증대시킬 잠재력이 있다. 이 새로운 프로그램 앞에 놓인 가장 어려운 문제는 성과 측정이다. 여러 가지 '확실한' 계량법을 활용할 수 있다. 이를테면 발급한 수료증 숫자나 개발도상국 교육 과정에 지출된 돈의 액수 등을 집계하면 된다. 그렇지만 이런 수치는 이 야심 찬 프로그램의 전반적인 사회적 파급 효과를 측정한다는 목표에는 미치지 못한다. 최소한 투자자들과 이해관계자들에게 이 프로그램이 1억 달러의 투자에 상응하는 가치가 있는지를 어떻게 측정할 생각인지 알려주는 편이 도움이 될 것이다.

초기 선정 과정부터 다른 한 가지 요소도 고려해야 한다. 초반부가 아니라 여기서 이 문제를 언급하는 이유는 극소수 기업에만 해당되는 요소이기 때문이다. 그런데도 이 요소가 적용되는 경우는 규범적 관점에서 볼 때 중요하다. 기업 경영자들은 자기 기업이 필란트로피 자원을 특정한 요구에 전적으로 투입해야 할 강제적 의무가 있는지를 결정해야 한다. 나는 다음 같은 상황에서는 강제적 요구가 존재한다고 주장했다.

독특한 인적 재난 구조 능력을 보유한 기업은 재난 피해자들을 돕기 위한 최선의 노력에 상당한 자원을 투입해야 하는 도덕적 의무가 있다. 재정적으로 급박한 상황 때문에 투자 수준을 낮춰야 한다면, **최소한** (1) 최근 1년 동안 사회 사업에 투자한 금액, (2) 지난 5년간 사회 사업에 내놓은 투자액 평균, (3) 사회 사업에 관련된 해당 산업의 평균 투자, (4) 본국의 기업들이 사회 사업에 내놓은 평균 투자액 중 가장 높은 액수를 투입해야 한다. 기업이 이런 자원의 일정 부분을 현재 진행되는 사회 사업에 투입하는 때는 이런 투자가 마찬가지로 설득력 있는 이유에 근거하는 경우뿐이다.[38]

소수의 기업만이 이런 강제적 의무가 있다고 간주돼야 한다. 인적 재난은 파괴적이고 압도적인 요구를 수반한다. 재난 피해에는 많은 사람의 심각한 신체적 부상이나 재산 손실, 사망 등이 포함된다. 이 기업은 재난을 완화하거나 피해를 경감하기 위해 행동할 능력과 역량이 있어야 한다. 핵심 요소는 이 기업이 다른 기업이나 조직체가 효율적으로 대응할 수 있는 능력보다 비교 우위가 있어야 한다는 점이다. 만약 어떤 기업이 이런 범주에 속한다고 스스로 판단한다면, 이 원칙을 따라야 한다. 곧 마찬가지로 설득력 있는 정당한 이유가 있을 때만 다른 수혜자에게 기부를 해야 한다.

마지막으로 기업은 자기가 실천하는 필란트로피에 관해 적절한 투명성을 보여야 한다. 필란트로피를 실천하는 한 가지 이유가 평판 자본을 구축하고 소비자를 자극하는 것이라고 말하는 기업이 자기들이 한 행동을 공개적으로 보고하지 않거나 심지어 투명성을 높이라고 요구하는 주주 결의안에 반대하는 모습은 아이러니일 뿐이다. 기업 필란트로피 옹호자들을 비롯해 이 필란트로피에 영향을 받는 이해관계자들이 기업 필란트로피 프로그램의 질과 효과성을 결정할 수 있으려면 투명성이 필수적이다.

투명하게 공개한 결과로 비판이 제기되고 어떤 프로그램의 경우에는 반대가 나오더라도 투명성은 중요하다. 비영리 기구에 기부한 목록을 요청하는 일부 주주들은 이해관계자나 주주에게 논란이 될 수 있는 단체에 대한 기부를 반대할 거라고 보는 경우처럼 말이다. 게다가 미국 하원에서는 상장 주식회사는 1년에 한 번씩 자선 기부금 전체를 공개하도록 요구하는 법안 (이를테면 1999년 10월 하원 결의안 제887호H.R. 887)을 도입한 적이 있다. 따라서 기업 임원이나 이사(또는 그 사람의 배우자)가 재직하는 비영리 기구에 기부를 한 경우에 자세한 내용을 공개해야 한다. 이때도 이렇게 공개하면 자선 기부의 감소로 귀결되리라는 기대가 동기로 작용하는 듯하다. 그렇지만 제안만 됐을 뿐 통과되지 못한 법안을 둘러싼 부정적 반응은 미국에서 유력한 자선 규범의 존재를 확인해주는 증거의 일부분이다.

투명성을 증대해야 하는 논거는 강력하다. 필란트로피 사업 모델은 필란트로피 활동이 기존 직원에게 동기를 부여하고, 고용에 도움이 되고, 소비자를 자극하고, 지역 사회에서 정당성을 확립해준다는 가정에 근거한다. 기업이 필란트로피 활동을 공개하지 않는다면 이런 목표는 실현되지 않을 공산이 크다. 전반적인 기부에 관련된 불투명성은 공개되는 내용이 이기적이고 불완전하다는 냉소주의를 부추길 수 있다. 또한 의미 있는 공개가 부족하면 일반 대중은 사회적 요구에 관련된 기업의 참여 수준을 오해할 수 있다. 바타차리야와 센은 이렇게 지적한다. "많은 소비자들은 대체로 대부분의 기업이 (기업의 사회적 책임) 사업에 참여한다는 사실을 알지 못하는 것 같다."[39]

사업상의 논거 말고도 기업이 필란트로피 활동 공개를 늘려야 하는 훨씬 더 설득력이 높은 이유가 있다. 앞에서 설명한 내용에서 사회적 재화를 제공하는 기업의 개입을 지지하는 규범은 기업이 일반 사회에 독특한 이익을 제공할 수 있다는 기대에 근거를 뒀다. 독특한 이익을 제공하려면 높은 질을 갖춘 의미 있는 사회 사업과 창의적인 필란트로피가 필요하다. 대중은 효율적인 필란트로피를 요구해야 한다.

이런 요구가 충족되고 있는지를 평가하기 위해 대중은 지금 할 수 있는 것보다 기업 필란트로피에 관한 훨씬 더 많은 정보를 요구한다. 프로그램의 초기 사회적 목표와 관련된 정보와 더불어 프로그램이 진행되는 단계마다 주기적인 보고를 필수로 제공해야 한다. 이상적으로, 믿을 만한 제3자가 정보의 타당성을 보장하고 쉽게 비교 가능한 양식으로 제공되어야 할 것이다. 정보를 수집하고 이슈를 보고하는 잡지나 조직에게 기업이 제대로 응답해야 하는 중요한 이유다. 이런 목표에 도달하기 전까지 특히 기업 웹사이트를 통해 투명성을 증대하는 과정이 커다란 진전이 될 것이다.

## 결론

현 상태의 기업 필란트로피는 공익에 기여할 수 있는 커다란 잠재력을 지녔다. 기업 자선을 움직이는 동기는 사업적 동기와 이타적 동기가 섞여 있지만, 기업의 비교 우위로 공익 사업에 개입해 그 기업만의 고유한 이익을 창출할 수 있다. 기업의 필란트로피가 필수적 의무라는 설득력 있는 주장을 펼치기는 어렵지만, 강력한 규범과 공공 정책이 기업의 사회적 개입을 뒷받침한다는 점은 분명하다. 많은 대기업이 일정한 형태의 필란트로피나 사회 사업에 관여하는 현실은 이런 사실을 반영한다. 유감스럽게도 관리 부실과 초점의 부재, 대리인 문제 때문에 기업 필란트로피의 완전한 잠재력이 실현되지 않고 있다. 기업 필란트로피의 효과성을 향상시키려면 기업들이 사업 투자와 적절하게 비슷한 방식으로 사회적 투자를 다뤄야 한다. 곧 기업들은 필란트로피 프로그램을 선정하고, 운영하고, 평가할 때 엄격한 사업 기준을 적용해야 한다. 대규모 인적 재난의 피해자들을 도울 수 있는 독특한 능력을 가진 기업들은 자기가 가진 자원을 그런 목적에 사용해야 하는 도덕적 의무를 강요받는다. 기업 필란트로피가 전반적인 공익에 독특한 기여를 한다는 미완의 약속을 실현할 수 있으려면 투명성 제고는 필수적이다.

# 13장

# 필란트로피, 이기심, 책무성

## 미국 대학과 개발도상국[1]

데베시 카푸르

버지니아 폴리테크닉 주립대학교와 그 대학교 산하 국제연구·교육·개발실 Office of International Research, Education, and Development은 44개 나라에서 4600만 달러 이상의 연구 포트폴리오를 운영한다. 현재 진행 중인 연구 프로젝트에는 아이티, 네팔, 오만 등의 산림과 천연자원 관리, 통합 페스트 관리, 지속 가능한 농업, 집수 구역 관리, 소규모 기업microenterprise 개발과 고등 교육 역량 구축 프로젝트 등이 있다. 상임 교직원 12명과 직원 9명이 40여 개 미국 대학 파트너를 비롯해 비슷한 수의 개발도상국 기관들을 상대로 파트너십을 맺고 이런 노력을 지원한다.[2]

버지니아 폴리테크닉 주립대학교는 미국의 연구 중심 대학이 개발도상국에 얼마나 관여하고 있는지를 보여주는 하나의 사례일 뿐이다. 미국 주립대학·토지공여대학협회National Association of State Universities and Land-Grant Colleges(공립 연구 중심 대학과 토지 공여 대학※이 자발적으로 모인 비영리 협회)가 회원 기관들이 진행하는 국제 개발 프로젝트를 집계한 데이터베이스는 1000개가 넘는다.[3] 사립 연구 중심 대학은 비교할 만한 데이터베이스가 없지만, 미국 대학들이 현재 진행하는 국제 개발 프로젝트의 수는 족히 이 수치의 두 배에 이를 것이다. 이 수치를 염두에 두면, 미국 대학들이 현재 진행 중인 국제 개발 관련 프로젝트의 포트폴리오는 세계은행의 포트폴리오를 넘어선다.

그런데 세계은행의 국제 개발 프로젝트 포트폴리오는 언론과 대중이 이목을 집중하는 반면, 미국 대학들의 포트폴리오는 사실상 관심이 전무하다. 미국 대학들은 오랫동안 개발도상국에서 중요한 구실을 했다. 개발도상국 엘리트와 기술 관료, 학생과 교수진, 과학기술 인력을 훈련시켰다. 2차 대전 뒤 미국 대학과 학자들은 특정한 농산물부터 경제 성장을 결정하는 요소, 빈곤 측정에 이르기까지 가난한 나라들이 직면한 폭넓은 문제를 연구했다.

※ 1862년 모릴법에 따라 설립된 고등 교육 기관. 연방 정부가 공여한 토지를 자산으로 농학이나 공학 같은 실용적 학문을 교육하는 데 주력하는 대학들을 가리킨다.

최근 몇 년 동안 개발도상국에서 미국 대학들이 맡은 역할은 오히려 훨씬 더 확대됐는데, 이런 추세는 다른 선진국에서도 마찬가지인 듯하다. 국제 사회가 가난한 나라를 괴롭히는 보건 문제를 다루려고 노력하면서 미국 대학의 공중 보건 분야는 크게 확대됐고, 이제 이 대학들은 연구와 교육을 넘어서 자기들이 주도해서 가난한 나라들에 보건 서비스를 제공하는 쪽으로 이동하고 있다. 미국 대학의 교수진은 이제 단순한 조언자가 아니라 각국 정부의 공식 직책을 맡고 있으며, 유명 대학의 교수진을 이사회에 영입함으로써 명성을 높이려 하는 신흥 시장 기업들의 중역을 맡아 실무자 노릇까지 한다. 미국 대학들은 점차 외국 엘리트 집단의 자녀들을 끌어모으고 해외에 직접 진출해서 교육을 공급함으로써 개발도상국에서 높아지는, 양질의 고등 교육 수요를 채워주고 있다.

미국 대학들이 개발도상국에 관여하는 현실이 자세히 조사되지 않은 데에는 타당한 이유가 있을 것이다. 첫째, 대학은 많은 사람들의 삶에 직접 영향을 미치는 프로젝트보다는 학술 연구에 관여한다. 둘째, 대학은 표면상 견제와 책임성을 보장하는 강력한 내부 구조를 갖춘 상대적으로 개방된 기관이다.

이런 주장들은 분명 타당하지만, 그렇다고 과대평가해서는 안 된다. 이 장에서는 미국 대학들이 개발도상국에서 하는 역할, 그리고 이제까지 많은 관심을 받지 못한 몇몇 어려운 윤리적 문제와 책무성 문제를 검토해보려 한다. 나는 단지 대학 연구자들과 연구 프로젝트가 가난한 나라 사람들의 삶에 영향을 미칠 수 있으며 실제로 미치고 있다고 주장하는 것만은 아니다. 대학 교수진은 개인적 역량뿐 아니라 자기가 속한 대학의 명성을 이용해 컨설팅에서 개인 기업 운영과 회사 이사회 참여에 이르기까지 폭넓은 개인적 활동에 관여한다. 그리고 대학은, 특히 사립 연구 중심 대학은 실제로 그렇게 투명한 기관이 아니다(심지어 세계은행이 더 투명하다). 미국 대학의 절대 다수는 비영리 기구이며, 여느 비영리 기구처럼 대학도 사명을 진척시키기 위해 재정 자원이 필요하다.[4] 그렇지만 무분별하게 돈만 쫓다보면 사명이 훼손될 수 있다. 이런 긴장은 모든 비영리 기구에 고유한 요소로, 대학이라고 해서 예외가 아니다. 그렇지만 지금까지 학자들이 개발도상국에서 미국과 해외 원조가 한 역할을 검토하는 과정에서 커다란 공헌을 하기는 했어도, 자기들과 대학 일반의 역할을 검토하는 문제에서는 훨씬 더 신중을 기했다. 학자 공동체는 국제 개발에서 다른 행위자들에 조명을 비추는 경향이 있었지만, 자기 자신에게는 그렇게 불빛을 들이대지 않았다. 바로 이런 공백을 이 글에서 다루려 한다.

## 대학 중심 경제 개발 연구

학자들이 개발에서 중요한 역할을 할까? 정확히 어느 정도인지는 말하기 어렵지만, 적어도 어느 정도 역할을 한다고 보는 것이 당연하다. 학자들이 아무 효과가 없다는 반사실적 가정을 한다면, 개발에 관련된 학문 연구에 그렇게 많은 돈이 쓰이는 현실을 정당화하기가 어렵기 때문이다. 만약 학자들이 특히 자기가 속하지 않은 나라와 사회에서 일정한 효과를 발휘한다면, 그 사람들의 책무성에 관해 어떻게 생각해야 할까? 학문적 사업의 성격 자체는 그릇된 책무성 개념이 그 학문적 사업의 핵심에 자리한 사고의 자유로운 흐름에 쉽게 그림자를 드리울 수 있다는 것을 의미한다. 어쨌든 학문이 개발도상국에 영향을 미치는 메커니즘과 통로가 아주 다양하기 때문에 책무성을 확립하기란 거의 불가능해 보인다.

　수십 년 동안 (다른 선진 산업국뿐 아니라) 미국 대학의 교수진이 개발도상국에 조언을 해주고 있다. 1920년대에 프린스턴 대학교의 에드윈 케머러

Edwin Kemmerer 교수가 라틴아메리카에서 그런 일을 했고, 1980년대에는 하버드 대학교의 제프리 삭스가 똑같은 일을 했다.[5] 특히 1960년대 이후에 미국 대학들이 개발도상국에서 맡는 역할은 점차 (교수진을 통한) 직접적인 조언 제공에서 다른 간접적인 방식으로 확대됐다. 첫째 방식은 나중에 국제 금융 기관(특히 국제통화기금과 세계은행)에 가세하는 학생들을 훈련시키는 것이었다. 이 학생들은 나중에 개발도상국에서 정책을 수립하는 데 중요한 역할을 했다. 둘째이자 아마 가장 중요한 방식은 기술 관료들을 훈련시키는 것이었다. 이 기술 관료들은 자기 나라로 돌아가서 책임 있는 지위를 차지했는데, 인도네시아의 '버클리 마피아Berkeley Mafia'나 칠레의 '시카고 보이스Chicago Boys', 멕시코의 일군의 엘리트 대학들이 그런 경우였다.[6] 영향력이 커지면 태만이나 위임 행동에 대한 철저한 검토와 책무성을 요구하는 주장도 커진다.

이 문제의 성격을 드러내는 몇 가지 사례를 살펴보자. 1960년대에 하버드 자문위원단Harvard Advisory Services은 하버드 대학교, 매사추세츠 공과대학교, 보스턴 대학교의 학자들이 지닌 전문 역량에 의지해 파키스탄의 군사 독재 정권이 추진한 '강한 쪽에 내기를 거는' 발전 전략을 지지했다. 이 전략은 해외 원조로 받은 투자 자원을 인구가 많은 동부(동벵골)보다 역동적인 서부(특히 펀자브 지방)에 투입하라고 요구했다. 동부는 경제적 역동성이 부족하다고 여겨진 때문이었다. 이런 요구 탓에 이미 국가의 핵심 수단을 압도적으로 장악하고 있는 서파키스탄에 유리한 지원이 더욱 몰렸다. 파키스탄의 발전 전략을 정식화하는 데 관여한 학계의 핵심 인사 중 한 명이 나중에 개탄한 대로 이런 발전 전략은 더 넓고 가난한 동파키스탄에서 분노를 축적하는 데 기여했으며, 결국 유혈 내전과 군대의 대량 학살, 국가 분리로 이어졌다.[7]

위임 행위의 경우에 책임성이 더 타당해 보일지 모르지만, 마찬가지로 어려우면서도 미묘한 질문을 제기한다. 최근의 한 사례는 주요 학자들이 이끌고 하버드 대학교가 러시아에서 진행한 자문 프로그램이다. 미국 정부가 자금을 댄 이 프로그램은 원래 1990년대에 러시아가 시장 자본주의로 이행하는 데 결정적으로 중요하다고 간주되는 금융 시장의 기반 시설을 구축하고 공정하고 열린 시장과 법의 지배를 창출하는 일을 도우려는 기획이었다. 이 프로그램은 불명예스럽게 실패했고, 결국 미국 정부가 하버드 출신 인사들이 러시아 역사상 중요한 이 시기에 자기의 지위와 러시아 관료들에 대한 영향력을 활용해 자기들과 배우자의 금전적 이익을 도모하려 했다면서 소송을 제기하는 결과로 이어졌다.

2004년, 미국 매사추세츠 관할구 연방 지방법원의 더글러스 우들록<sup>Douglas</sup> <sup>P. Woodlock</sup> 판사는 하버드 대학교 경제학과의 프로젝트 책임자이자 교수인 안드레이 슐라이퍼<sup>Andrei Shleifer</sup>와 프로젝트 진행자 조너선 헤이<sup>Jonathan Hay</sup>를 부정청구방지법<sup>False Claims Act</sup>에 의거해서, 그리고 하버드 대학교는 미국 국제개발처와 체결한 계약 위반으로 법적 책임을 묻는 약식 판결 신청을 받아들였다.[8] 우들록 판사는 하버드 대학교가 헤이와 슐라이퍼를 움직여 이 프로그램을 활용해 이익을 얻게 해서 미국 국제개발처와 맺은 계약을 위반했다고 판결했다. 그렇지만 판사는 대학이 고의적으로 정부를 속였다는 공소는 기각했다. 그 결과 배심원단은 슐라이퍼가 미국 국제개발처와 하버드 대학교가 맺은 계약에서 이해 충돌 방지 조항을 위반한 사실에 책임이 있다고 평결했다. 이런 아슬아슬한 배심원 평결을 빼면 이 사건은 재판 단계까지 가지 않은 채 2005년 8월에 당사자 합의로 마무리됐다(합의문 내용은 비공개다).

한편으로 우리는 하버드 대학교가 미국 정부에 2650만 달러를 지불하라는 요구를 받았고 2005년 8월에 합의된 내용에 따라 관련된 교수들이 200만 달러를 지불한 만큼 이 프로그램에 일정한 책임이 있다고 주장할 수 있다(피고들 중에서 아무도 이 합의에 따라 법적 책임을 인정하지 않았다).[9]

또 다른 한편으로 이 사례들은 국제 개발에서 책무성이 대칭적이지 않다는 사실을 여실히 보여준다. 러시아의 실패한 프로그램에서 가장 심각한 피해를 입은 쪽은 러시아였지만, 그 나라에 대해 책임지는 행동은 전혀 없었다.[10] 어떤 전문적인 책임성도 보이지 않았다는 사실도 마찬가지로 불만족스러웠다. 자기가 누리는 특권이 조금이라도 위협받으면 시끄럽게 항의하는 학계는 아주 쉽게 용서하는 분위기였다. 전형적인 반응은 해당 개인들이 '위대한 학자'인데 그 개인들이 저지른 부정행위는 '의도된 행동이라기보다는 믿기 힘들 정도로 어리석고 부주의한 행동에 더 가깝다'는 것이었다.[11] 그렇지만 이런 사실을 거버넌스와 발전에 관련된 숱한 퇴보를 설명하는 변수로 보기는 어렵다. 개발도상국 관리들에 관한 한 대개 이기심('움켜쥐는 손')을 인색한 설명으로 명쾌하게 내세우는 반면, '위대한 학자'와 학계 '스타'의 행동을 설명할 때는 어리석음이나 부주의함 같은 인간의 복잡한 약점이 거론된다.

마찬가지로 예일 대학교 국제기업거버넌스연구소International Institute for Corporate Governance는 개발도상국에 '좋은 거버넌스'에 관해 조언을 위해 설립된 기관이었다. 그런데 심각한 재정 부정행위에 관련된 주장이 퍼지면서 소장이 어쩔 수 없이 사임한 뒤 연구소는 상당한 곤욕을 치렀다.[12]

어떤 사람은 첫째 사례는 개발 학문에서 학자들에게 부여되는 책무성에 관한 쟁점을 제기하기보다는 단지 좋은 의도로 시작해도 나쁜 결과로 이어질 수 있다는 점을 보여주는 사례인 반면, 둘째 사례는 개발도상국에 직접 영향을 미치지 않았다고 주장할지 모른다. 그렇지만 이 사례는 이런 의문을 제기한다. 사회과학자들이 다른 나라에서 사회 공학을 추진할 때 책무성이 약해질 가능성이 있다면 확신도 약해질 수 있다. 이런 확신이 부재하면 도덕적 해이의 위험이 생기는 것일까?

학자들은 가난한 나라에 관여하는 다양한 조직과 행위자들을 괴롭히는 거버넌스와 책무성 문제에 관해 많은 토론과 분석을 만들어내기는 했지만,

자기들 자신의 책무성을 검토하는 일은 유독 꺼리고 있다. 개발도상국에서 직접 활동을 하든, 국제기구, 특히 브레턴우즈 기관을 통해 간접적으로 활동을 하든 간에 말이다. 따라서 지금까지 많은 비판을 받았지만, 사실 이 브레턴우즈 기관들은 지적 공백 상태에서 작동하지 않는다. 미국의 엘리트 대학들과 브레턴우즈 기관들 사이에는 밀접한 연결 고리가 있으며, 이런 관계는 이 기관들을 지배하는 사고에서 가장 분명하게 드러난다. 이 기관들이 가진 사고는 대부분 내부에서 만들어진 결과물이 아니라 외부에서, 특히 이 기관들의 인적 자본(직원)의 주요 원천이기도 한 바로 그 고급 기관들에서 도입된 요소라는 점을 강조해야 한다.[13] 세계은행과 국제통화기금은 국제 개발 연구 자금에 관한 데이터가 널린 노다지판이며, 학자들은 오랫동안 컨설턴트 또는 주로 직원으로 이 기관들에서 일하고 있다. 브레턴우즈 기관들과 학문 기관 사이에 이렇게 양방향 통행이 활발하고 꾸준하게 진행된 현상은 2차 대전 전후에 이 기관들이 생겨나고 처음 몇 십 년 동안은 드문 일이었다. 그 뒤 이 기관들에서 연구와 분석이 더욱 중요해지면서 (특히 연구 부서들에서) 긴밀한 연계가 생겨난 뒤에는 의제 설정에 막대한 영향력을 발휘하게 됐다. 그리하여 만약 우리가 이 기관들이 실패했다거나 기관들이 한 행동에 더 확실하게 책임을 물어야 한다고 생각한다면, 지금까지 인적 자본이나 다른 방식으로 체화되는 식으로 이 기관들의 사고의 원천이 되던 바로 그 학문 기관들이 책임지고 답할 문제가 없다고 보기는 힘들다. 물론 학문 기관의 본질은 학자들에게 창의적이고 혁신적인 사고를 할 수 있는 공간을 제공하는 데 있지, 사고 자체에 관한 인습적인 책무성 지표를 강요하면 안 된다. 그렇지만 학자가 기업 이사회에 소속되거나 특히 다른 나라 정부의 자문역을 맡을 때도 똑같은 기준을 적용해야 할까? 대답하기 어려운 이 질문에 관해서는 결론에서 다시 이야기하자.

실제로 브레턴우즈 기관에 관여하는 학자들에게는 긍정적인 면만이 존재한다. 그 학자들은 자기가 가진 생각을 실행할 수 있는 자원과 기제에 접근할 수 있으며, 동시에 뭔가 잘못되더라도 거리와 독립성을 유지한다. 이런 사실은 사회과학자들이 자기의 견해나 조언이 잘못됐다고 인정하게 만들기가 어렵다는 전반적인 문제를 반영하는 것이다. 결국 학자의 진단이나 권고에 따라 행동한 사람들에게 파국적인 결과가 벌어지더라도, 만약 다른 정책을 채택했으면 상황이 훨씬 더 나빠지지 않았으리라는 점을 결정적으로 입증할 수는 없다.[14] 바로 이런 이유 때문에 지금까지 브레턴우즈 기관들에 책임을 묻기가 어려웠는데, 이 기관들에 조언을 해주고 함께 일하는 학자들의 경우에도 사정은 마찬가지다.

흥미로운 점은 보건학이나 의학하고 다르게, 개발도상국의 복지에 관련된 문제에 관해 글을 쓰면서 이 기관들에 영향을 미쳐서 이런 사고를 밀어붙이려 하는 학자들은 이해 충돌 가능성에 관해 투명성을 요구받지 않는다는 사실이다. 부자 나라 전체에, 특히 미국에 아주 중요한 쟁점 영역이던 자본 계정 자유화 경우를 생각해보자. 1990년대에는 개발도상국에 이점이 있는지 논란이 있었는데, 지금 와서 보면 훨씬 더 논란의 여지가 크다. 그렇지만 월스트리트 컨설턴트이기도 하면서 이 문제에 분명한 이해관계를 갖고 이 노선을 밀어붙이는 학자들은 자신의 정책적 견해에 영향을 미칠 수 있는 이해 충돌 가능성을 밝히라는 요구를 받은 적이 없었다. 어떤 학자는 자기가 한 연구를 바탕으로 자본 계정 자유화가 설령 대규모 투자 은행과 미국의 이익에 이바지하더라도 개발도상국의 자기 이익에도 맞는다고 정말로 믿을 수도 있다. 어쨌든 무역 자유화의 사례에서 드러난 대로 많은 경우에 자유화는 제로섬 게임이 아니라 포지티브섬 게임이 될 수 있다. 그렇지만 만약 바로 그 학자들이 또한 월스트리트 컨설턴트라면, 적어도 이해 충돌의 가능성이 존재한다. 자본 계정 자유화에 강하게 반대하는 어떤 학자에게 월스트리트에서 수익성 좋은 컨설턴트 구실을 맡기는 일은 없을 것이라는 이야기

는 허황된 말이 아니다.[15]

학자들의 책무성 문제는 특히 학자들이 임시로 브레턴우즈 기관에서 일하면서 학문 기관에서 가장 소중히 여기는 가치에 위배되는 관행을 받아들일 때 특히 부각되는 듯하다. 지금 와서 보면 20세기에 개발도상국들에 영향을 미친 가장 심각한 재난으로 손꼽히는 외채 위기 사례를 생각해보자. 위기의 강도와 개발도상국에 미치는 독특한 영향을 감안하면, 브레턴우즈 기관들이 무엇보다 우선적으로 연구를 수행해야 했다. 그렇지만 이 기관들은 이런 민감한 주제에 관한 연구를 억눌렀다. 이런 사실은 놀랍지 않을지도 모르지만(채권국들은 채무를 면제해야 한다는 주장이 제기되는 상황을 원하지 않았기 때문이다), 주목할 만한 점은 그런 결정을 내리는 핵심 인사들이 학계 출신인데다가 나중에 학계로 돌아갔다는 사실이다. 학계라는 보호 장막은 그런 행동에 책임을 물을 수 있는 길이 없다는 것을 의미했다. 실제로 그런 학자들은 학계에서 대단히 소중히 여기는 가치인 연구의 공개성을 위반하고도 학문 기관에서 칭찬을 받았다. 브레턴우즈 기관에서 수행한 연구의 독립성을 둘러싸고 많은 의문이 제기됐다. 이 기관들의 연구 부문 수장이 전문 관료가 아니라, 이 기관들을 드나들면서 개발도상국의 복지를 결정적으로 좌우하는 문제들에 관한 연구를 종종 억누른 유명한 학자였다는 사실은 특히 강조할 필요가 있다.[16]

어떤 지적 주장의 내용과 그 주장을 뒷받침하는 증거에 관한 문제는 중요하지 않다. 학문 연구의 성격 자체가 학문의 질과 내용이란 본래 논쟁적이고 이론의 여지가 있다는 것을 의미한다. 오히려 문제는 학계가 자기 자신이 아니라 다른 행위자들에 대해서는 쉽게 믿는 진부한 현실, 곧 사람들은 이기심을 바탕으로 행동한다는 사실에 관련된다. 인간은 일반적으로 이기심에 따라 움직인다고 주장하다가 갑자기 학자들은 그런 규칙의 예외라고 제외할 수는 없는 노릇이다. 사실 지식인은 진리를 추구하고 정치인은 권력을 추구한다는 오래된 믿음(또는 신화)은 지식인이 지닌 이기심의 증거일 뿐이라는 비난을 받을 여지가 있다.[17]

최근 미국의 경영대학원들은 수익성 좋은 경영자 교육 프로그램부터 교수진 자문 회사, 심지어 '독립적인' 이사회 성원을 맡는 방식에 이르기까지 다양한 방식으로 개발도상국(특히 이른바 신흥 시장)에 관여하게 됐다. 흥미롭게도 경영대학원은 이런 면에서 윤리 기준이 약하다. 교수진이 어떤 기업의 이사회에 속해 있으면서(그리고 보수를 받으면서) 관련 기업이나 비영리 기구에 관한 사례 연구나 논문을 쓰는 경우에 사실 공개 정책이나 강력한 이해 충돌 방지 정책을 갖고 있는 경영대학원은 거의 없다. 엘리트 경영대학원의 교수진은 사외 이사로 일하는데, 이런 사실은 해당 기업의 지배구조corporate governance에 관한 인식에 분명한 신호를 보내는 효과를 발휘한다. 경영대학원은 교수진이 얼마나 많은 주요 기업에 자문을 하고 있는지를 자랑스럽게 내세우는 데만 열을 올릴 뿐, 교수진이 사외 이사로 일하던 기업에서 지배구조상 명백한 결함이 드러날 때는 서로 관계를 부정한다. 어떤 이는 사외 이사를 맡은 주요 경영대학원 교수진의 명성이 미치는 효과가 신흥 시장(이런 나라에서는 기업 지배구조에 관해 인식하는 기준이 상대적으로 약하다)에서 특히 더 크기 때문에 교수진이 개발도상국에서 직업적 범죄에 연루될 때 이 기관들이 더 주의를 기울일 것이라고 생각할지 모른다. 그렇지만 현실은 그렇게 보이지 않는다.

최근 인도에서 손꼽히는 규모의 정보기술 기업인 사티암Satyam이 기업 지배구조에서 대규모 결함이 드러난 사건이 좋은 사례다. 이 기업에는 하버드에 소속된 사외 이사가 두 명 있었다(한 명은 케네디스쿨, 다른 한 명은 경영대학원 소속이었다). 사티암의 연례 보고서에서 하버드 경영대학원 교수가 직원들을 대상으로 맞춤형 리더십 프로그램을 진행하면서 20만 달러 정도의 보수를 받은 사실이 드러났다. 이 교수는 또한 자기가 상당한 보수를 받고 있는 이 기업의 설립자들이 관여하는 비영리 기구에 관한 사례 연구를 집필하는 중이었다.[18] 그런데 하버드 경영대학원은 이 문제에 관한 질문을 받자 학교는 해당 교수가 인도 기업의 이사회에 재직할 때 한 행동하고는 무관하다고 주장했다. "당신이 설명하는 상황은 기관으로서 하버드 대학교나 하버드 경영대학원에 아무 관계가 없습니다. 하버드 경영대학원의 해당 교수는 개인 자격으로 회사에 관여한 겁니다."[19]

## 대학 연구가 재산권이 될 때

1980년 통과된 바이돌법Bayh-Dole Act은 산학 연계를 크게 강화하고, 기술 이전을 증대하며, 연구 중심 대학에 상당한 수입원을 제공하는 결정적 변화를 가져온 법으로 여겨졌다. 따라서 미국의 연구 중심 대학들이 바이돌법을 강력히 지지하면서 특허와 라이센스 협약에서 생겨나는 독점을 통해 얻는 수입 목표와 대학이 추구하는 '공공재로 쓰이는 열린 지식'이라는 목표 사이에 고유한 긴장을 무시한 것도 놀랄 일은 아니다.[20] 산학 협력 관계 때문에 대학 연구의 독립성이 훼손되거나 상당한 재정 수입을 얻을 가능성 탓에 핵심 연구 영역이 바뀔 수 있다는 문제뿐 아니라 지식의 공유지인 대학이라는 사고 자체가 위기에 몰렸다. "지적 재산권은 …… 대학이 추구하는 사명의 핵심에 자리한 지식 공유의 개방성에 원칙적으로 반대된다."[21] 특허는 지식을 배타적 요소로 만듦으로써 새로운 아이디어에 접근하려는 시도를 제한하며 혁신 비용을 높임으로써 다른 연구자들의 혁신 능력을 떨어뜨린다.[22]

원칙적으로 대학은 상업적 기업하고 대조적으로 자기들이 개발하는 연구 도구를 다른 공공 부문 기관들에 무상으로 라이선스를 주려는 의지가 강하다. 그렇지만 현실을 보면 바이돌법이 통과된 뒤 대학들은 이따금 어떤 권리에 대해서도 2차 라이선스를 주지 않거나 2차 라이선스에 까다로운 조건을 붙이는 회사에 배타적 라이선스를 부여한다. 최근 연구를 보면 공공 기관은 심지어 이런 연구 도구가 주로 개발도상국에 만연한 질병 치료에 유용한 경우에도 아주 빈번하게 배타적 라이선스를 발행하기도 한다. 이를테면 말라리아 백신 개발에 관련된 최근의 특허 지도를 보면, 원래 공공 기관에서 출원한 '중간에서 최우선순위' 특허군patent family※ 27개 중 겨우 8개만이 지금도 그 조직체에서 라이선스를 받을 수 있다.[23] 미국

※ 한 가지 발명에 관련해 여러 나라에서 출원한 특허를 총칭하는 표현.

국립보건원에서 수행한 한 검토에서는 대학들이 출판 제한, 향후의 발견에 대한 권리나 라이선스 선택권, 다른 기관이나 과학자들에게 이전 금지 등 이제까지 스스로 반대하던 연구 도구 라이선스에 관한 온갖 종류의 조항을 추구하고 있다고 결론지었다.[24]

우리의 논의에서 더 중요한 점이 있다. 대학들이 바이돌법을 활용하기 시작하면서 폭넓은 사회적 영향, 특히 가난한 나라들에서 갖는 함의는 이제 고려 사항에서 제외됐다. 연방 정부가 에이즈 연구 재정을 지원한 뒤 미국의 몇몇 대학이 신약 특허를 취득하고는 수억 달러에 이르는 많은 수수료를 받으면서 대형 제약 회사에 라이선스를 줄 때 이런 문제는 분명해졌다.[25]

이를테면 미네소타 대학교는 에이즈 치료제 지아겐Ziagen의 라이선스를 글락소스미스클라인에 넘겨줬다. 활동가들은 대학이 보유한 특허의 라이선스를 받은 이 회사가 아프리카에서 지나치게 높은 판매가를 매겨 이득을 취한다고 비난하면서, 가격을 낮춘 비슷한 약을 판매하도록 압력을 넣으라고 대학에 촉구했다. 미네소타 대학교는 자기들은 가격 결정에 관련해 아무 통제권이 없으며, 특허 수입은 에이즈 연구 확대 등 구제 사업의 밑바탕이 된다는 태도였다.[26] "수입이라는 가치, 곧 약품 특허 라이선스의 제공이 가난한 나라에 저렴한 가격으로 약품을 공급한다는 사명의 가치보다 우선시됐

다."[27]

항레트로바이러스제인 디포티[d4T]는 예일 대학교 약리학 교수인 윌리엄 프루소프[William Prusoff]가 1990년대 초반에 발견해서 곧바로 브리스톨마이어스스쿱[Bristol-Myers Squibb]에 라이선스를 주었고, 이 회사는 2002년에 약품 판매로 4억 4300만 달러를 벌었다. 예일 대학교는 라이선스료로 연간 4000만 달러를 벌었다.[28] 2001년 국경없는의사회와 예일 대학교 학생들은 단체를 만들어서 예일 대학교와 브리스톨마이어스스쿱에 아프리카에서 복제약 판매를 허용하는 '특허 면제[patent relief]'를 실시하라고 촉구했다. 예일 대학교는 브리스톨마이어스하고 체결한 계약(이 계약에는 투명성이 거의 없다)을 공개하라는 요구를 거부했지만, 둘 다 '특허 면제'에는 동의했다. 그 결과 2003년 말에 이르러 남아프리카공화국에서 디포티 가격은 96퍼센트가 떨어졌다(연간 환자 1명당 1600달러 이상에서 55달러로 떨어졌다).

2005년 에모리 대학교가 항레트로바이러스제 엠트리바[Emtriva](엠트리시타빈[emtricitabine · FTC])의 로열티를 길리어드[Gilead]에 5억 2500만 달러에 판매한 결과는 (이 글을 쓰는 지금까지) 긍정적이지 않았다. 에모리 대학교는 이 약품을 활용해 길리어드의 라이선스 사용, 등록, 특허권 행사 등에 관한 조건을 협상할 수 있었지만, 그렇게 하지 않음으로써 전세계에서 엠트리바를 사용할 수 있는 문제를 미해결 상태로 남겼다. 그리하여 세계보건기구는 엠트리바를 1차 라인과 2차 라인 에이즈 치료 가이드라인에서 스리티시[3TC]보다 더 안전하고 효과적인 대안으로 권고하고 있지만, 워낙 가격이 비싸 개발도상국에서는 대부분 구하기 힘들다. 활동가들이 압력을 가한 결과 길리어드가 이약품의 문턱을 낮췄지만, 그래도 가난한 나라들에서는 여전히 널리 사용되지 않고 있다.

이런 사례들 때문에 세계보건기구는 '개발도상국의 공공 연구 기관과 대학'에 '적절한 라이선스 정책과 실행을 통해 개발도상국의 보건 문제에 관련된 (연구와 개발) 성과와 거기에서 나온 제품에 관한 접근성을 촉진하도록 보장하기 위해 고안된 선도적 계획을 진지하게 고려'할 것을 요청했다.[29]

현재 제약 기술 분야에서 대학들의 전반적인 소유권 지위를 보여주는 종합적 데이터는 전혀 없지만, 앞에서 말한 연구, 개발, 특허 출원의 추세를 보면 대학의 소유권 비중이 상당한 동시에 점차 늘어나고 있다는 점이 드러난다. 최근 몇 년 동안 대학들은 많은 핵심 의약품에서 미국 특허권을 획득하고 있다(표 1).

대학의 개방적인 학문 실천 전통은 특허와 상업화 활동을 통해 점차 압력에 직면한다. 원칙적으로 대학은 특허와 라이선스 정책의 주요 취지가 공익의 증진이라고 공언한다. 그렇지만 대학의 기술 이전 담당 부서는 보건, 특히 글로벌 보건에 기여한 정도가 아니라 벌어들이는 수입에 따라 평가를 받는다. 이를테면 어떤 대학의 기술 이전 부서가 에이즈 치료용 항레트로바이러스제 같은 대학이 소유한 특허의 라이선스 교부권을 놓고 민간 제약 기업을 상대로 교섭을 벌일 때, 한편으로 라이선스를 통해 수입을 극대화하려는 대학의 욕심과 다른 한편으로 이 약품을 최대한 많은 가난한 사람들에게 배포함으로써(이렇게 하려면 약값이 싸야 하고 결국 라이선스 수입이 줄어든다) 얻을 수 있는 공익의 증진 사이에 충돌이 생겨난다.

그렇지만 또한 대학 내부에서, 주로 활동가 학생들과 교수진 덕에 몇 가지 개선책이 나온 사실을 강조해야 한다. 이런 점은 미국 대학이 가진 힘을 보여주는 증거다. 학생 단체인 '필수의약품을 위한 대학연합Universities Allied for Essential Medicines'은 연방 정부(국립보건원)에서 연구 지원금을 받는 주요 대학들을 상대로 특허 협약을 교섭할 때 개발도상국에는 가격을 낮게 책정하라는 압력을 가하고 있다. 그렇지만 이 글을 쓰는 지금까지 이런 일은 일어나지 않았다. 대학들은 경쟁 시장에서 제한 조항을 고집할 경우에 회사들이 다른 경쟁자에게 갈 수도 있다고 염려한다.

### 표 1. 미국 대학이 보유한 중요한 의약품 특허들

| 유형 | 약품 | 미국 대학교 |
|---|---|---|
| 항레트로 바이러스제 | 디포티(d4T)<br>스리티시(3TC), 엠트리바<br>아바카비어(Abacavir)<br>퓨전(Fuzeon)/T20 | 예일 대학교<br>에모리 대학교<br>미네소타 대학교<br>듀크 대학교 |
| 기타 | 프릴로섹(Frilosec)<br>레미케이드(Remicade)<br>에포젠(Epogen)<br>잘라탄(Xalatan)<br>택솔(Taxol)<br>시스플라틴(Cisplatin)<br>알림타(Alimta)<br>인간 유두종 바이러스 백신 | 앨라배마 대학교<br>뉴욕 대학교<br>컬럼비아 대학교<br>컬럼비아 대학교<br>플로리다 주립대학교<br>미시건 주립대학교<br>프린스턴 대학교<br>조지타운 대학교가 미국에서 지적 재산권을 소유. 유럽연합과 오스트레일리아에서는 로체스터 대학교 소유. |

출처: Amy Kapczynski, Samantha Chaifetz, Zachary Katz, and Yochai Benkler, "Addressing Global Health Inequities: An Open Licensing Approach for University Innovations," *Berkeley Technology Law Journal* 20, 2005, 1031~1114쪽.

2006년, 미국 상원의원 패트릭 레이히Patrick Leahy는 대학에 고유한 권한 안에서 이 문제에 관한 행동을 하도록 압력을 가하려는 시도로 연방의 재정 지원을 받는 모든 연구 기관은 자기들이 개발하는 약품을 최대한 낮은 가격으로 가난한 나라에 공급하게 하는 법안(2006년 공공연구공익추구법Public Research in the Public Interest Act of 2006, S. 4040)을 제출했다. 레이히는 법안을 제출하면서 이렇게 주장했다.

대학은 다른 무엇보다도 공익을 위해 지식을 창조하고 보급하는 데 전념하는 기관입니다. …… 대학 지도자들은 아직까지 다른 접근법을 중심으로 단합하지 못했습니다. 그 목표를 어떻게 달성하든 간에, 나는 공공 재정 지원을 받는 연구소에서 나오는 의학적 혁신의 보편적 접근성을 높이는 일이야말로 글로벌 보건 문제의 건전한 해법이라고 생각합니다.[30]

이 법안이 통과됐으면 연방 정부의 재정 지원을 받는 기관들이 개발한 약품들을 복제약 제조 업체들이 다시 만들어 제3세계 나라들에 싼값에 공급할 수 있었을 것이다. 이런 라이선스 조건은 가난한 나라에 가격을 낮춘 약품을 도입하는 데만 영향을 미치고 부자 나라들에서 벌어들이는 수익에는 위협이 되지 않았다.

이런 압력에 대응해서 미국의 주요 연구 중심 대학과 미국의과대학협회Association of American Medical Colleges 회원 대학들은 대학과 비영리 연구 기관을 대상으로 내부에서 개발한 기술을 민간 당사자에게 라이선스를 줄 때 고려해야 할 지침을 공개했다. '공익 추구 — 대학이 개발한 기술에 라이선스를 제공할 때 고려해야 할 9가지 문제In the Public Interest: Nine Points to Consider in Licensing University Technology'라는 제목의 백서는 모범 사례를 제시한다.[31] 대학은 가난한 나라 사람들이 의학 혁신 성과의 충분한 양을 낮은 가격이나 무상으로 이용할 수 있는 방식으로 라이선스 협약을 구성하기 위해 노력해야 한다. 여기에는 다음 같은 조항이 포함된다. 첫째, 복제약 경쟁 촉진, 둘째, 개발도상국에 대한 2차 라이선스 발급 의무화, 셋째, 구체적인 접근권 단계 설정, 넷째, 라이선스 취득자가 가난한 나라에서 공정한 가격을 매기는 대가로 로열티 지불 액수를 낮추는 협약.

기술 이전 부서가 하는 아주 가시적이고 수익을 추구하는 활동하고 대조적으로, 주요 대학 도서관의 사서들이 하는 거의 보이지 않는 활동은 개발도상국들이 현재의 과학 정보에 다가갈 접근권을 확보하는 데 도움을 주고 있다. 다음 같은 사례가 있다.

• 환경연구온라인액세스Online Access to Research in the Environment·OARE는 유엔환경계획UNEP과 예일 대학교, 과학기술 분야의 주요 출판사가 공동으로 조정하는 국제적인 공공-민간 컨소시엄이다.

• 아고라(글로벌온라인농업연구액세스Access to Global Online Research in Agriculture·AGORA)
는 식량농업기구FAO와 코넬 대학교가 주도하는 프로그램이다. 아고라가 추구하
는 목표는 저소득 국가의 농업 연구, 교육, 훈련의 질을 개선하고, 그 결과로 식
량 안보를 향상시키는 것이다. 이 프로그램 덕에 개발도상국은 주요 과학 학술
지를 무상이나 낮은 가격으로 이용할 수 있다.[32]

## 교육

미국 대학들은 개발도상국에서 점차 높아지는 고등 교육 수요를 여러 방식
으로 충족시키는 중이다. 지난 수십 년 동안 미국 대학들은 개발도상국의
많은 학생들을 학부와 대학원 과정에 끌어들였다. 이런 공생 관계는 미국에
서 상대적으로 낮은 비용으로 연구를 촉진하는 한편 개발도상국 출신의 많
은 연구자들을 훈련시켰다. 이 관계가 개발도상국의 '두뇌 유출'에 기여한
사실은 맞지만, 동시에 세계적인 지식 축적에 이바지하고 개발도상국 출신
유학생들이 기술과 인적 자본을 쌓아서 귀국하는 정도만큼 이 나라들에 도
움이 됐다.

　현재는, 미국의 많은 대학들이 점차 부자 나라의 엘리트 자녀들을 끌어들
이려 노력한다. 이 학생들은 등록금을 전액 납부할 뿐 아니라 나중에 대학
에 자원을 제공할 수 있기 때문이다. 세계에서 손꼽히는 부자 대학들이 고
등 교육 시스템이 약하고 자원의 한계 효과가 훨씬 더 큰 가난한 나라 출신
인 엘리트들에게서 돈을 끌어모으는 행동은 윤리적으로 어떻게 봐야 할까?
어떤 경우에는 이런 상황이 가난한 나라에 더 좋게 작용하는 타당한 이유가
있다. 이를테면 그 나라 출신 학생이나 그 나라에 특수한 문제에 관한 연구
를 지원하기 위한 장학 기금이 있는 경우가 그렇다. 그렇지만 다른 건물이

나 교수직 같은 경우에 대학의 이익이 사회 일반의 이익에 우선한다는 결론을 내릴 수밖에 없다.

아주 다른 접근법은 많은 개발도상국이 자국 영토에 분교를 세우도록 미국 대학을 끌어들이려는 시도다. 그 결과 자기 주의 학생들을 교육하는 일을 주요 사명으로 삼는 미국의 공립 대학들조차 주의 예산 지원이 한정된 시대에 글로벌 브랜드를 확립하려 노력하는 중이다. 싱가포르 정부는 아시아의 으뜸가는 교육 허브로 변신하려 시도하면서 막대한 자원을 투입해 주요 대학을 끌어들였다. 세계의 많은 주요 대학들이 싱가포르에 캠퍼스(시카고 대학교 경영대학원, 듀크 대학교, 디지펜 공과대학교, 네바다 대학교 라스베이거스 캠퍼스, 뉴욕 대학교 티시 아트스쿨)를 세우거나, 현지 대학을 파트너로 삼아 협동과정/프로그램(현지 제휴 과정)을 두고 있다. 존스홉킨스 대학교, 조지아 공과대학교, 매사추세츠 공과대학교, 펜실베이니아 대학교 와튼 스쿨, 스탠퍼드 대학교, 뉴욕 대학교 법학전문대학원, 코넬 대학교 등이 여기에 해당한다.

싱가포르 정부는 해외 대학을 끌어들이기 위해 재정 인센티브를 제공하고 있다. 이를테면 정부는 싱가포르에 의과대학을 설립하는 대가로 듀크 대학교에 7년 동안 3억 1000만 달러를 지불하고 있다. 학생들은 싱가포르 국립대학교 학위를 받지만, 듀크 대학교가 학사 과정을 감독하고 교과 과정에 대해 라이선스료를 받을 예정이다. 이런 많은 국제적 파트너십에서 정부는 초기 지원을 제공하지만 교과 과정을 개발하는 비용을 대주지는 않는다.

싱가포르는 유능한 정부를 갖고 있지만, 훨씬 더 역량이 부족한 다른 나라 정부들은 사정이 어떨까? 미국 대학들이 해외에 보유한 캠퍼스의 대부분은 미국 고등 교육의 극히 일부분만을 제공한다. 대부분 미국의 브랜드 네임으로 돈을 벌 수 있는 경영학, 과학, 공학, 정보기술 같은 과정에 치중된다. 따라서 뉴욕 공과대학교는 미국의 주요 대학으로 꼽히지는 않지만, 해외 진출에서는 선두에 서 있다. 바레인, 요르단, 아부다비, 캐나다, 브라질, 중국 등에서 교육 과정을 운영하는 이 대학의 총장 에드워드 귈리아노<sup>Edward Guiliano</sup>는 이렇게 말한다. "뉴욕을 성으로 하고 기술을 이름으로 가진 이점을 한껏 활용하는 중이다."<sup>33</sup>

대학의 교육적 사명과 재정 자원을 끌어모을 필요성 사이의 긴장은 미국 대학들의 페르시아 만 진출에서 특히 심각하게 대두되는 듯하다. 최근 미국 대학들이 해외 캠퍼스를 설립하려 시도하기 전에도 카타르, 아랍에미리트, 사우디아라비아 같은 나라들은 지난 10년 동안 3억 달러에 육박하는 거금을 미국 대학들에 지원했다.<sup>34</sup> 지난 몇 년 동안 한 무리의 미국 대학들이 페르시아 만에 해외 전진기지를 설립했다(표 2).

페르시아 만 국가들은 분명 고등 교육의 질 향상을 목표로 삼고 있지만, 이런 상황은 미국 대학에 수익성 좋은 사업 제안을 제공한다. 카타르 토후국은 해마다 미국 대학을 끌어들이는 데 20억 달러 정도를 '지출'하고 있다.<sup>35</sup> 카타르 교육·과학·지역사회발전재단<sup>Qatar Foundation for Education, Science, and Community Development</sup>은 코넬 대학교가 처음 10년 동안 의과대학을 운영하는 경비를 떠맡았다. 그 액수는 7억 5000만 달러였다.

두바이는 중동에서 지식 경제의 거점이 된다는 포부를 갖고 '지식 마을<sup>Knowledge Village</sup>', '보건 도시<sup>Healthcare City</sup>', '인터넷 도시<sup>Internet City</sup>' 등을 만들었다.<sup>36</sup> 2007년, 세계 최초의 고등 교육 전문 클러스터 개발 단지를 표방하는 두바이 국제대학도시<sup>Dubai International Academic City</sup>가 출범했다.<sup>37</sup> 2004년, 하버드 대학교 의과대학의 비영리 부속 기관인 하버드 메디컬인터내셔널<sup>Havard Medical International</sup>은 두바이에 캠퍼스를 지을 계획이라고 발표했다. 1915년에 상하이 캠퍼스를 폐쇄한 이래 처음으로 해외에 건물이 있는 분교를 세우는 계획이었다. 두바이는 이 프로젝트를 지원하기 위해 1억 달러를 모았는데, 하버드 메디컬인터내셔널의 추산에 따르면 이 프로젝트로 결국 연간 400만~500만

**표 2. 페르시아 만에 분교를 둔 미국 대학교**

| 위치 | 대학 | 개교 연도 | 학사 과정 |
|---|---|---|---|
| 카타르 도하 | 카네기멜론 대학교 | 2004 | 컴퓨터 공학, 정보 시스템, 경영학 학사 |
| | 조지타운 대학교 | 2005 | 외교학 학사 |
| | 텍사스 에이앤엠 대학교 | 2003 | 공학 학사, 공학 석사 |
| | 버지니아 코먼웰스 대학교 | 1998 | 통신, 의상 디자인, 인테리어디자인 학사 |
| | 웨일코넬 의과대학교 | 2001 | 의학과 |
| 아랍에미리트 아부다비 | 존스홉킨스 대학교 | 2008 | 공중 보건학 대학원 과정 |
| | 매사추세츠 공과대학교 | 2009 | 마스다르 과학기술원의 과학기술 대학원 과정 |
| 아랍에미리트 두바이 | 뉴욕 대학교 | 2010 | 자유교양 학부와 학원 과정 |
| | 보스턴 대학교 | 2008 | 치과 실습 대학원 |
| | 하버드 대학교 | 2004 | 의사 연수 교육 과정 |
| | 미시건 주립대학교 | 2008 | 자유교양 |
| | 로체스터 공과대학교 | 2008 | 금융, 서비스 관리, 공학 대학원 과정. 나중에 학부 과정도 신설 |
| 아랍에미리트 라스알카이마 | 조지메이슨 대학교 | 2005 | 생물학, 경영학, 경제학, 공학 학사 |
| 아랍에미리트 샤르자 | 샤르자 아메리칸 대학교 | 1997 | 자유교양, 공학, 건축학, 경영학 학부 |

출처: Zvika Krieger, "An Academic Building Boom Transforms the Persian Gulf: Western Universities Find Opportunities as 3 Arab Emirates Strive to Outdo One Another," *Chronicle of Higher Education* 54, A26쪽.

달러에 이르는 수입이 발생할 예정이다. 18억 달러가 투입되는 단지에는 민간 병원과 진료소, 제약 회사, 연구소뿐 아니라 주거용 주택, 아파트, 5성급 호텔도 들어설 예정이다. 보스턴 대학교는 '보건 도시'에 치과학 과정을 개설하는 중이다.

두바이보다 재정이 더 탄탄한 아부다비는 한층 더 고급화해서 뉴욕 대학교, 존스홉킨스 대학교, 매사추세츠 공과대학교 등 미국 상위권 대학에 분교를 설립하도록 상위 브랜드 수수료를 지불하고 있다. 뉴욕 대학교의 존 섹스턴John Sexton 총장은 처음 아랍에미리트에 분교를 설립하기 위해 접근할 때 5000만 달러의 지원금을 요청했다. "일종의 담보금이었습니다. 5000만 달러의 기부금을 내면 진지하게 대하겠다는 신호였지요. 상대방의 성의를

테스트하는 방편이었습니다." 결국 아부다비 정부는 그 돈을 내놓았다.[38]

미국 대학들이 가장 실질적으로 관여를 하는 상대는 10억 달러가 넘는 기본 재산을 갖춘 연구 중심 대학원인 킹압둘라 과학기술대학이다(이 대학은 절대적 수치로 보나 학생 1인당 기준으로 보나 세계 최대의 기본 재산을 보유하고 있다). 텍사스 대학교 오스틴 캠퍼스, 캘리포니아 대학교 버클리 캠퍼스, 스탠퍼드 대학교 등 미국의 주요 연구 중심 대학들이 이 기관을 상대로 5년간 제휴 관계를 시작하는 대가로 각각 2500만 달러 또는 더 많은 금액을 받고 있다.[39] 명목상 이 대학은 사우디 최초의 남녀 공학 기관이 될 예정이지만, '강의실 안팎에서 남녀가 뒤섞이는 일'을 허용하지 않을 것이다. 또한 대중음악, 심리학, 고전 철학을 비롯해 특히 연구 중심 기관에 관련된 진화학 같은 '서구의' 과목을 강의실에서 토론하는 사태를 용인하지 않을 것이다.[40] 그리고 사우디아라비아 전체가 그렇듯 대학 안에서 여성이 차를 운전하거나 친척이나 배우자가 아닌 남자가 운전하는 차에 타면 안 된다.

미국 대학들은 미국 안에서는 절대 용인되지 않는 정도로 기본적 자유를 가로막는 캠퍼스를 만드는 일을 도와야 할까?[41] 이 문제는 쉬운 질문이 아니다. 양질의 고등 교육을 제공하는 일 자체가 변화의 지렛대가 될 수 있다는 주장이 가능하기 때문이다. 그런데도 금전적 이익의 규모가 워낙 크기 때문에 이런 상황을 합리화하는 데 기여한다는 점에 대해 불편한 감정을 느끼게 된다.

## 서비스 제공

전세계 빈민들이 직면하는 건강 문제를 연구하는 교수들은 최근 몇 년 동안 대학이 단순히 질병 문제의 원인을 연구하는 단계에서 한발 더 나아가 해법을 연구해야 한다고 주장하고 있다.[42] 그 교수들은 보건 분야의 대학이 전형적으로 내놓는 결과물, 곧 연구를 통한 지식 생산, 교육을 통한 지식 전파, 의과대학 부속 병원을 통해 현지 주민들에게 제공하는 서비스 등으로는 주요 대학의 부속 병원이 에이즈 같은 글로벌 질병에 효과적으로 대응하기 힘들다고 주장한다. 이런 주장에 따르면 대학은 글로벌 보건에서 자기들이 가진 최대의 장점인 연구와 치료의 공존이라는 미덕을 발휘해야 하며, 이런 목표를 위해 사람들을 치료하는 실행 메커니즘을 제공하는 '로봇 팔'을 발명할 필요가 있다. 또한 '글로벌 보건 서비스학' 같은 중개 연구translational research나 실행 연구implementation research※도 선구적 연구이며, 따라서 연구 중심 대학의 핵심 기능에 포함돼야 한다는 주장도 있다.

※ 중개 연구나 실행 연구는 둘 다 기초 의학에서 나온 연구 성과를 임상 의학에 실제로 적용할 수 있게 연계하는 연구를 가리킨다.

미국 대학들은 이런 사고를 받아들이고 있다. 특히 글로벌 보건 분야의 재정 지원이 크게 증가했기 때문이다. 에이치아이브이/에이즈라는 글로벌 전염병을 퇴치하기 위한 미국 정부의 계획인 '에이즈 구제를 위한 대통령 비상계획President's Emergency Plan for AIDS Relief · PEPFAR'을 생각해 보자. 이 계획은 2003년에 150억 달러의 초기 자금을 들여 5년 예정으로 시작됐는데, 최종적으로 188억 달러 수준의 예산 지원이 갱신됐다. 2008년에는 추가로 5년 동안 에이치아이브이/에이즈, 폐결핵, 말라리아 퇴치를 위해 480억 달러를 제공하는 계획으로 갱신됐다. 이 계획에 따라 예방, 치료, 간호 등의 사업을 계획하고 실행하는 결정적 요소로 공공–민간 파트너십이 필요하다고 판단됐다. 그 결과 대규모 국제단체, 상업 기업, 정부 부처, 대학 등 수백 개 조직이 15개 '핵심 국가'에서 '에이즈 구제를 위한 대통령 비상계획'의 파트너로 참여한다. 2007년 현재 기금을 받는 상위 10개 조직 중 3개가 대학이었다. 컬럼비아 대학교(1억 1100만 달러), 메릴랜드 대학교(8000만 달러), 하버드 대학교(7000만 달러). 여기에 더해 2007년 11월에 인디애나 대학교 의과대학이 에이치아이브이/에이즈 예방·치료 프로그램을 위한 학문 모델Academic Model for Prevention and Treatment of HIV/AIDS Program 사업으로 5년 동안 6000만 달러를 받았고, 워싱턴 대학교와 캘리포니아 대학교 샌프란시스코 캠퍼스가 공동으로 진행한 에이치아이브이 국제훈련·교육센터International Training and Education Center on HIV는 에이치아이브이/에이즈 임상 치료를 제공하는 보건 노동자들의 훈련을 지원하는 비용으로 2970만 달러를 받았다. 존스 홉킨스 대학교의 한 부속 기관(지피고Jhpiego)은 남아공의 세 주에서 에이치아이브이/에이즈 치료를 개선하는 대가로 미국 국제개발처에서 2000만 달러를 받았고, 2008년에는 탄자니아에서 상담과 검사 서비스 접근성을 개선하는 비용으로 5년 동안 1650만 달러를 받았다.[43]

그렇지만 이 프로그램들은 또한 대학에 연구 프로젝트의 경우와 비슷하게 대규모의 간접비 회수를 허용했다. 본디 아프리카에서 에이즈에 유린된 나라들에 서비스를 제공하려는 의도로 자금을 투입했는데 말이다. 2004년, 하버드 대학교 공중보건대학은 보츠와나, 나이지리아, 탄자니아에서 에이즈 환자를 치료하는 5년 계획에 쓸 지원금으로 1억 700만 달러를 받았다. 전통적으로 이런 프로젝트는 대학이 후원하는 프로젝트 관리 기관을 통해 진행되고, 원래 대학 바깥에서 세계 최빈국들에 서비스를 제공하는 목적이 아니라 대학 안에서 과학 연구를 수행하기 위해 마련된 규정에 따라 실행된다. 그 결과 하버드 대학교는 처음에 대학 내부의 실험실 연구에 사용되는 기준하고 똑같은 간접비 회수율을 적용했다(대략 3580만 달러). 실제로 하버드 대학교는 절대 빈곤에 시달리는 아프리카 사람들에게 에이즈 치료제를 제공하기 위한 지원금을 도서관 도서 구입이나 대학 총장 사택 같은 학내 기타 비용에 지출하고 있었다. 계속 압력이 들어오자 하버드 대학교는 결국 그 비율을 축소했지만, 해외 서비스 제공 프로젝트의 전체 경비에 관한 표준 정책은 존재하지 않는다. 대학들이 간접 비용을 회수해야 하는 기준은 정당하지만, 그렇게 공격적인 방식은 심각한 기회비용을 낳는다. 그리고 세계에서 가장 부유한 대학들이 그런 식으로 행동하는 모습은 전혀 유쾌한 일이 아니다.

## 결론

이 장에서 제기된 쟁점들은 대부분 두 가지 핵심 딜레마에서 생겨난다. 첫째, 수익성이 없지만 사회적 가치가 있는 '공익' 지원을 위한 수입 발생은 고등 교육 산업에서 영원한 과제다. 수입이라는 가치와 사명의 가치가 정면으로 충돌하는 경우는 거의 없지만, 대학이 벌이는 효과적인 수입 발생 활동이 공동선의 사명을 지원할 뿐 아니라 이 사명을 훼손하는 데 자원을 기여하는 경우도 종종 있다. 와이스브로드와 발루, 애시가 주장한 대로 대학이 특정한 기업에 과학 연구를 판매하면서 연구 결과를 모든 사람이 무상으로 사용하게 만드는 대신 배타적 라이선스를 통해 수입을 극대화하려 할때, 대학의 본디 사명(지식을 창조하고 자유롭게 확산시키는 사명)과 수입이라는 목표(지식의 제한적 판매와 라이선스 부여)가 충돌하는 것은 분명하다.[44] 한 기업이 특허권에 관한 독점적 통제를 획득하는 경우에 여러 기업이 이 신기술에 대한 권리를 획득하는 경우보다 더 많은 돈을 내려 할 것이다.

둘째, 고등 교육 연구 역량은 북반구에 있는 반면, 연구 대상인 문제들은 대부분 자원이 부족한 나라들에 있다. 한 나라에 관한 지식의 중심이 그 나라의 국경 바깥에 있을 때, 이런 상황은 약한 나라와 강한 나라 사이에 이미 존재하는 불평등을 악화시킨다. 미국의 개발사에 연구자들을 자극하는 동기는 **명제적 지식**propositional knowledge(학계의 미개척 영역에서 시작해 '보편적인' 개발 법칙을 추구하는 것)에 최고의 지위를 부여하고 그런 지식을 이용해 **처방적 지식**prescriptive knowledge을 만들어내는 것이다.[45] 최저개발국을 기반으로 하는 연구자들이 명제적 지식을 대표하는 경우는 거의 없다. 그런 문제가 중요할까? 이런 결과에 대한 염려가 정당하지 않은 데에는 몇 가지 타당한 이유가 있다. 첫째, 선진국(주로 미국)의 기관에 근거를 두고 있더라도 개발도상국 출신인 참여자가 존재한다. 둘째, 어떤 연구자의 분석적 주장이 그 사람의 국적이나 지리적 기반을 같은 형태로 반영한다는 사고는 겉으로만 그럴듯하다. 셋째, 어떤 이는 가난한 나라들이 직면하는 문제는 너무 어려운 사안이기 때문에 그런 문제를 다루려면 최고의 인재가 필요하고, 만약 그런 인재가 북아메리카에 기반을 두고 있다면 현실을 받아들여야 한다고 주장할 수 있다. 넷째, 미국의 학계와 지식인 문화에서 활발한 논쟁과 차이가 핵심적 특징이라는 점을 감안하면, 다양성 부족에 관한 염려는 잘못 짚은 것이다. 다섯째, 불균형적인 참여는 단지 최저개발국들 스스로 자국의 대학과 지식 생산 시스템을 완전히 운영함으로써 사소하지 않은 역할을 해온 글로벌 지식 생산의 현실을 반영한다.

그렇지만 불편을 느끼는 이유도 존재한다. 지식인 네트워크는 양면적 성격이 있다. 이 네트워크는 선별 비용을 줄이고 평판 메커니즘 기능을 할 수 있지만, 또한 일종의 '연줄 지성주의crony intellectualism'에 빠지기 쉽다. 동종 교배를 향한 본질적인 경향이 존재하는데, 이런 경향은 지식 증진에 부정적 영향을 미친다. 연구자들도 다른 사회 집단들처럼 이해관계가 있다. 게다가 학계의 본성 자체는 (사회과학 분야의) 학자들이 결과에 책임을 지지 않는다는 것을 의미한다. 학자들의 연구는 발전의 결말이 아니라 직업적 동기에 부응하는 것이기 때문이다. 이런 직업적 동기 때문에 학술 문헌에서 새로운 아이디어, 방법론적 혁신, 일반화 가능성, 간결한 설명 등에 아주 긍정적인 프리미엄이 붙는다. 나라와 부문에 관한 자세한 지식, 자기의 아이디어가 합리적이기는 하지만 특별히 새롭지는 않다는 인정, 간략함보다는 불확실성과 복잡성 등이 발전의 실제 현실이지만, 최고 수준의 학술 저널에서는 끼어들 자리가 거의 없다. 아프리카에 관한 논문을 제출하는 데 따르는 직업적 성과는 어느 아프리카 나라보다 매사추세츠 주 케임브리지에서 훨씬 더 크다. 결국 논문 내용은 아프리카 나라에 훨씬 더 중요한 문제인데도 질문과 방법론은 케임브리지의 우선순위에 따라 조정될 것이다. 또한 연구의 우선순위가 가난한 나라들 자체에 가장 도움이 되는 내용이 아니라 학계의 유행과 풍조에 좌우되면서 이런저런 거대 사상이 교체될 뿐이다.

그 결과 반세기 동안 '개발'에 관심이 쏠렸는데도 부자 나라의 몇몇 기관들이 계속해서 발전 담론을 지배한다. 이런 현실은 그 기관들이 지닌 뛰어난 질을 (부분적으로) 반영할 뿐이다. 대부분의 가난한 나라들은 여전히 자국의 복지에서 핵심적인 쟁점들을 스스로 사고할 능력이 없고, 자국의 복지에 관련된 연구에 관련해서 의제를 설정할 힘도 없어 보인다. 이런 상황은 몇 가지 바람직스럽지 못한 결과를 낳는다. 이 상황은 연구의 질문과 방법론, 그밖의 우선 과제를 왜곡한다. 그 결과 이 기관들의 정책에 직접 영향을 받는 이들의 의사는 연구와 정책 의제를 정하는 과정에서 제대로 대변되지 못한다. 게다가 이런 상황 때문에 견해의 다양성이 줄어드는데, 제한된 지식과 그릇된 조언을 할 가능성을 감안하면 국제 체제에서 리스크가 증폭될 수 있다. 다양성의 중요성은 특히 미래가 불확실한 상황에서 중요하다.[46] 더욱이 다양성은 그것 자체로 중요하다. 이 기관들에서 만들어지는 아이디어에서 귀결되는 행동의 결과에 영향을 받기 쉬운 이들이 최소한의 수준일지라도 참여해야 하기 때문이다. 다양성은 또한 도구적 수단으로서도 중요하다. 다양성은 위험을 다변화하는데, 제한된 지식과 그릇된 조언의 결과를 감안할 때 중요한 기준이 된다.

쉬운 해답은 없지만, 미국 대학과 학자들이 개발도상국에서 하는 역할이 제기하는 복잡한 문제를 세 가지 메커니즘을 통해 (조금이나마) 다룰 수 있다. 첫째, 연구자의 조언에 관련된 이해 충돌 가능성에 관한 투명성을 제고해야 한다. 조언자는 최소한 자기가 하는 활동에 관해 더 많은 정보를 제공해야 한다. 그래야 그 조언을 받는 소비자들이 더 많은 정보에 기대어 결정을 내릴 수 있다. 둘째, 부적으로 투명성을 달고 있는 학문 기관이 수수료를 받는 행위를 할 때는 최소한 국제 기구가 하는 정도는 해야 할 것이다. 편향되지 않은 책무성을 보장하기 위해 독립적이고 공적인 조사를 실시해야 한다.[47]

그렇지만 편향되지 않은 책무성을 보장하기 위한 투명성과 독립적이고 공적인 조사단이 효과를 발휘하려면, 학자들에게 책임성을 물을 수 있는 사전 합의가 선행돼야 한다.[48] 실제로 투명성에 동반하는 '공지와 암묵적 동의'라는 외피는 학자들의 문제적 행동을 무해한 것으로 만들고 개발도상국의 상황을 더 악화시킬 수 있다. 이기심이 (학자를 비롯한) 인간 행동의 불변하는 조건이라면, 학자들에게 개발도상국 또는 자기들이 봉사하는 다른 취약한 집단에 관련해 수탁자 같은 요구를 제기할 필요가 있다. 이렇게 수탁자의 책임이 정해지면 이해 충돌 가능성을 제대로 공개하지 않는 문제뿐 아니라 (특히 개발도상국에서) 사적 금융 거래self-dealing에 대해서도 책임을 물을 수 있다. 게다가 연구자들은 이해 충돌의 가능성을 공개할 뿐 아니라 이런 이해 충돌을 적극적으로 피하고 고객의 이익을 보호해야 할 것이다.

셋째 메커니즘은 한 사회 안에서 학자들에게 책무성을 부여하는 일이 어렵다면, 국경을 가로지르는 경우에는 불가능에 가깝다는 사실을 인정하면서 개발도상국 안에서 학계를 강화하는 것이다. 개발도상국의 대학이 강화된다면, 개발도상국들이 언제까지나 전수받은 지식의 대상이 되기보다는 스스로 사고하는 데, 그리고 그런 사고에서 생겨나는 행동에 대해 책임을 지는 데 도움이 될 것이 분명하다.

주

**서문. 필란트로피의 윤리**

1) Andrew Carnegie, *The Gospel of Wealth and Other Timely Essays*(New York: Century Co., 1901), 19, 42쪽(앤드류 카네기 지음, 박별 옮김, 《앤드류 카네기 부의 복음》, 나래북·예림북, 2014).

2) Peter Singer, "Famine, Affluence, and Morality," *Philosophy and Public Affairs* 1(1972), 229~243쪽.

3) Herbert A. Simon, "UBI and the Flat Tax," in *What's Wrong with a Free Lunch?* eds. Joshua Cohen and Joel Rogers(Boston: Beacon Press, 2001), 34~38쪽. Branko Milanovic("Global Inequality of Opportunity: How Much of Our Income Is Determined at Birth?"(working paper, Development Research Group, World Bank, Washington, D.C., 2008))도 보라. 밀라노비치는 60퍼센트가 출생 국가에 따라, 20퍼센트가 부모의 사회계급(정확히 말하면 소득 위계에서 차지하는 위치)에 따라 결정된다고 추산했다.

4) John Aubrey, *Brief Lives*, edited by Richard Barber(London: Penguin, 2000), 446쪽.

5) Stephanie Strom, "Grab Bag of Charities Grows, Along with U.S. Tax Breaks," *New York Times* (December 6, 2009), A1면.

6) Bob Jones University v. United States, 461 U.S. 574(1983).


**1장. 억만장자는 무엇을 기부해야 하는가** 그리고 당신은 무엇을 기부해야 하는가

1) Bill Gates, speech to Fifty-eighth World Health Assembly(Geneva, Switzerland, May 16, 2005), www.who.int/mediacentre/events/2005/wha58/gates/en/index.html.

2) 앞의 글.

3) 본디 www.gatesfoundation.org/AboutUs/OurValues/default.htm에 게시된 이 문구는 이제 웹사이트에서 사라지고 없다. www.gatesfoundation.org/about/Pages/overview.aspx(2010년 7월 24일 접속)에서 비슷한 정식화를 찾을 수 있다. "모든 생명이 동등한 가치를 지닌다는 우리의 믿음이야말로 재단에서 우리가 벌이는 활동의 핵심에 있다."

4) Marc Hofstetter, "Scaling Up Financing for Access to Health"(lecture, Global Health Forum, Geneva, Switzerland, August 31, 2006), www.ghf06.org/ghf06/files/ps02/ghf_pl023_hofstetter.pdf.

5) David Kirkpatrick, interview by Jeffrey Brown, *PBS Newshour*, PBS(June 16, 2006), www.pbs.org/newshour/bb/social_issues/jan-june06/gates_06-16.html.

6) Walter Isaacson, "In Search of the Real Bill Gates," *Time* 149(January 13, 2007), 44~55쪽.

7) Janet C. Lowe, *Warren Buffett Speaks: Wit and Wisdom from the World's Greatest Investor*(New York: Wiley, 1997), 165쪽에서 재인용(재닛 로우 지음, 김기준 옮김, 《워렌 버핏, 부의 진실을 말하다》, 크레듀, 2008).

8) 이를테면 Thomas Pogge, *Politics as Usual: What Lies Behind the Pro-Poor Rhetoric*(Cambridge: Polity, 2010)을 보라.

9) Cecilia Dugger, "Kenyan Farmers' Fate Caught Up in U.S. Aid Rules That Benefit Agribusiness," *New York Times*(July 31, 2007), A8면.

10) Nuclear Threat Initiative, "Nuclear Threat Initiative Commits $50 Million to Create IAEA Nuclear Fuel Bank"(press release, Vienna, September 19, 2006), nti.org/c_press/release_IAEA_fuelbank_091906.pdf, 10쪽.

11) Warren Buffett, interview by Charlie Rose, *Charlie Rose*, PBS(June 26, 2006), http://www.charlierose.com/view/interview/345.

12) Liam Murphy, *Moral Demands in Nonideal Theory*(New York: Oxford University Press, 2000), 76쪽; Kwame Anthony Appiah, *Cosmopolitanism: Ethics in a World of Strangers*(New York: Norton, 2006), 164~165쪽(콰메 앤터니 애피아 지음, 실천철학연구회 옮김, 《세계시민주의》, 바이북스, 2008).

13) UN Millennium Project, *Investing Development: A Practical Plan to Achieve the Millennium Development Goals*(London: Earthscan, 2005), 249~256쪽.

14) 다음에 나오는 수치는 이매뉴얼 사에즈의 웹사이트(www.elsa.berkeley.edu/~saez/)에서 찾아볼 수 있다.


**2장. 극빈자를 돕기 위한 정의와 선행의 의무**

1) 몇 단계에 걸쳐 초고를 읽고 유용한 의견을 말해준 토머스 포기와 레이프 위나에게 감사한다.

2) Peter Singer, "Famine, Affluence, and Morality," in William Aiken and Hugh LaFollette, eds., *World Hunger*

and Moral Obligation(Englewood Cliffs, N.J.: Prentice-Hall, 1977), 22~36쪽. 싱어는 The Life You Can Save(London: Picador, 2009)(피터 싱어 지음, 함규진 옮김, 《물에 빠진 아이 구하기》, 산책자, 2009)에서 이 주장을 더 탐구하고 발전시킨다.

3) 이 문제에 관한 명쾌한 논의는 Allen Buchanan, "Justice and Charity," Ethics 97(1987), 558~575쪽을 보라.

4) 여기서 나는 선행 의무에 관한 컬리티의 설득력 있는 이해를 따른다. Garrett Cullity, The Moral Demands of Affluence(Oxford: Oxford University Press, 2004)의 논의를 보라.

5) 국내 사회 제도만이 아니라 글로벌 사회 제도 또한 높은 수준의 만성적 극빈 상태를 야기하는 데서 우연히 행하는 결정적인 구실에 관한 논의로는 Thomas Pogge, World Poverty and Human Rights: Cosmopolitan Responsibilities and Reforms(Cambridge: Polity Press, 2002)를 보라.

6) 이런 주장을 설득력 있게 옹호하는 논의로는 Henry Shue, Basic Rights: Subsistence, Affluence, and U.S. Foreign Policy, 2nd ed.(Princeton, N.J.: Princeton University Press, 1980)을 보라. 최근의 몇몇 비판에 대해 슈의 주장을 옹호하는 논의로는 Elizabeth Ashford, "The Alleged Dichotomy Between Positive and Negative Rights and Duties," in Charles Beitz and Robert Goodin, eds., Global Basic Rights(Oxford: Oxford University Press, 2009), 92~112쪽을 보라.

7) 곤경을 자초한 이들을 도울 의무의 문제는 여기서 제외한다. 이 문제는 만성적 극빈 상태로 고통받는 이들에 대한 적극적인 의무 문제하고 별 관련이 없다. 이 사람들은 대개 생계 소득을 벌 현실적인 기회를 전혀 누리지 못하기 때문이다(더군다나 대부분 어린아이들이다).

8) 정의의 의무 또한 정의로운 사회 제도가 존재해서 그런 의무를 명시하고 할당하기 전까지 불완전할 수는 있지만, 이것은 권리에 상응하는 정의의 의무인 만큼 완전하게 만들어야 한다고 나는 다른 글에서 주장한 적이 있다. 권리의 실행을 보장하기 위해 각 행위자들의 개인적인 정의의 의무를 분명히 설명하고 조정하는 제도적 틀을 세우는 것이 정의에 요구된다.

9) Jeremy Waldron, Liberal Rights(Cambridge: Cambridge University Press, 1993), 15~16쪽.

10) Elizabeth Ashford, "The Duties Imposed by the Human Right to Basic Necessities," in Thomas Pogge, ed., UNESCO Volume I: Freedom from Poverty as a Human Right(Oxford: Oxford Univ. Press, 2007), 183~218쪽.

11) 많은 저명한 칸트주의적 계약론의 정의 설명(존 롤스의 설명 포함)에서 보면, 정의의 의무는 상호성의 관계에 기초를 둔다. 그렇지만 어떤 상호적 기획의 동료 성원인지 여부에 무관하게 인간이기만 하면 모든 사람이 인권을 갖는다고 볼 때, 상호성으로서 정의는 인권에 상응하는 의무의 충분한 토대가 아니다. 따라서 인권에 따라 부과되는 정의의 의무에 관한 칸트주의적 계약론의 설명은 합리적이고 자율적인 행위자로서 인간의 보편적인 도덕적 지위에 직접 기초를 두는 쪽이 더 그럴듯하다. 이 점을 설득력 있게 옹호하는 논의로는 Allen Buchanan, "Justice as Reciprocity Versus Subject-Centered Justice," Philosophy and Public Affairs 19(1990), 227~252쪽과 Allen Buchanan, Justice, Legitimacy, and Self-Determination(Oxford: Oxford University Press, 2004)를 보라.

12) Pogge, World Poverty and Human Rights, 46~48쪽.

13) Shaohua Chen and Martin Ravillon, "The Developing World Is Poorer Than We Thought, But No Less Successful in the Fight Against Poverty," Policy Research Working Paper 4003(Washington, D.C., World Bank Development Research Group, August 2008), go.worldbank.org/45FS30HBF0; Thomas Pogge, "Developing Morally Plausible Indices of Poverty and Gender Equity: A Research Program," in Alison Jaggar, ed., Global Gender Justice, special issue of Philosophical Topics 37(2009), 199~221쪽 등을 보라.

14) 물론 롤스는 정의 개념을 상호성의 관계 위에 두기 때문에 중증 장애인에 대한 정의의 의무라는 문제를 제쳐둔다.

15) 여기서 나는 T. M. Scanlon, What We Owe to Each Other,(Cambridge, Mass.: Harvard University Press, 1998) (토마스 스캔론 지음, 강명신 옮김, 《우리가 서로에게 지는 의무》, 한울, 2008)에서 정식화된 칸트주의 계약론을 따르지만, 이 정식화에 기대서 내 주장을 펴지는 않는다.

16) 다른 기본 인권으로 어떤 것이 있느냐는 문제는 열어두려 한다. J. S. 밀과 헨리 슈(Henry Shue)처럼 나도 생존과 신체적 안전의 권리가 인간의 가장 중요한 이익을 보호하는 데 가장 중요하며, 따라서 기본 인권의 부류에 속한다고 생각한다.

17) 정의의 의무와 선행의 의무의 구별에 관한 이런 설명은 정의의 의무가 선행의 의무의 특별한 범주라는 공리주의 주장하고 모순되지 않는다. 이를테면 밀의 견해에서 볼 때 권리에 상응하고 정당하게 강요할 수 있는 정의의 의무는 인간의 가장 중요한 이익을 보호하는 기능 때문에 두드러지게 된다. 반면 공리주의 이외의 정의 설명은 종종 정의의 의무가 선행의 의무와 근본적으로 다른 토대를 갖는다고 본다. 이를테면 Philippa Foot, "Utilitarianism and the Virtues," Mind 94(1985), 196~209쪽을 보라.

18) Singer, "Famine, Affluence, and Morality," 28쪽.

19) 앞의 글, 22쪽.

20) 앞의 글, 28쪽.

21) Singer, *Practical Ethics*, 2nd ed.(New York: Cambridge University Press, 1993)(피터 싱어 지음, 황경식·김성동 옮김, 《실천윤리학》(제3판), 연암서가, 2013), 245쪽.

22) Singer, *The Life You Can Save*, 15쪽.

23) 이를테면 앤드루 쿠퍼(Andrew Kuper)는 "More Than Charity: Cosmopolitan Alternatives to the 'Singer Solution'," *Ethics & International Affairs* 16(2002), 111쪽에서 이런 식의 주장을 편다.

24) 싱어는 "Poverty, Facts, and Political Philosophies: Response to 'More Than Charity'," *Ethics & International Affairs* 16(2002), 123쪽에서 자기 주장에 담긴 이런 함의를 강조한다.

25) Liam Murphy, "Institutions and the Demands of Justice," *Philosophy and Public Affairs* 27(Autumn 1998), 251~291쪽.

26) 물론 이 주장은 적어도 몇몇 형태의 원조는 효과적이라는 경험적 가정에 의존하는데, 이 가정은 이 글이 옹호하는 범위를 넘어선다. 이 가정에 대한 설득력 있는 옹호로는 Garrett Cullity, *The Moral Demands of Affluence*, 3장과 Thomas Pogge, *World Poverty and Human Rights*, 1장 II절을 보라. 가난한 나라의 비민주적인 권력 행사를 장려하고 촉진하는 전지구적 사회 제도를 지원하지 않을 소극적 의무에 결합되는 경우에 적극적인 원조 의무의 효과는 분명 훨씬 커질 것이다(그리고 이런 소극적 의무가 포기가 책에서 다루는 주제다).

27) Peter Unger, *Living High and Letting Die*(New York: Oxford University Press, 1996).

28) Liam Murphy, *Moral Demands in Nonideal Theory*(New York: Oxford University Press, 2000).

29) 앞의 책, 67쪽.

30) Pogge, *World Poverty and Human Rights*, 2쪽.

31) 좀더 긴 논의는 Elizabeth Ashford, "The Demandingness of Scanlon's Contractualism," *Ethics* 113(January 2003), 273~302쪽을 보라.

32) Rahul Kumar, "Defending the Moral Moderate: Contractualism and Common Sense," *Philosophy and Public Affairs* 28(Autumn 1999), 275~309쪽.

## 3장. 국제 비정부 기구는 어떻게 행동해야 하는가

1) 이 장은 내가 쓴 다음 글을 축약하고 갱신한 것이다. "Moral Priorities for International Human Rights NGOs," in Daniel A. Bell and Jean-Marc Coicaud, eds., *Ethics in Action: The Ethical Challenges of International Human Rights Nongovernmental Organizations*(Tokyo: United Nations University Press, 2007), 218~256쪽. 개작하고 수정하는 데 도움을 준 매트 피터슨(Matt Peterson)과 레이프 위나에게 대단히 감사한다.

2) Food and Agriculture Organization, "1.02 Billion People Hungry," June 19, 2009, www.fao.org/news/story/en/item/20568/icode/(2009년 6월 26일 접속).

3) World Health Organization, UNICEF, *Progress on Drinking Water and Sanitation: Special Focus on Sanitation*(New York and Geneva: UNICEF and World Health Organization, 2008), www.who.int/water_sanitation_health/monitoring/jmp2008/en/index.html, 30쪽.

4) 앞의 책, 13쪽.

5) Fogarty International Center for Advanced Study in the Health Sciences, *Strategic Plan: Fiscal Years 2000-2003*(Bethesda, Md.: National Institutes of Health, 날짜 없음), www.fic.nih.gov/about/plan/exec_summary.htm.

6) United Nations-Habitat, *The Challenge of Slums: Global Report on Human Settlement 2003*(London: Earthscan, 2003), vi쪽.

7) United Nations-Habitat, "Urban Energy," www.unhabitat.org/content.asp?cid=2884&catid=356&typeid=24&subMenuId=0 (July 24, 2010).

8) UNESCO Institute for Statistics, "Literacy Topic," December 1, 2008, www.uis.unesco.org/ev.php?URL_ID=6401&URL_DO=DO_TOPIC&URL_SECTION=201.

9) International Labour Office, *The End of Child Labour: Within Reach*(Geneva: International Labour Office, 2006), 6쪽을 보라.

10) 이 수치가 가장 최근에 일일 소비 측면에서 재정의된 세계은행의 공식 빈곤선이다. 2005년 미국에서 1.25

달러에 해당하는 구매력의 현지 비용을 가리킨다. Shaohua Chen and Martin Ravallion, "The Developing World Is Poorer Than We Thought, But No Less Successful in the Fight against Poverty," World Bank Policy Research Working Paper WPS 4703(Washington, D.C., World Bank Development Research Group, 2008), 10, 44쪽; econ.worldbank.org/docsearch.

11) World Health Organization, *Global Burden of Disease: 2004 Update*(Geneva: WHO, 2008), 표 A1, 54~59쪽, www.who.int/healthinfo/global_burden_disease/2004_report_update/en/index.html.

12) UNICEF, *The State of the World's Children 2008*(New York: UNICEF, 2008), iii쪽; United Nations Development Programme, *Human Development Report 2003*(New York: Oxford University Press, 2003), 310~330쪽; United Nations Research Institute for Social Development, *Gender Equality: Striving for Justice in an Unequal World*(Geneva: UNRISD/UN Publications, 2005); Social Watch, *Unkept Promises*(Montevideo: Instituto del Tercer Mundo, 2005), www.socialwatch.org/node/10021.

13) Thomas Pogge, *World Poverty and Human Rights: Cosmopolitan Responsibilities and Reforms*, 2nd ed.(Cambridge: Polity Press, 2008), 8장.

14) 또는 세계 총소득의 73퍼센트다. World Bank, *World Development Report 2010*(Washington, D.C.: World Bank, 2010), 379쪽, go.worldbank.org/BKLQ9DSDU0.

15) millenniumindicators.un.org/unsd/mdg/SeriesDetail.aspx?srid=592&crid=를 보라. 지금 구할 수 있는 최신 수치는 2008년도 자료다.

16) United Nations Development Programme, *Human Development Report 2003*, 290쪽, hdr.undp.org/en/reports/global/hdr2003.

17) Derek Parfit, "Equality or Priority," in Matthew Clayton and Andrew Williams, eds., *The Ideal of Equality*(Houndmills: Macmillan, 2000), 81~125쪽과 John Broome, "Equality Versus Priority: A Useful Distinction," 2002, users.ox.ac.uk/~sfop0060/을 비교해보라.

18) Paul Collier and David Dollar, "Aid Allocation and Poverty Reduction," *European Economic Review*. 46(2002), 1475~1500, 1488쪽.

19) 앞의 글, 1497쪽.

20) 앞의 글, 1488쪽과 1490쪽.

21) 이를테면 John Rawls, *A Theory of Justice*(Cambridge, Mass.: Harvard University Press, 1999[1971]), 132~135쪽을 보라(존 롤스 지음, 황경식 옮김, 《정의론》, 이학사, 2003).

22) 이른바 '인도주의의 그레셤 법칙(humanitarian Gresham's Law)'에 따라 이것하고 비슷한 일이 실제로 벌어지고 있다는 주장으로는 Alex de Waal, *Famine Crimes: Politics and the Disaster Relief Industry in Africa*(Bloomington: Indiana University Press, 1998), 138~143쪽을 보라.

23) Derek Parfit, *Reasons and Persons*(Oxford: Oxford University Press, 1984), 4장을 보라.

24) John Rawls, *A Theory of Justice*, 22~23쪽과 26쪽이 하나의 사례다.

**4장. 발몽 효과** 필란트로피의 따뜻한 만족 이론

1) 이 글을 준비하는 데 유용한 길잡이를 해준 에른스트 페어(Ernst Fehr)와 기술적 도움을 준 오눈 휠란(Aanund Hylland), 일전에 쓴 초고를 읽고 논평을 해준 제이콥 엘스터(Jacob Elster)와 토머스 포기에게 감사한다.

2) Oded Stark, *Altruism and Beyond*(Cambridge: Cambridge University Press, 1995), 4장.

3) Hillel Rapoport and Frederic Docquier, "The Economics of Migrants' Remittances," in Serge-Christophe Kolm and Jean Mercier Ythier, eds., *Handbook of the Economics of Giving, Altruism and Reciprocity*(Amsterdam: North-Holland, 2006), 1135~1195, 1149쪽.

4) Pierre Choderlos de Laclos, *Les liaisons dangereuses*(1782), 스물한 번째 편지(쇼데를로 드 라클로 지음, 윤진 옮김, 《위험한 관계》, 문학과지성사, 2007. 번역은 국역본을 참조하고 약간 수정함).

5) 앞의 책.

6) Serge-Christophe Kolm, "The Optimal Production of Social Justice," in Julius Margolis and Henri Guitton, eds., *Public Economics*(London: Macmillan, 1969); Harold Hochman and James Rodgers, "Pareto Optimal Redistribution," *American Economic Review* 59 (1969), 542~557쪽.

7) 이 점을 지적해준 오눈 휠란에게 감사한다.

8) Serge-Christophe Kolm, *La bonne économie*(Paris: Presses Universitaires de France, 1984), 79~80쪽.

9) Susan Hurley, *Natural Reasons*(New York: Oxford University Press, 1992); Michael Bacharach, *Beyond Individual Choice*(Princeton, N.J.: Princeton University Press, 2006).

10) George A. Quattrone and Amos Tversky, "Self-Deception and the Voters' Illusion," *Journal of Personality and Social Psychology* 46 (1984), 237~248쪽.

11) Jon Elster, "Social Norms and Economic Theory," *Journal of Economic Perspectives* 3(1989), 99~117쪽.

12) James Andreoni, "Impure Altruism and Donations to Public Goods: A Theory of Warm-Glow Giving," *Economic Journal* 100(1989), 465쪽.

13) Robert Frank, *Passions within Reason*(New York: Norton, 1998), 21쪽.

14) Thomas R. Palfrey and Jeffery E. Prisbrey, "Anomalous Behavior in Public Goods Experiments: How Much and Why?" *American Economic Review* 87(1997), 830쪽.

15) 앞의 글.

16) James Andreoni, "Philanthropy," in Serge-Christophe Kolm and Jean Mercier Ythier, eds., *Handbook of the Economics of Giving, Altruism and Reciprocity*(Amsterdam: North-Holland, 2006), 1220쪽 각주 16.

17) Dominique J.-F. de Quervain et al., "The Neural Basis of Altruistic Punishment," *Science* 305(2004), 1254~1258쪽.

18) Seneca, *On the Happy Life*, 9.1절과 9.2절(루키우스 안나이우스 세네카 지음, 정영훈 엮음, 정윤희 옮김, 《세네카의 행복론》, 소울메이트, 2016).

19) Jon Elster, *Explaining Social Behavior*(Cambridge: Cambridge University Press, 2007), 4장.

20) Germaine de Staël, *Considérations sur la Révolution Française*(Paris: Tallandier, 2000), 104쪽.

21) Aristotle, *Rhetoric*, 1394a쪽(아리스토텔레스 지음, 이종오·김용석 옮김, 《수사학》 1·2·3, 리젬, 2007~2008).

22) Erik Schokkaert, "The Empirical Analysis of Transfer Motives," in Serge-Christophe Kolm and Jean Mercier Ythier, eds., *Handbook of the Economics of Giving, Altruism and Reciprocity*(Amsterdam: North-Holland, 2006), 161쪽.

23) Eric Posner, *Law and Social Norms*(Cambridge, Mass.: Harvard University Press, 2007), 61쪽.

24) 이런 신경과학을 개관한 글로는 Ulrich Mayr, William T. Harbaugh and Dharol Tankersley, "Neuroeconomics of Charitable Giving and Philanthropy," in Paul W. Glimcher et al., eds., *Neuroeconomics: Decision Making and the Brain*(London: Elsevier, 2008), 303~320쪽을 보라.

25) De Quervain et al., "The Neural Basis"; Jorge Moll et al., "Human Fronto-mesolimbic Networks Guide Decisions about Charitable Donations," *Proceedings of the National Academy of Sciences* 103 (2006), 15623~15628쪽; William Harbaugh, Ulrich Mayr, and Daniel Burghart, "Neural Responses to Taxation and Voluntary Giving Reveal Motives for Charitable Donations," *Science* 316(2007), 1622~1625쪽.

26) De Quervain et al., "The Neural Basis."

27) George Lefebvre, *The Great Fear of 1789*(New York: Schocken, 1973), 17쪽(조르주 르페브르 지음, 최갑수 옮김, 《1789년의 대공포》, 까치, 2002).

28) Edward Palmer Thompson, "The Moral Economy of the English Crowd in the Eighteenth Century," *Past and Present* 40(1971), 76~136쪽.

29) Quervain et al., "The Neural Basis," 1257쪽.

30) Ernst Fehr and Urs Fischbacher, "Third-Party Punishment and Social Norms," *Evolution and Human Behavior* 25(2004), 63~87쪽.

31) Adam Smith, *The Theory of Moral Sentiments*(Oxford: Oxford University Press, 1976), 69쪽(애덤 스미스 지음, 김광수 옮김, 《도덕감정론》, 한길사, 2016).

32) Caroline F. Zink et al., "Human Striatal Responses to Monetary Reward Depend on Saliency," *Neuron* 42 (2004), 509~517쪽.

33) Kent C. Berridge, "Wanting and Liking: Observations from the Neuroscience and Psychology Laboratory," *Inquiry* 52 (2009), 378~398쪽.

34) Moll et al., "Human Fronto-mesolimbic Networks."

35) Moll et al., "Human Fronto-mesolimbic Networks," 1624쪽.

36) De Quervain et al., "The Neural Basis."

37) Andreoni, "Impure Altruism."

38) Moll et al., "Human Fronto-mesolimbic Networks," 1624쪽.

39) Harbaugh et al., "Neural Responses."

40) 앞의 글, 1623쪽.

41) 앞의 글, 1624쪽.

42) 앞의 글.

43) 앞의 글.

44) Ernst Fehr, "Social Preferences and the Brain," in Paul Glimcher et al., eds., *Neuroeconomics: Decision Making and the Brain*(London: Elsevier, 2009), 215~232, 226쪽.

45) De Quervain et al., "The Neural Basis."

46) Harbaugh et al., "Neural Responses."

47) 앞의 글.

48) Daniel Kahneman and Jack Knetsch, "Valuing Public Goods: The Purchase of Moral Satisfaction?" *Journal of Environmental Economics and Management* 22(1992), 57~70쪽.

49) Bryan Caplan, *The Myth of the Rational Voter*(Princeton, N.J.: Princeton University Press, 2007), 151쪽(브라이언 캐플란 지음, 김행범·이한우·황수연·이성규 옮김,《합리적 투표자에 대한 미신》, 북코리아, 2008).

50) De Quervain et al., "The Neural Basis."

51) Harbaugh et al., "Neural Responses."

52) Andreoni, "Philanthropy," 1220쪽.

53) Jon Elster, *Alchemies of the Mind*(Cambridge: Cambridge University Press, 1999), 302쪽.

54) Quattrone and Tversky, "Self-Deception."

55) Drazen Prelec and Ronit Bodner, "Self-Signaling and Self-Control," in George Loewenstein, Daniel Read, and Roy F. Baumeister, eds., *Time and Decision*(New York: Russell Sage, 2003), 277~298쪽; Ronit Bodner and Drazen Prelec, "Self-Signaling and Diagnostic Utility in Everyday Decision Making," in Isabelle Brocas and Juan Carillo, eds., *The Psychology of Economic Decisions*(New York: Oxford University Press, 2003), 105~123쪽.

56) Prelec and Bodner, "Self-Signaling and Self-Control," 283쪽.

57) 앞의 글.

58) 앞의 글, 294쪽.

59) Bodner and Prelec, "Self-Signaling and Diagnostic Utility," 109쪽.

60) 앞의 글.

61) Jon Elster, *Le désintéressement*(Paris: Seuil, 2009), 355쪽.

62) Immanuel Kant, "Groundwork of the Metaphysics of Morals," in Mary J. Gregor, ed., *Practical Philosophy/Immanuel Kant*(Cambridge: Cambridge University Press, 1996), 61~62쪽(임마누엘 칸트 지음, 이원봉 옮김,《도덕 형이상학을 위한 기초 놓기》, 책세상, 2002).

## 5장. 세계 빈민 원조 원조 공여국의 새로운 과제

1) Peter Singer, *Practical Ethics*(Cambridge: Cambridge University Press, 1993), 241쪽.

2) 원조의 영향력에 기여하거나 그 영향력을 향상시킬 가능성이 있는 요인들에 관한 논의로는 이를테면 Paul Collier, *The Bottom Billion: Why the Poorest Countries Are Failing and What Can be Done About It*(Oxford: Oxford University Press, 2008)(폴 콜리어 지음, 류현 옮김,《빈곤의 경제학》, 살림, 2010년); John Degnbol-Martinussen and Poul Engberg-Pedersen, *Aid: Understanding International Development Co-operation*(London: Zed Books, 2008); Matthew Lockwood, *The State They're In: An Agenda for International Action on Poverty in Africa*(Bourton-on-Dunsmore: Intermediate Technology Development Group, 2005); Roger C. Riddell, *Does Foreign Aid Really Work?*(Oxford: Oxford University Press, 2008) 등을 보라.

3) "National Disasters 1900 to 2009," in EM-DAT: The International Disaster Database, www.emdat.be/natural-disasters-trends(2010년 7월 24일 접속)을 보라.

4) Development Initiatives, *Global Humanitarian Assistance*, 2007/2008(Wells, Somerset: Development Initiatives, 2008), 25~26쪽, www.goodhumanitariandonorship.org/documents/gha_2007_final_a4.pdf.

5) Riddell, Foreign Aid, 317쪽.

6) 앞의 책.

7) International Federation of Red Cross and Red Crescent Societies, *World Disasters Report 2005* (Geneva: International Federation of Red Cross and Red Crescent Societies, 2005), 부록 1, 표 13.

8) Riddell, *Foreign Aid*, 314쪽.

9) World Health Organization, *The Burden of Disease 2004 Update*(Geneva: World Health Organi-zation, 2008), 54쪽 이하, www.who.int/healthinfo/global_burden_disease/GBD_report_2004update_AnnexA.pdf.

10) 이를테면 Fred Erixon, *Aid and Development: Will It Work This Time?*(London: International Policy Network, 2005)를 보라.

11) 이런 견해에 연결되는 대표적 학자는 피터 바우어다. Peter Bauer, *Dissent on Development*(London: Weidenfeld and Nicolson, 1971)을 보라. 좀더 최근에는 Dambisa Moyo, *Dead Aid: Why Aid Is Not Working and How There Is Another Way for Africa*(London: Allen Lane, 2009)(담비사 모요 지음, 김진경 옮김, 《죽은 원조》, 알마, 2012)가 아주 비슷한 주장을 펼친 적이 있다. 그렇지만 두 사람 다 인도주의 원조에는 찬성한다.

12) John Rawls, *The Law of Peoples*(Cambridge, Mass.: Harvard University Press, 2003), 37쪽(존 롤스 지음, 장동진·김기호·김만권 옮김, 《만민법》, 아카넷, 2009).

13) Rawls, *The Law of Peoples*, 108쪽.

14) Thomas Pogge, *World Poverty and Human Rights*(Cambridge: Polity Press, 2002), 20~26쪽.

15) United Nations Development Programme, *Human Development Report 2007/2008*(New York: Palgrave Macmillan, 2007), 290~293쪽, hdr.undp.org/en/reports/global/hdr2007-2008/.

16) Riddell, *Foreign Aid*, 179~194쪽.

17) 앞의 책, 195~200쪽.

18) Raghuram G. Rajan and Arvind Subramanian, *What Undermines Aid's Impact on Growth?* International Monetary Fund Working Paper No. 126(Washington, D.C.: International Monetary Fund, 2005), www.imf.org/external/pubs/ft/wp/2005/wp05126.pdf; David Roodman, *The Anarchy of Numbers: Aid, Development and Cross-Country Empirics*, Working Paper No. 32(Washington, D.C.: Center for Global Development, 2007), www.cgdev.org/content/publications/detail/2745; Riddell, *Foreign Aid*, 213~222쪽 등을 보라.

19) Dani Rodrik, *Rethinking Growth Strategies*, WIDER annual lecture 8(Helsinki: UNU-WIDER, 2006), http://www.wider.unu.edu/publications/annual-lectures/en_GB/AL8/_files/78091862539831929/default/annual-lecture-2004.pdf; Dani Rodrik, Avarind Subramanian, and Francesco Trebbi, *Institutions Rule: The Primacy of Institutions Over Geography and Integration in Economic Development*, Working Paper 9305(Cambridge, Mass.: National Bureau of Economic Research, 2002), ksghome.harvard.edu/~drodrik/institutionsrule.%205.0.pdf 등을 보라.

20) Christian Andersson, "Breaking Through," in Pierre Frühling, ed., *Swedish Development Aid in Perspective: Policies, Problems and Results Since 1952*(Stockholm: Almqvist and Wiksell International, 1986), 27~44쪽.

21) 핀란드에 관해서는 "Finland's Development Co-operation," 2005, global.finland.fi/julkaisut/pdf/perusesite_en.pdf를 보라. 노르웨이에 관해서는 report no. 35 to the Störting(2003-2004), "Fighting Poverty Together: A Comprehensive Development Policy"[summary], www.dep.no/ud/english/doc/white_paper/032131-030005/ind-bn.html을 보라.

22) Department for International Development, *Eliminating World Poverty: Making Governance Work for the Poor*(Norwich: The Stationery Office, 2006), ii쪽, www.dfid.gov.uk/wp2006/whitepaper-printer-friendly.pdf.

23) European Union, *The European Consensus on Development*(Brussels, European Parliament, European Council and European Commission), 3쪽, http://ec.europa.eu/development/icenter/repository/european_consensus_2005_en.pdf.

24) U.S. Agency for International Development, *US Foreign Aid: Meeting the Challenges of the Twenty-First Century*(Washington, D.C.: U.S. Agency for International Development, 2004), 20쪽, www.usaid.gov/policy/pdabz3221.pdf.

25) www.usaid.gov/about_usaid/usaidhist.html을 보라.

26) Riddell, *Foreign Aid*, 78~80쪽.

27) Organisation for Economic Cooperation and Development, *Development Cooperation Report 2006* (Paris: Organisation for Economic Cooperation and Development, 2007), 통계 부록, 표 32.

28) Roger Riddell, Lawrence Bategeka, and Deep Basu Ray, *Measuring Impact: The Global and Irish Aid Programme: Study 7: The Uganda Case Study and Implications and Reflections Especially For Small Donors*(Dublin: Advisory Board for Irish Aid, 2007), 1~4쪽, http://www.opml.co.uk/sites/default/files/ABIA%20Measuring%20Impact%20Final%20Report%20sv_0.pdf.

29) Riddell, *Foreign Aid*, 231~252쪽을 보라.

30) 밀레니엄 개발 목표의 자세한 내용은 다음 유엔 웹사이트에서 찾아볼 수 있다. www.undp.org/mdg/basics. shtml.

31) Organisation for Economic Cooperation and Development, *Paris Declaration on Aid Effectiveness* (Paris: Organisation for Economic Cooperation and Development, 2005). 파리 선언 문서는 www.oecd.org/dataoecd/11/41/34428351.pdf에서 볼 수 있다.

32) MDG Gap Taskforce, *Delivering on the Global Partnership for Achieving the Millennium Development Goals*(New York: United Nations, 2008), www.un.org/esa/policy/mdggap/mdg8report_engw.pdf.

33) International Development Association, *Aid Architecture: An Overview of the Main Trends in Official Development Assistance Flows*(Washington, D.C.: International Development Association, February 2007), sitresources.worldbank.org/IDA/Resources/Seminiar%20PDFs/73449-117252597 6405/3492866-1172527584498/Aidarchitecture.pdf.

34) Department for International Development, *Growth: Building Jobs and Prosperity in Developing Countries*(London: Department for International Development, 2008), www.dfid.gov.uk/pubs/files/growth-policy-paper.pdf.

35) International Development Association, *Aid Architecture*, 19쪽.

36) Organisation for Economic Cooperation and Development, *Development Cooperation Report 2009* (Paris: Organisation for Economic Cooperation and Development, 2009), 41쪽, www.oecd.org/document/62/0,334 3,en_2649_33721_42195902_1_1_1_1,00.html.

37) Organisation for Economic Cooperation and Development, *Development Cooperation Report*, 22쪽.

38) Accra Agenda for Action, *Final Communiqué from the Third High-Level Forum on Aid Effec- tiveness*(Accra: Third High-Level Forum on Aid Effectiveness, 2008), 1쪽. www.oecd.org/dataoecd/58/16/41202012.odf 를 보라. 이제까지 일어난 경과에 관한 더 자세한 분석은 Bernard Wood, Dorte Kabell, Nansozi Muwanga, and Francisco Sagasti, *Evaluation of the Paris Declaration (Phase 1)*(Koeg, Denmark: Kabell Konsulting, 2008), www.oecd.org/dataoecd/57/3/41136587.pdf를 보라.

39) Organisation for Economic Cooperation and Development, *Paris Declaration*, 9쪽.

40) Riddell, *Foreign Aid*, 21~49쪽.

41) Organisation for Economic Cooperation and Development, *Development Cooperation Report*, 57~58쪽과 104~105쪽.

42) World Bank, *Swimming Against the Tide: How Developing Countries Are Coping with the Global Crisis*(Washington, D.C.: The World Bank, 2009), 9쪽, siteresources.worldbank.org/NEWS/Resources/swimmingagainstthetide-march2009.pdf.

43) International Monetary Fund, *The Implications of the Global Financial Crisis for Low-Income Countries*(Washington, D.C.: International Monetary Fund, 2009), vii쪽, www.imf.org/external/pubs/ft/books/2009/globalfin/globalfin.pdf.

44) Riddell, *Foreign Aid*, 22쪽.

45) 앞의 책, 126~128쪽.

46) 앞의 책, 122~125쪽.

47) Willy Brandt, *North-South: A Programme for Survival: The Report of the Independent Commission on International Development*(London: Pan Books, 1980), 244쪽(브란트위원회 편, 이원재 옮김, 《빈국과 부국: 브란트 보고서》, 나남, 1982).

48) Lester Pearson, *Partners in Development: Report of the Commission on International Development* (London: Pan Books, 1980), 22쪽과 127쪽.

49) 트루먼 대통령 취임사는 www.trumanlibrary.org/whistleshop/50yr_archive/inaugural20jan1949.htm에서 전문을 볼 수 있다.

**6장. 가난은 연못이 아니다** 부유한 사람들의 과제

1) 제사 출처: Peter Singer, *The Life You Can Save*(New York: Random House, 2009)의 뒤표지(인용한 문장은 본디 책에서는 순서가 반대다). 이 글에서 다루는 쟁점들에 관해 토론해준 크리스천 배리(Christian Barry), 퍼트리샤 일링워스, 홀던 카노프스키(Holden Karnofsky), 카라 나인(Cara Nine), 앨리스 오브레히트(Alice

Obrecht), 토머스 포기, 로저 리델, 피터 싱어, 레슬리 셰라트(Leslie Sherratt) 등에게 감사한다.

2) 이 장은 다음 글들을 바탕으로 쓴 글이다. Leif Wenar, "What We Owe to Distant Others," *Politics, Philosophy and Economics* 2(2003), 283~304쪽; "Accountability in International Development Aid," *Ethics and International Affairs* 20(2006), 1~23쪽; "The Basic Structure as Object: Institutions and Humanitarian Concern," in D. Weinstock, ed., *Global Justice, Global Institutions*(Calgary: University of Calgary Press, 2007), 253~278쪽. 이 글들에는 원조에 관련된 폭넓은 참고 문헌이 담겨 있다. 지면을 아끼기 위해 이 글들에 제시된 참고 문헌은 여기서 다시 밝히지 않겠다.

3) Riddell, 이 책의 글.

4) 이 장에서 '부유하다(affluent)'는 용어는 전지구적 소득에 관련해 사용되며 선진국에 사는 거의 모든 사람이 포함된다. 이 점을 보여주기 위해 밀라노비치는 1993년 현재 미국 인구 하위 10퍼센트의 평균 소득으로 사는 미국인은 소득 측면에서 전세계 인구의 3분의 2보다 더 잘 산다고 추산한다. Branko Milanovic, "True World Income Distribution, 1988 and 1993: First Calculations, Based on Household Surveys Alone," *Economic Journal* 112(2002), 51~59쪽.

5) Peter Singer, "Famine, Affluence and Morality," *Philosophy & Public Affairs* 1(1972), 231쪽. 이 글에는 이 도덕 원칙의 또 다른 형태가 담겨 있는데, 여기서는 '도덕적으로 중요한'이라는 표현이 '도덕적으로 동등하게 중요한'으로 바뀐다. 여기서 하는 논의는 이 원칙의 두 형태에 모두 적용된다. 싱어는 《물에 빠진 아이 구하기》(2009년, 15쪽)에서 '도덕적으로 동등하게 중요한' 형태에 좀더 가까운 원칙을 전개한다.

6) Singer, "Famine," 231쪽.

7) 앞의 글, 232쪽.

8) Peter Singer, "The Drowning Child and the Expanding Circle," *New Internationalist*, April 1997.

9) Singer, "Famine," 230쪽.

10) Singer, *The Life*, 114쪽. 개인들은 또한 이 장에서 이야기하지 않는 다른 행동 방침, 곧 원조와 아무 관계가 없는 정책 변화(국내 농업 관세와 보조금 인하 등)를 위해 캠페인을 벌이는 것 등을 고려할 수 있다.

11) Roger Riddell, *Does Foreign Aid Really Work?*(Oxford: Oxford University Press, 2007), 53~54쪽.

12) 이를테면 예산 비율을 보여주는 원형 도표는 비정부 기구의 운영 구조나 사업의 효과성에 관한 정보를 거의 전달하지 못한다. 많은 개인들은 몇몇 비정부 기구가 '관리 비용'과 반대 의미로 '프로젝트 비용'으로 간주하는 내용을 보고 놀랄 것이다. 그리고 어쨌든 많은 빈곤 경감 프로젝트는 자금의 많은 부분을 관리에 지출할수록 더 큰 효과를 발휘할 공산이 크다. 이런 이유로 비정부 기구의 재정 보고서(예산 비율만을 열거한다)나 대부분의 '자선 등급 웹사이트'(예산 비율을 기준으로 삼아 다양한 비정부 기구에 등급을 매긴다)는 비정부 기구의 효과성에 관한 신뢰할 만한 정보 원천이 되지 못한다.

13) www.savethechildren.org.uk(2009년 8월 22일 접속).

14) '구글 학술 검색(Google Scholar)' 같은 검색 엔진에 '공적 개발 원조(official development aid)'나 '비정부 기구 원조(NGO aid)' 같은 용어를 입력하면 관련 문헌을 대강 살펴볼 수 있다.

15) 이를테면 (전부는 아니더라도) 대부분의 전문가는 지난 30년 동안 극심한 빈곤이 절대적인 면에서나 비율의 면에서나 줄어들었고, 이 시기 동안 전지구적 경제 활동에 견줘 원조 흐름이 작았으며, 많은 원조가 빈곤 경감보다는 지정학적 전략의 이유에서 제공됐고, 이 시기 동안 손꼽히는 규모의 빈곤 경감 중 일부(인간 역사상 최대의 빈곤 경감인 중국 사례를 포함해서)는 대체로 원조 노력의 결과가 아니라는 데 동의한다.

16) Sanjay Reddy and Thomas Pogge, "How Not to Count the Poor" 6(2005), www.socialanalysis.org. www.ipc-undp.org/theme.do#Pov에서 진행된 토론을 보라.

17) Jeffrey Sachs, *The End of Poverty: Economic Possibilities for Our Time*(New York: Penguin, 2005)(제프리 삭스 지음, 김현구 옮김, 《빈곤의 종말》, 21세기북스, 2006); William Easterly, *The White Man's Burden: Why the West's Efforts to Aid the Rest Have Done So Much Ill and So Little Good*(New York: Penguin, 2006)(윌리엄 R. 이스털리 지음, 황규득 옮김, 《세계의 절반 구하기》, 미지북스, 2011).

18) United Nations Development Programme, *Development Effectiveness Report*(New York: United Nations, 2003), 41쪽.

19) Ales Bulir and A. Javier Hamann, "Volatility of Development Aid: From the Frying Pan into the Fire?" *World Development* 36(2008), 2048~2066쪽.

20) Ritva Reinikka and Jakob Svensson, "Local Capture and the Political Economy of School Financing," *Quarterly Journal of Economics* 119(2004), 679~705쪽.

21) Amartya Sen, *Development as Freedom*(Oxford: Oxford University Press, 1999)(아마티아 센 지음, 김원기 옮김, 《자유로서의 발전》, 갈라파고스, 2013), 175쪽).

22) William Easterly, "Introduction," in William Easterly, ed., *Reinventing Foreign Aid*(Cambridge, Mass.: MIT Press, 2008), 28쪽.

23) Easterly, *Reinventing Foreign Aid*, 32쪽.

24) Mary B. Anderson, *Do No Harm*(Boulder, Colo.: Lynne Rienner, 1999), 46~47쪽.

25) Anderson, *Do No Harm*, 55~66쪽.

26) 이 주제는 Wenar, "Accountability"와 "The Basic Structure"에서 더 폭넓게 논의된다. 두 글에서 나는 평가의 질을 향상시키기 위한 조직(평가 전문가들의 협회)을 구성하자는 제안을 내놓았다.

27) Robert Cassen, *Does Aid Work?* 2nd ed.(Oxford: Clarendon, 1994).

28) Basil Cracknell, *Evaluating Development Aid*(London: Sage, 2001), 88쪽.

29) Esther Duflo and Michael Kremer, "The Use of Randomization in the Evaluation of Development Effectiveness," in William Easterly, ed., *Reinventing Foreign Aid*(Cambridge, Mass.: MIT Press, 2008), 102쪽.

30) www.povertyactionlab.org를 보라.

31) Riddell, *Does Foreign Aid*, 189쪽.

32) 앞의 책, 266쪽.

33) 이를테면 Rebecca M. Blank, "Evaluating Welfare Reform in the United States," *Journal of Economic Literature* 40(2002), 1105~1166쪽을 보라.

34) 이를테면 Ron Haskins et al., "Welfare Reform: An Overview of Effects to Date," *Brookings Institution Policy Brief* 1(Brookings Institution, Washington, D.C., January, 2001)을 보라.

35) Singer, "Famine," 242쪽.

36) Singer, *The Life*, 103, 124쪽.

37) 앞의 책, 82~84, 112; 98, 96쪽.

38) 앞의 책, 103쪽.

39) 앞의 책, 84쪽.

40) 앞의 책, 88쪽.

41) PSI, "Cost Effectiveness Report 2006," 10쪽, www.psi.org/research/documents/health_impact/psi_cost_effectiveness_2006.pdf.

42) "President's Malaria Needs Assessment, Madagascar 2007," www.usaid.gov/mg/bkg%20docs/needs_assessment_report_2007.pdf.

43) 제프리 삭스는 말한다. "돈이 하나도 없는 사람들이 모기장을 살 것이라고 기대해서는 안 된다. …… 소셜 마케팅은 이제 그만하자!" 무작위 평가의 선구자로 손꼽히는 마이클 크레머(Michael Kremer)는 말한다. "나는 페리에 생수를 파는 사람들이나 그걸 사는 사람들에게 반대할 생각은 없다. 다만 페리에 생수를 판다고 해서 세계 빈민들의 물 부족이 충족될 것이라고 생각하지는 말라." Christopher Shea, "A Handout, Not a Hand Up," *Boston Globe*(November 11, 2007), www.boston.com/bostonglobe/ideas/articles/2007/11/11/a_handout_not_a_hand_up.

44) Jessica Cohen and Pascaline Dupas, *Free Distribution vs. Cost-Sharing: Evidence from a Malaria-Prevention Field Experiment in Kenya*, Brookings Institution Global Economy and Development Working Paper(Brookings Institution, Washington, D.C., 2007).

45) Bya Jerry Okungu, "People's Revolt Is the Only Answer to Africa's Despots, Says Ugandan Writer," *Senegambia News*[editorial](March 27, 2009), www.senegambianews.com/article/Guest_Editorial/Guest_Editorial/Peoples_revolt_is_the_only_answer_to_Africas_despots_Says_Ugandan_Writer/18636.

46) "President's Malaria Needs Assessment," 18쪽.

47) 《물에 빠진 아이 구하기》에서 원조가 피해를 줄 수 있는 가능성을 언급(111, 115~117쪽)하는 싱어가 다른 곳에서는 적어도 공적 원조에 관련해 이 점을 가볍게 보는 듯하다(121쪽). 흥미롭게도 1972년 논문에서 싱어는 자기가 제시한 원칙의 '희생' 구절에 '비슷하게 나쁜 다른 일이 일어나도록 야기하거나 그 자체로 나쁜 일을 하는 것, 또는 어떤 도덕적 선을 장려하지 않는 것'이 포함된다고 봤다("Famine," 231쪽). 싱어는 논문에서는 이런 가능성을 검토하지 않았고, 《물에 빠진 아이 구하기》에서 이 원칙을 논의하는 부분(15~19쪽)에서도 이런 폭넓은 효과에 관한 언급은 빠져 있다.

48) www.givewell.net/PSI(2009년 6월 1일 접속).

1) Jeevan Vasagar, "Ending Africa's Cargo Cult," *Guardian Online*(July 24, 2006), www.guardian.co.uk/commentisfree/2006/jul/24/post249.

2) Ataul Karim, Mark Duffield, et al., *OLS: Operation Lifeline Sudan: A Review*(New York: UNICEF, July 1996).

3) Tony Vaux, *The Selfish Altruist: Relief Work in Famine and War*(London: Earthscan, 2003)하고 비교해보라.

4) Amartya Sen, *Development as Freedom*(Oxford: Oxford University Press, 2001).

5) Alex de Waal, "Anthropology and the Aid Encounter," in Jeremy MacClancy, ed., *Exotic No More: Anthropology on the Front Lines*(London: University of Chicago Press, 2002), 251~269쪽.

6) Rebecca Hamilton and Chad Hazlett, "Not on Our Watch: The American Movement for Darfur," in Alex de Waal, ed., *War in Darfur and the Search for Peace*(Cambridge, Mass.: Harvard University Press, 2007), 337~366쪽.

7) Conrad Reining, *The Zande Scheme: An Anthropological Case Study of Economic Development in Africa*(Evanston, Ill.: Northwestern University Press, 1966).

8) James Ferguson, *The Anti-Politics Machine: Development, Depoliticization and Bureaucratic Power in Lesotho*(Minneapolis: University of Minnesota Press, 1990).

9) Mark Hobart, *An Anthropological Critique of Development: The Growth of Ignorance*(London: Rout-ledge, 1993).

10) Arturo Escobar, *Encountering Development: The Making and Unmaking of the Third World*(Prince-ton, N.J.: Princeton University Press, 1994).

11) John Ford, *Role of Trypanosomiases in African Ecology: A Study of the Tsetse-Fly Problem*(Oxford: Clarendon Press, 1971).

12) Melissa Leach and Robin Mearns, *The Lie of the Land: Challenging Received Wisdom on the African Environment*(London: James Currey, 1996).

13) Susanna Davies, *Adaptable Livelihoods: Coping with Food Insecurity in the Malian Sahel*(London: Macmillan, 1996).

14) Mark Duffield, *Global Governance and the New Wars: The Merging of Development and Security* (London: Zed, 2001).

15) David Keen, *Complex Emergencies*(London: Polity, 2007).

16) Zoe Marriage, *Not Breaking the Rules, Not Playing the Game: International Assistance to Countries at War*(London: Hurst, 2006).

17) Alex de Waal, *Famine Crimes: Politics and the Disaster Relief Industry in Africa*(London: James Currey, 1997).

18) Francois Jean, *From Ethiopia to Chechnya: Reflections on Humanitarian Action, 1988-1999*(Paris: Médecins Sans Frontières, 2008).

19) Mary Anderson, *Do No Harm: How Aid Can Support Peace — Or War*(Boulder, Colo.: Lynne Reiner, 1999).

20) Frederic C. Schaffer, *Democracy in Translation: Understanding Politics in an Unfamiliar Culture* (Ithaca, N.Y.: Cornell University Press, 1998).

21) Harri Englund, *Prisoners of Freedom: Human Rights and the African Poor*(Berkeley: University of California Press, 2006).

22) 앞의 책, 22쪽.

23) Stefan Elbe, *Virus Alert: Security, Governmentality and the Global AIDS Pandemic*(New York: Columbia University Press, 2009).

24) Alex de Waal, *AIDS and Power: Why There Is No Political Crisis — Yet*(London: Zed, 2006).

25) James Chin, *The AIDS Pandemic: The Collision of Epidemiology with Political Correctness*(London: Radcliffe, 2007).

26) Dave Eaton, "The Business of Peace: Raiding and Peace Work along the Kenya-Uganda Border," *African Affairs* 107(2008), 89~110쪽과 243~259쪽(2부로 구성).

27) Didier Fassin, "Humanitarianism as a Politics of Life," *Public Culture* 19(2007), 499~520쪽.

28) Daniel A. Bell, *East Meets West: Human Rights and Democracy in East Asia*(Princeton, N.J.: Princeton University Press, 2000), 56쪽.

29) Caroline Moorhead, *Dunant's Dream: War, Switzerland and the History of the Red Cross*(New York: Carroll and Graf, 1999).

30) Tim Allen and David Styan, "A Right to Interfere? Bernard Kouchner and the New Humanitaria- nism," *Journal of International Development* 12(2000), 825~842쪽.

31) Jonathan Moore, ed., *Hard Choices: Moral Dilemmas in Humanitarian Intervention*(Oxford: Rowman and Littlefield, 1998).

32) Tim Allen, *Trial Justice: The International Criminal Court and the Lord's Resistance Army*(London: Zed, 2005).

33) Julie Flint and Alex de Waal, "Justice Off Course in Darfur," *Washington Post*(June 28, 2008), A15면.

34) Alex de Waal, "Darfur and the Failure of the Responsibility to Protect," *International Affairs* 83 (2007), 1039~1054쪽.

35) Thomas Risse and Kathryn Sikkink, "The Socialization of International Human Rights Norms into Domestic Practices: Introduction," in Thomas Risse, Stephen Ropp, and Kathryn Sikkink, eds., *The Power of Human Rights: International Norms and Domestic Change*(Cambridge: Cambridge University Press, 1999), 1~38쪽.

36) Peter Woodward, *Sudan 1898-1989: The Unstable State*(London: Lester Crook, 1990).

37) Alex de Waal, "Sudan: The Turbulent State," in Alex de Waal, ed., *War in Darfur and the Search for Peace*(Cambridge, Mass.: Harvard University Press, 2007).

38) Alex de Waal, "The Politics of Destabilization in the Horn," in Alex de Waal, ed., *Islamism and Its Enemies in the Horn of Africa*(London: Hurst, 2005).

39) Ahmed Karadawi, *Refugee Policy in Sudan, 1967-1984*(London: Berghahn, 1999).

40) Terje Tvedt, *Angels of Mercy or Development Diplomats? NGOs and Foreign Aid*(London: James Currey, 1998).

41) African Rights, *Food and Power in Sudan: A Critique of Humanitarianism*(London: African Rights, 1997).

42) 앞의 책, 3장.

43) Sen, *Development as Freedom*.

44) de Waal, *AIDS and Power*, 4장; Schaffer, *Democracy in Translation*; Patrick Chabal and Jean-Pascal Daloz, *Africa Works: Disorder as Political Instrument*(London: James Currey, 1999) 등과 비교해보라.

45) Schaffer, *Democracy in Translation*.

46) African Rights, *Food and Power*, 12장.

47) Anthony Lake, Susan Rice, and Donald Payne, "We Saved Europeans; Why Not Africans?" *Washington Post*(October 2, 2006), A19면.

48) M. A. Mohamed Salih, "Islamic NGOs in Africa: The Promise and Peril of Islamic Voluntarism," in Alex de Waal, ed., *Islamism and Its Enemies in the Horn of Africa*(London: Hurst, 2005), 146~181쪽.

49) Jonathan Benthall and Jerome Bellion-Jourdan, *The Charitable Crescent: Politics of Aid in the Muslim World*(London: IB Taurus, 2003).

50) Alex de Waal and A. H. Abdel Salam, "Islamism, State Power and Jihad in Sudan," in Alex de Waal, ed., *Islamism and Its Enemies in the Horn of Africa*(London: Hurst, 2005), 70~113쪽.

51) 국제형사재판소 수석 검사가 오마르 알 바시르(Omar al Bashir) 수단 대통령을 대상으로 하는 체포 영장을 요구한 뒤 아프리카에서 일어난 반발에서 우리는 이것하고 비슷한, 좀더 극적인 위험을 목격할 수 있다.

**8장. 글로벌 필란트로피 사업과 글로벌 거버넌스** 글로벌 시민사회와 유엔의 관계에서 문제가 되는 도덕적 정당성

1) 이를테면 Dani Rodrik, "Governance of Economic Globalization," in Joseph S. Nye and John D. Donahue, eds., *Governance in a Globalizing World*(Washington, D.C.: Brookings, 2000), 347쪽을 보라.

2) 이사야서 2장 4절이나 '만인의 의회(Parliament of Man)'를 노래한 앨프리드 로드 테니슨(Alfred Lord Tennyson)의 《록슬리 홀(Rocksley Hall)》(1837)만큼이나 오래된 것이다. 플라톤적 이상으로서 글로벌 거버넌스의 꿈을 논의한 책으로는 Paul Kennedy, *The Parliament of Man: The Past, Present, and Future of the United Nations*(New York: Random House, 2006)을, 케네디의 책에서 드러나는 형태의 글로벌 거버넌스라는 이상에 대한 매우 비판적인 논의로는 Kenneth Anderson, "El Pasado Como Prologo: El Futuro Glorioso y el Turbio Presente de las Naciones Unidas," *Revista de Libros* 143(November 2008)을 보라. papers.ssrn. com/sol3/papers.cfm?abstract_id=1265833(July 22, 2010)에서 영문으로 된 글을 다운로드할 수 있다.

3) 1990년대에 나온 가장 유명한 설명으로는 Margaret E. Keck and Kathryn Sikkink, *Activists beyond Borders: Advocacy Networks in International Politics*(Ithaca, N.Y.: Cornell University Press, 1998)을 보라.

4) 프랜시스 후쿠야마의 유용한 정의를 빌려왔다. Francis Fukuyama, *After the Neocons: America at the Crossroads*(New Haven, Conn.: Yale University Press, 2006), 7쪽(프랜시스 후쿠야마 지음, 유강은 옮김,《기로에 선 미국》, 랜덤하우스코리아, 2006).

5) 컬럼비아 대학교 로스쿨에 근무하는 국제법 학자 루이스 헹킨이 한 지적이 아마 가장 유명한 사례일 듯하다. "적어도 법적 의미에서 우리는 주권이라는 용어를 이전 시대의 유물로 역사의 선반에 치워둬도 무방하다. …… 이 용어는 국가라는 이름의 추상물에 필요하거나 적절한 외적 속성이 아니다." Louis Henkin, *International Law: Politics and Values*(New York: Springer, 1995), 9~10쪽.

6) President George H. W. Bush, "Toward a New World Order," speech of September 11, 1990. George Bush and Brent Scowcroft, *A World Transformed*(New York: Knopf, 1998)을 보라.

7) Human Rights Watch/Middle East Watch, *Genocide in Iraq: The Anfal Campaign Against the Kurds* (New York: Human Rights Watch, 1993), www.hrw.org/reports/1993/iraqanfal(July 22, 2010). 1991년 휴먼라이트워치에서 이라크에 파견된 현장 연구자로 내가 이 연구에 기여한 내용은 *The Destruction of Koreme*(New York: Human Rights Watch, 1992)로 출간됐다. 이라크에서 화학 무기를 사용한 사건에 관한 결정적인 설명으로는 Joost Hiltermann, *A Poisonous Affair: America, Iraq, and the Gassing of Halabja*(New York: Cambridge University Press, 2007)을 보라. 내가 쓴 서평은 Kenneth Anderson, "America, Iraq, and Poison Gas," *Times Literary Supplement*(July 9, 2008), entertainment.timesonline.co.uk/tol/arts_and_entertainment/the_tls/article4302201.ece(July 22, 2010)에서 볼 수 있다.

8) 데릭 숄레와 제임스 골드가이거는 다음 책에서 이 모든 문제에 관련된 클린턴 행정부의 대외 정책을 훌륭하게 설명해준다. Derek Chollet and James Goldgeiger, *America Between the Wars: 11/9 to 9/11*(New York: PublicAffairs, 2008).

9) Kenneth Anderson, "Illiberal Tolerance: An Essay on the Fall of Yugoslavia and the Rise of Multiculturalism in the United States," *Virginia Journal of International Law* 33(1993), 385~431쪽을 보라. 내가 인권 단체나 모금 재단, 학계, 정부 관리들에게 이 문제를 제기할 때마다 들은 말처럼, 그때 아무도 사후에 진행되는 재판을 실제 행동의 대안으로 제시한다는 이야기를 듣고 싶어하지 않았다.

10) 이 부분의 논의는 휴먼라이트워치 무기 분과 책임자로서 지뢰 금지 캠페인 초창기와 국제지뢰금지운동(International Campaign to Ban Landmines) 설립 때 직접 경험한 내용을 바탕으로 한다.

11) 이 운동의 초창기 선언문 중 하나로는 Kenneth Anderson, Stephen D. Goose, Monica Schurtman, and Eric Stover, eds., *Landmines: A Deadly Legacy*(New York: Human Rights Watch/Physicians for Human Rights, 1993)을 보라. 캠페인 초창기의 백과사전 격인 이 책은 지뢰 금지 조약을 추구하는 폭넓은 국제 비정부 기구들의 구실뿐 아니라 금지 조약의 밑바탕에 깔린 기본 명제까지 정리하고 있다.

12) 지뢰와 지뢰 금지 캠페인에 대한 미군의 접근법, 곧 일반적인 인도주의적 목표에는 공감하지만 새로운 기술로 이 문제가 해결될 테고 어쨌든 국제적으로 지뢰로 국경을 경비하는 상황이 한반도의 평화와 안전에 필수 불가결하다고 확신하는 시각에 관한 논의는 Kenneth Anderson, "The Role of the United States Military Lawyer in Projecting a Vision of the Laws of War," *Chicago Journal of International Law* 4(Fall 2003), 445, 448~453쪽을 보라.

13) 비정부 기구가 특별한 구실을 맡았을 뿐 아니라 비정부 기구의 이런 구실을 촉진하는 과정에서 캐나다도 특별한 구실을 했다고 주장하는, 지뢰 금지 캠페인에 관한 설명으로는 Maxwell A. Cameron, Robert J. Lawson, and Brian W. Tomlin, eds., *Walk without Fear: The Global Movement to Ban Landmines*(Toronto: Oxford University Press, 1998), 특히 19~21장을 보라.

14) 이것이 결국 정치학자이자 유엔 선임 자문관인 존 러기(John Ruggie)의 용어, 곧 유엔의 정당성과 권위를 회원국들의 작용으로 보는 유엔 사무국 내부의 전통주의자들(traditionalists)과 회원국들을 넘어서, 아니 사실은 우회해서 국제 비정부 기구들을 통해, 그리고 그 중개를 받아 세계 인구하고 함께 직접 정당성에 도달할 필요가 있다고 보는 현대화론자들(modernizers)이라는 용어 덕에 알려지게 된 시각이다. 사무국에서 진행된 이 내부 논쟁에 관해서는 James Traub, *The Best Intentions: Kofi Annan and the UN in the Era of American World Power*(New York: Farra Strauss Giroux, 2006), 383쪽을 보라.

15) 이 글에서 쓰는 정당성 개념은 대단히 전문적이지는 않다. 이 주제는 그것 자체로 매우 복잡한 것이기 때문이다. 여기서는 느슨한 베버주의적 의미, 곧 '행동, 특히 사회적 관계를 수반하는 사회적 행동은 정당한 질서가 존재한다는 믿음에 따라 인도될 수 있다'는 의미로 정당성 개념을 사용한다. Max Weber, *Economy and Society: An Outline of Interpretive Sociology*, edited by Guenther Roth and Claus Wittich(Berkeley: University of California, 1978), vol. 1, 31쪽(막스 베버 지음, 볼프강 J. 몸젠·미하엘 마이어 엮음, 박성환 옮김《경제와 사회: 공동체들 1》, 나남출판, 2009). 여기서 나는 이 용어의 깊은 전문적인 의미를 파고들지 않으며, 대체로 이 글에서는 일반적으로 이해되는 정당성 개념('통치 기관들의 체제에 대한 광범위한 믿음.

…… 정당성이란 권력 체제와 권력 소유자가 누리는 긍정적인 평가와 수용을 가리킨다')을 받아들인다. Johann Keane, *Public Life and Late Capitalism: Toward a Socialist Theory of Democracy*(Cambridge: Cambridge University Press, 1984), 224~225쪽. 특히 현대 미국의 정당성과 법률에 관해서는 앨런 하이드가 쓴 탁월한 논문을 보라. Alan Hyde, "The Concept of Legitimation in the Sociology of Law," *Wisconsin Law Review*, 1983, 379쪽.

16) 실제로 유엔 헌장 전문에 사용된 '(연합국) 국민들(peoples)'이라는 용어 자체가 이를테면 '우리 전 세계 인민들(We the people of the world)'하고 구별되는 독특한 문제를 제기한다.

17) 실제로 학자들과 활동가들 사이에서는 각각 글로벌 의회를 설립하려는 운동이 있었다. 글로벌 의회를 구성하자는 제안들은 때로는 유럽 의회를 모델로 삼았고, 때로는 국제 비정부 기구의 대표자들로 …… 의회를 구성해야 한다는 견해를 표명했다. 글로벌 의회 구상은 1990년대에 글로벌 '유명 인사들'의 보고서에 등장하면서 국제적으로 대중적인 명망을 얻게 됐다. Commission on Global Governance, *Our Global Neighborhood: Report of the Commission on Global Governance*(Oxford: Oxford University Press, 1995). 그렇지만 흠잡을 데 없는 자유주의 국제주의 성향의 이론가를 포함한 대부분의 이론가들은 예나 지금이나 이 구상이 지나친 욕심이라고 본다.

18) 이 주제에 관해 아난이 구사한 언어는 1999년과 2000년에 점점 열광적으로 바뀌고 국제 비정부 기구에 찬사를 보내는 어조를 띠었다. 1999년 시애틀 폭동이 벌어지고 무역 회담이 결렬되면서 아난에게는 국제 비정부 기구와 새로운 초국가적 사회운동에 관련해서 커다란 인지 부조화라고 설명할 수밖에 없는 일이 생겼고, 나중에 이 글에서 이야기하겠지만 9·11은 말하자면 아난의 관심을 완전히 뒤바꾸는 계기로 작용했다.

19) 맥스웰 A. 캐머런은 글에서 이런 견해를 분명히 주장했다. Maxwell A. Cameron, "Democratization of Foreign Policy: The Ottawa Process as a Model," in *To Walk without Fear*(New York: Oxford University Press, 1998), 424~447쪽. 이 글은 1998년 '민주화된' 글로벌 거버넌스의 새로운 형태에서 국가와 국제기구들의 대화 상대자로 국제 비정부 기구를 이론화하는 과정이 최고조에 이를 때 등장했다.

20) 에릭 포스너가 지적했듯이 지뢰 금지 운동의 최종 결과는 전통적인 현실주의적 가정으로 쉽게 설명할 수 있다. 곧 캐나다 같은 중급 규모의 중간 국가(middle-power state)가 실제로 오타와 조약을 지지하고 유발한 이유는 국제법 분야에서 나온 다른 많은 선구적 구상의 경우처럼 이 조약이 초강대국을 구속하는 언어적 도구를 활용함으로써 자기들의 권력 지위를 지지한 때문이다. Eric Posner, *The Perils of Global Legalism*(Chicago: University of Chicago Press, 2009), 62~64쪽. 비정부 기구들은 이 과정하고 무관하지는 않았지만, 이 과정은 대체로 국제 정치와 국제법의 어떤 거대 이론이 아니라 국가 중심 메커니즘으로 설명할 수 있다.

이 과정의 내부자이자 한 사람의 학자로서 나 자신의 견해를 밝히자면, 만약 캐나다 정부가 지뢰 금지를 1990년대 후반에 대외 정책의 목표로 정하지 않았더라면 지뢰 금지를 위한 국제 캠페인이 널리 수용되는 조약이 되지 못했을 듯하다. 확실히 그렇게 빠른 시일 안에는 불가능했을 것이다. 캐나다가 전세계에 보유한 외교 기구 전체를 사실상 비정부 기구 캠페인에 맡기기로 한 결정 덕에 연락망과 접근성이 생겼고, 그런 이유로 캠페인이 영원히 이어지면서도 '마무리를 짓지' 못하는 신세가 되지 않았다고 말한다고 해서 이 캠페인을 무시하는 것은 아니다. 그렇지만 캐나다의 행동은, 비록 '도덕적' 국제주의자라는 자아상에 들어맞기는 하지만, 또한 그 시절에 미국을 제약하려 한 중간 국가들의 이해관계로 널리 여겨진 것에도 들어맞는 행동이었다.

게다가 당시 캐나다 외무 장관인 로이드 액스워시(Lloyd Axworthy)가 노벨 평화상을 타려는 개인적인 욕심이 있었다는 사실도 배제해서는 안 된다. 여러 '도덕 정치인(virtuecrat. 자기가 도덕적으로 우월한 정치를 한다고 믿는 인물, 특히 정치인을 일컫는 표현. 조금 경멸하는 뉘앙스가 있다 — 옮긴이)'들(액스워시, 조디 윌리엄스(Jody Williams. 미국 사회운동가로 국제지뢰금지운동 업무 조정 책임자를 맡아 오타와 협약을 끌어낸 공로로 1997년 노벨 평화상을 받았다 — 옮긴이) 등)은 노벨상을 놓고 적어도 내가 보기에는 추잡한 경쟁을 벌였다. 나는 그때까지 지뢰 반대 캠페인의 주요 기부 단체의 고문으로 일한 덕에 내부 경쟁에 관해 잘 알았지만 경쟁에서 발을 뺐다. 또한 필란트로피 먹이 사슬에서 기부받는 사람에서 기부하는 사람으로 상향 이동하며 경쟁에 참여하는 이들이 노벨상의 명성과 필란트로피 자원을 놓고 벌어지는 싸움에 끊임없이 정신을 파는 모습을 봤다. 주요 경쟁자들은 노벨상과 자원을 서로 자기가 정의로운 신에게서 마땅히 받아야 할 몫이라고 믿었다. 그런 이들이 지뢰 금지 캠페인 전반에서 일으킨 소동 덕에 나는 어떤 가치 있는 운동에 노벨상을 준다는 작은 암시만으로도 이 운동이 선량한 임무에서 탈선하기에 충분하다고 믿게 됐다.

어쨌든 우리는 이 캠페인이 어떤 성과를 달성하고 어떤 목표를 달성하지 못했는지를 분명히 해야 한다. 비록 몇몇 경우에는 진정성이 없는 것이 거의 확실하다 하더라도, 지뢰 금지 조약은 세계의 절대 다수 국가들에게서 지지를 받고 있다. 그렇지만 패배할 가능성이 높은 심각한 전쟁을 치를 수도 있다는 예상을 해야 하는 나라들, 곧 무엇보다도 미국, 인도, 파키스탄, 중국, 타이완을 비롯해 중동의 모든 나라나 한반도처럼 지리적으로 평평한 땅에 자리해 국가 간 국경 방어라는 심각한 문제를 가진 나라들은 놀랍도록 분명하게 거부한다. 이 나라들의 경우에 일방적으로 지뢰를 제거하는 일은 도달 가능한 핵무기를 도입하는 일만큼이나 커다란 불안정 효과를 가져올 수 있다. 조약이 권력 이론에서 예상하는 것과 거의 똑같은 수준의 지지를 받았다는 점을 지적한다고 해서 조약의 성과가 줄어들지는 않는다. 경제학자들이 가르쳐주듯이 조약 문제에서 중요한 점은 주변부의 행동이다. 독일이 조약을 지지한다는 사실은 중요하지 않다. 아프가니스탄이 보여준 대로 독일은 싸울 의사가 없기 때문이다. 반면 인도가 조약을 지지한다는 사실은 중요한 의미를 지닌다. Kenneth Anderson, "The Role of the United States Military Lawyer"를 보라.

21) '글로벌 시민사회'에 관한 방대한 문헌 중에서 두드러지는 자료는 연감 시리즈다. Helmut Anheier, Marlies Glasius, and Mary Kaldor, eds., *Global Civil Society*(London: Sage, 해마다 출간됨). 이 시리즈는 글로벌 시민사회에 관한 개념을 다루는 논문뿐 아니라 경험적 연구 논문도 비중 있게 싣는다.

22) Jody Williams, Nobel Peace Speech, 1997, nobelprize.org/nobel_prizes/peace/laureates/1997/williams-lecture. html(July 22, 2010)을 보라.

23) 존 볼턴은 소형 화기와 경무기 통제 조약을 창안하려는 유엔의 시도를 둘러싼 다툼을 설명하면서 국제 비정부 기구가 국제 비정부 기구, 동조하는 중간 국가, 유엔 관료들 사이에 준동맹을 형성해 활동하는 방식의 현실적 사례를 설득력 있게 보여준다. 이런 시도는 총기 통제 비정부 기구들이 관리하는 와중에 구소련의 무기고에 있던 경무기들이 아프리카 전역으로 무분별하게 확산되는 현상을 통제하려는 유용한 시도에서 순식간에 개별 국가들, 그리고 특히 미국에서 권총 규제 법률을 사실상 회피하기 위한 국제 조약을 창안하려는 캠페인으로 바뀌었다. 이 장기적인 캠페인과 반대 캠페인은 지금도 진행되는 중이지만, 볼턴은 미국 국무부와 유엔 주재 미국 대사 시절을 다룬 회고록에서 비정부 기구들이 어떻게 끝없는 회의의 연속에 영향을 미치려 했는지를 생생하게 보여준다. "핵심 쟁점들만 해결되지 않을 때까지 계속되는 압박으로 미국을 지치게 만들고, 미국이 고립됐다고 선언하고, 밤늦은 시간까지 계속되는 회의로 잠도 못 자고 신경이 곤두선 상태를 활용해 우리에게 '합의에 참여하'고 '고립'을 피하도록 압박한다." John Bolton, *Surrender Is Not an Option: Defending America at the United Nations and Abroad*(New York: Simon and Schuster, 2007), 90~92, 91쪽.

24) 그렇지만 마틴 샤피로는 정부(통치)에서 거버넌스로 나아가는 전환은 '한 정부 그리고 그 정부 안에 있는 것과 바깥에 있는 것을 분리하는 경계선이 상당히 잠식되는 현상'을 특징짓는다고 날카롭게 지적한다(Anne-Marie Slaughter, *A New World Order*(Princeton, N.J.: Princeton University Press, 2004), 9~10쪽에서 직접 가져온 말이다). 이런 잠식의 결과 중 하나는 슬로터가 지적하는 대로 거버넌스에 참여하려는 동기가 가장 강한 정부 바깥의 두 집단인 '전문가들과 열성주의자들'에게 유리하게 작용한다. 그렇지만 샤피로는 이렇게 말한다. "거버넌스 참여 티켓은 지식 그리고/또는 열정이지만, 지식과 열정 둘 다 우리 같은 나머지 사람들의 것이 아닌 관점을 만들어낸다. 우리 중에서 실제로 건축가 프랭크 로이드 라이트(Frank Lloyd Wright)가 지은 집에서 사는 기쁨을 누리는 이는 거의 없다." Martin Shapiro, "Administrative Law Unbounded: Reflections on Government and Governance," *Indiana Journal of Global Legal Studies* 8(2001), 369쪽.

25) 그렇지만 국제적십자위원회는 다른 국제 비정부 기구하고는 조금 다른 위치에 서 있다. 중요한 의미에서 실제로 국제적십자위원회는 전시 국제법 속에서 거버넌스에 관련해 제한적이지만 인정받는 조약에 근거한 구실을 수행한다. 1949년 제네바 협약은 중립적인 인도주의 원조와 구호를 전달하고, 제네바 협약에 의거해 주권을 잠시 양도받는 대리인으로 행동하는, 국제적십자위원회의 독특한 구실을 법적으로 인정한다. 다시 말해 국제 인도주의 법 관련 조약의 초안을 마련하는 문제에서 국제적십자위원회는 사법적 의석권이 있으며 회의를 주재할 수도 있다. 이런 특권은 국제적십자위원회에 전혀 부적절하지 않았다. 당연한 얘기지만, 국제적십자위원회는 문 앞의 야만인들, 곧 대략 같은 조건으로 교섭에 참여하려 하는 비정부 기구 운동의 어중이떠중이들에 대해 전적으로 열광하지는 않았다. 그렇지만 자기가 국제 인도주의 법의 '거버넌스'에서 어떤 구실을 맡아야 한다는 국제적십자위원회의 주장은, 교과서에서 일반적인 국제 비정부 기구 운동에 관련해서 설명하는 것처럼 대표성이나 중재에 근거하지 않고 언제나 이 조직이 내세우는 독특한 중립성 주장에 근거했다.

26) Kenneth Anderson and Monica Schurtman, "The United Nations Response to the Crisis of Landmines in the Developing World," *Harvard International Law Journal* 36(Spring 1995), 359~371쪽을 보라.

27) 영국의 좌파 정치 이론가 존 킨(John Keane)은 영향력 있고 인상 깊은 《글로벌 시민사회(Global Civil Society)》(Cambridge: Cambridge University Press, 2003)에서 이 문제에 관련된 주요한 발언을 했다. 이 책은 앞선 10년 동안 킨이 쌓은 이론 연구를 바탕으로 한 결과물이다.

28) 이 내용은 Kenneth Anderson and David Rieff, "Global Civil Society: A Sceptical View," in Helmut Anheier, Marlies Glasius, Mary Kaldor, and Fiona Holland, eds., *Global Civil Society 2004/5*(Lon- don: Sage, 2005), 26~39쪽에서 제시된 비판적 주장이다.

29) 구체적인 사실들은 이제 시대에 뒤진 것이 됐지만 기본적 주장은 그때나 지금이나 의미 있다. Alan Rugman, *The End of Globalization*(New York: Random House, 2000)을 보라. 러그먼은 흔히 말하는 세계화의 많은 부분이 실은 통신비 인하, 그리고 통신 기술을 이용해 전송할 수 있는 디지털화된 정보 비용 인하일 뿐이라고 주장했다.

30) 세계화의 사회 이론에 관한 훌륭한 소개로는 Malcolm Waters, *Globalization*, 2nd ed.(New York: Routledge, 2001)(말컴 워터스 지음, 이기철 옮김, 《세계화란 무엇인가》, 현대미학사, 1998)을 보라. 워터스는 경제 세계화가 일정한 형태의 정치 세계화를 함축한다는 주장에 관련된 사회학을 구축하려 시도한다.

31) 링컨의 고전적 정식화를 빌려왔다. Abraham Lincoln, "Message to Congress in Special Session"(July 4, 1861).

32) 정치적 세계화의 적절한 형태로 주권 국가들 간의 조정이 필요하다는 주장은 Kenneth Anderson, "Squaring the Circle? Reconciling Sovereignty and Global Governance through Global Government Networks," *Harvard Law Review* 118(February 2005), 1255, 1260~1266쪽에 정리돼 있다. 프랜시스 후쿠야마가 신보수주의 이후 미국의 위상으로 호소한 내용도 바로 이런 것이다. *After the Neocons*, 155~180쪽; 비슷한 논의인 Jeremy A. Rabkin, *The Case for Sovereignty: Why the World Should Welcome American Independence*(Washington, D.C.: AEI, 2004). 그렇지만 이 입장은 앤-마리 슬로터가 《새로운 세계 질서(A New World Order)》에서 제시한 글로벌 정부 네트워크 접근법과 원칙적으로 그렇게 동떨어져 있지 않다. 차이가 있다면 대부분 그 과정이 장기적으로 어디로 귀결되는지에 관한 생각하고 관련이 있다. 곧 주권 국가들 사이의 영구적인 다자주의인가, 아니면 점진적으로 등장하는, 일종의 진정한 글로벌 거버넌스인가 하는 점이다.

33) 이런 제안에 관한 문헌은 거의 끝없이 많다. 그런 정식화 중 한 사례로 Antonio F. Perez, "Who Killed Sovereignty: Or: Changing Norms Concerning Sovereignty in International Law," *Wisconsin International Law Journal* 14(1996), 463쪽이 있다. 처음에 글로벌 거버넌스와 예정된 주권의 잠식에 대해 열광적인 태도를 보인 (나를 비롯한) 많은 이들처럼, 페레스는 시간이 흐르면서 점점 훨씬 더 신중해지고 있다.

34) 이런 용어 변화의 이면에 있는 개념 장치들에 관해서 Wolfgang H. Reinicke, *Global Public Policy: Governing without Government*(Washington, D.C.: Brookings, 1998)에 정리돼 있다.

35) 이 용어의 역사적 용례와 현대적 용례에 관한 유용한 소개는 John A. Hall, ed., *Civil Society: Theory, History, Comparison*(Cambridge: Polity Press, 1995)에서 볼 수 있다.

36) 탁월한 연구인 Marvin B. Becker, *The Emergence of Civil Society in the Eighteenth Century: A Privileged Moment in the History of England, Scotland, and France*(Bloomington: Indiana University Press, 1994)를 보라.

37) 특히 동유럽을 중심으로 유럽의 비판적 사상과 사회 이론을 중점적으로 다루는 비판 이론 저널 《텔로스(Telos)》의 지난 호들은 1980년대와 1990년대에 등장한 시민사회 개념을 둘러싼 사고의 진화를 이해하는 데 아주 중요한 자료다.

38) 이를테면 Jean L. Cohen and Andrew Arato, *Civil Society and Political Theory*(Boston: MIT Press, 1992)(진 L. 코헨·앤드루 아라토 지음, 박형신·이혜경 옮김, 《시민사회와 정치이론》 1·2, 한길사, 2013)를 보라.

39) 투표함과 비밀 투표의 등장에 관한 학술적이지 않으면서 매혹적인 설명으로는 Jill Lepore, "Rock, Scissors, Paper: Your Ballot or Your Life," *New Yorker*(October 13, 2008), 90쪽을 보라.

40) 물론 전혀 다른 또 하나의 가능성도 있다. 민주적 정당성은 중요하지 않은 미끼에 불과할 수도 있는 것이다. 이 견해에서 보면, 정반대로 민주적 정당성은 반동적인 주권 옹호자들에게서 나오는 겉치레 주장일 뿐이다. 정당성은 민주적 참여 같은 것을 필요로 하지 않는다. 글로벌 시민사회 활동가이자 학자인 앨리슨 밴 로이가 제시하는 급진 좌파의 견해는 대략 이런 식이다. Alison Van Rooy, *The Global Legitimacy Game: Civil Society, Globalization, and Protest*(New York: Palgrave Macmillan, 2004).

41) 이를테면 클린턴 행정부 시기에 미국이 테러리즘 대응을 비롯한 여러 문제에서 유엔을 활용할 방도를 찾은 사실에 관해 서술한 Derek Chollet and James Goldgeiger, *America Between the Wars*, 272~275쪽을 보라.

42) 이를테면 Erika de Wet, "The International Constitutional Order," *International and Comparative Law Quarterly* 55(January 2006), 51~76쪽, 특히 이 글의 주석들을 보라. Ernest A. Young, "The Trouble With Global Constitutionalism," *Texas International Law Journal* 38(2003), 527쪽은 이 주장의 많은 부분에 이의를 제기한다. 이 글에도 눈길을 사로잡는 주석이 많다.

43) 이를테면 Richard Falk and Andrew Strauss, "Toward Global Parliament," *Foreign Affairs*(January-February 2001), papers.ssrn.com/sol3/papers.cfm?abstract_id=1130417(July 22, 2010)을 보라.

44) 이를테면 앤-마리 슬로터는 이렇게 말한다. "그렇지만 세계 정부는 실행 불가능하며 바람직하지도 않다. 그런 정부의 규모와 범위는 개인의 자유에 위험하고 불가피한 위협이 된다. 게다가 통치를 받는 사람들이 다양하기 때문에 글로벌 인민(global demos)을 상상하는 일이 거의 불가능하다. 현존하는 글로벌 차원의 어떤 형태의 민주주의도 이런 장애를 극복하지 못할 것이다"(Slaughter, *A New World Order*, 8쪽).

45) 민주주의 연구자들은 규모와 인구의 제약에 관해 지적한 적이 있다. 두 차원에서 크기가 더 작을수록 민주주의가 더 쉽고 실현 가능성이 커진다는 것이다. Larry Diamond, *Developing Democracy* (Baltimore, Md.: Johns Hopkins, 1999), 117~160쪽을 보라.

46) 분명 많은 이들에게, 그중에서도 특히 비정부 기구에 이런 사실은 버그가 아니라 특징이다. 이를테면 데이비드 헬드와 공저자들이 많은 책과 논문에서 펼쳐 보인 주장도 이런 것이다. 곧 정당성은 투표함이라는 의미의 민주주의를 필요로 하지 않으며, 동의라는 면에서 정당성은 여러 상이한 기제를 통해 획득될 수 있다는 주장이다. 글로벌 시민사회 같은 중재자를 통하는 것도 이런 기제 중 하나다. 이를테면 David Held, *Democracy and the Global Order*(Palo Alto, Calif.: Stanford University Press, 1995)를 보라. Diane Otto, "Nongovernmental Organizations in the United Nations System: The Emerging Role of International Civil Society," *Human Rights Quarterly* 18(1996), 107~141쪽도 보라.

47) 많은 사례들 중 하나로 다음을 보라. Kofi Annan, "Secretary General Says 'Global People Power' Best Thing for the United Nations in Long Time," *Secretary General to World Civil Society Conference*(December 8, 1999), M2 Presswire, December 9, 1999.

48) 이를테면 "Citizens' Groups: The Nongovernmental Order: Will NGOs Democratize, or Merely Disrupt, Global Governance?" *Economist*(December 11, 1999); "NGOs: Sins of the Secular Missionaries," *Economist*(January 29, 2000), 25~27쪽 등을 보라.

49) 이를테면 높은 평가를 받는 정책학자이자 전직 국무부 관리인 토머스 커러더스가 쓴 글을 보라. Thomas Carrothers, "Civil Society: Think Again," *Foreign Policy*, December 22, 1999, 18~19쪽. 그런데 커러더스는 글로벌 시민사회를 언급조차 하지 않고, 동유럽처럼 새롭게 등장하는 민주주의 체제의 시민사회에서 기대할 수 있는 수준의 한계들만 언급했다.

50) 리프는 1998년 2월 27일 아메리칸 대학교 로스쿨에서 열린 소년 병사에 관한 회의 도중에 내가 사회를 본 세션에서 이런 비난을 제기했는데, 그 뒤 널리 주목받은 글에서 계속 질문을 이어 나갔다. Rieff, "The False Dawn of Civil Society," *The Nation*, February 22, 1999, 11~16쪽. 많은 비정부 기구 비판론자들이 재빨리 이 질문을 화두로 부여잡았다.

51) 《포린 어페어스(Foreign Affairs)》 편집장이던 파리드 자카리아(Fareed Zakaria)는 시애틀 폭동 이후 10개 비정부 기구를 접촉한 뒤 대부분 '세 명의 인원과 팩스 한 대'로 구성돼 있다는 점을 발견했으며, 세계의 부자 나라 '정부들'이 제1세계 활동가들 임에서 나오는 '시끄러운 소수의 말에 지나치게 귀를 기울이는' 한편으로 개발도상국 비정부 기구들이 도덕적이라고 여기지 않는 활동에서 혜택을 받는 개발도상국의 '조용한 다수의 공포를 무시한다'고 염려를 나타냈다. Justin Marozzi, "Whose World Is It, Anyway?" *Spectator*(August 5, 2000), 14~15쪽.

52) Sebastian Mallaby, *The World's Banker: A Story of Failed States, Financial Crises, and the Wealth and Poverty of Nations*(London: Penguin Press, 2004), 7~8쪽. 우간다에 들어선 이 댐의 상황에 관련해 맬러비가 한 비난에 대응하는 비정부 기구 활동가들 사이에는 실제로 가내 수공업 같은 상황이 존재한다. 이를테면 Lisa Jordan and Peter van Tuijl, eds., *NGO Accountability: Politics, Principles and Innovations*(London: Earthscan, 2006)과 Kenneth Anderson, "What NGO Accountability Means — and Does Not Mean," *American Journal of International Law* 103(January 2009), 170~178쪽(앞의 글에 대한 비판적 논평이다)을 보라.

53) Justin Marozzi, "Whose World Is It, Anyway?" 14쪽에서 인용한 영국 그린피스 사무총장 피터 멜챗(Peter Melchett)의 말. "민주적인 정부는 국민이 선출하고, 민주적 정당성을 지닙니다. 그린피스나 《스펙테이터》, 《가디언》 같은 다른 조직들은 그런 정당성이 없죠. 우리는 우리 물건을 사거나 우리를 지지하는 사람들의 시장에서 정당성이 있습니다. 나는 그 이상의 어떤 정당성이 있다고 주장하거나 그런 정당성을 바라지 않습니다."

54) 앨리슨 밴 로이는 *The Global Legitimacy Game*, 64~76쪽에서 이런 반응의 일부를 모아놓고 비판한다.

55) Kofi Annan, Address to the Millennium Forum (May 22, 2000). Kenneth Anderson, "Microcredit," *Yale Human Rights and Development Law Journal* 5(2001), 85, 112~115쪽의 논의를 보라.

56) 이를테면 유엔 사무부총장 루이스 프레체트는 시애틀 참패 뒤 몇 주 동안 '각국 정부가 비정부 기구의 대표성에 종종 의문을 제기한다'고 언급했다. Louiss Frechette, *M2 Presswire*, January 20, 2000.

57) 그렇지만 예나 지금이나 그런 민간 자선 기부자들 중에서 유엔에 직접 기부를 하는 사람은 거의 없다. 유엔을 상대로 동등한 파트너십으로 일하는 쪽을 선호하고, 또한 자기들 나름의 책임성과 효율성 메커니즘

을 선호하기 때문이다. 조지 소로스 같은 유엔 후원자들이 자기 자금을 맡기는 문제에 관한 한 유엔의 효율성을 어떻게 생각하는지를 잘 보여주는 이유다.

58) 나도 그런 지식인들에 포함된다. 특히 Kenneth Anderson, "The Ottawa Convention Banning Landmines, the Role of Nongovernmental Organizations, and the Idea of International Civil Society," *European Journal of International Law* 11(2000), papers.ssrn.com/sol3/papers.cfm?abstract_id=233561(July 22, 2010)을 보라.

59) James Traub, *The Best Intentions*, 156~166쪽을 보라.

60) 앞의 책, 167~187쪽.

61) 베테랑 평화운동가이자 캠페인 조직가, 새로운 사회운동 이론가인 메리 캘도어는 이라크 전쟁에 반대하는 전지구적 사회운동을 주장한다. Mary Kaldor, *Global Civil Society: An Answer to War* (London: Polity, 2003).

62) 이 점은 오래전에 David Rieff, "The False Dawn of Civil Society," *The Nation*(February 22, 1999), 11~16쪽에서 지적됐다.

63) 이런 사실은 (적어도 미국에서는) 유엔의 소형 화기와 경무기 통제 조약을 가장해서 진행되는 국내 총기 규제 시도가 그토록 중요한 여러 이유 중 하나다. 무엇보다도 이것은 국제 정치의 한 범주로서 글로벌 시민사회의 본질적인 비중립성을 보여주는 증거다. David Kopel, Paul Gallant, 과 Joanne D. Eisen, "The Human Right of Self-Defense," *BYU Journal of Public Law* 22(2008), 43쪽을 보라.

64) 이를테면 Oliver Roy, *Globalized Islam: The Search for a New Ummah*(New York: Columbia University Press, 2004)와 Mark Steyn, *America Alone: The End of the World as We Know It*(New York: Regnery, 2007)(마크 스타인 지음, 현승희 옮김, 《벼랑 위에 선 미국》, 인간사랑, 2009)을 보라.

65) 이 점에 관해서는 다음 글에 더 많은 논의를 제시했다. Kenneth Anderson, "Goodbye to All That? A Requiem for Neoconservatism," *American University International Law Review* 22(2007), 277, 315~319쪽.

66) 이 부분은 사실 Peter Spiro, *Beyond Citizenship: American Identity after Globalization*(Oxford: Oxford University Press, 2007)에 대한 (아주) 간략한 대답이다.

67) 긴요한 정보 원천은 유엔워치(UN Watch)다. www.unwatch.org/site/c.bdKKISNqEmG/b.1277549/k.BF70/Home.htm(July 22, 2010). Brett D. Schaefer, "Free Speech? Not at the U.N. Human Rights Council"(Washington, D.C.: Heritage, 2007), March 29, 2007, www.heritage.org/Press/Commentary/ed032907b.cfm(July 22, 2010)도 보라. 얼마 전까지 조금 곤혹스러워하면서도 인권이사회를 변호하는 구실을 하던 휴먼라이트워치조차 (존 볼턴에게 불만을 토로한다는 것 말고는 아무 이유도 없이 유엔 개혁 교섭에서 인권이사회를 지지하는 실수를 저지른 뒤) 최근에 인권이사회가 표현의 자유를 공격한다고 조심스럽게 비판하기 시작했다. 그렇지만 휴먼라이트워치는 어떤 실수도 인정할 의지나 능력이 없다.

68) 이를테면 Jay P. Kesan and Andres J. Gallo, "Pondering the Politics of Private Procedures: The Case of ICANN," *I/S: A Journal of Law and Public Policy* 4(2008), 345쪽을 보라. 이 논문은 대체로 유엔 기구의 규제라는 사고에 동정적이지만, 그렇지 않은 사람들에 관한 유용한 설명을 꼼꼼하게 제공한다.

69) David Rieff, "Concerts and Silly Seasons," *Open Democracy*(February 23, 2007), www.opendemo-cracy.net/democracy-americanpower/concerts_4380.jsp(July 22, 2010). 여기서 리프는 마이클 린드의 '힘의 협조(concert of power)' 개념을 비판하고 있다. Michael Lind, *The American Way of Strategy: US Foreign Policy and the American Way of Life*(Oxford: Oxford University Press, 2006), 171~188쪽을 보라.

70) 나는 "The Past, Present, and Future of the United Nations: A Comment on Paul Kennedy's *The Parliament of Man*"(Revista de Libros, November 2008에 수록된 글의 영어판), papers.ssrn.com/sol3/papers.cfm?abstract_id=1265833(July 22, 2010)과 "United Nations Collective Security and the United States Security Guarantee in an Age of Rising Multipolarity," *Chicago Journal of International Law* 10(2009), 55쪽에서 이런 문제들을 솔직한 언어로 다룬 적이 있다.


## 9장. 필란트로피의 정치 이론을 향해

1) 이를테면 폴 벤느(Paul Veyne)는 고전이 된 《빵과 서커스(Bread and Circuses)》(New York: Viking Penguin, 1990)에서 고대 로마의 자선가 사상(euergetism), 곧 공익을 위한 사적 베풂의 실천을 논의한다. 마이모니데스는 12세기에 각기 다른 수준의 8가지 자선을 정리했다.

2) 21개 국가를 대상으로 자선 기부에 대한 조세 유인을 개관한 책으로는 Lester Salamon and Sefan Toepler, eds., *The International Guide to Nonprofit Law*(New York: Wiley, 1997)을 보라.

3) Niccolo Machiavelli, *Discourses*(New York: The Modern Library, 1950), 493쪽(니콜로 마키아벨리 지음, 강정인 옮김, 《로마사 논고》, 한길사, 2003).

4) U.S. Constitution, Article I, § 9, Clause 7.

5) Kate Stith, "Congress' Power of the Purse," *Yale Law Journal* 1343 97(1988), 1357쪽. 스티스는 의회가 몇몇 연방 기관, 대표 사례로 국립공원, 국가문서보관소, 의회도서관, 스미스니언협회 등에서 사적 기부를 받도록 허용하는 입법을 통과시킨 적이 있다고 지적한다. 의회가 승인하기는 했지만 스티스는 사적 자금 조달은 합헌성이 의심스럽다고 본다. "우리 헌법 설계에서 행정부의 폭넓은 재량이 고유한 경우에 가장 의문스러운 형태의 지출 권한은 기부와 증여를 주고받을 수 있는 제한 없는 권한이다. 행정 기관이 언제든 기부를 받을 준비가 돼 있는 한, 의회는 승인된 정부 활동의 윤곽에 대한 효과적인 통제를 상실한다. 기부자가 증여의 조건을 폭넓게 정하는 경우에, 이를테면 미국의 국토 방위를 위해서 써야 한다는 식일 때 기부를 받는 연방 기관은 이 추가 자금을 의회의 승인을 받지 못한 활동으로 돌릴 수 있다. 기부자가 증여의 조건을 구체적으로 정하는 경우에, 이를테면 페르시아 만 방어를 위해서 써야 한다는 식일 때 기부자는 사실상 정부 지출의 대상을 특정하는 셈이 된다. 어느 쪽이든 의회가 기관의 목표와 권한을 상당히 정하지 못하는 경우에, 그 기관이 모든 기부금을 지출하도록 허용하면 행정부의 재량에만 좌우되는 사적 권력이 정부와 정부 정책의 윤곽에 영향을 미치게 만드는 셈이다"(1384~1385쪽).

6) 여기서 내가 전개하는 분류법은 독창적이지도 않고 완전하지도 않다. 이 분류법은 자선 기부 공제에 관한 문헌에서 취합한 것인데, 이 문헌들은 방대하고 다루기 복잡하며 한정된 내용인데다 거의 전적으로 조세법과 경제학 학술지에 몰려 있다. 이 문헌들에서 두드러진 점은 정의에 관한 규범적 논쟁을 거의 벌이지 않는다는 사실이다. 데이비드 포전이 말하는 대로, 공제에 관한 이론은 대부분 '일관된 규범적 근거가 부족하다.' David Pozen, "Remapping the Charitable Deduction," *Connecticut Law Review* 39(2006), 547쪽. 포전은 현재 미국에 존재하는 방식의 공제에 대해서는 어떤 정당화도 가능하지 않다고 그럴듯하게 주장한다.

7) 오스트레일리아, 독일, 일본, 프랑스, 인도, 스페인, 남아공, 이집트, 멕시코, 네덜란드, 러시아, 태국 등 대부분의 나라들이 비슷한 종류의 공제 제도를 활용한다. 내가 아는 한 스웨덴 한 곳만 자선 기부에 대해 일체의 보조금 구조를 제공하지 않는다. 자선 기부에 소득세를 공제하는 방식은 기부자에게 과세하는 세율에 따라 보조금을 정하는 방식으로 작동한다. 따라서 최상위 과세 등급(현재 미국에서는 35퍼센트)에 속한 사람이 1000달러를 기부할 때는 실제로 650달러를 내는 셈이 된다. 정부가 그 사람의 세금 부담에서 350달러를 공제해주면서 사실상 그 액수를 지불한다. 개인 재단과 가족 재단을 설립하거나 지역 사회 재단에 기부하는 경우에도 비슷한 유인이 존재한다. 재단에 기부를 하거나 유산을 남기면 상속세와 증여세가 공제된다. 연방과 주의 재무부는 이런 과세 유인을 허용함으로써 조세 수입을 포기한다. 1000달러 기부에 세금 공제가 전혀 없었다면 국가는 350달러를 조세 수입으로 거둬들일 수 있었다.

8) William Andrews, "Personal Deductions in an Ideal Income Tax," *Harvard Law Review* 86(1972), 309~385쪽.

9) 앞의 글, 325쪽.

10) Boris Bittker, "Charitable Contributions: Tax Deductions or Matching Grants?" *Tax Law Review* 28 (1972), 37~63쪽.

11) James Andreoni, "Impure Altruism and Donations to Public Goods: A Theory of Warm-Glow Giving," *Economic Journal* 100(1990), 464~477쪽.

12) Amihai Glazer and Kai Conrad, "A Signaling Explanation for Charity," *American Economic Review* 86(1996), 1019~1028쪽; William Harbaugh, "Prestige Motive for Making Charitable Transfers," *American Economic Review* 88(1998), 277~282쪽.

13) 어떤 사람들은 종교 단체에 주는 증여가 실은 공익을 제공한다는 잘못된 믿음을 갖고 있다. 많은 신도들이 폭넓은 사회복지를 제공한다고 여겨지기 때문이다. 그런데 교회에 내는 기부금이 어떻게 사용되는지에 관해 입수할 수 있는 최선의 증거를 찾아보면 이런 믿음이 증명되지 않는다. 신앙에 근거한 사회복지 제공자들에 관해 감탄하는 어조로 글을 쓰는 사회학자 로버트 우스노는 '지역 봉사 활동에 쓰는 액수는 전체 기부에서 상대적으로 적은 비중을 차지한다. 아마 5퍼센트 정도 될 것'이라고 말한다. Robert Wuthnow, *Saving America? Faith-Based Social Services and the Future of Civil Society*(Princeton, N.J.: Princeton University Press, 2004), 49쪽.

14) 사적 기부가 공립 학교에 대단히 불공평한 영향을 미치는 사실에 관해서는 Rob Reich, "A Failure of Philanthropy: American Charity Shortchanges the Poor, and Public Policy Is Partly to Blame," *Stanford Social Innovation Review*(Winter 2005), 24~33쪽의 데이터를 보라.

15) Thomas Nagel and Liam Murphy, *The Myth of Ownership: Taxes and Justice*(Oxford: Oxford University Press, 2002).

16) 앞의 책, 98쪽.

17) "조세 체계하고 무관한 재산권이란 존재하지 않기 때문에 세금은 그런 권리를 침해할 수 없다. 극복해야 할 자명한 반대 이유는 없으며, 재산권 정의(定義)의 일부를 형성하는 조세 구조는 계약, 증여, 상속 등을

다스리는 법률과 나란히 분배 정의를 비롯한 정당한 사회적 목표를 증진하는 데 얼마나 효과적인지에 관련해서 평가돼야 한다."(앞의 책, 58~59쪽).

18) 조세 지출 개념에 관해서는 Stanley Surrey and Paul McDaniel, *Tax Expenditures*(Cambridge, Mass.: Harvard University Press, 1985)를 보라.

19) *Regan v. Taxation with Representation*, 461 U.S. 540(1983), 544쪽.

20) Richard A. Musgrave and Peggy Musgrave, *Public Finance in Theory and Practice*, 4th ed.(New York: McGraw Hill, 1984), 348쪽(리처드 에이 머스그레이브 · 페기 비 머스그레이브 지음, 유한성 옮김, 《재정학: 이론과 실제》, 삼영사, 1984). 소득세제의 누진성은 의도하지 않게 세금 공제의 역진 체계로 전환된다. 최고 부유층이 가장 큰 세금 편익을 얻는 것이다. 앞서 제시한 반론의 한 변종은 이런 기이한 현상을 더욱 깊게 한다. 똑같은 수혜자에게 똑같은 기부를 해도 기부자의 소득에 따라 국가가 다르게 대우하는 것이다. 상위 35퍼센트 소득 집단에 속하는 사람이 500달러를 기부하는 경우에 하위 10퍼센트 집단에 속하는 사람이 같은 액수를 기부하는 것보다 비용이 덜 든다. 두 경우에 걸으로는 동일한 사회적 재화가 산출되기 때문에 이런 차별 대우는 완전히 자의적인 것처럼 보인다. 이런 '거꾸로 현상'은 물론 자선 기부에 대한 세금 공제에 특유한 것은 아니다. 일반적으로 공제는 부유층에 크게 유리하다. 1999년 미국에서 전체 세금 공제의 50퍼센트가 최상위 10퍼센트의 몫이었다(통계 출처: 미국 국세청 데이터를 토대로 계산함).

21) 장기 효과를 고려하는 최신 연구들은 대체로 앞선 연구들에 견줘 1.09~2.54가 아니라 0.47~1.26 정도로 가격 탄력성이 낮다고 본다. 어떤 주어진 연도의 공제 가능성만을 고려해서 자선 기부를 하기로 결정하는 경우는 없다. 그것보다 사람들은 몇 년 전이나 몇 년 후를 살펴보고 얼마를 기부할지를 결정할 공산이 크다. 예전 연구들은 조세 유인 변화의 단기적 효과에 초점을 맞추기 때문에 종종 유인이 끼치는 영향을 과장했다. 어느 해에 자선 기부에 대한 세금 혜택이 줄어들면 단기적인 연구들은 그해에 기부가 상당히 감소했다고 기록할 것이다. 그렇지만 이 연구들은 기부자들의 장기적 반응을 놓치기 쉽다. 기부자들은 조세 유인의 변화에 익숙해지기만 하면 결국 다시 기부를 늘릴 것이다. 최근 연구들이 발전된 또 다른 점은 패널 연구(panel study)(표본 집단인 연구 대상자들을 지속적으로 추적해서 일정한 시간적 간격을 두고 여러 차례 반복 측정을 실행하는 연구 방법 — 옮긴이)를 횡단적 또는 시계열 표본에 반대되는 요소로 활용한다는 것이다. 패널 데이터는 시간상의 연속된 시점에서 동일한 개인들로 구성된 집단에서 나오는 정보를 활용한다. 이를테면 Gerald Auten, Charles Clotfelter, and Holger Sieg, "Charitable Giving, Income, and Taxes: An Analysis of Panel Data," *American Economic Review* 92(2002), 371~382쪽을 보라. 전체적인 모습을 그려보자면, 유인은 처음에 생각한 것보다 중요성이 훨씬 덜하다. 사람들이 왜 자선 기부를 하는지를 설명하면서 이블린 브로디는 이런 결론을 내린다. "분명 세금에 관한 고려가 가장 중요한 것은 아니다. 어쨌든 필란트로피는 연방 소득세가 제정되기 오래전부터 있었고, 표준 공제를 요구하는 개별 납세자의 70퍼센트가 소득세 보조금을 전혀 받지 못한다." Evelyn Brody, "Charities in Tax Reform: Threats to Subsidies Overt and Covert," *Tennessee Law Review* 66(1999), 714쪽.

22) 미국 법률에서는 '종교, 자선, 과학, 공공 안전 실험, 문학, 교육 등의 목적만을 위한 것이나 국가적 또는 국제적 아마추어 스포츠 시합을 장려하거나, 아동이나 동물 학대를 방지하기 위해 운영'되는 단체에 세금 공제가 가능한 기부를 허용한다(Internal Revenue Code Section 501(c)(3)). 2008년 현재, 교회나 종교 단체를 제외하고 이 규정에 해당하는 단체는 110만 개를 넘었다.

23) 이것이 Mark Gergen, "The Case for a Charitable Contributions Deduction," *Virginia Law Review* 74 (1988), 1393~1450쪽에서 주장하는 내용이다.

24) 미국 국세청 데이터를 토대로 계산함.

25) '기빙 유에스에이(Giving USA)'가 발간하는 자선 기부에 관한 연례 통계 책자에서 가져온 수치다. 여기서 종교(다시 말해 자기가 속한 신도 집단)에 내는 기부금은 서비스 제공의 사소한 액수 이상을 책임지지 않는다는 사실을 상기할 것. 이 기부금은 대부분 신도 집단의 운영비(이를테면 공공요금, 급여, 시설 등)로 쓰인다. 주 13을 보라.

26) Charles Clotfelter, ed., *Who Benefits From the Nonprofit Sector?*(Chicago: University of Chicago Press, 1992), 22쪽.

27) 서유럽 각국 정부는 역사적으로 미국보다 재분배 성향이 더 강했다. 따라서 여기서 제기하는 반사실적 질문은 정부가 납세자가 낸 돈으로 더 많은 재분배를 할수록 효과가 더 크다.

28) Robert Putnam, *Bowling Alone*(New York: Simon & Schuster, 2001)(로버트 D. 퍼트넘 지음, 정승현 옮김, 《나 홀로 볼링》, 페이퍼로드, 2009)과 Theda Skocpol, *Diminished Democracy: From Membership to Management in America Civic Life*(Norman, Okla.: University of Oklahoma Press, 2004)(테다 스카치폴 지음, 강승훈 옮김, 《민주주의의 쇠퇴》, 한울, 2010)를 보라.

29) *Bob Jones University v. United States*, 461 US 574(1983). 이 사건으로 미국 국세청이 기성의 공공 정책에 대

립하는 단체나 비영리 비과세인 501(c)(3) 조항 단체를 규제하는 법령의 공익 요건을 충족시키지 못하는 단체의 비과세 지위를 철회할 수 있다는 점이 확인됐다. 501(c)(3) 단체인 밥존스 대학교는 인종 간 혼인을 하거나 인종 간 연애나 결혼을 옹호하는 지원자의 입학을 거부하는 정책을 쓰고 있었다. 파월의 견해는 다수 판결에 일치했지만, 동료 대법관들이 설명한 내용하고 같은 비과세 지위를 철회하는 근거, 곧 비과세 단체는 '분명하게 공익에 봉사하고 공익하고 조화해야' 한다는 근거에는 동의하지 않았다.

30) 솔 레브모어는 이런 견해를 훌륭하게 설명하면서 이 방식은 또한 '선택받은 자선 사업에 대한 책임감을 높여 줌으로써' 비영리 기구에 대한 자원 활동과 감독을 장려하기도 한다고 덧붙인다. Saul Levmore, "Taxes and Ballots," *University of Chicago Law Review* 65(1998), 406쪽을 보라.

31) 리엄 머피와 토머스 네이걸은 《소유권의 신화(The Myth of Ownership)》에서 이렇게 말한다. "자선이라는 단어를 보면, (자선 기부) 공제는 공동체가 사회경제적 사다리의 밑바닥에 있는 최악의 삶을 완화해야 하는 집단적 책임을 실행하는 과정을 탈집중화하는 수단인 듯하다. 그런 책임의 정확한 성격이 무엇인지, 그리고 무엇이 가장 효율적인 기관인지에 관해 견해차가 있기 때문에 국가가 이런 목적을 위해 공적 자금을 어떻게 사용할지에 관한 결정을 모두 직접 하기보다는 각 개인이 스스로 기관을 선택해서 기부할 때 보조금을 주는 쪽이 확실히 좋은 생각이다. 그렇지만 설령 그렇다 할지라도 이런 이유로 기성의 공제를 옹호할 수는 없다. 현재 공제 가능한 많은 '자선' 기부금이 빈곤층이나 병자, 장애인에 아무 관계가 없는 문화 기관과 교육 기관으로 돌아가기 때문이다. 국가가 이런 기관에 자금을 지원하는 방식은 바람직할 수도 있고 바람직하지 않을 수도 있지만, 이 주장은 아주 다른 문제인데다 '자선'이라는 말이 정확한 단어도 아니다"(127쪽). 다원주의 설명은 이렇게 '아주 다른' 주장을 제공하려는 시도의 하나다.

## 10장. 돌려주기 필란트로피 실천의 규범, 윤리, 법

1) 이 장을 쓰면서 친구와 동료, 협력자들의 통찰력 있는 논평에 큰 도움을 받았다. 특히 사려 깊은 논평을 해 준 존 베이즐(John Basl), 피터 베런슨(Peter Berenson), 크리스토퍼 보소(Christopher Bosso), 피터 인리치(Peter Enrich), 랜스 홉킨스(Lance Hopkins), 정 리(Jung Lee), 호프 루이스(Hope Lewis), 토머스 포기, 레이프 위나, 대니얼 위클러(Daniel Wikler) 등에게 감사한다. 또한 연구하고 초고를 준비하는 과정에서 대단히 많은 도움을 준 터랜 내들러(Taran Nadler)에게도 감사한다.

2) I.R.C. § 170(c)(2)(A) (2009).

3) Thomas Pogge, "Cosmopolitanism and Sovereignty," in Thom Brooks, ed., *The Global Justice Reader* (Oxford: Oxford University Press, 2008), 51~72쪽.

4) James Coleman, "Social Capital in the Creation of Human Capital," *American Journal of Sociology* 94(1988), 95~120쪽.

5) Robert D. Putnam, *Bowling Alone: The Collapse and Revival of American Community*(New York: Simon & Schuster, 2000), 20~21쪽.

6) 앞의 책, 49~64쪽.

7) 앞의 책, 20쪽.

8) Patricia M. L. Illingworth, Trusting Medicine: The Moral Costs of Managed Care (New York: Routledge, 2005), 93쪽.

9) Paul J. Zack, "The Neurobiology of Trust," *Scientific American* 298(2008), 88~95쪽.

10) 앞의 글, 90쪽.

11) 앞의 글.

12) Robert D. Putnam, "E Pluribus Unum: Diversity and Community in the Twenty-first Century," *Scandinavian Political Studies* 30(2007), 159쪽.

13) 앞의 글, 137쪽.

14) 앞의 글, 149쪽.

15) 앞의 글, 150~151쪽.

16) 앞의 글, 150쪽.

17) Thomas Pogge, "Cosmopolitanism and Sovereignty," 48쪽.

18) 앞의 글, 58쪽.

19) Putnam, *Bowling Alone*, 17쪽.

20) 앞의 책, 123쪽.

21) Eleanor Brown and James Ferris, "Social Capital and Philanthropy: An Analysis of the Impact of Social

Capital on Individual Giving and Volunteering," *Nonprofit and Voluntary Sector Quarterly* 36 (2007), 85~99, 94쪽.

22) 앞의 글, 96쪽.

23) Putnam, *Bowling Alone*, 122쪽.

24) Page Keeton, *Prosser and Keeton on the Law of Torts*(St. Paul, Minn.: West Publishing Company, 1984), 266~267쪽.

25) Lisa Berkman, "The Role of Social Relations in Health Promotion," in Ichiro Kawachi and Bruce Kennedy, eds., *The Society and Population Health Reader: Income Inequality and Health*(New York: The New Press, 1999), 171쪽.

26) Richard G. Wilkenson, "Social Relations, Hierarchy, and Health," in Ichiro Kawachi and Bruce Kennedy, eds., *The Society and Population Health Reader: Income Inequality and Health*(New York: The New Press, 1999), 211~235쪽.

27) Geoffrey Rose, "Sick Individuals and Sick Populations," in Patricia Illingworth and Wendy Parmet, eds., *Ethical Health Care*(Upper Saddle River, N.J.: Prentice Hall, 2006), 37쪽.

28) Herbert Simon, "UBI and the Flat Tax," *Boston Review*(October/November, 2000), 9~10쪽.

29) National Economic and Social Forum, *The Policy Implications of Social Capital*, Forum Report No. 28(Dublin: Government Publications, 2003).

30) *Brown v. Board of Education*, 347 U.S. 483(1954).

31) *Goodrich v. Department of Public Health*, 798 N.E. 2d 941(Mass 2003).

32) Fancis Fukuyama, "Social Capital," in Lawrence E. Harrison and Samuel P. Huntington, eds., *Culture Matters*(New York: Basic Books, 2000), 98~111쪽(새뮤얼 P. 헌팅턴·로렌스 E. 해리슨 엮음, 이종인 옮김, 《문화가 중요하다》, 책과함께, 2015).

33) 앞의 책, 106쪽.

34) Richard Pildes, "The Destruction of Social Capital through Law," *The University of Pennsylvania Law Review* 144(May 1996), 2055~2077쪽.

35) 앞의 글, 2071쪽.

36) 앞의 글, 2073쪽.

37) Richard Daynard, "Regulating Tobacco: The Need for a Public Health Judicial Decision-Making Canon," *Journal of Law, Medicine and Ethics* 30(2002), 281~289쪽.

38) 앞의 글.

39) David E. Pozen, "Remapping the Charitable Deduction," *Connecticut Law Review* 39(December 2006), 537쪽.

40) 26 U.S.C. § 170(2008).

41) Independent Sector, *Deducting Generosity: The Effect of Charitable Tax Incentives on Giving* (Washington, D.C.: Independent Sector, 2003).

42) H.R. Rep. No 1860 75th Cong., 3d Sess. 19(1938).

43) Keiko Otake et al., "Happy People Become Happier through Kindness: A Counting Kindness Intervention," *Journal of Happiness Studies* 7(2006), 361~375쪽.

44) Independent Sector, *Deducting Generosity*, 27쪽.

45) I.R.C. § 170(c)(2)(A)(2009).

46) David E. Pozen, "Remapping the Charitable Deduction," 537쪽.

47) H.R. Rep. No 75-1860, 10-20(1938).

48) *Bob Jones University v. United States*, 461 U.S. 574(1983), 591쪽.

49) I.R.C. 501 (c)(3).

50) *Bob Jones University v. United States*, 592쪽.

51) 앞의 판례.

52) David E. Pozen, "Remapping the Charitable Deduction," 578~579쪽.

53) 앞의 글, 572쪽.

54) Leif Wenar, "Poverty Is No Pond: Challenges for the Affluent," 이 책 6장.

55) 앞의 글.

56) *Utah County v. Intermountain Health Care, Inc.*, 709 P. 2d 275(Utah 1985).

57) IRS, Suspensions Pursuant to Code Section 501(p)(2009).

58) David E. Pozen, "Remapping the Charitable Deduction," 578쪽.

59) C-318/07, *Hein Persche v. Finanzamt*, 2009 E.C.J. 95(2007).

60) 앞의 판례.

61) 앞의 판례, 8쪽.

62) 앞의 판례, 9쪽.

63) 여기서 나는 로널드 드워킨의 법 이론, 곧 법에서 판례와 일관성을 향한 존중을 유지하면서도 더 정의로운 사회로 점차 나아가는 제도로서 받아들여지는 법 이론의 전지구적 해석을 염두에 둔다.

64) Muhammad Yunus and Alan Jolis, *Banker to the Poor: Micro Lending and the Battle against World Poverty*(New York: Public Affairs, 1999), 235~243쪽(무하마드 유누스·알란 졸리스 지음, 정재곤 옮김, 《가난한 사람들을 위한 은행가》, 세상사람들의책, 2002).

65) Leif Wenar, "The Basic Structure as Object: Institutions and Humanitarian Concern," *Global Justice, Global Institutions, special issue of the Canadian Journal of Philosophy* 31(2007), 253~278쪽.

**11장. 설립자 겸 기금 출연자** 비영리 기구의 필란트로피적 설립과 관련된 윤리적 고려 사항들

1) 여러 초안을 읽어 준 이들(레이철 벨로(Rachel Bellow), 찰리 클롯펠터(Charlie Clotfelter), 조 엘런 파커(Jo Ellen Parker), 조엘 플라이시먼(Joel Fleishman), 마이크 맥퍼슨(Mike McPherson), 앤젤리카 루던스타인(Angelica Rudenstine), 닐 루던스타인(Neil Rudenstine), 버즈 슈미트(Buzz Schmidt), 스티븐 쉰들러(Steven Schindler), 레이철 스피걸(Rachel Spiegel), 그레천 와그너(Gretchen Wagner)과 인터뷰를 해준 이들(수전 베러스퍼드(Susan Berresford), 레이철 벨로, 낸시 비셀(Nancy Bissell), 엘리자베스 글래스먼(Elizabeth Glassman), 마이클 고번(Michael Govan), 폴 그로건(Paul Grogan), 스티븐 내시(Steven Nash))에게는 시간과 통찰력을 내준 점을 감사한다. 제사 출처: www.olin.edu/about_olin/docs/inaugural_address.asp(July 23, 2010).

2) 종종 모호한 용법으로 사용되는 용어로는 사회적 기업가 정신(social entrepreneurship), 벤처 필란트로피(venture philanthropy), 관여 수준이 높은 필란트로피, 파급 효과가 큰 필란트로피(high-impact philanthropy) 등이 있다. 뒤의 두 용어에 관해서는 Venture Philanthropy Partners, *High Engagement Philanthropy: A Bridge to a More Effective Social Sector*(Washington, D.C.: Venture Philanthropy Partners, 2004)와 Venture Philanthropy Partners, "Characteristics of High-Impact Programs: Leadership, Focus, Alignment, and Measurement," in Joel L. Fleishman, *The Foundation: A Great American Secret — How Private Wealth Is Changing the World*(New York: Public Affairs Books, 2007), 11장 등을 보라.

3) Fleishman, *The Foundation*, 339쪽; Rob Reich, "Philanthropy and Its Uneasy Relation to Equality," in William Damon and Susan Verducci, eds., *Taking Philanthropy Seriously*(Bloomington: Indiana University Press, 2006), 27~49쪽.

4) 공공과 다른 재단들에서 고립되고, 또한 '어떤 사람의 관대함이나 다른 사람의 작업을 그릇되게 자기 공으로 챙기지 않고서 전문적인 업적과 능력에 관련된 주장을 어떻게 할지'에 관한 질문에서 고립된 결과로 초래되는 긴장에 관해서는 Laura Horn and Howard Gardner, "The Lonely Profession," in William Damon and Susan Verducci, eds., *Taking Philanthropy Seriously*(Bloomington: Indiana University Press, 2006), 77~94쪽을 보라. 두 사람은 훌륭한 지원금 제공자의 분투를 설명하면서 이렇게 결론짓는다. "전문적인 지원금 조성에서 길을 찾기 위해 비범한 개인에게만 의존하는 방법은 훌륭한 필란트로피 사업을 위한 지속 가능한 전략이 아니다"(93쪽).

5) Jenni Menon Mariano and Susan Verducci, "Ethical Standards in Philanthropy," in William Damon and Susan Verducci, eds., *Taking Philanthropy Seriously*(Bloomington: Indiana University Press, 2006), 233쪽.

6) 이 글의 구성상 전면적인 분석을 할 지면이 부족한데, 이 사례들을 선택한 이유는 여기서 배울 수 있는 교훈이 이 연구에서 조사한 다른 사례나 경험들하고 공명하기 때문이다.

7) Witold Rybczynski, "Extreme Museum Makeover," April 27, 2005, www.slate.com. 이 사례에서 다른 인용문은 다음 출처에서 가져왔다. Raymond Nasher, interview with Jim Lehrer, "Sharing Sculpture," *Online NewsHour*(October 20, 2003), www.pbs.org/newshour/bb/entertainment/july-dec03/sculpture_10-20.html(July 23, 2010); Robert Bliwise, "The Collector," *Duke Magazine* 89 (2003), www.duke-magazine.duke.edu/dukemag/issues/050603/collector1.html(July 23, 2010); Carol Vogel, "Coveted Sculptures Going to Dallas," *New York Times*(April 8, 1997), C9면; Victoria L. Hicks, "An Arts Match Made in Dallas: New Sculpture Center Required 20 Years of Careful Courting," *Dallas Morning News*(October 14, 2003), A1면.

8) Hicks, "Arts Match Made in Dallas."

9) Phillip Jones, Chief Executive of the Dallas Convention & Visitors Bureau. Suzanne Marta, "Alliance Sees Arts District as a Destination," *Dallas Morning News*(July 18, 2007), 1D면.

10) Alan Oser, "Nonprofit Realty Groups Getting More Private Help," *New York Times*(March 18, 1984), 섹션 8, 7면. 다른 핵심적인 문서들로는 Mitchell Sviridoff, "The Seeds of Urban Revival," *Public Interest*(Winter 1994), 114쪽; J. Scott Kohler, "Local Initiatives Support Corporation: Ford Foundation, 1979," Case 52, in Joel L. Fleishman, J. Scott Kohler, and Steven Schindler, *Casebook for the Foundation: A Great American Secret*(New York: Public Affairs, 2007), cspcs.sanford.duke.edu/sites/default/files/descriptive/local_initiatives_support_corporation.pdf(July 23, 2010), 151~155쪽 등이 있다.

11) Bliwise, "Collector."

12) Ford Foundation, *LISC: A Private-Public Venture for Community and Neighborhood Revitalization* (New York: Ford Foundation, May 1980), 4~5쪽.

13) Chronicle of Philanthropy, "Nonprofit Leaders and Experts Offer Their Predictions for 2008" (December 31, 2007), philanthropy.com/article/Nonprofit-LeadersExperts/62754(July 26, 2010).

14) Clayton M. Christensen, Heiner Baumann, Rudy Ruggles, and Thomas M. Sadtler, "Disruptive Innovation for Social Change," *Harvard Business Review* 84(2006), 94~101쪽.

15) Ford Foundation, *LISC*, 4쪽.

16) Rachel Bellow, 지은이하고 한 인터뷰.

17) Carol Vogel, "Inside Art," *New York Times*(June 23, 1995), 26쪽.

18) www.stowers-institute.org/Public/Mission.asp. 미첼 올프슨(Mitchell Wolfson)은 마이애미에 미술관을 설립하면서 '올프소니언(Wolfsonian)'이라는 이름을 붙였다. 기부자 제임스 스미슨(James Smithson)의 이름을 따서 스미소니언이 명명된 것하고 똑같은 방식으로 새로운 진출을 제도화하는 결정이었다.

19) Ford Foundation, *LISC*, 3쪽. 지역사회 개발을 촉진하는 중개 단체를 설립하려 한, 야심적이지만 상대적으로 큰 성공을 거두지는 못한 또 다른 시도에 관한 이야기로는 Prudence Brown and Leila Fiester, "Hard Lessons about Philanthropy & Community Change from the Neighborhood Improvement Initiative," March 2007, www.hewlett.org/NR/rdonlyres/6D05A0B4-D15E-47FA-B62E-917741BB9E72/0/HewlettNIIReport.pdf(July 23, 2010)를 보라. 2000만 달러가 투입된 동네 개선 사업(Neighborhood Improvement Initiative)을 평가하기 위해 재단의 위임을 받은 지은이들은 이렇게 말한다. "지역 사회의 변화, 곧 동네 지도자, 단체, 네트워크가 발전해서 지역 사회 안팎에서 주민들을 지원하고 자원과 기회를 연결해주는 일은 모든 재단을 위한 일이 아니다. 이런 투자를 검토 중인 기금 제공자는 자기가 지역 사회 변화 사업에서 어떤 구실을 하기 위해 어떤 역량이 있는지를 진지하게 생각할 필요가 있다. 어떤 이들은 그런 일이 너무 복잡하고, 정치적 부담이 크며, 접근하기 힘들다는 사실을 깨달을 것이다"(56~57쪽).

20) Sviridoff, "Seeds of Urban Revival," 94쪽.

21) Paul A. Gompers and Josh Lerner, *The Money of Invention: How Venture Capital Creates New Wealth*(Cambridge, Mass.: Harvard Business School Press, 2001).

22) 지은이하고 한 인터뷰. 같은 시기에 멜런 재단이 설립해 큰 성공을 거둔 다른 기관(JSTOR(1995년에 설립된 학술 저널, 단행본, 자료 전자 도서관 ― 옮긴이)와 '칼리지 앤 비욘드(College and Beyond)' 연구 프로젝트 등)에 관해 검토한 내용은 Fleishman, *The Foundation*, 68~69쪽을 보라.

23) Hicks, "Arts Match Made in Dallas."

24) Vogel, "Coveted Sculptures Going to Dallas."

25) 재단 센터의 온라인 디렉토리를 검색해서 얻은 수치다.

26) 지은이하고 한 인터뷰.

27) William P. Ryan, *Nonprofit Capital: A Review of Problems and Strategies*(Washington, D.C.: The Rockefeller Foundation and Fannie Mae Foundation, 2001), 23쪽.

28) Venture Philanthropy Partners, *High Engagement Philanthropy*, 15쪽을 보라. "우리는 기금 할당에 관한 완전히 민주적인 접근법을 옹호하지 않는다. 실제로 우리는 능력주의, 곧 양질의 서비스를 제공하고 있다는 점을 입증할 능력(이나 가능성)이 있는 조직만이 성장 자본을 우선 사용할 수 있는 방식을 지지한다."

29) Ford Foundation, *Annual Report 1986*(New York: Ford Foundation, 1987), 2쪽.

30) Ford Foundation, *Annual Report 1988*(New York: Ford Foundation, 1989), 3쪽.

31) 올린 대학교 총장 밀러가 말한 대로, 새로운 대학 건설에 투입된 기금이면 전국 곳곳의 수십 여 개 기관에 공학 과정을 신설하거나 향상시킬 수 있었다. 그리고 실제로 올린이 내놓은 기금으로 지난 60년 동안 햄턴, 우스터, 폴리테크닉, 존스홉킨스 등 57개 캠퍼스에 공학관 건물을 짓고 장비를 제공했다. 1997년에 재단이 4억 6000만 달러의 기부 자산 전액을 대학 신설에 투입하기로 결정한 뒤, 이제 어떤 캠퍼스도 그런 건

물을 증여받지 못했다.

32) 지은이하고 한 인터뷰.

33) 지은이하고 한 인터뷰.

34) Edward Skloot, *Beyond the Money: Reflections on Philanthropy, the Nonprofit Sector and Civic Life, 1999-2006*(New York: The Surdna Foundation, 2007), 91~92쪽.

35) 지은이하고 한 인터뷰. Susan V. Berresford, "Philanthropy: What's New, What's Not"(speech given at Duke University's Fuqua School of Business, February 6, 2007), www.fordfound.org/newsroom/speeches/192(July 23, 2010)의 발언도 보라.

36) 지은이하고 한 인터뷰.

37) 지은이하고 한 인터뷰.

38) Steven Nash, ed., *Nasher Sculpture Center Handbook*(Dallas: Nasher Sculpture Center, 2003), 11쪽. 디아 미술재단에서 가장 성공을 거둔 뉴욕 프로젝트인 비컨(Beacon) 미술관은 맨해튼 도심에 자리한 프릭(Frick) 미술관하고 아주 다른 장기적인 도전에 직면한다.

39) 지은이하고 한 인터뷰.

40) *Invention 2000*, vision statement, http://www.olin.edu/about_olin/history/invention2kf.aspx(July 23, 2010).

41) Rachel Bellow, "What's Next: Going Off-Road with the Arts as Venture Philanthropy," in *Grantmakers in the Arts: Proceedings from the 1999 Conference*(Seattle: Grantmakers in the Arts, 1999), http://s70362.gridserver.com/sites/default/files/Whats-Next.pdf, 11쪽.

42) 지은이하고 한 인터뷰.

43) 지은이하고 한 인터뷰.

## 12장. 기업 필란트로피의 실현되지 않은 약속

1) Michael Schrage, "Charity Needs a Better Foundation," *Financial Times*(February 14, 2007), 15쪽에서 재인용.

2) Carolyn Mathiasen, *2007 Background Report E: Charitable Contributions*(Institutional Shareholder Services, 2007), www.irrc.com.

3) Paul C. Godfrey, "The Relationship Between Corporate Philanthropy and Shareholder Wealth: A Risk Management Perspective," *Academy of Management Review* 30 (2005), 779쪽.

4) Ailian Gan, "The Impact of Public Scrutiny on Corporate Philanthropy," *Journal of Business Ethics* 69 (2006), 217~236쪽.

5) 정해진 보고서를 제출하는 기업 재단 같은 경우에도 불확실성이 존재한다. 책임필란트로피전국위원회(National Committee for Responsive Philanthropy)의 2007년 보고서에서 밝혀진 바에 따르면, 은행에 관련된 재단들의 보고서가 국세청 규정에 위배됐다. 이 보고서들은 외부에서 진위를 입증할 수 없는 내용이었다. 게다가 '무엇이 이 부문의 필란트로피 정의에 포함되는지에 관련해 표준화된 원칙'이 부족했다. Rebecca Sherblom, *Banking on Philanthropy: Impact of Bank Mergers on Charitable Giving*(National Committee For Responsive Philanthropy, 2007).

6) Committee Encouraging Corporate Philanthropy, *Giving in Numbers: 2006 Edition*(New York: Committee Encouraging Corporate Philanthropy, 2006), 16쪽.

7) McKinsey Global Survey, "The State of Corporate Philanthropy: A McKinsey Global Survey," *The McKinsey Quarterly*(January 2008), 3쪽.

8) Michael E. Porter and Mark R. Kramer, "The Competitive Advantage of Corporate Philanthropy," *Harvard Business Review*(December 2002), 68쪽.

9) David H. Saiia, Archie B. Carroll, and Ann K. Buchholtz, "Philanthropy as Strategy: When Corporate Charity 'Begins at Home'," *Business & Society* 42(2003), 169~201쪽; Carol M. Sanchez, "Motives for Corporate Philanthropy in El Salvador: Altruism and Political Legitimacy," *Journal of Business Ethics* 27(2002), 363~375쪽.

10) Barbara R. Bartkus, Sara A. Morris, and Bruce Seifert, "Governance and Corporate Philanthropy," *Business & Society* 41(2002), 322쪽.

11) 이 점을 비롯해서 전반적인 논평을 해준 라이언 버그(Ryan Berg)에게 감사한다.

12) 이제까지 조직은 나쁜 동기를 추구하게 마련이라는 글이 상당히 많이 나왔다. 최근의 설명으로는 가드프리의 글을 보라. 흥미롭게도 지금까지 기업이 선한 동기를 추구한다고 말한 글은 거의 없다. 두 경우 모

두 복잡한 조직이 결정을 내리고 인식하는 방식에 관련해 심각한 개념적, 현실적 쟁점이 존재한다. Paul C. Godfrey, "The Relationship Between Corporate Philanthropy and Shareholder Wealth: A Risk Management Perspective," *Academy of Management Review* 30(2005), 777~798쪽.

13) 의도의 진정성을 판단하는 외부의 기준을 제시하는 문제에 관련된 한 사례로는 가드프리와 브라이트가 의견을 교환한 내용을 보라. 브라이트는 어쨌든 조건 없이 고결한 인식이 확인된다고 말하면서 제약 회사 머크(Merck)의 사상충증 퇴치 프로그램을 사례로 든다. 그러자 가드프리는 브라이트가 '경제 문제를 도덕 문제에 종속시킨다'(755쪽)고 비난한다. David Bright, "Virtuousness Is Necessary for Genuineness in Corporate Philanthropy," *Academy of Management Review* 31(2006), 752~754쪽; Paul C. Godfrey, "A Reply to Bright: Virtuousness and the Virtues of a Market," *Academy of Management Review* 31(2006), 754~756쪽.

14) Milton Friedman, "The Social Responsibility of Business Is to Increase Its Profits," *New York Times Magazine*(September 13, 1970), 32~33쪽.

15) Porter and Kramer, "The Competitive Advantage"; Godfrey, "The Relationship Between."

16) Bruce Seifert, Sara A. Morris, and Barbara R. Bartkus, "Having, Giving and Getting: Slack Resources, Corporate Philanthropy, and Firm Financial Performance," *Business & Society* 43(2004), 137쪽.

17) 앞의 글, 151쪽.

18) Ray Fisman, Geoffrey Heal, and Vinay B. Nair, "A Model of Corporate Philanthropy," Working Paper(Columbia University, New York, 2007).

19) Joseph Galaskiewicz, "An Urban Grants Economy Revisited: Corporate Contributions in the Twin Cities, 1979−81, 1987−89," *Administrative Science Quarterly* 42(1997), 445~471쪽.

20) World Business Council for Sustainable Development, *From Challenge to Opportunity: The Role of Business in Tomorrow's Society*(Geneva: World Business Council for Sustainable Development, 2006), 6쪽, www.wbcsd. org.

21) C. B. Bhattacharya and Sankar Sen, "Doing Better at Doing Good: When, Why and How Consu- mers Respond to Corporate Social Initiatives," *California Management Review* 47(2004), 9~24쪽.

22) Ben White, "Goldman in $100m Drive to Educate Women," *FT.com*(March 6, 2008), www.ft.com/cms/ s/0/fefb1fd6-eb09-11dc-a5f4-0000779fd2ac.html?nclick_check=1.

23) Friedman, "The Social Responsibility."

24) 앞의 글.

25) Joshua D. Margolis and Hillary Anger Elfenbein, "Do Well by Doing Good? Don't Count on It," *Harvard Business Review*(January 2008).

26) McKinsey Global Survey, "The State of Philanthropy."

27) Stephanie Strom, "Big Gifts, Tax Breaks and a Debate on Charity," *New York Times*(September 6, 2007), A1면.

28) Rob Reich, "A Failure of Philanthropy," *Stanford Social Innovation Review* 3(2005), 26쪽.

29) Sherblom, "Banking on Philanthropy."

30) Thomas W. Dunfee, "Do Firms with Unique Competencies for Rescuing Victims of Human Catastrophes Have Special Obligations?" *Business Ethics Quarterly* 16(2006), 202쪽.

31) Saiia, Carroll, and Buchholtz, "Philanthropy as Strategy," 176쪽.

32) 일반적으로 기업이 주어진 프로그램을 선정하는 이유를 좀더 투명하게 밝히면, 이해관계자들은 이 프로그램이 어떻게 기업에 연결되는지를 평가할 수 있다. 자세한 내용을 밝히지 않는 탓에 선정 근거에 관련된 의심이 생기고, 이를테면 웬디스 창립자가 입양인 출신이라거나 골드만삭스의 전 회장이 개인적으로 주요 환경 비정부 기구에 관여한다는 등 그다지 관련성 없는 요인들이 강조된다.

33) Muhammad Yunus, "A Hand Up Doesn't Always Require a Handout," *Wall Street Journal*(October 14, 2006), 16쪽.

34) World Business Council for Sustainable Development, *From Challenge to Opportunity*.

35) 여기서 주장하듯이 사회적 규범이 필란트로피에 주요한 영향을 미친다면, 이런 유행은 예상 가능한 것이다.

36) 다른 한편 기업의 대응이 그래도 미국 연방 정부의 개입보다는 효율적이었다는 전반적인 인상이 든다.

37) White, "Goldman in $100m."

38) Dunfee, "Do Firms with Unique," 186쪽.

39) Bhattacharya and Sen, "Doing Better at Doing Good," 14쪽.

## 13장. 필란트로피, 이기심, 책무성 미국 대학과 개발도상국

1) 초고 단계 원고를 읽고 논평을 해준 낸시 버드솔(Nancy Birdsall), 고빈드 난카니(Gobind Nankani), 퍼트리샤 일링워스, 보건 관련 문제에 관해 조언과 논평을 해준 아르준 수리(Arjun Suri), 이 장에서 논의하는 몇 가지 법적 쟁점에 관해 조사를 해준 메건 크라울리(Megan Crowley) 등에게 감사한다.

2) Statement of Theo A. Dillaha, Program Director, Sustainable Agriculture and Natural Resource Management(SANREM) Collaborative Research Support Program(CRSP) Office of International Research, Education, and Development, Virginia Polytechnic Institute and State University, Blacksburg, before the U.S. House of Representatives Committee on Agriculture Subcommittee on Specialty Crops, Rural Development and Foreign Agriculture. agriculture.house.gov/testimony/110/h80716/Dillaha.doc.

3) www.nasulgc.org/NetCommunity/Page.aspx?pid=776&srcid=288.

4) Burton A. Weisbrod, Jeffrey P. Ballou, and Evelyn Asch, *Mission and Money: Understanding the University*(New York: Cambridge University Press, 2008).

5) Paul Drake, *The Money Doctor in the Andes — The Kemmerer Missions, 1923-1933*(Durham: Duke University Press, 1989)를 보라.

6) 칠레에 관해서는 Juan Gabriel Valdés, *Pinochet's Economists: The Chicago School of Economics in Chile*(Cambridge: Cambridge University Press, 1995)를 보라. 멕시코의 경제 관료 집단이 1960년대에 민족주의 좌파 성향이 전성기를 누리던 시기에서 매사추세츠 공과대학교, 하버드 대학교, 스탠퍼드 대학교, 시카고 대학교, 예일 대학교 같은 미국의 엘리트 대학에서 훈련받은 신자유주의자들의 성채로 바뀌는 과정과 그 사람들이 멕시코에 미친 영향에 관한 훌륭한 설명으로는 Sarah L. Babb, *Managing Mexico: Economists from Nationalism to Neoliberalism*(Princeton, N.J.: Princeton University Press, 2001)을 보라. 버클리 마피아에 관해서는 Ford Foundation, *Celebrating Indonesia: Fifty Years with the Ford Foundation 1953-2003*(New York: Ford Foundation, 2003), web.archive.org/web/20070403150613/www.fordfound.org/elibrary/documents/5002/toc.cfm을 보라.

7) 이 설명은 에드워드 메이슨이 로버트 맥나마라에게 보낸 메모에서 가져왔다. a note by Edward Mason to Robert McNamara, World Bank ARchives, 1972. 당시 에드워드 메이슨은 하버드 경제학과의 유명한 교수였다.

8) *U.S. v. President and Fellows of Harvard College*, 323 F.Supp., 2d 151(D. Mass., 2004).

9) 게다가 하버드 대학교가 치른 법적 비용은 1000만~1500만 달러로 추정됐다. 어떤 직원이 고용주에게 무려 4000만 달러에 가까운 손실을 야기한다면, 보통 오랫동안 고용주의 총애를 받을 것이라고 기대하기 힘들다. 그렇지만 이 경우는 사정이 달랐는데, 아마 하버드 칼리지 전 학장인 헨리 루이스(Henry Lewis)가 말한 이유 때문일 것이다. "하버드 대학교가 (부정행위로 고발된 교수진에 관해) 보이는 태도를 이해하려 하는 제3자는 유감스러운 결론에 도달하게 된다. 무엇보다도 총장하고 가까운 개인적 친구 사이라는 점은 아무 해가 되지 않는다." David McClintick, "How Harvard Lost Russia," *Institutional Investor* 40(January 2006), www.iimagazine.com/article.aspx?articleID=1039086.

10) 하버드 대학교 총장 로렌스 서머스(Lawrence Summers) 본인이 2002년 케임브리지에서 진행된 연방 소송에서 이렇게 선서 증언을 했다. "이 프로젝트는 막대한 가치가 있는 사업이었습니다. …… 프로젝트가 중단되면서 러시아의 경제 개혁과 미국-러시아 관계에 피해를 줬습니다." McClintick, "How Harvard Lost."

11) Joann S. Lubin, "Travel Expenses Prompt Yale to Force Out Institute Chief," *Wall Street Journal* (January 10, 2005), B1쪽.

12) www.yaledailynews.com/articles/view/12633.

13) 1990년대 초 세계은행 연구원 중 80명이 미국과 영국 교육 기관에 개설된 대학원의 학위를 보유하고 있었다(미국 출신이 거의 3분의 2였다). 국제통화기금은 비슷한 데이터를 구하기 힘들지만, 세계은행보다 적을 가능성은 낮다. 그 뒤로 미국 대학과 개발도상국 대학의 질적 격차가 확대된 때문에 이런 비대칭성이 더 커졌을 가능성이 크다. Nicholas Stern, "The World Bank as Intellectual Actor," in Devesh Kapur, John Lewis, and Richard Webb, eds., *The World Bank: Its First Half Century* (Washington, D.C.: Brookings Institution, 1997), 표 18-12-6.

14) 테틀록은 최근에 한 어느 분석에서 예상을 전문 분야로 삼는 (그리고 그 대가로 돈을 받는) '전문가들'이 다른 사람들보다 더 뛰어난 경우는 드물지만, 그래도 책임을 지는 일은 거의 없다는 사실을 발견한다. 그 사람들은 자기가 한 잘못을 인정하는 일이 거의 없으며, 단지 시기를 놓쳤다거나, 보기 드문 사건에 허를 찔렸다거나, 자기가 한 예상이 거의 맞았다거나, 의도는 좋았는데 결과가 나빴다고 주장한다. "학문이 고도로 전문화된 이 시대에 유력한 저널에 기고하는 사람들, 곧 유명 정치학자, 지역학 전문가, 경제

학자 등이 저널리스트나 《뉴욕 타임스》를 열심히 읽는 독자보다 최근 상황을 '읽는' 데 더 뛰어나다고 가정할 이유는 전혀 없다." 실제로, "수요가 많은 전문가들은 조명을 받지 못한 채 겨우 생계를 이어나가는 동료들에 비해 더 자신만만했다." Philip Tetlock, *Expert Political Judgment: How Good Is It? How Can We Know?*(Princeton, N.J.: Princeton University Press, 2005), 233쪽.

15) Devesh Kapur, "Academics Have More to Declare Than Their Genius," *Financial Times*(June 23, 2009), 11면.

16) 이런 사실은 세계은행의 공식 역사에 기록돼 있다. Devesh Kapur, John Lewis, and Richard Webb, eds., *The World Bank: Its First Half Century*(Washington, D.C.: Brookings Institution, 1997)을 보라.

17) 지식인의 구실과 책임을 둘러싼 논쟁은 물론 새로운 것이 아니며, 지식인은 '내 왕국은 이 세상에 속하지 않는다'는 원칙을 따라야 한다고 믿는 이들(방다)부터 겔너처럼 '순수한 원칙의 이름으로 결과를 무시하는 태도는 대개 그것 자체가 일종의 방종과 회피가 될 수 있다'고 생각하는 이들에 이르기까지 다양하다. Julien Benda, *The Treason of the Intellectual*(New York: The Norton Library, 1969), 43쪽(쥘리앙 방다 지음, 노서경 옮김, 《지식인의 배반》, 이제이북스, 2013); Ernest Gellner, "La Trahison de lat Trahison des Clercs," in Ian McLean, Alan Montefiore, and Peter Winch, eds., *The Political Responsibility of Intellectuals*(Cambridge: Cambridge University Press, 1990), 17~28쪽; Nissan Oren, ed., *Intellectuals in Politics*(Jerusalem: The Magnes Press, The Hebrew University, 1984); Edward Said, *Representations of the Intellectual*(New York: Pantheon, 1994)(에드워드 W. 사이드 지음, 최유준 옮김, 《지식인의 표상》, 마티, 2012).

18) Harvard Busines School case study, N9-109-032, November 6, 2008, by Professor Krishna Palepu and Research Associate Namrata Arora on the Emergency Management and Research Institute.

19) Rumi Dutta and Dev Chatterjee, *Economic Times*, "Palepu May Have to Quit DRL Board"(January 10, 2009), economictimes.indiatimes.com/Corporate_Announcement/Palepu_may_have_to_quit_DRL_board/articleshow/3958701.cms.

20) Walter W. Powell and Jason Owen-Smith, "Universities and the Market For Intellectual Property on the Life Sciences," *Journal of Policy Analysis and Management* 17(1998), 253~277쪽.

21) Nannerl O. Keohane, "The Mission of the Research University," *Daedalus* 122(Fall 1993), 101, 122쪽.

22) Sheila Slaughter and Larry L. Leslie, *Academic Capitalism: Politics, Policies and the Entrepreneurial University*(Baltimore, Md.: Johns Hopkins University Press, 1997).

23) Amy Kapczynski, Samantha Chaifetz, Zachary Katz, and Yochai Benkler, "Addressing Global Health Inequities: An Open Licensing Approach for University Innovations," *Berkeley Technology Law Journal* 20(2005), 1034~1114, 1055~1056쪽에서 재인용.

24) National Institutes of Health, *Report of the National Institutes of Health(NIH) Working Group on Research Tools*(1998), www.nih.gov/news/researchtools.

25) 2000년 상원 보고서에 따르면, 치료 효과가 가장 큰 21개 약품 중 15개가 연방 정부가 재정을 지원한 프로젝트를 통해 학술 기관에서 개발됐다. www.essentialmedicine.org/cs/wp-content/uploads/ 2006/11/pipiaback-grounpaper.pdf.

26) Maura, Lerner, "AIDS Drug Puts 'U' in Debate over Access in Africa," *Star Tribune*(Minneapolis) (April 2, 2001), 1A면.

27) Weisbrod, Ballou, and Asch, *Mission and Money*, 160쪽.

28) Donald G. McNeil, Jr., "Yale Urged to Cut Drug Costs in Africa," *New York Times*(March 12, 2001), A3면. 기사에서 '디포티(d4T)'의 발명자인 예일 대학교 약학과 교수 윌리엄 프루소프는 이렇게 말한다. "확실히 그 연구에 학생들을 참여시킬 겁니다. 나는 학생들이 저발전 국가들에 무상으로 약품을 공급하거나 인도나 브라질에 저렴하게 생산을 맡기기를 바랍니다. 그런데 문제는 거대 제약 회사들은 이타적인 조직이 아니라는 겁니다. 그 회사들이 추구하는 유일한 목적은 돈입니다."

29) World Health Organization, *Public Health, Innovation and Intellectual Property Rights: Report of the Commission on Intellectual Property Rights, Innovation and Public Health*(Geneva: World Health Organization, 2006), 74쪽. Article 2.12.

30) www.essentialmedicine.org/cs/?page_id=14에서 재인용.

31) 스탠퍼드 대학교(이 시도를 처음 시작하고 조정했다) 말고도 다음 대학들이 백서에 서명했다. 캘리포니아 공과대학교, 코넬 대학교, 하버드 대학교, 매사추세츠 공과대학교, 캘리포니아 대학 시스템(캘리포니아 주의 공립 대학인 캘리포니아 대학교(UC)를 구성하는 9개 캠퍼스. 각자 독립성을 유지하면서 통합적으로 운영된다 ― 옮긴이), 일리노이 대학교 시카고 캠퍼스, 일리노이 대학교 어바나샴페인 캠퍼스, 워싱턴 대학교, 위스콘신 동문연구재단(Wisconsin Alumni Research Foundation), 예일 대학교, 미국의과대학협회. news-

service.stanford.edu/news/2007/march7/gifs/whitepaper.pdf.

32) 이런 방향을 추구하는 또 다른 유명한 기획은 《플로스 소외 상태의 열대 질환(PLoS Neglected Tropical Diseases)》이라는 저널이다. 이 오픈 액세스 저널은 소외 상태 질환을 연구하는 문제를 다루기 위한 학계의 협력을 증진하려는 목적으로 게이츠 재단이 재정을 지원하고 퍼블릭라이브러리 오브 사이언스(Public Library of Sciences · PLoS)가 발간한다. www.plosntds.org/static/information.action.

33) Tamar Lewin, "U.S. Universities Rush to Set Up Outposts Abroad," *New York Times*(February 10, 2008), A1면.

34) 이 데이터는 미국 법전 제20조 1011f절(Title) 20, SEction 1011f of the U.S. Code에 따라 보고된 미국의 단과 대학과 종합 대학의 해외 수입 공개 요건에서 가져왔다. 데이터는 www.nationalreview.com/kurtz/allforeigngiftsreport.html에서 볼 수 있다.

35) chronicle.com/weekly/v54/i29/29a02601.htm.

36) 수십 년 동안 중동에서 레바논이 고등 교육의 중심지였지만, 정치적 진통을 겪은 결과 꾸준히 우위를 잃었다. 그 대신 두바이가 인근 카타르를 상대로 경쟁을 벌이는 중이다. 카타르는 최근 도하에 '교육 허브'를 구축하는 프로젝트를 시작했는데, 카네기멜론 대학교, 코넬 대학교, 텍사스 에이앤앰 대학교, 버지니아 코먼웰스 대학교 등 주로 미국 대학들과 프로그램을 진행 중이다. Katherine Zoepf, "International Business School to Open Campus in Abu Dhabi," *Chronicle of Higher Education*(May 26, 2006), chronicle.com/article/International-Business-School/33147.

37) 국제 고등 교육 지구 부지가 800만 평방피트(약 74만 3000제곱미터 — 옮긴이), 연구개발 센터 부지가 300만 평방피트(약 27만 9000제곱미터 — 옮긴이)를 사용하고, 스포츠 시설, 학생회 건물, 학생과 교직원 주택 등에 300만 평방피트가 배정될 예정이다.

38) www.nytimes/com/2008/02/10/education/10global.html?pagewanted=all.

39) Tamar Lewin, "U.S. Universities Join Saudis in Partnerships," *New York Times*(March 6, 2008), www.nytimes.com/2008/03/06/education/06partner.html?_r=1.

40) David Cohen, "All the Perfumes of Arabia," *Guardian*(July 22, 2008), 4면.

41) 인권 문제(특히 교육 프로그램을 위한 건설 사업에서 저임금 이주 노동자를 사용하는 문제)에 관한 염려 때문에 두바이에 캠퍼스를 건설하는 논의를 일시 중단한 코네티컷 대학교 같은 몇몇 사례에서 대학들은 지금까지 원칙에 따라 행동했다. 그렇지만 학생을 끌어들이기 위한 '시장 조건'이 나쁘다는 사실이 아니라 이런 염려가 정말 근원적 원인인지는 불분명하다.

42) 이 절의 논의는 다음 글에 의지했다. Luke Messac, "Cost Efficiency in University-Led Service Delivery in Poor Countries," Independent Study Paper for Professor Arachu Castro, Harvard University (January 5, 2007). 하버드 대학교 공중보건대학 소속으로 '건강 동반자(Partners in Health)' 설립자인 폴 파머(Paul Farmer)는 이런 견해를 신봉하는 저명한 인물이다.

43) www.avert.org/pepfar-partners.htm.

44) Weisbrod, Ballou, and Asch, Mission and Money.

45) 이 문단과 다음 문단에 담긴 아이디어를 처음 발전시킨 사례는 Devesh Kapur, "The Knowledge Bank," in Center for Global Development, *Rescuing the World Bank*(Washington, D.C.: Center for Global Development, 2006), 159~170쪽을 보라.

46) Andrew Stirling, "On the Economics and Analysis of Diversity," SPRU Working Papers(Brighton: University of Sussex, 1998).

47) 유엔에서 볼커 위원회(Volcker Commission)를 구성하고, 세계은행과 국제통화기금에서 독립적 심사단을 만든 것이 대표 사례다.

48) 이 절은 퍼트리샤 일링워스가 이 글의 초고를 읽고 해준 논평에 의지했다.

# 찾아보기

ㄱ

가산주의  210, 213, 220, 223
가족계획연맹  267
가톨릭구호서비스  166
'개발에 관한 유럽 합의안'(유럽연합)  145
거꾸로 효과  266, 267
거버넌스  178, 179, 181, 198, 233~239, 248, 249, 253, 255, 334, 362, 382
걸래스키위츠, 조셉  357
걸프 전쟁(1991)  231
게이츠, 멜린다  29, 30, 37
게이츠, 빌  13, 16, 21, 29~33, 37, 39, 40
게이츠 재단  30, 31, 33, 264, 279
게임 이론  23
결과주의  102, 107
결핵  135, 212, 338
'경제적 인간'  111, 128,
경제협력개발기구(OECD)  44, 308
고등사범학교(파리 주르당)  43
골드가이거, 제임스  418
고번, 마이클  327, 342
골드만삭스  360, 368, 371, 372, 434
공공연구공익추구법안  391
공공재  113, 117, 123, 127, 260, 262, 268, 280, 387
공리주의  50, 51, 53, 54, 58, 60, 71, 407
공적 개발 원조(ODA)  23, 37, 43, 78, 145~147, 154, 156, 414
구세군  119, 121
9·11  242, 246, 247, 249
구충제  172
국경없는의사회(MSF)  209, 213, 214, 389
국립보건원  388, 390
국세청(미국)  262, 301, 426, 427, 432
국제개발협회  138
국제기업거버넌스연구소  382
국제원자력기구(IAEA)  38
국제인구서비스(PSI)  194~196, 198
국제인터넷주소관리기구(ICANN)  250
국제적십자위원회(ICRC)  214, 231, 235, 421
국제지뢰금지운동  232, 234, 418, 420
국제통화기금(IMF)  24, 155, 380, 383, 435, 437
국제형사재판소  206, 214, 418
'굿리치 대 공중보건부' 사건  288
궐리아노, 에드워드  395
그라민 은행  221
그로건, 폴  322, 335, 343, 344, 430
그리스  155
그린피스  244, 248, 423
글락소스미스클라인  367, 388
글래스먼, 엘리자베스  339, 430
글로벌 거버넌스  25, 227~235, 237~243, 246, 248~255
글로벌 금융·경제 위기  154
글로벌 사회적 자본  26, 304, 309, 312, 313
글로벌 인민  243, 423

글로벌온라인농업연구액세스(아고라) 393
기금 모금 18, 19, 98, 99, 101, 103, 137, 162
기대 수명 72, 82, 84, 130
'기부자의 질문' 164, 165, 168, 171, 182, 192, 194, 196, 200, 201
기브웰 193, 194, 196, 197, 200
기업 필란트로피 27, 349~351, 353~358, 362~369, 373~375
기업 지배구조 386
기업필란트로피장려위원회 352
기업의 사회적 책임 15, 27, 374
길리어드 389


ㄴ
나이지리아 399
나인, 카라 413
난카니, 고빈드 434
남수단 205, 217, 218
남아공 399, 425
내국세법 279, 299, 301
내들러, 터랜 428
내서, 레이 320, 322, 323, 326, 328, 332~334, 336, 337, 340, 341
내셔널갤러리 320
내서 조각센터 319, 321
내시 이타주의 113, 119
내시, 스티븐 330, 340, 430
냉전 25, 146, 229, 230, 248
넌, 미셸 324
네덜란드 37, 425
네덜란드병 177, 192
네바다 대학교 라스베이거스캠퍼스 394
네어, 비나이 B. 356
네이걸, 토머스 263, 265, 266, 427
네팔 165, 377
노르웨이 136, 145, 155, 412
노르웨이처치에이드 168
노벨 평화상 234, 420
노벨상 17, 34, 368
농업 165, 178, 192, 245, 377, 393, 414
뉴욕 공과대학교 394
뉴욕 대학교 41, 328, 391, 394, 396
《뉴욕 타임스》 11, 435
니메이리, 자파르 219


ㄷ
다르푸르 206, 214, 216, 220, 221
다빈치, 레오나르도 39
다원주의 21, 260, 272~277, 427
다자주의 254, 255, 422
달러, 데이비드 87, 88
댈러스(텍사스 주) 319~321, 333, 336, 340, 341
더필드, 마크 208

던피, 토머스 W. 26, 27
데이너드, 리처드 293
데이비스, 수재너 208
덴마크 37
독일 32, 151, 157, 306, 307, 420, 425
두뇌 유출 177, 393
두바이 395, 396, 436, 437
듀크 대학교 353, 391, 394
드 발, 알렉스 24
드워킨, 로널드 429
드퀘르맹, 도미니크 123, 124, 126, 128
디아 미술재단 327, 432
디지펜 공과대학교 394
디포티 389, 391, 436
'따뜻한 만족' 18, 23, 111, 112, 119~129, 261


ㄹ
라오스 168
라이시, 롭 25, 317, 365
라이언, 윌리엄 334
라틴아메리카 380
랍비 메이어 카하네 기념기금 305
러기, 존 419
러너, 조시 332
러시아 230, 252, 253, 381, 382, 425, 435
레바논 436
레브모어, 솔 427
레소토 207
레스터 사본 39
레이닝, 콘래드 207
레이히, 패트릭 391
로마 257, 425
로타 바이러스 29, 33
록펠러, 존 D. 30, 33
록펠러 재단 336
롤스, 존 141, 406
루던스타인, 닐 430
루던스타인, 앤젤리카 430
루이스, 헨리 435
루이스, 호프 428
르완다 103, 152, 176, 209, 231
르페브르, 조르주 123
리, 정 428
'리건 대 대표 있는 과세 연합' 사건 265
리델, 로저 23, 161, 187, 413
리비아 217,
리세, 토마스 215
리프, 데이비드 24, 253, 423, 424

□

마다가스카르 195, 196
마더 테레사 33
마리아노, 제니 317
마이크로소프트 29, 32
마커스, 버나드 328
마키아벨리, 니콜로 257
'만인의 의회' 250, 254
만조니, 존 357
말라위 165, 210, 211, 215
매리지, 조 208
매사추세츠 공과대학교 380, 394, 396, 434, 436
맥나마라, 로버트 434
맥시민 규칙(최소극대화 규칙) 96
맥킨지 글로벌서베이 352, 365, 367, 369
맥퍼슨, 마이크 430
맬러비, 세바스천 243, 423
머크 357, 367, 370, 433
머피, 리엄 41, 64, 68, 263, 427
메릴랜드 대학교 338
메이슨, 에드워드 434
메이어, 울리히 123, 127, 128, 305
멕시코 380, 425, 434
멜런, 앤드루 320, 326, 431
모기장 138, 142, 151, 187, 194~196, 415
모빌 366
몰, 조르지 123
무슬림에이드 137
무익성 사고 67
무임승차 111, 117, 253, 360
'물가 정책' 26, 279, 299, 300~304, 306~311
《물에 빠진 아이 구하기》 161, 191, 196, 197, 311, 406, 415, 416
미국 국제개발처(USAID) 166, 195, 381, 399
미국 주립대학·토지공여대학협회 377
미국의과대학협회 392
미국총기협회 248
미주개발은행 33
밀라노비치, 브랑코 405, 414
밀러, 리처드 K. 315
밀레니엄 정상회담 42
밀레니엄 개발 목표(MDGs) 22, 42, 44, 46, 150, 151, 154, 155, 421


ㅂ

바우어, 피터 411
바이돌법 387, 388
바이엘 367
바트커스, 바버라 R. 353, 356
반스 재단 340
발루, 제프리 P. 400
발몽 자작 111, 112, 122
발몽 효과 111, 112, 117

438

밥존스 대학교 301, 427
'밥존스 대학교 대 미합중국' 사건 301
방관자 효과 298
방글라데시 34, 35, 87, 166, 221
방글라데시농촌발전위원회 166, 221
배리, 크리스천 413
백신 29, 31, 77, 388, 391
버그, 라이언 423, 433
버두치, 수전 317
버드솔, 낸시 434
버지니아 폴리테크닉 주립대학 377
버크먼, 리사 287
버클리 마피아 380, 434
버핏, 수전 톰슨 38
버핏, 워렌 13, 21, 30, 31, 33, 34, 37, 38, 41
베네수엘라 252
베드퍼드스타이버슨트 지역사회개발 337
베러스퍼드, 수전 337, 344, 430
베런슨, 피터 428
베리지, 켄트 126
베이즐, 존 428
베트남 143
벤느, 폴 425
벨로, 레이철 뉴턴 326, 327, 331, 332, 337, 343, 430
벵골 기근 163, 165
보드너, 로니트 131, 133
보소, 크리스토퍼 428
보스턴 대학교 380, 396
보츠와나 399
볼턴, 존 242, 421, 424
부가트, 대니얼 123
부시, 조지 H. W.(아버지 부시) 230
부유층 편향 268, 271, 275
북대서양조약기구(나토) 252
불확실성 94~97, 152, 201, 202, 244, 401, 432
'브라운 대 교육위원회' 사건 288
브라운, 엘리너 285
브라운, 카터 320
브라이트, 데이비드 433
브라질 371, 395, 436
브란트, 빌리 157
브란트위원회(국제개발문제독립위원회) 157, 413
브레턴우즈 기관 383~385
브로디, 이블린 427
브리스톨마이어스스큅 489
브리티시페트롤리엄 357
블랭크페인, 로이드 372
비국가 행위자 246, 248
비상 상황 35, 49, 50, 55, 62~64, 67, 70~75, 90, 136~140, 156, 172, 214
비셀, 낸시 336, 430
비용-효과 192, 195
비즈니스라운드테이블 356

비트커, 보리스 260
빈곤 포르노그래피 19, 279, 313


ㅅ

사상충증 370, 433
사에즈, 이매뉴얼 43, 405
사우디아라비아 230, 252, 395, 397
사이먼, 허버트 17, 34, 35, 287
사티암 386
사하라 사막 이남 아프리카 36
사회 계약 179, 356, 357
공익 연계 마케팅 352, 354
사회적 자본 17, 26, 34, 280, 302~304, 308, 310~313
삭스, 제프리 42, 44, 169, 415
샤리아 248
샤피로, 마틴 421
새퍼, 프레드릭 210, 220
서드나 재단 338
선행 33, 49~52, 55
선행의 의무 50~52, 55, 63~73, 407
세계백신면역연합(GAVI) 31
세계보건기구(WHO) 77, 389
세계보건연구포럼 31
세계보건총회 29, 30
세계식량계획(WFP) 138
세계은행 24, 25, 138, 155, 165, 166, 169, 178, 185, 195, 208, 377, 378, 380, 383, 408, 435, 437
세계지속가능발전기업위원회 368
세계화 13, 23, 25, 36, 108, 151, 227, 228, 230, 234, 236, 237, 242, 244, 245, 250, 254, 421, 422
세네갈 210, 220
세네카 120
세이브더칠드런 165
세이퍼트, 브루스 353, 356
섹스턴, 존 396
센, 아마르티아 176, 206, 219
셰라트, 레슬리 413
소로스, 조지 13, 424
소액 대출 163, 185, 221, 312, 368, 371
숄레, 데릭 418
수단 24, 206, 207, 209, 216, 217~224, 418
수리, 아르준 434
'수용 조항' 292, 295
쉐브론 366
슈, 헨리 407
슈미트, 버즈 430
슈타르크, 오데드 111
슐라이퍼, 안드레이 381
슐먼, 제임스 26
스비리도프, 마이크 321~323, 331, 337, 343
스웨덴 37, 136, 145, 155, 185, 425
스캔론, T. M. 406
스클루트, 에드워드 338

스탠퍼드 대학교  394, 397, 434, 436
스토워스, 버지니아  328
스토워스, 짐  328
스토워스 의학연구소  328
스티스, 케이트  258, 425
스페인  425
스피걸, 레이철  430
슬로터, 앤-마리  421, 422
시애틀 세계무역기구 반대 시위  25, 242
시카고 대학교  434
시킹크, 캐스린  215
신경과학  121, 409
신디케이트 연합  331~333
실패 국가  239, 250
싱가포르  394
싱가포르 국립대학교  394
싱어 해법  161, 196
싱어, 피터  16, 21, 24, 135, 161, 170, 287, 311


ㅇ

아난, 코피  232, 233, 241
아랍에미리트  395, 396
아르제이아르(RJR) 내비스코  353
아리스토텔레스  13, 122, 132
아먼드 해머 미술관·문화센터  367
아부다비  328, 395~396
아시아  22, 38, 139, 172, 174
아일랜드  155, 288
아프가니스탄  37, 146, 420
안드레오니, 제임스  119, 120, 126, 129, 261
알 바시르, 오마르  418
알카에다  242
알트리아  360, 367
알하라마인 이슬람재단  305
애시, 이블린  400
애시퍼드, 엘리자베스  22
애피아, 콰메 앤서니  42
액스워시, 로이드  234, 420
앤더슨, 케네스  24, 25
앤드루 더블유 멜런 재단  326
앤드루스, 윌리엄  260, 261
앨런, 폴  39, 40
앳킨스, 로버트  16
앳킨스, 베로니카  16
얕은 연못  35, 45, 163, 199
엉거, 피터  67
에리트레아  217
에모리 대학교  389, 390
에스코바르, 아르투로  208
에이본 재단  18
에이즈 구제를 위한 대통령 비상계획(PEPFAR)  398

에이즈·결핵·말라리아 퇴치를 위한 글로벌펀드  195, 212
에이치아이브이/에이즈  152, 172, 210~213, 215, 398, 399
에티오피아  87~89, 94, 177, 217
엑손  366
엘버, 스테펀  211
엘스터, 제이콥  23, 409
엘스터, 존  23
엠트리바  389, 391
연줄 지성주의  401
영국  32, 37, 136, 138, 145, 151, 152, 168, 184, 185, 208, 244, 266, 421, 433
영양실조  77, 82, 83, 100, 138
예일 대학교  35, 382, 389, 391, 392, 434, 436
오브레히트, 앨리스  413
오스트레일리아  288, 391, 425
옥스팜  137, 163~165, 181, 192, 290, 300
옥시토신  281, 282, 286, 308, 312
와그너, 그레천  430
와이스브로드, 버튼 A.  400
외부 효과  115~117
외채 위기  385
요구성  50, 58, 59, 62, 63, 65, 71
요르단  37, 395
우간다  87, 143, 175, 212, 214, 217, 243, 423
우들록, 더글러스 P.  381
우선주의  102
우스노, 로버트  426
울프슨, 미첼  431
워싱턴 대학교  399, 436
워커, 피터  320
워터에이드  137
원조 효과성에 관한 파리 선언  150
월드론, 제러미  52, 53
월드비전  166
월마트  262, 350
월스트리트  384
웬디스  368, 434
위나, 레이프  24, 304, 305, 406, 407, 428
위클러, 대니얼  428
《위험한 관계》  111, 409
윈프리, 오프라  13, 308
윌리엄스, 조디  234, 420
윌킨슨, 리처드 지  287
유고슬라비아  231
유누스, 무함마드  368
유니세프  30, 77, 195
유대교  16
유럽연합  32, 239, 245, 306~308, 391
유럽연합 집행위원회 조약  306
유에스 항공  359
유엔  38, 137, 227, 229, 230, 231~235, 237~255, 419, 421, 422, 424
유엔 개혁 정상회담  246
유엔 난민고등판무관실  218

유엔 안보리  215, 230, 231
유엔 에이즈계획(UNAIDS)  212
유엔 인권이사회  249
유엔 헌장  419, 253
유엔환경계획(UNEP)  392
음핵 절제  83
의무론  102, 103, 106, 107, 202
이라크  37, 146, 230, 418, 424
이스털리, 윌리엄  169
이슬람  206, 218, 221, 222, 249
이슬람아메리칸 구호기구  305
2004년 아시아 쓰나미  22, 136, 138, 139, 172, 370
《이코노미스트》  243
이해 충돌  338, 381, 384, 386, 403
이집트  37, 425
이타적 징벌  123, 125
이타주의  21, 23, 32, 40, 112~116, 118, 121, 123, 127, 131, 132, 205, 227, 261, 291
이탈리아  155
이턴, 데이브  212
인도  81, 87, 166, 192, 386, 387, 420, 425, 436
인도네시아  380
인도주의  25, 77, 136~138, 145, 165, 169, 171~173, 176, 178, 182, 184, 205~210, 214, 216~218,
    220~224, 231, 235, 245, 303, 408, 411, 419, 421
인디펜던트섹터  237, 294, 298
인종주의  104~106
인텔  365
일링워스, 퍼트리샤  26, 413, 434, 437
'1만 여성' 캠페인  372
일본  151, 155
잉글런드, 헤리  210, 212, 215


ㅈ
자기기만  118, 128, 129, 131~133
자기발견  131
자본 계정 자유화  384
자유주의적 국제주의  230
자카리아, 파리드  423
자카트  221
잠비아  168
장, 프랑수아  209
적십자  119, 121, 195, 214, 353
전국 기업 필란트로피의 날  357
제네바 협약  421
조지아 공과대학교  394
조지아(나라)  253
조지아 수족관  328
존스홉킨스대학  394, 396, 432
존슨, 로스  353
종족 말살  176, 221, 230, 231
죄수의 딜레마  115~117
주권  227, 228, 230~232, 236, 237, 241, 248, 254, 293, 418, 421, 422

중국 252, 253, 395, 414, 420
중동 230, 395, 420, 436
지뢰 231~235, 241, 251, 418~420
지속 가능성 142, 211
지아니노-라신, 밥 324
지역사업지원법인(LISC) 321~323, 325~327, 329~332, 334~335, 337, 339, 344
지역사회개발법인(CDC) 321, 323, 330, 335
지피고 399
짐바브웨 143
집단 안보 230, 231, 253


ㅊ

차드 89, 217
책임성 20, 21, 24, 25, 80, 179, 229, 317, 324, 334, 378, 380, 382, 403, 424
충분주의 81
치체와어 210
칠레 380, 434


ㅋ

카네기, 앤드루 15, 30, 33, 349, 364
카노프스키, 홀던 413
카타르 395, 396, 436
카푸르, 데베시 25
칸트, 임마누엘 32, 133, 254
칸트주의적 계약론 50, 53, 54, 71~73, 406
캐나다 232~234, 288, 395, 419, 420
캐머런, 맥스웰 A. 419
캐슨, 로버트 184
캘도어, 메리 267, 424
캘리포니아 대학교 버클리 캠퍼스 397
캘리포니아 대학교 샌프란시스코 캠퍼스 399
커러더스, 토머스 423
커머스뱅크 365, 366
커크패트릭, 데이비드 31
컬럼비아 대학교 42, 391, 398, 418
컬리티, 개럿 406
케냐 165, 178, 186, 195, 212
케네디, 존 F. 145
케네디, 폴 418
케머러, 에드윈 379
케어 165, 181
케이케이케이 281
코네티컷 대학교 437
코넬 대학교 393~395, 436
코소보 103, 178, 221
코즈모폴리터니즘 235, 279, 283, 284, 302, 307, 308, 310, 312
콘돔 38
콜롬비아 165
콜리어, 폴 87, 88
콜므, 세르주-크리스토프 116

쿱, 웬디 324
콰트론, 조지 A. 130, 131
쿠마, 라훌 72
쿠웨이트 230
쿠퍼, 앤드루 407
크라빈스키, 젤 16, 22, 40, 41
크라울리, 메건 434
크랙넬, 배즐 185
크레머, 마이클 415
크레스, 새뮤얼 에이치 320
크렌스, 톰 320
크리스천에이드 137
크리스텐슨, 클레이턴 325
클룻펠터, 찰리 430
클린턴, 빌 189, 231, 418, 422
킨, 데이비드 208
킨, 존 421
킹압둘라 과학기술대학 397


**ㅌ**

타이완 420
탄자니아 173, 399
태국 425
터너, 테드 13
테라, 대니얼 339
테라 미국미술재단 339, 340
테러리즘 242, 422
테러와의 전쟁 247
텍사스 대학교 오스틴 캠퍼스 397
텍사코 366
《텔로스》 422
토머스, 프랭크 337
토크빌, 알렉시스 드 272
투르벨 법원장 부인 111, 112, 122
투명성 20, 27, 178, 200, 373~375, 384, 389, 403
트루먼, 해리 158, 161, 199, 413
트베르스키, 아모스 130, 131
특허 387, 388~391, 400


**ㅍ**

파머, 폴 437
파생, 디디에 213
파월, 루이스 273
파커, 조 엘런 430
파키스탄 146, 380, 420
팰프리, 토머스 R. 120
퍼거슨, 제임스 207, 208
퍼트넘, 로버트 280, 283, 285, 290, 309, 427
페레스, 안토니오 F. 422
페루 34

페르세, 하인 306, 308
페어, 에른스트 127, 409
펜실베이니아 대학교 394
평등주의 81, 95
평화 유지 205, 239, 250
포기, 토머스 141, 142, 284, 302~304, 308~310, 312, 313, 406, 407, 409, 413, 428
포드 재단 321~323, 336, 337, 339, 344
포르투갈 37, 306, 308
《포브스》 선정 400대 부자 13, 39
포스너, 에릭 420
포전, 데이비드 425
《포천》 선정 500대 기업 349, 355, 357
포터, 마이클 352
폴란드 237
폴슨, 행크 371, 372
표현적 법 이론 292, 295, 300
푸코, 미셸 208, 211
프랑스 14, 123, 151, 209, 339, 425
프랭크, 로버트 119
프랭클린 더블유 올린 공과대학 315
프랭클린 올린 재단 325
프레체트, 루이스 424
프렐렉, 드라젠 131, 133
프로젝트180 326, 327, 330, 313, 332, 335
프록터앤갬블 365
프루소프, 윌리엄 436
프리드먼, 밀턴 15, 355, 357, 361, 362
프리마베라 재단 336
프린스턴 대학교 40, 41, 379, 391
플라이시먼, 조엘 316, 430
피비에스 366
피스먼, 레이 356
피아노, 렌조 320, 334
피어슨, 레스터 158
피케티, 토마 43
피터슨, 매트 10, 407
핀란드 145, 155, 412
필디스, 리처드 292, 295
필립모리스 360
필수의약품을 위한 대학연합 390


ㅎ
하버드 대학교 334, 380, 381, 387, 396, 398, 399, 434~437
하버드 대학교 경영대학원 332, 386, 387
하버드 메디컬인터내셔널 395
하버드 자문위원단 380
하보, 윌리엄 123, 127, 128
하워드 휴스 의학연구소 329
'하인 페르세 대 뷔덴샤이트 세무서' 판결 306
합리성 117, 129, 131
항목별 신고자 효과 298, 299

행동경제학  128
허리케인 카트리나  370
헝가리  276
헤이, 조너선  381
헹킨, 루이스  418
혐오 단체  281
호바트, 마크  208
호혜성  280, 281, 284~286, 289, 290, 292, 295, 296, 299
홀리스  183, 336, 361, 368
홉스, 토머스  17, 32
홉킨스, 랜스  428
홍역  138
환경연구온라인액세스  392
후세인, 사담  230
후원 관계  176, 224
후쿠야마, 프랜시스  289, 291, 418
휠란, 오눈  409
휴먼라이트워치  230, 248, 418, 424
힐, 제프리  356